PART 1

포토샵 작업 화면 &
기본 사용법 살펴보기

Chapter 1

포토샵을 처음 시작할 때 알아야 할 **필수 기능**

1 | 작업 화면 구성 및 기능 살펴보기

포토샵을 실행하고 이미지를 열거나 새 파일을 만들면 다음과 같이 작업 화면이 나타납니다. 효과적으로 그래픽 작업을 하기 위해 포토샵 작업 화면의 구성 및 기능에 대해 살펴보겠습니다.

020

❶ **메뉴 표시줄**: 포토샵의 모든 기능을 특정 기능별로 모아둔 곳입니다.
　① 버전(Photoshop) ② 파일(File) ③ 편집(Edit) ④ 이미지(Image) ⑤ 레이어(Layer) ⑥ 텍스트(Type)
　⑦ 선택(Select) ⑧ 필터(Filter) ⑨ 3D ⑩ 뷰(View) ⑪ 플러그인(Plugins) ⑫ 창(Window) ⑬ 도움말(Help)
❷ **홈 화면**: 파일을 열거나 새로운 파일을 만들 수 있는 화면이 표시됩니다.
❸ **옵션바**: 선택한 툴의 추가 옵션을 세밀하게 지정할 수 있습니다.
❹ **[Tools] 패널**: 주요 기능을 아이콘 형태로 모아놓은 곳입니다. 자세한 내용은 〈2. 작업하는 데 필요한 툴 살펴보기〉를 참고합니다.
❺ **파일 이름 탭, 제목 표시줄**: 파일 이름, 화면 비율, 컬러 모드 등 파일의 기본 정보를 표시합니다.
❻ **작업 화면 캔버스**: 실제로 작업하는 이미지를 보여주는 영역입니다.
❼ **상황별 작업 표시줄(Contextual Task Bar)**: 사용자가 툴을 사용할 때 그 툴과 관련된 작업을 수행하는 데 도움을 주는 기능이 표시됩니다. 이미지 제거와 선택 영역 편집부터 문자 입력에 관한 명령을 내릴 수도 있고 프롬프트 입력 창에 키워드를 입력하여 이미지를 생성할 수도 있습니다.
❽ **상태 표시줄**: 이미지 정보를 확인하고 화면 확대/축소 비율을 조절합니다.
❾ **찾기**: 포토샵 툴이나 메뉴 사용법 등을 검색할 수 있습니다.
❿ **알림**: 클릭하면 새로운 알림 목록이 표시됩니다. 새로운 버전의 포토샵이 출시되었거나 중요한 업데이트가 있을 때 알림을 제공합니다.
⓫ **튜토리얼 검색**: 포토샵 초보자를 위한 튜토리얼을 살펴볼 수 있습니다.
⓬ **작업 화면 지정**: 작업 목적에 따라 작업 화면 구성을 바꿀 수 있습니다.
⓭ **패널**: 작업에 필요한 기능과 옵션을 지정할 수 있도록 특정 기능별로 모아둔 곳으로, [Window] 메뉴에서 원하는 패널을 선택하여 표시할 수 있습니다.

2 | 작업하는 데 필요한 툴 살펴보기

[Tools] 패널은 포토샵에서 작업할 때 가장 많이 사용하는 기능을 아이콘 형태로 모아놓은 곳으로, 아이콘 모양만 봐도 해당 기능을 어느 정도 짐작할 수 있습니다. 툴을 선택한 후 작업 화면 위의 옵션바에서 세부적인 값을 지정할 수 있습니다. 그리고 툴의 오른쪽 아래에 있는 작은 삼각형을 길게 누르면 숨어 있는 툴들이 나타납니다.

[이동과 선택 담당 툴]

ⓐ ｜V｜
- **'이동' 툴(✥)**: 선택한 이미지를 원하는 위치로 이동할 때 사용합니다.
- **'아트보드' 툴(▢)**: 모바일 이미지를 작업하기 위해 아트보드를 만들 때 사용합니다.

▲ 이미지를 선택한 후 '이동' 툴로 드래그하여 위치를 이동한 경우

ⓑ M
- '사각 선택' 툴(▭): 사각형 선택 영역을 지정합니다.
- '원형 선택' 툴(◯): 원형 선택 영역을 지정합니다.
- '가로 선 선택' 툴(┅): 가로 방향의 픽셀 선 형태로 영역을 선택합니다.
- '세로 선 선택' 툴(┋): 세로 방향의 픽셀 선 형태로 영역을 선택합니다.

▲ Alt + Shift 를 누른 상태에서 '원형 선택' 툴로 드래그하여 중앙을 기준으로 정원을 만든 경우

ⓒ L
- '올가미' 툴(◯): 드래그한 모양대로 자유롭게 선택 영역을 지정합니다.
- '다각형 올가미' 툴(▱): 다각형 형태로 클릭하면서 선택 영역을 지정합니다.
- '자석 올가미' 툴(▱): 드래그하여 이미지의 경계선을 따라 선택 영역을 지정합니다.

▲ 경계선을 따라 드래그하다가 끝점과 시작점이 만나 선택 영역이 만들어진 경우

ⓓ W
- '개체 선택' 툴(▭): 개체를 클릭하거나 개체를 사각형 형태로 드래그하여 선택 영역을 지정합니다.
- '빠른 선택' 툴(✎): 비슷한 색상을 클릭하거나 드래그하여 빠르게 선택 영역을 지정합니다.
- '마술봉' 툴(✦): 클릭한 지점을 기준으로 비슷한 색상을 선택 영역으로 지정합니다.

▲ 선택하려는 영역을 클릭하거나 드래그하여 선택 영역을 지정한 경우

[이미지 분할 담당 툴]

ⓔ C
- '자르기' 툴(): 이미지에서 필요한 부분만 자르고 나머지 부분은 버립니다.
- '원근 자르기' 툴(): 자르기 영역에 원근감을 적용하여 자릅니다.
- '분할' 툴(): 웹 이미지 작업 시 이미지를 분할할 때 사용합니다.
- '분할 선택' 툴(): 분할 영역을 선택하고 이동 및 복사, 삭제할 수 있습니다.

▲ 사각형을 조절하여 남기고 싶은 부분을 표시한 후 Enter 를 눌러 자른 경우

ⓕ K
- '프레임' 툴(): 원형 또는 사각형 프레임을 만들어서 이미지를 위치시킵니다.

▲ 원형 또는 사각형 프레임을 선택한 후 드래그하여 틀을 만든 경우

[작업 편의성 담당 툴]

ⓖ I
- '스포이트' 툴(): 색상을 추출합니다.
- '3D 재질 스포이트' 툴(): 3D 개체에서 색상을 추출합니다.
- '색상 샘플러' 툴(): 사용자가 선택한 색상 정보를 [Info] 패널에서 표시합니다.
- '자' 툴(): 드래그하여 길이와 각도를 측정합니다.
- '노트' 툴(): 작업 화면에 영향을 주지 않고 간단히 메모할 수 있습니다.
- '카운트' 툴(): 개체 수를 셀 수 있습니다.

▲ '스포이트' 툴로 이미지를 클릭하여 색을 추출하고 '자' 툴로 드래그하여 길이를 측정한 경우

[이미지 수정 담당 툴]

ⓗ J

- '스팟 힐링 브러시' 툴( ): 클릭한 부분의 이미지를 수정하는 툴로, 사진의 잡티를 제거할 때 유용합니다.
- '제거' 툴( ): 이미지에서 산만한 부분을 없앱니다.
- '힐링 브러시' 툴( ): Alt를 누른 상태에서 클릭한 이미지를 브러시로 만든 후 브러시를 드래그하면 주변 색상과 혼합됩니다.
- '패치' 툴( ): 수정하려는 부분을 선택 영역으로 지정하고 가져오고 싶은 이미지 쪽으로 선택 영역을 옮겨 혼합합니다.
- '콘텐츠 인식 이동' 툴( ): 선택 영역으로 지정한 이미지를 원하는 위치로 최대한 자연스럽게 옮깁니다.
- '레드 아이' 툴( ): 빨갛게 나온 눈동자를 검게 바꿉니다.

▲ '제거' 툴로 지우려는 부분을 드래그하여 지우면서 동시에 주변 색으로 채운 경우

[회화적 그림과 채색 담당 툴]

ⓘ B

- '브러시' 툴( ): 원하는 크기와 속성을 지정해 자유롭게 드로잉합니다.
- '연필' 툴( ): '브러시' 툴과 비슷하지만 브러시 가장자리가 딱딱합니다.
- '컬러 리플레이스먼트' 툴( ): 이미지 위에 브러시를 드래그하여 색상을 변경합니다.
- '혼합 브러시' 툴( ): 브러시 색상을 혼합하고 섞어줍니다.

 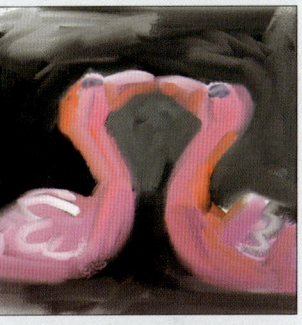

▲ '브러시' 툴로 원하는 색을 선택해 그림을 그리거나 혼합한 경우   ▲ '브러시' 툴로 색을 혼합하여 채색한 경우

ⓙ S

- '스탬프' 툴( ): Alt를 누른 상태에서 클릭한 이미지를 복사하여 다른 위치에 복제합니다.
- '패턴 스탬프' 툴( ): 복제한 부분에 지정한 패턴을 적용합니다.

▲ Alt를 누른 상태에서 복제할 부분을 클릭한 후 드래그하여 이미지를 복제한 경우

ⓚ Y

- **'히스토리 브러시' 툴**( ): 오픈했을 때의 원본 이미지로 복구할 때 사용합니다.
- **'아트 히스토리 브러시' 툴**( ): 회화적인 기법으로 이미지를 재구성합니다.

▲ '아트 히스토리 브러시' 툴로 스타일을 선택한 후 드래그하여 회화적으로 터치한 경우

ⓛ E

- **'지우개' 툴**( ): 드래그한 영역의 이미지를 지웁니다.
- **'백그라운드 지우개' 툴**( ): 드래그하여 지운 영역이 투명해집니다.
- **'매직 지우개' 툴**( ): 클릭한 부분을 기준으로 비슷한 색상 영역을 지웁니다.

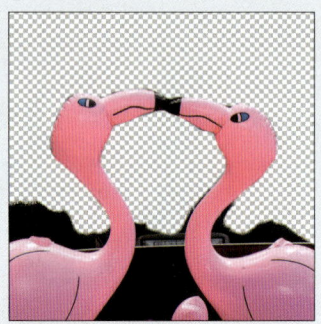
▲ 브러시 종류와 크기를 지정한 후 드래그하여 지운 경우

ⓜ G

- **'그레이디언트' 툴**( ): 두 가지 이상의 색을 자연스럽게 혼합합니다.
- **'페인트통' 툴**( ): 클릭한 부분을 전경색이나 패턴으로 채웁니다.
- **'3D 재료 드롭' 툴**( ): 3D 입체 개체를 전경색이나 패턴으로 채웁니다.

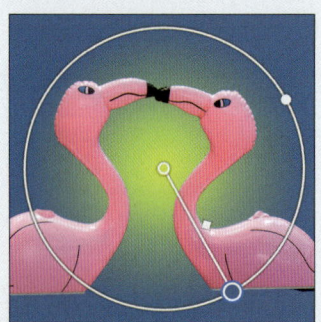
▲ 그레이디언트 색과 종류를 지정한 후 드래그하여 배경에 적용한 경우

ⓝ
- **'블러' 툴**( ): 이미지를 뿌옇게 하여 흐리게 만듭니다.
- **'샤픈' 툴**( ): 이미지를 선명하게 만듭니다.
- **'스머지' 툴**( ): 이미지를 뭉갤 때 사용합니다.

▲ '블러' 툴로 배경을 드래그하여 흐리게 하고 '샤픈' 툴로 홍학을 드래그하여 선명하게 보정한 경우

ⓞ
- **조정 브러시 툴**( ): 이미지의 특정 부분을 드래그하여 색상, 노출, 레벨 등을 바꿀 수 있습니다.

▲ 조정 옵션에서 '레벨'을 선택 후 드래그한 부분만 명암 대비를 높인 경우   ▲ 조정 옵션에서 '색조/채도'를 선택 후 드래그한 부분만 색상을 바꾼 경우

ⓟ Ⓞ
- **'닷지' 툴**( ): 클릭 또는 드래그한 부분을 밝게 처리합니다.
- **'번' 툴**( ): 클릭 또는 드래그한 부분을 어둡게 처리합니다.
- **'스펀지' 툴**( ): 클릭 또는 드래그한 부분의 채도를 높이거나 낮춥니다.

▲ '닷지' 툴로 배경을 드래그하여 밝게 처리하고 '스펀지' 툴로 홍학을 드래그하여 저채도로 보정한 경우

[벡터 작업 담당 툴]

ⓠ P

- '펜' 툴(🖊) : 패스를 그립니다.
- '프리폼 펜' 툴(🖊) : 자유롭게 드래그한 형태대로 패스를 그립니다.
- '내용 인식 추적' 툴(🖊) : 마우스 포인터를 이미지 외곽선에 올려놓고 자동으로 패스를 만듭니다.
- '곡률 펜' 툴(🖊) : 곡선 패스를 만듭니다.
- '기준점 추가' 툴(🖊) : 기존 패스에 기준점을 추가합니다.
- '기준점 삭제' 툴(🖊) : 기존 패스에 기준점을 삭제합니다.
- '기준점 변환' 툴(∧) : 패스 기준점의 속성을 변화시켜서 방향선을 만들고 방향선을 없앱니다.

▲ '펜' 툴로 직선과 곡선 패스를 그리는 경우

▲ '기준점 삭제' 툴로 기준점을 삭제해 꿀벌의 침을 없앤 경우

[문자 입력 담당 툴]

ⓡ T

- '가로 문자' 툴(T) : 가로 방향으로 문자를 입력합니다.
- '세로 문자' 툴(IT) : 세로 방향으로 문자를 입력합니다.
- '세로 문자 마스크' 툴(IT) : 입력한 세로 문자 형태대로 선택 영역을 만듭니다.
- '가로 문자 마스크' 툴(T) : 입력한 가로 문자 형태대로 선택 영역을 만듭니다.

▲ 글꼴 종류와 크기, 행간, 자간, 색상 등을 지정한 후 원하는 위치를 클릭하여 입력 및 수정한 경우

[패스 수정과 셰이프 담당 툴]

Ⓢ A

- '패스 선택' 툴(▶): 패스를 선택합니다.
- '직접 선택' 툴(▷): 기준점을 선택하여 수정합니다.

▲ '직접 선택' 툴로 곡선 패스 기준점을 클릭하고 방향점을 조절하여 형태를 수정한 경우

Ⓤ U

- '사각형' 툴(□): 사각형 패스 또는 셰이프를 만듭니다.
- '원형' 툴(○): 원형 패스 또는 셰이프를 만듭니다.
- '삼각형' 툴(△): 삼각형 패스 또는 셰이프를 만듭니다.
- '다각형' 툴(⬠): 다각형 패스 또는 셰이프를 만듭니다.
- '선' 툴(/): 옵션에서 지정한 굵기대로 선을 그립니다.
- '사용자 정의 모양' 툴(✿): [Shapes] 패널에서 제공하는 셰이프를 이용하거나 사용자가 등록한 셰이프를 사용합니다.

▲ 포토샵에서 제공하는 셰이프 소스를 선택한 후 화면에서 드래그하여 벡터 그래픽을 생성한 경우

> **Tip ▶ '사각형' 툴로 통합**
> 포토샵 CC 2022년부터는 '라운드 사각형' 툴(□)이 없어지고 '사각형' 툴(□)로 통합되었습니다.

[화면 크기 담당 툴]

Ⓤ H, R

- '손바닥' 툴(✋, H): 이미지가 작업 화면보다 클 때 화면을 이동할 수 있습니다.
- '회전 보기' 툴(✋, R): 작업 화면을 회전할 수 있습니다.

▲ '회전 보기' 툴로 캔버스를 드래그하여 화면을 회전한 경우

ⓥ [Z]
- **'돋보기' 툴**([🔍]) : 이미지의 특정 부분을 확대 또는 축소합니다.

▲ '돋보기' 툴로 좌우로 드래그한 경우

▲ [Alt] +마우스 휠을 드래그해 이미지를 확대 또는 축소한 경우

ⓦ [Tools] 패널 편집(...)

사용자가 자주 사용하는 툴만 [Tools] 패널에 나타나도록 편집할 수 있습니다.

ⓧ 색상 교체 및 전경색과 배경색

- **색상 디폴트**(⬛, [D]) : 전경색은 검은색으로, 배경색은 흰색으로 지정합니다.
- **전경색과 배경색 바꾸기**(↺, [X]) : 전경색은 '브러시' 툴과 '문자' 툴을 사용할 때, 배경색은 '지우개' 툴을 사용할 때 표시되는 기본 색상입니다. 색을 클릭했을 때 열리는 [Color Picker] 창에서 원하는 색상을 지정할 수 있습니다.

ⓨ 퀵 마스크 모드([Q])

'브러시' 툴(🖌)을 이용해 선택 영역을 편리하게 추출할 수 있게 만들고 표준 모드(◻)와 퀵 마스크 모드(◼)로 전환할 수 있습니다.

ⓩ 화면 모드

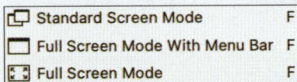

표준 화면 모드(Standard Screen Mode), 메뉴 표시줄과 패널이 있는 전체 화면 모드(Full Screen Mode With Menu Bar), 검은색 바탕인 전체 화면 모드(Full Screen Mode) 중에서 선택할 수 있습니다.

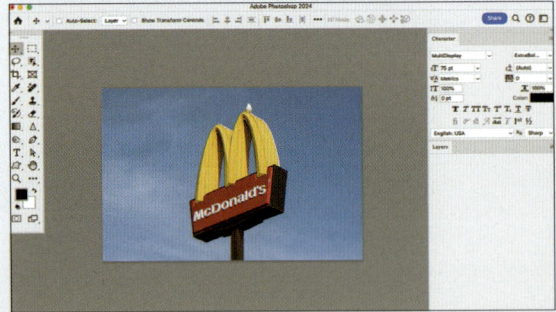
▲ 메뉴 표시줄과 패널이 있는 전체 화면 모드
 (Full Screen Mode With Menu Bar)

▲ 전체 화면 모드(Full Screen Mode)

- **생성형 채우기 ( )**
[이미지 생성] 창이 열리면 프롬프트 명령어를 입력하고 콘텐츠 유형, 스타일, 효과를 선택하여 새로운 이미지를 생성합니다.

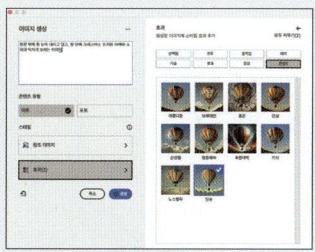
▲ 프롬프트 명령어를 입력한 경우

▲ 프롬프트 명령어로 만들어진 새로운 이미지

Tip▶ **[Tools] 패널의 크기 조절하기**

[Tools] 패널의 오른쪽 위에 있는 [패널 넓히기] 버튼( )을 클릭하면 패널이 2줄로, [패널 좁히기] 버튼( )을 클릭하면 패널이 1줄로 바뀝니다.

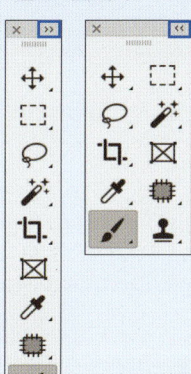

Chapter 2 포토샵 레이어 완벽 가이드

1 레이어 이해하기

01 レ이어의 구조 이해하기

✓ 레이어의 개념

포토샵에서 레이어(Layer)는 '투명한 셀로판지'와 비슷한 개념입니다. 여러 장의 셀로판지를 겹쳐서 이미지를 만들 수 있으며 각 레이어는 독립적으로 편집할 수 있습니다. 최종 이미지는 모든 레이어가 합쳐져서 보이고 레이어의 위치가 아래쪽인지, 위쪽인지에 따라 보이는 이미지가 달라집니다.

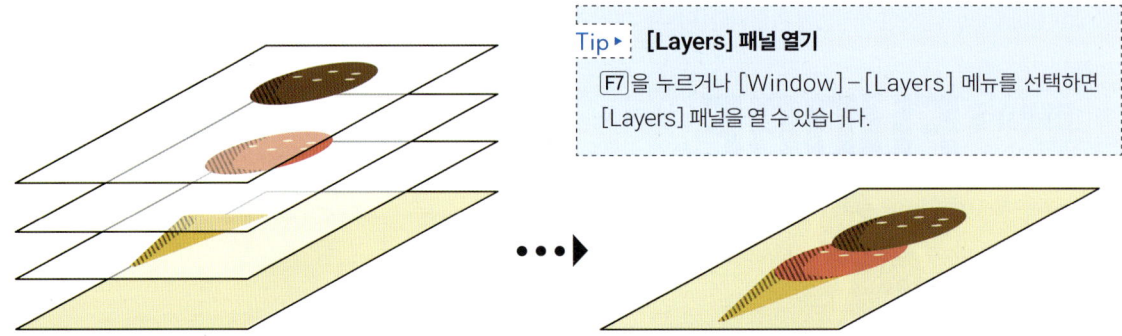

> **Tip ▸ [Layers] 패널 열기**
> F7 을 누르거나 [Window]-[Layers] 메뉴를 선택하면 [Layers] 패널을 열 수 있습니다.

[Layers] 패널에서 [배경] 레이어를 맨 위에 올려놓으면 아이스크림이 가려져서 보이지 않습니다. [스쿱2] 레이어 위에 배경색으로 가득 채워진 [배경] 레이어를 올려두었으므로 아래쪽 레이어들이 보이지 않는 것입니다.

▲ [Layers] 패널에서 [배경] 레이어가 맨 아래에 있을 때

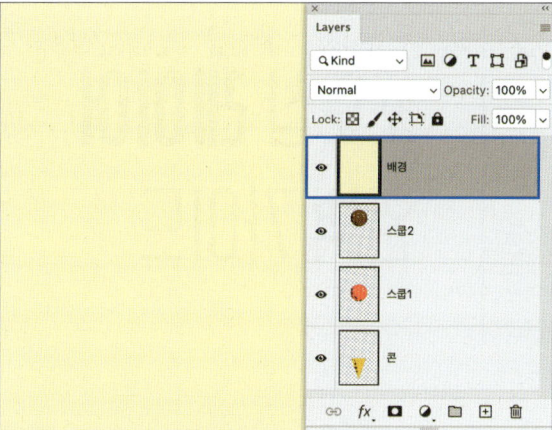
▲ [Layers] 패널에서 [배경] 레이어가 맨 위에 있을 때

> **Tip ▶ 레이어를 사용하는 이유**
> ❶ **실수 방지 및 원본 이미지 보호**: 레이어를 사용하면 원본 이미지를 손상시키지 않고 작업할 수 있어서 실수해도 걱정이 없습니다.
> ❷ **편리한 수정**: 여러 가지 요소를 각각의 레이어로 나누어 작업하면 필요할 때 쉽고 편리하게 수정할 수 있습니다.
> ❸ **다양한 효과 적용**: 문자에 레이어 스타일 효과를 주거나 이미지에 필터를 적용하는 등 다양하게 시도할 수 있습니다.
> ❹ **체계적인 작업 공간 관리**: 레이어에 이름을 붙이고 그룹으로 묶으면 복잡한 작업물도 깔끔하고 체계적으로 관리할 수 있습니다.

✓ 레이어의 구조와 종류

[Layers] 패널을 보면 맨 아래쪽에 배경인 [Background] 레이어가 있고, 그 위에 [제목박스] 벡터 레이어가 있으며, 맨 위에 [Color Balance 1] 조정 레이어가 있습니다. 이렇듯 여러 레이어가 겹쳐져서 한 장의 이미지가 만들어졌습니다.

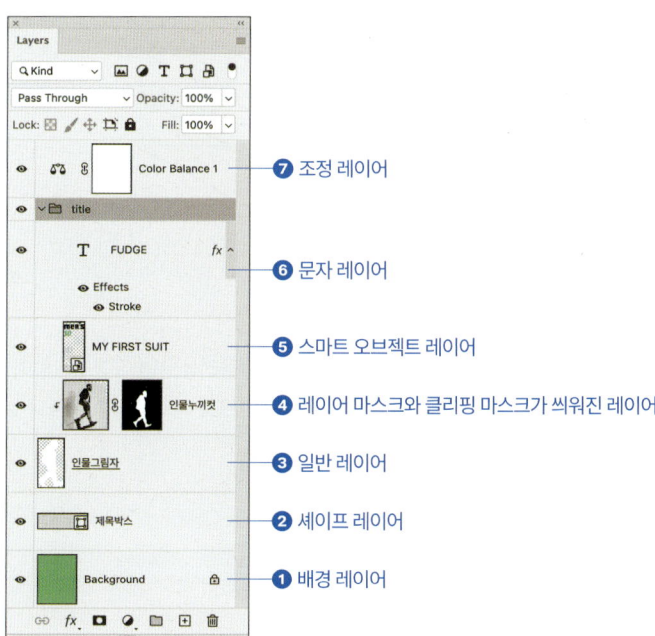

❶ **배경 레이어**: 이미지를 불러오거나 새로운 작업 창을 만들 때 자동으로 생성되는 레이어로, 자물쇠 아이콘(🔒)을 클릭하여 풀고 일반 레이어로 변환할 수 있습니다.
❷ **셰이프 레이어**: '패스 도형' 툴(▭)과 '펜' 툴(✎)을 사용하여 셰이프 레이어를 생성할 수 있고 벡터 이미지여서 크기를 변경해도 품질이 유지됩니다.
❸ **일반 레이어**: 가장 기본적인 레이어 유형으로, 비어있거나 이미지를 포함한 형태로 만듭니다.
❹ **레이어 마스크와 클리핑 마스크가 씌워진 레이어**: 레이어의 특정 부분을 숨기거나 드러낼 때 레이어 마스크를 씌우고 아래쪽 레이어의 모양에 맞추어 위쪽 레이어를 잘라낼 때 클리핑 마스크를 씌웁니다.
❺ **스마트 오브젝트 레이어**: 벡터 이미지의 이미지 데이터가 포함된 레이어로, 이미지의 크기를 조절해도 품질 저하 없이 편집할 수 있습니다.
❻ **문자 레이어**: '문자' 툴(T)을 이용하여 글자를 입력할 때 생성되는 레이어입니다.
❼ **조정 레이어**: 이미지의 색상 및 톤을 조정할 수 있는 레이어로, 조정 레이어의 아래쪽에 있는 모든 레이어에 영향을 줍니다.

02 | [Layers] 패널 살펴보기

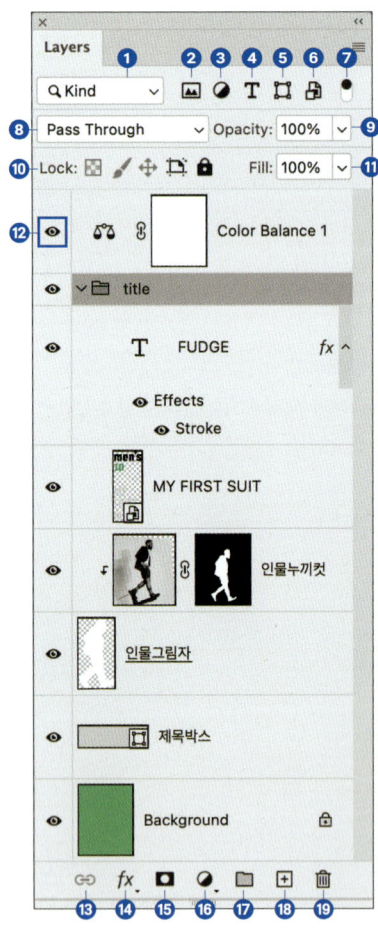

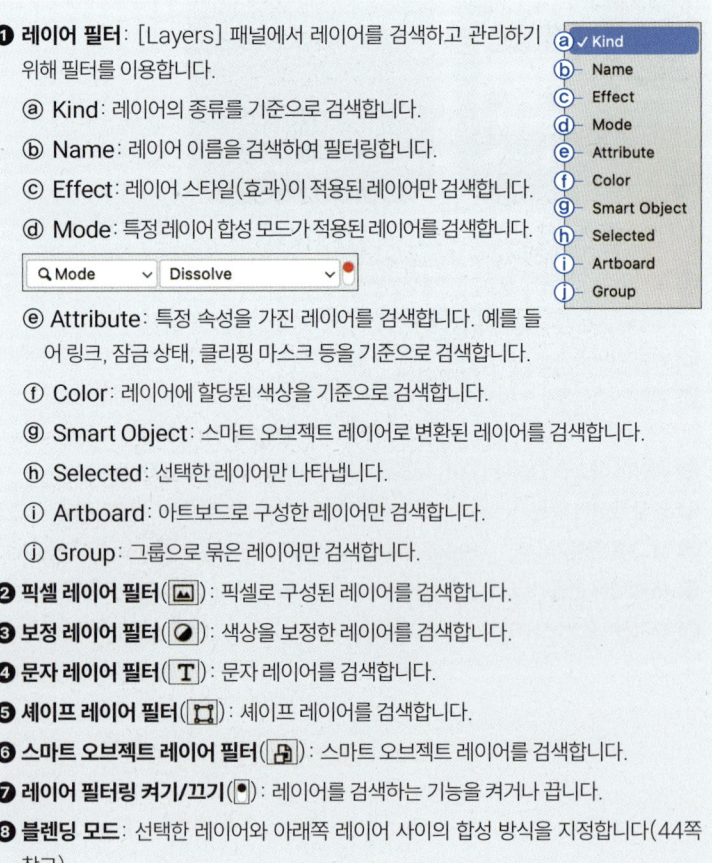

❶ **레이어 필터**: [Layers] 패널에서 레이어를 검색하고 관리하기 위해 필터를 이용합니다.
 ⓐ **Kind**: 레이어의 종류를 기준으로 검색합니다.
 ⓑ **Name**: 레이어 이름을 검색하여 필터링합니다.
 ⓒ **Effect**: 레이어 스타일(효과)이 적용된 레이어만 검색합니다.
 ⓓ **Mode**: 특정 레이어 합성 모드가 적용된 레이어만 검색합니다.
 ⓔ **Attribute**: 특정 속성을 가진 레이어를 검색합니다. 예를 들어 링크, 잠금 상태, 클리핑 마스크 등을 기준으로 검색합니다.
 ⓕ **Color**: 레이어에 할당된 색상을 기준으로 검색합니다.
 ⓖ **Smart Object**: 스마트 오브젝트 레이어로 변환된 레이어를 검색합니다.
 ⓗ **Selected**: 선택한 레이어만 나타냅니다.
 ⓘ **Artboard**: 아트보드로 구성한 레이어만 검색합니다.
 ⓙ **Group**: 그룹으로 묶은 레이어만 검색합니다.
❷ **픽셀 레이어 필터**(▣): 픽셀로 구성된 레이어를 검색합니다.
❸ **보정 레이어 필터**(◐): 색상을 보정한 레이어를 검색합니다.
❹ **문자 레이어 필터**(T): 문자 레이어를 검색합니다.
❺ **셰이프 레이어 필터**(▭): 셰이프 레이어를 검색합니다.
❻ **스마트 오브젝트 레이어 필터**(▣): 스마트 오브젝트 레이어를 검색합니다.
❼ **레이어 필터링 켜기/끄기**(●): 레이어를 검색하는 기능을 켜거나 끕니다.
❽ **블렌딩 모드**: 선택한 레이어와 아래쪽 레이어 사이의 합성 방식을 지정합니다(44쪽 참고).

❾ **Opacity(불투명도)**: 선택한 레이어의 불투명도(Opacity)를 0~100% 값으로 지정합니다.

▲ Opacity: 100%   ▲ Opacity: 30%

❿ **Lock(잠그기)**: 선택한 레이어를 수정하지 못하도록 잠급니다.
- 투명 영역 잠그기(▨): 투명 영역에 아무 작업도 할 수 없습니다.
- 브러시 잠그기(✏): '브러시' 툴(✏)을 사용해서 스케치 및 채색 작업을 할 수 없습니다.
- 위치 잠그기(✥): 위치를 이동할 수 없습니다.
- 아트보드와 프레임 이미지 이동 잠그기(▣): 아트보드와 프레임을 제작할 때 이미지 이동을 제한합니다.
- 모두 잠그기(🔒): 모든 기능을 사용할 수 없도록 잠급니다.

⓫ **Fill(칠)**: '불투명도(Opacity)'와 비슷하지만, '칠(Fill)'은 레이어 스타일을 제외한 색상 영역의 불투명도만 조절합니다.

 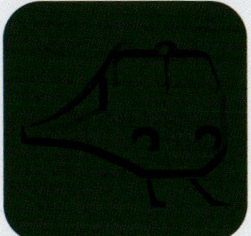

▲ Fill: 100%   ▲ Fill: 0%

⓬ **레이어 눈 아이콘(👁)**: 눈 아이콘(👁)이 표시된 레이어만 작업 화면에 표시합니다. Alt 를 누른 상태에서 눈 아이콘(👁)을 클릭하면 해당 레이어만 표시되고 나머지 레이어의 눈 아이콘(👁)은 감깁니다.

⓭ **연결 아이콘(⇔)**: 2개 이상의 레이어를 선택하고 선택한 레이어를 연결하여 함께 이동할 수 있습니다.

⓮ **레이어 스타일(fx)**: 레이어에 다양한 스타일을 적용할 수 있습니다. 단 [Background] 레이어와 레이어 그룹에는 적용할 수 없습니다(35쪽 참고).

⓯ **레이어 마스크 만들기(▢)**: 선택한 레이어에 마스크 효과를 적용합니다.

⓰ **조정 레이어 만들기(◐)**: 조정 레이어를 만들어 아래쪽 레이어의 색상, 밝기, 채도 등을 지정합니다.

⓱ **새 그룹 만들기(▢)**: 레이어들을 하나의 묶음으로 관리할 수 있는 그룹을 만듭니다.

⓲ **새 레이어 만들기(⊞)**: 기본값으로 배경이 투명한 새로운 레이어를 만듭니다(Shift + Ctrl + N).

⓳ **휴지통(🗑)**: 선택한 레이어를 삭제합니다.

> Tip ▶ **[Layers] 패널의 섬네일 크기와 여백 및 경계 조정하기**
>
> [Layers] 패널에서 오른쪽 위에 있는 [더 보기] 버튼(≡)을 클릭하고 [Panel Options]를 선택합니다. [Layers Panel Options] 창에서 'Thumbnail Size'의 옵션 중 하나를 선택하여 크기를 변경합니다. 'Thumbnail Contents'에서 'Layer Bounds'를 선택하면 레이어의 내용이 있는 경계를 기준으로 섬네일을 보여주고 필요 없는 빈 공간을 제외하므로 이미지를 더욱 정확하게 볼 수 있습니다.
>
>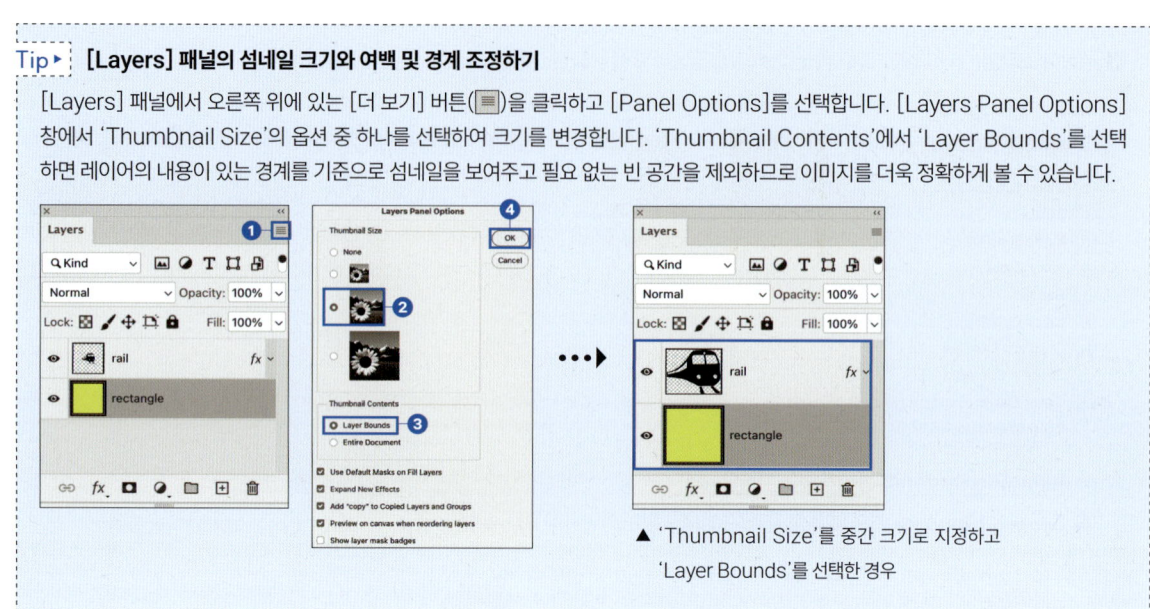
>
> ▲ 'Thumbnail Size'를 중간 크기로 지정하고 'Layer Bounds'를 선택한 경우

2 레이어 스타일의 종류 살펴보기

[Layers] 패널에서 [레이어 스타일] 아이콘(fx)을 클릭하면 레이어 스타일을 적용할 수 있습니다. 효과를 적용한 레이어의 아래쪽에는 적용된 효과 목록이 표시되는데, 눈 아이콘(👁)을 켜고 꺼서 효과가 적용된 상태와 제거된 상태를 보고 비교할 수 있습니다. 효과 이름을 더블클릭하여 효과를 수정할 수도 있고 휴지통으로 드래그하여 삭제할 수도 있습니다.

❶ **레이어 스타일 표시**(fx): 아이콘을 더블클릭하여 [Layer Style] 창을 열고 옵션값을 수정할 수 있습니다.
❷ **레이어 스타일 확장 버튼**: 스타일 목록을 확인하려면 아래쪽 화살표 버튼(⌄)을, 축소하려면 위쪽 화살표 버튼(⌃)을 클릭합니다.
❸ 적용된 레이어 스타일의 이름을 확인합니다.

❹ 레이어 스타일(fx): 레이어에 다양한 스타일을 적용하고 세부 옵션값에 따라 다양하게 연출할 수 있습니다.

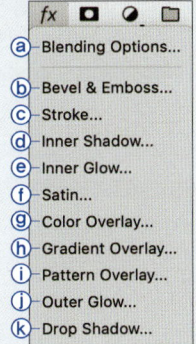

ⓐ Blending Options: 합성 방법을 지정합니다.

ⓑ Bevel & Emboss: 경사 및 돌출 효과로, 입체감 있는 이미지를 만듭니다.

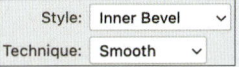   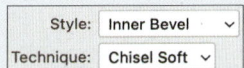

ⓒ Stroke: 외곽선을 만듭니다. 선 굵기와 종류를 지정할 수 있습니다.

ⓓ **Inner Shadow**: 레이어의 안쪽에 그림자를 만듭니다.

ⓔ **Inner Glow**: 레이어의 안쪽에 광선 효과를 만듭니다.

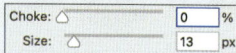 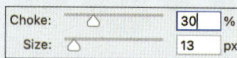

ⓕ **Satin**: 유리에서 볼 수 있는 광택 효과와 매끈하게 윤이 나는 음영을 만듭니다.

☑ Invert   ☐ Invert

ⓖ **Color Overlay**: 레이어에 색상을 덧입힙니다.

Blend Mode: Normal   Blend Mode: Lighten

ⓗ **Gradient Overlay**: 레이어에 그레이디언트를 덧입힙니다.

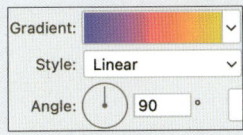 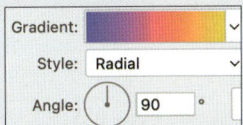

ⓘ **Pattern Overlay**: 레이어에 패턴을 덧입힙니다.

ⓙ **Outer Glow**: 레이어의 바깥쪽에 광선 효과를 만듭니다.

ⓚ **Drop Shadow**: 각도를 지정해 그림자 효과를 만듭니다.

01 | [Styles] 패널에서 레이어 스타일 적용하기

예제파일	forest_start.psd
완성파일	forest_finish.jpg

❶ [File]-[Open]([Ctrl]+[O]) 메뉴를 선택해서 'forest_start.psd'를 엽니다. ❷ 회색 사각형에 패턴을 합성하기 위해 [Layers] 패널에서 [나무패턴] 레이어를 선택하고 ❸ [레이어 스타일] 아이콘([fx])을 클릭한 후 ❹ [Pattern Overlay]를 선택합니다.

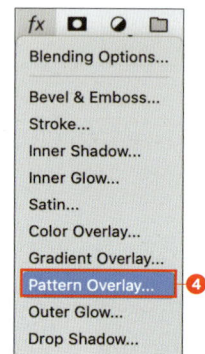

❺ [Layer Style] 창의 'Pattern Overlay' 범주가 열리면 'Pattern'의 목록 버튼을 클릭하고 ❻ '나무' 폴더에 있는 네 번째 나무 패턴을 선택한 후 ❼ [OK] 버튼을 클릭합니다.

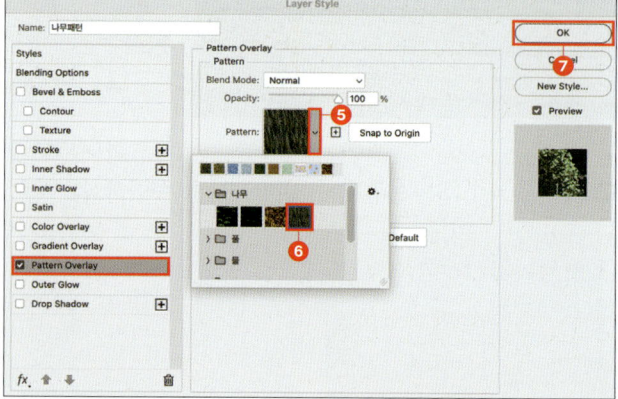

❽ 배경에 나무 패턴 이미지가 적용되었는지 확인합니다.

❾ 레이어 스타일이 적용된 레이어를 일반 레이어로 변환해 보겠습니다. [Layers] 패널의 [나무패턴] 레이어에서 마우스 오른쪽 버튼을 클릭하고 ❿ 바로 가기 메뉴에서 [Rasterize Layer Style]을 선택합니다.

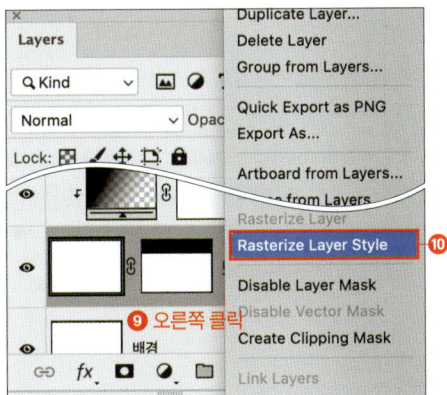

⓫ [나무 패턴] 레이어가 섬네일에 나타나는 일반 레이어가 되었는지 확인합니다. ⓬ [Styles] 패널에 있는 효과를 이용하기 위해 [Layers] 패널에서 [Forest] 레이어를 선택합니다.

⓭ [Window]-[Styles] 메뉴를 선택하여 [Styles] 패널을 열고 '자연어' 폴더에서 '이끼' 스타일을 선택합니다.

⓮ 'Forest' 이미지에 이끼 효과가 입혀지고 ⓯ 레이어에 적용된 스타일 목록이 표시됩니다.

⓰ [Layers] 패널에서 [A forest in an acorn] 레이어 스타일을 [풀] 레이어에 복제해 보겠습니다. Alt 를 누른 상태에서 [레이어 스타일] 아이콘(fx)을 [풀] 레이어로 드래그한 후 ⓱ 풀에 그림자 효과가 적용되었는지 확인합니다.

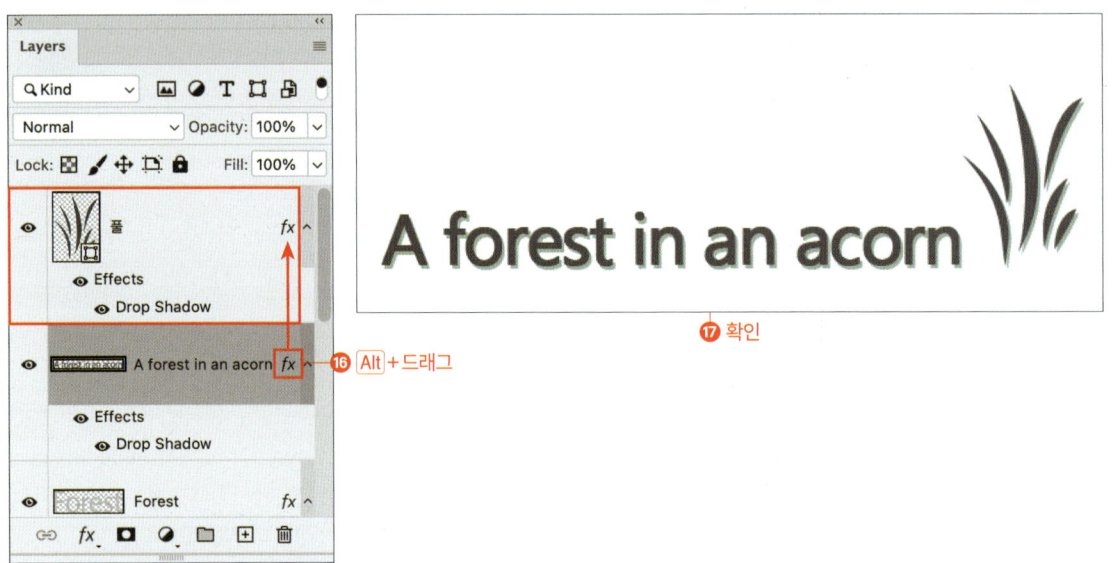

Tip ▶ 레이어 스타일에서 전체 조명(Use Global Light) 켜고 끄기

그림자 효과, 내부 그림자 또는 경사 및 돌출 레이어 스타일 옵션에서 전체 조명 사용 여부를 체크 표시할 수 있습니다. 이미지에 같은 각도의 조명을 적용하려면 'Use Global Light'에 체크 표시하고, 각각 다른 각도로 조명을 지정하려면 'Use Global Light'의 체크 표시를 해제합니다.

▲ 'Use Global Light'에 체크 표시, Angle: 140도로 지정   ▲ 'Use Global Light'의 체크 표시 해제, Angle: 35도, 140도로 각각 지정

02 | 네온 사인 효과 만들기

예제파일	neon_start.psd
완성파일	neon_finish.jpg

❶ [File]-[Open](Ctrl+O) 메뉴를 선택해서 'neon_start.psd'를 열고 ❷ [Layers] 패널에서 [뮤직] 레이어를 선택한 후 ❸ [레이어 스타일] 아이콘(fx)을 클릭합니다. ❹ [Layer Style] 창이 열리면 'Outer Glow' 범주에 체크 표시하고 ❺ 'Blend Mode'는 'Screen', ❻ 색상은 마젠타 계열을 선택한 후 ❼ 'Elements'에서 'Spread'는 '19%', 'Size'는 '16px', 'Quality'의 'Range'는 '50%'로 지정합니다.

 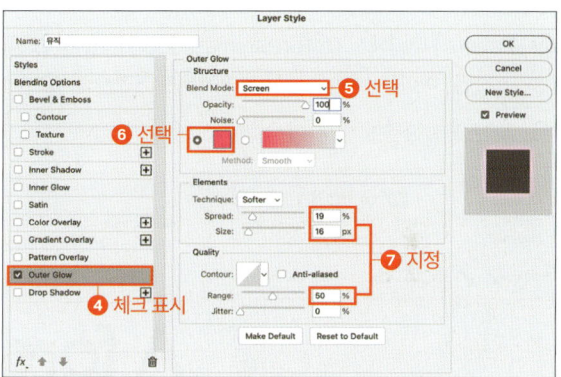

❽ 'Satin' 범주에 체크 표시하고 ❾ 'Blend Mode'는 'Multiply', 색상은 분홍색 계열, 'Opacity'는 '30%', 'Angle'은 '120도', 'Distance'는 '35px', 'Size'는 '20px'로 지정한 후 ❿ [OK] 버튼을 클릭합니다. ⓫ [Layers] 패널에서 Alt 를 누른 상태에서 [레이어 스타일] 아이콘(fx)을 [카페] 레이어로 드래그하여 ⓬ [뮤직] 레이어의 네온사인 효과를 [카페] 레이어에 똑같이 복제합니다. ⓭ 네온사인 색을 변경하기 위해 [카페] 레이어 옆에 있는 [레이어 스타일] 아이콘(fx)을 더블클릭합니다.

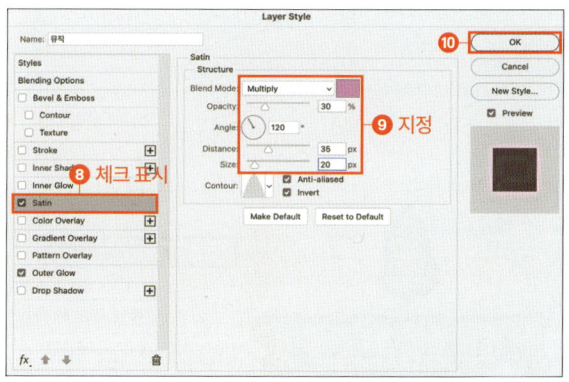 

⓮ [Layer Style] 창이 열리면 'Outer Glow' 범주에 체크 표시하고 ⓯ 색을 파란색으로 바꿉니다. ⓰ 'Satin' 범주에 체크 표시하고 ⓱ 색을 하늘색으로 바꾼 후 ⓲ [OK] 버튼을 클릭합니다.

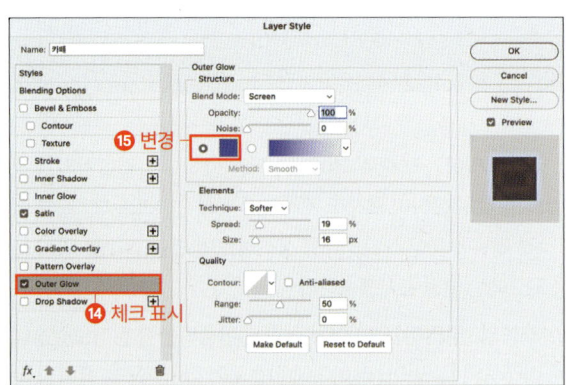 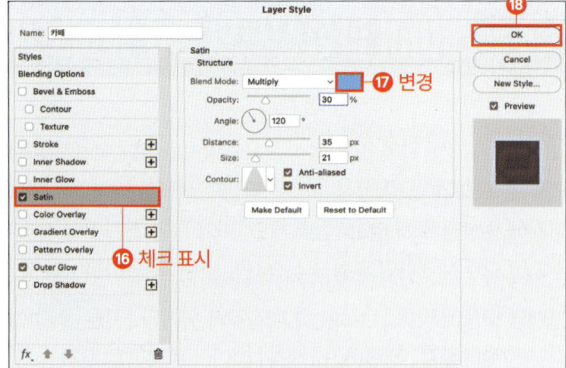

⓴ [카페] 레이어 스타일을 [원] 레이어에 복제하기 위해 Alt 를 누른 상태에서 [레이어 스타일] 아이콘(fx)을 [원] 레이어로 드래그합니다. ⓴ [뮤직] 레이어 스타일을 [별] 레이어에 복제하기 위해 Alt 를 누른 상태에서 [레이어 스타일] 아이콘(fx)을 [별] 레이어로 드래그합니다.

㉑ 원의 일부를 숨기기 위해 레이어 마스크를 씌워보겠습니다. [Layers] 패널에서 [레이어 마스크] 아이콘(▢)을 클릭하고 ㉒ 흰색 마스크가 씌워지면 [Tools] 패널에서 '브러시' 툴(🖌)을 선택한 후 ㉓ 작업 창에서 마우스 오른쪽 버튼을 클릭합니다. ㉔ 브러시 목록 창이 표시되면 '일반 브러시' 폴더의 '선명한 원' 브러시를 선택하고 ㉕ 전경색을 검은색으로 정합니다. ㉖ 가리고 싶은 부분을 드래그하여 지워서 네온 효과를 완성합니다.

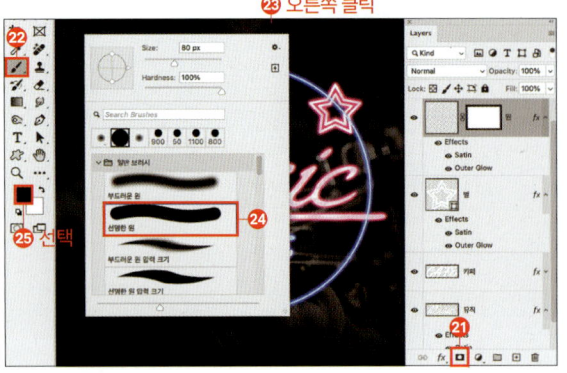 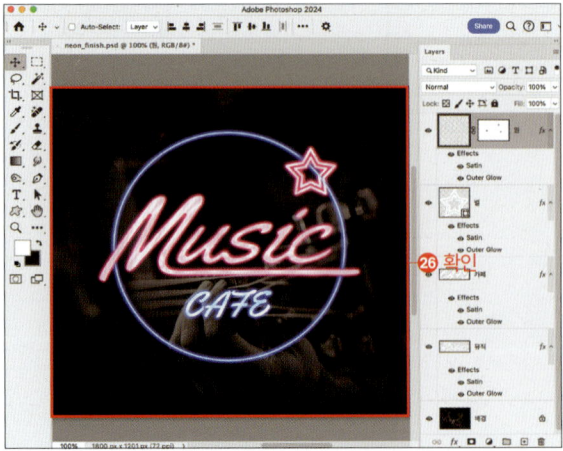

3 | 레이어 합성 모드의 종류 살펴보기

[Layers] 패널 위에 있는 합성 모드(Blending Modes)에서는 위쪽 레이어가 아래쪽 레이어와 어떤 방식으로 결합할지를 정의할 수 있습니다. 각 합성 모드는 픽셀의 색상과 밝기값을 다양한 방식으로 결합하여 특정한 시각적 효과를 연출하는데, 원본 이미지에 손상을 주지 않고 색상, 채도, 밝기 등을 조절할 수 있습니다. 각 목록에 마우스 포인터를 올려놓으면 합성 결과를 미리 볼 수 있으므로 예제파일을 열고 실습해 보세요. 꼭 알아두어야 할 합성 모드에는 별을 표시했습니다.

블렌딩 모드에 따라 [Layers] 패널에서 위쪽의 [질감] 레이어가 아래쪽의 [멍멍이] 레이어와 어떻게 합성되는지 살펴보겠습니다. 위쪽의 [질감] 레이어가 [배경] 레이어에 영향을 주지 않기 위해 아래쪽의 [멍멍이] 레이어에 한정되어 나타나도록 클리핑 마스크를 씌웠습니다.

▲ 위쪽의 [질감] 레이어

▲ 아래쪽의 [멍멍이] 레이어

▲ [배경] 레이어

▲ 클리핑 마스크를 씌우고 블렌딩 효과 주기

044

| 예제파일 | Bleding_mode.psd |

❶ 기본 모드

Normal(기본)
레이어의 픽셀이 아래쪽의 픽셀을 완전히 덮습니다.

Dissolve(디졸브)
위쪽 레이어의 'Opacity'를 줄일수록 모래알을 흩뿌려놓은 것처럼 표현됩니다.

❷ 어두운 색 모드

Darken(어둡게)
위쪽 레이어의 밝은 부분은 투명하게 표현하고 어두운 부분은 색과 명도가 혼합되어 더욱 어둡게 나타납니다.

★ Multiply(곱하기)
흰색을 투명하게 처리합니다. 아래쪽 레이어와 색상을 곱하여 더 어둡게 표현합니다.

Color Burn(색상 번)
색상을 어둡게 하고 대비를 증가시킵니다.

Linear Burn(선형 번)
명도를 줄여 어둡게 표현합니다.

Darker Color(더 어두운 색)
전체적인 채널 색상을 비교한 후 어두운 색을 혼합해서 표현합니다.

045

❸ 밝은 색 모드

Lighten(밝게)
2개의 레이어 중에서 밝은 색을 부각시키고 어두운 부분을 제거하여 이미지를 밝게 표현합니다.

★ Screen(스크린)
검은색을 투명하게 처리합니다. 두 레이어의 색상을 반전시켜서 곱한 후 합성하는데, 합성한 색상은 항상 더 밝아집니다.

Color Dodge(색상 닷지)
색상 대비를 감소시켜서 전체적으로 밝게 표현하고 강한 빛에 노출된 효과를 냅니다.

Linear Dodge(선형 닷지)
명도 50%를 기준으로 50%보다 밝은 부분은 더 밝게 표현합니다.

Lighter Color(더 밝은 색)
전체적인 채널 색상을 비교하여 밝은 색을 혼합해서 표현합니다.

❹ 대비 증가 모드

★ Overlay(오버레이)
Multiply 모드와 Screen 모드를 합쳐 놓은 모드로, 어두운 부분은 더 어둡게, 밝은 부분은 더 밝게 만듭니다. 50% 회색이 기준이 됩니다.

Soft Light(소프트 라이트)
부드러운 조명을 비추는 효과를 연출하고 Overlay 모드보다 부드럽게 표현합니다.

Hard Light(하드 라이트)
강한 조명을 비추는 효과를 연출하고 Soft Light 모드보다 강하게 표현합니다.

Vivid Light(비비드 라이트)
Burn 모드나 Dodge 모드를 적용한 것처럼 이미지 대비값을 높입니다. Hard Light 모드보다 강합니다.

Linear Light(선형 라이트)
혼합 색상이 50% 회색보다 밝은 부분은 명도를 높이고 어두운 부분은 명도를 낮춥니다.

Pin Light(핀 라이트)
혼합 색상이 50% 회색보다 밝은 부분은 채도를 높이고 어두운 부분은 채도를 낮춥니다.

Hard Mix(하드 믹스)
RGB 채널값을 추가하여 색상 대비가 높은 원색에 가깝게 표현합니다.

❺ 차이와 배제 모드

Difference(차이)
겹쳐진 부분의 어두운 부분을 보색으로 반전시켜서 합성합니다.

Exclusion(배제)
Difference 모드와 비슷하지만 좀 더 부드럽게 합성합니다.

Subtract(빼기)
어두운 부분의 색상을 빼고 합성합니다.

Divide(나누기)
어두운 부분의 색상을 나눈 후에 합성합니다.

❻ 색상 모드

Hue(색조)
위쪽 레이어의 색조를 반영하여 아래쪽 레이어의 명도와 채도를 표현합니다.

Saturation(채도)
위쪽 레이어의 채도를 반영하여 아래쪽 레이어의 명도와 색상을 표현합니다.

Color(색상)
위쪽 레이어의 색상과 채도를 반영하여 아래쪽 레이어의 명도를 표현합니다.

Luminosity(밝기)
위쪽 레이어의 명도를 반영하여 아래쪽 레이어의 색상과 채도를 표현합니다.

---

01 | 흰색을 투명하게 하는 Multiply 모드로 글씨 합성하기

| 예제파일 | calli_start.psd |
| 완성파일 | calli_finish.jpg |

❶ Ctrl+O를 눌러 'calli_start.psd'를 열고 ❷ [Layers] 패널에서 [캘리그라피] 레이어를 선택한 후 ❸ 'Blend Mode'를 'Multiply'로 지정합니다. ❹ 그러면 흰색 부분이 투명하게 처리되어 검은색 글씨만 남습니다.

❺ 글자를 종이 태그 기울기에 맞춰보겠습니다. Ctrl + T 를 눌러 자유 변형 박스를 씌우고 ❻ 박스 모서리를 잡고 회전하여 기울인 후 Enter 를 눌러 고정합니다.

02 | 검은색을 투명하게 하는 Screen 모드로 빛 합성하기

| 예제파일 | reed_start.psd |
| 완성파일 | reed_finish.jpg |

❶ Ctrl + O 를 눌러 'reed_start.psd'를 불러옵니다. ❷ [Layers] 패널에서 [스크린빛] 레이어를 선택한 후 ❸ [Filter]-[Render]-[Lens Flare] 메뉴를 선택합니다. ❹ [Lens Flare] 창이 열리면 십자 커서를 움직여서 빛의 각도와 거리를 지정하고 ❺ 'Brightness'는 '110%', ❻ 'Lens Type'은 '50-300mm Zoom'으로 선택한 후 ❼ [OK] 버튼을 클릭합니다.

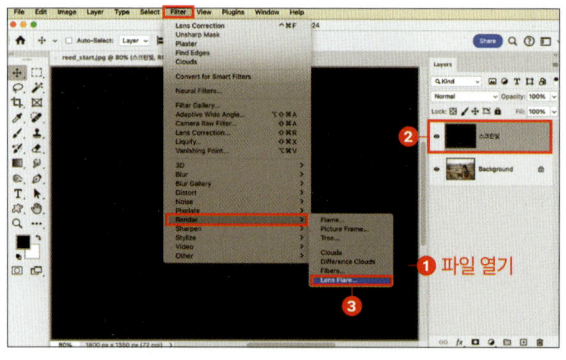 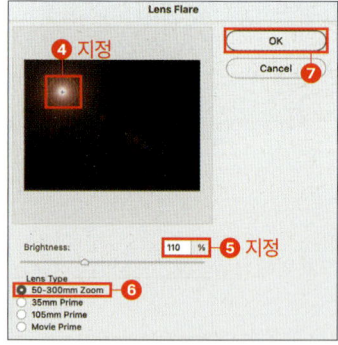

❽ 검은색 배경에 빛 효과가 나타나면 ❾ 검은색을 투명하게 처리하기 위해 [Layers] 패널에서 'Blend Mode'를 'Screen'으로 지정합니다. ❿ 그러면 검은색 부분이 사라지고 빛 효과만 남습니다.

049

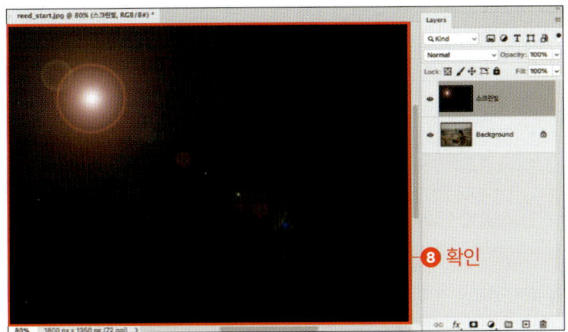

03 | 화사한 톤을 만드는 Overlay 모드로 달 합성하기

예제파일	Dark_start.psd
완성파일	Dark_finish.jpg

❶ Ctrl+O를 눌러 'Dark_start.psd'를 열고 ❷ [Layers] 패널에서 [물결] 레이어의 눈 아이콘(👁)을 클릭하여 물결 이미지를 표시한 후 ❸ 'Blend Mode'를 'Overlay'로 지정합니다. ❹ 밝은 부분과 어두운 부분의 대비가 확실해져서 이미지의 톤이 화사해졌습니다.

❺ 물결을 은은하게 표현하기 위해 [Layers] 패널에서 'Opacity'를 '50%'로 낮추고 ❻ [레이어 마스크] 아이콘(▢)을 클릭하여 마스크를 씌웁니다.

❼ [Tools] 패널에서 '브러시' 툴( )을 선택하고 ❽ 작업 창에서 마우스 오른쪽 버튼을 클릭합니다. ❾ 브러시 목록 창이 표시되면 '일반 브러시' 폴더의 '부드러운 원' 브러시를 선택하고 ❿ 전경색을 검은색으로 지정한 후 ⓫ 마스크에서 언덕과 물 사이의 경계 부분을 드래그하여 지웁니다.

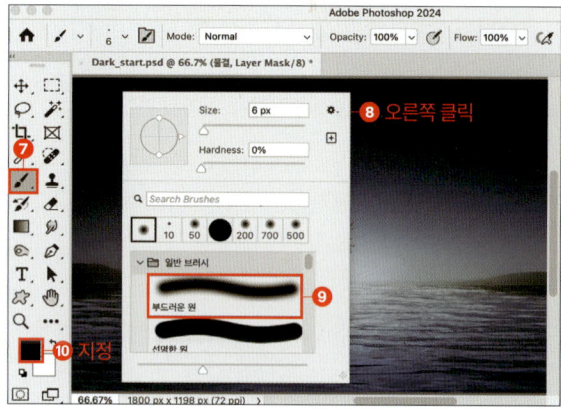

⓬ [Layers] 패널에서 [달] 레이어의 눈 아이콘( )을 클릭하여 달 이미지를 표시하고 ⓭ 'Blend Mode'는 'Overlay', 'Opacity'는 '40%'로 지정합니다.

⓮ 어두워진 달 주변의 일부분을 지우기 위해 [Layers] 패널에서 [레이어 마스크] 아이콘( )을 클릭하여 마스크를 씌웁니다.
⓯ '부드러운 원' 브러시로 달 주변을 드래그하여 지우면 밤 배경에 달과 물결이 화사하면서도 은은하게 합성됩니다.

4 조정 레이어의 종류 살펴보기

[Layers] 패널에서 [조정 레이어] 아이콘(◐)을 클릭하면 조정 레이어를 생성할 수 있습니다. 조정 레이어(Adjustment Layer)는 일반 레이어와는 다르게 섬네일 부분에 그래프가 표시되어 나타납니다. [Layers] 패널에서 조정 레이어를 맨 위에 두면 아래쪽에 있는 모든 레이어에 색상, 밝기, 채도 등의 값을 적용할 수 있고 여러 레이어를 한꺼번에 교정할 수 있어서 편합니다.

조정 레이어는 모두 마스크를 포함하고 있습니다. 따라서 일부 이미지에만 조정 내용을 적용하려면 레이어 마스크에서 가리고 싶은 부분을 검은색으로 칠해야 합니다. 예제파일을 열고 실습해 보세요.

'Adjustment.psd'를 불러옵니다. [Layers] 패널에서 [Gradient] 조정 레이어를 생성해 맨 위에 올려두어 아래쪽에 있는 [bird], [tree], [background] 레이어에 영향을 주게 만들었습니다. 조정 레이어의 옆에 씌워진 마스크에서 가리고 싶은 부분을 검은색 브러시로 채색하면 그레이디언트 배경이 가려지면서 아래쪽 레이어가 드러납니다.

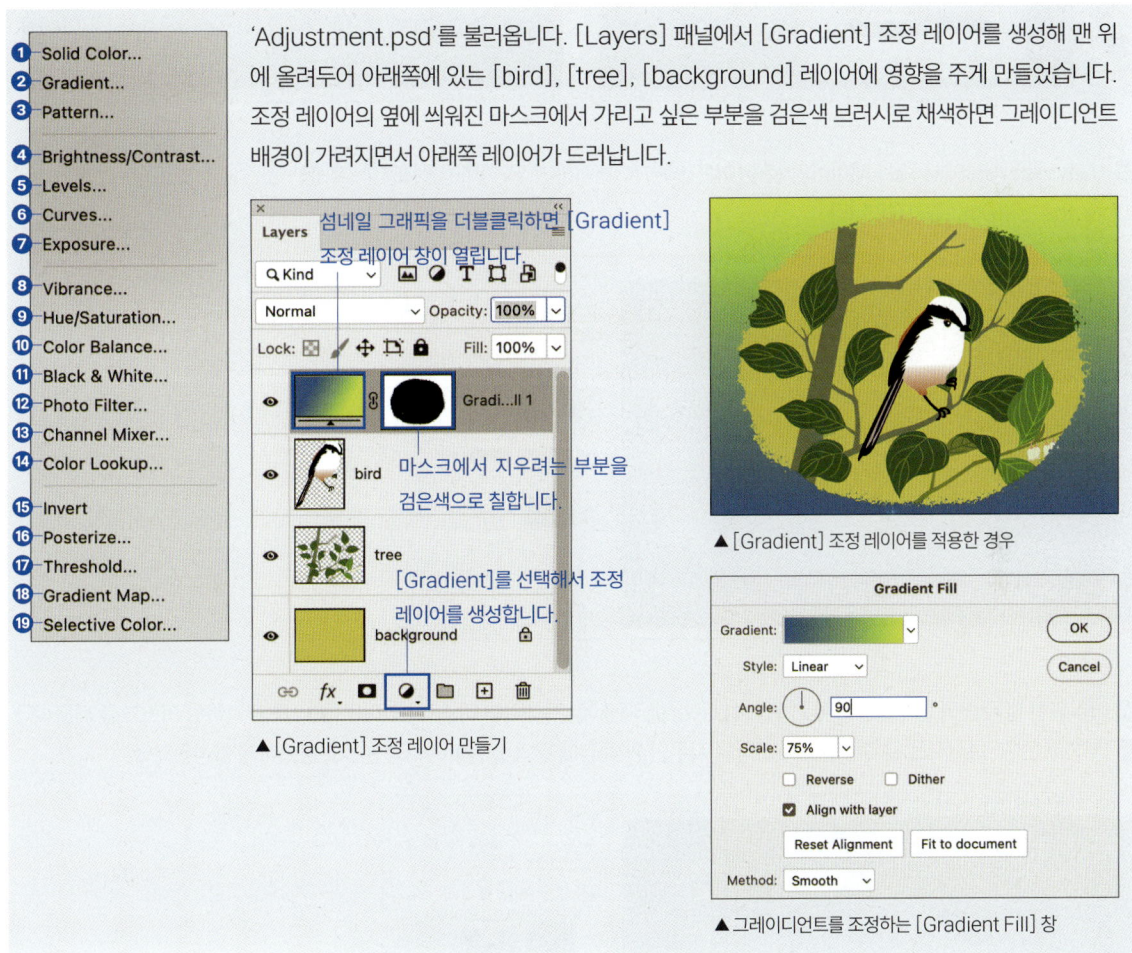

▲ [Gradient] 조정 레이어 만들기

▲ [Gradient] 조정 레이어를 적용한 경우

▲ 그레이디언트를 조정하는 [Gradient Fill] 창

✓ Adjustment 레이어의 종류와 특징

❶ Solid Color(단색)	❷ Gradient(그레이디언트)	❸ Pattern(패턴)
단일 색으로 채웁니다.	그레이디언트를 적용합니다.	패턴으로 채웁니다.

❹ Brightness/Contrast(밝기/대비)	❺ Levels(레벨)	❻ Curves(커브)
명도와 대비를 조절합니다.	이미지의 명암 대비를 조정하고 그림자, 중간 톤, 하이라이트를 조절합니다.	정밀하게 밝기와 대비를 조정할 수 있고 이미지의 특정 톤을 선택해서 수정할 수 있습니다.

❼ Exposure(노출)	❽ Vibrance(선명도)	❾ Hue/Saturation(색조/채도)
이미지의 노출을 조정하여 밝기를 변경하고 오프셋과 감마를 조절합니다.	계조 손실을 최소화하여 채도를 올립니다. 저채도 부분의 색상을 강화하고 과채도 영역은 과도하게 변경되지 않도록 합니다.	색조, 채도, 밝기를 조절해서 색상을 변경합니다.

❿ Color Balance(컬러 밸런스)	⓫ Black & White(흑백)	⓬ Photo Filter(사진 필터)
이미지의 색상을 따뜻하거나 차갑게, 또는 특정 색조로 변환합니다.	이미지를 흑백으로 변환하고 채널을 조정하여 흑백의 양을 수정합니다.	이미지에 색상 필터를 적용하여 전체적인 색조를 변경합니다.

⑬ **Channel Mixer(채널 믹서)**	⑭ **Color Lookup(색상 조회)**	⑮ **Invert(반전)**
색상 채널을 혼합하여 새로운 색상 효과를 만듭니다. 	미리 정의된 색상 변환 테이블(LUT: Look Up Table)을 적용하여 이미지의 색상 스타일을 변경합니다. 	색상을 반전시켜서 네거티브 효과를 만듭니다. 
⑯ **Posterize(포스터화)**	⑰ **Threshold(임계값)**	⑱ **Gradient Map(그레이디언트 맵)**
색상을 단계적으로 줄여 포스터와 같은 효과를 만듭니다. 	이미지를 흑백으로 변환하고 특정 임계값을 기준으로 밝은 부분과 어두운 부분을 구분합니다. 	이미지에 그레이디언트를 덧씌웁니다. 
⑲ **Selective Color(선택 색상)**		
특정 색상을 선택적으로 강조하거나 약하게 조정할 수 있습니다. 		

5 레이어에 씌우는 마스크의 종류 살펴보기

포토샵에서 마스크(Mask)는 특정 부분을 숨기거나 표시하기 위해 사용합니다. 마스크를 이용하면 원본 이미지를 손상시키지 않고 합성할 수 있어서 수정이 쉽습니다. 이때 마스크로 가려진 영역은 지워지거나 가려져서 뚫립니다.

01 | 레이어 마스크(Layer Mask)

예제파일	layermask_start.psd
기능	레이어 마스크는 특정 부분을 부분적으로 가리고 싶을 때 사용하고 흰색, 검은색, 회색 그레이디언트로 색상을 이용합니다. • 흰색: 완전히 보이는 부분(복구할 때 사용) • 검은색: 완전히 숨겨진 부분(가릴 때 사용) • 회색: 반투명 부분(회색의 밝기 정도에 따라 투명도가 결정됨)
사용 방법	[Layers] 패널에서 [레이어 마스크] 아이콘(◻)을 클릭하여 마스크를 씌우고 [Tools] 패널의 '브러시' 툴(🖌)로 검은색을 이용해서 가리고 싶은 부분을 드래그합니다.

❶ Ctrl+O를 눌러 'layermask_start.psd'를 열고 아이스크림 사진에서 배경 부분을 가리면 아이스크림만 보여서 누끼컷을 딴 것처럼 만들 수 있습니다. ❷ [Layers] 패널에서 [icecream] 레이어를 선택하고 ❸ [Select]-[Subject] 메뉴를 선택하여 아이스크림(피사체)을 선택 영역으로 지정합니다.

❹ [Layers] 패널에서 [레이어 마스크] 아이콘(◻)을 클릭하여 마스크를 씌웁니다. ❺ 그러면 아이스크림 주변 배경 부분이 사라지면서 [background] 레이어의 분홍색 배경이 나타납니다.

> **Tip ▶ 클리핑 마스크 해제하기**
> 클리핑 마스크를 해제하려면 다시 Ctrl+Alt+G를 누르거나 Alt를 누른 상태에서 두 레이어 사이의 경계를 클릭합니다.

02 | 클리핑 마스크(Clipping Mask)

예제파일	clippingmask_start.psd
기능	클리핑 마스크는 위쪽 레이어를 아래쪽 레이어의 특정 영역에 한정하고 싶을 때 사용합니다.
사용 방법	[Layer]-[Create Clipping Mask]([Ctrl]+[Alt]+[G]) 메뉴를 선택하거나 [Alt]를 누른 상태에서 두 레이어 사이의 경계를 클릭합니다.

❶ [Ctrl]+[O]를 눌러 'clippingmask_start.psd'를 열고 모델 사진을 아래쪽 곡선 프레임에 한정시키면 기하학적이고 묘한 분위기를 연출할 수 있습니다. ❷ [Layers] 패널에서 [woman] 레이어를 선택하고 ❸ [Alt]를 누른 상태에서 [woman] 레이어와 [frame] 레이어 사이의 경계를 클릭합니다. ❹ 아래쪽으로 향하는 화살표가 생기면서 클리핑 마스크가 씌워집니다.

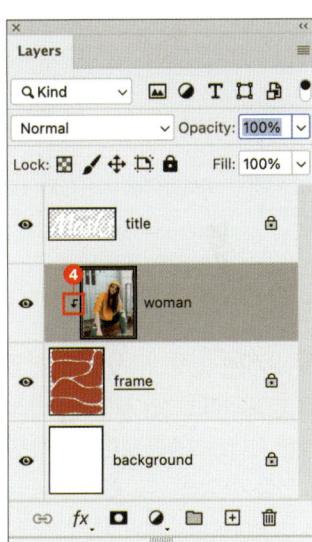

❺ 곡선 프레임 안에 모델 이미지를 넣어 독특한 버블 효과를 연출했습니다.

03 | 선택 및 마스크(Select and Mask)

기능 선택 및 마스크는 정밀하게 특정 이미지를 추출하고 싶을 때 사용합니다.

사용 방법 [Select]-[Select and Mask]([Ctrl]+[Alt]+[R]) 메뉴를 선택합니다. '빠른 선택' 툴( )과 '가장자리 다듬기 브러시' 툴( )을 이용해 선택 영역을 다듬을 수 있습니다.

✓ Select and Mask 창

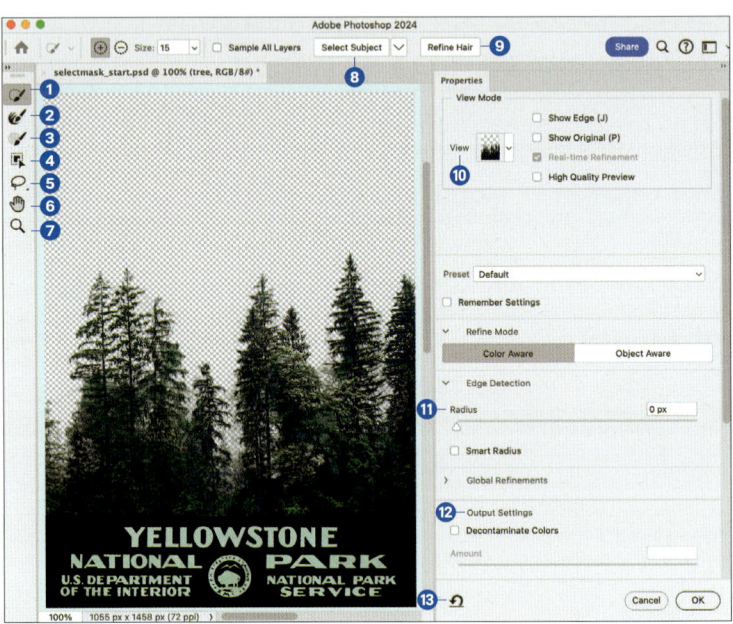

❶ '빠른 선택' 툴( ) : 드래그하여 빠르게 영역을 지정합니다.

❷ '가장자리 다듬기 브러시' 툴( ) : 드래그하여 영역의 가장자리를 다듬을 수 있습니다.

❸ '브러시' 툴( ) : 드래그하여 영역을 지정합니다.

❹ '개체 선택' 툴( ) : 개체를 찾아 지정합니다.

❺ '올가미' 툴( ) : 드래그한 부분을 영역으로 지정합니다.

❻ '손' 툴( ) : 화면을 이동할 수 있습니다.

❼ '돋보기' 툴( ) : 화면을 확대 또는 축소할 수 있습니다.

❽ **Select Subject**: 선택 영역을 자동으로 지정합니다.

❾ **Refine Hair**: 자동화 기능으로 머리카락, 털, 또는 섬세한 가장자리를 선택 영역으로 지정합니다.

❿ **View**: 미리 보기 모드를 지정합니다. 기본적으로 반투명한 Onion Skin 모드가 지정되어 있습니다.

ⓐ **Onion Skin** : 투명도 슬라이드바를 사용하여 투명도를 조정할 수 있습니다.

ⓑ **Marching Ants** : 선택 영역으로 시각화할 수 있습니다.

ⓒ **Overlay** : 선택 항목을 투명한 빨간색으로 시각화하여 보여줍니다.

ⓓ **On Black** : 검은색 배경 위에 이미지를 표시합니다.

ⓔ **On White** : 흰색 배경 위에 이미지를 표시합니다.

ⓕ **Black & White** : 선택 영역을 흑백 마스크로 시각화합니다.

ⓖ **On Layers** : 투명한 배경 위에 이미지를 표시합니다.

⓫ **Radius** : 가장자리 다듬기 기능이 적용되는 테두리 크기를 지정하고 가장자리가 시작되는 부분을 결정합니다.

⓬ **Output Settings** : 출력 형태를 지정합니다. 선택 영역으로만 출력, 마스크를 씌운 상태로 출력, 새 레이어에 마스크 씌운 후 출력하는 등 다양한 출력 방식이 있습니다.

⓭ **선택 영역 재지정**( ) : 선택 및 마스크 작업의 초기 상태로 되돌릴 수 있습니다.

04 | 퀵 마스크 모드(Quick Mask Mode)

기능	퀵 마스크 모드는 선택 영역을 쉽게 생성하거나 수정할 때 사용합니다.
사용 방법	단축키 Q를 누르거나 [Tools] 패널의 아래쪽에서 [표준 모드] 아이콘( )을 클릭해서 [퀵 마스크 모드]( )로 전환할 수 있습니다. '브러시' 툴( )로 드래그하여 선택 영역을 그리면 빨간색이 오버레이 모드로 표시되고 빨간색은 선택하지 않은 영역을 나타냅니다. 퀵 마스크 모드에서는 색상을 사용할 수 없고 명도만 사용할 수 있습니다.

✓ 퀵 마스크 모드(Quick Mask Mode) 옵션

[Tools] 패널의 아래쪽에서 [표준 모드] 아이콘( )을 더블클릭하여 [Quick Mask Options] 창을 열고 마스크 영역(Masked Areas)과 선택 영역(Selected Areas) 중 어느 영역에 색상을 표현할지 결정합니다.

▲ 고양이를 선택 영역으로 지정한 경우

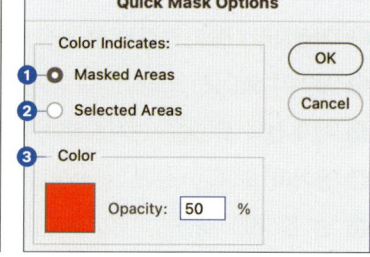

❶ 마스크 영역(Masked Areas)

선택 영역 이외의 부분(채색하지 않은 부분)을 빨간색으로 보여줍니다.

❷ 선택 영역(Selected Areas)

선택 영역 부분(채색한 부분)을 빨간색으로 보여줍니다.

❸ 색상(Color)

채색할 때 나타나는 색상을 선택하고 'Opacity'로 투명도를 조절합니다.

05 | 'Select and Mask – Refine Hair' 기능으로 토끼 털 마스킹하기

예제파일	selectmask_start.psd
완성파일	selectmask_finish.jpg

❶ Ctrl+O를 눌러 'selectmask_start.psd'를 열고 ❷ [Tools] 패널에서 '마술봉' 툴(✨)을 선택한 후 ❸ 옵션바에서 [Select Subject] 버튼을 클릭합니다. ❹ 사진 속 피사체인 토끼를 선택 영역으로 지정한 후 ❺ 옵션바에서 [Select and Mask] 버튼을 클릭합니다.

059

❻ [Select and Mask] 창이 열리면 [Properties] 패널에서 'View'의 목록 버튼을 클릭하고 ❼ [On Black]을 선택합니다.

❽ 'Opacity'를 '100%'로 지정해 토끼를 제외한 배경 부분을 검은색으로 표시합니다. ❾ 옵션바에서 [Refine Hair] 버튼을 클릭하여 토끼의 가는 털을 섬세하게 표시합니다.

Tip▶ **'Refine Hair' 자동화 기능을 이용해 세밀하게 영역 선택하기**

'Refine Hair' 자동화 기능은 [Select and Mask] 창에서 사용할 수 있고 머리카락이나 털, 또는 섬세한 가장자리를 선택 영역으로 지정할 때 매우 유용합니다. 이 기능은 복잡하고 세밀한 영역을 쉽게 선택할 수 있도록 도와주고 '가장자리 다듬기 브러시' 툴(🖌)과 함께 사용하면 좋습니다.

❿ 선택 영역을 더욱 정밀하게 조정하기 위해 '가장자리 다듬기 브러시' 툴(　)을 이용해 ⓫ 털 부분을 드래그하는데, 드래그할 때마다 토끼 털이 가늘게 다듬어집니다. ⓬ [Properties] 패널에서 'Radius'는 '5px', 'Contrast'는 '20%'로 지정하고 작업물을 내보내기 위해 ⓭ 'Output To'에서 [Layer Mask]를 선택한 후 ⓮ [OK] 버튼을 클릭합니다.

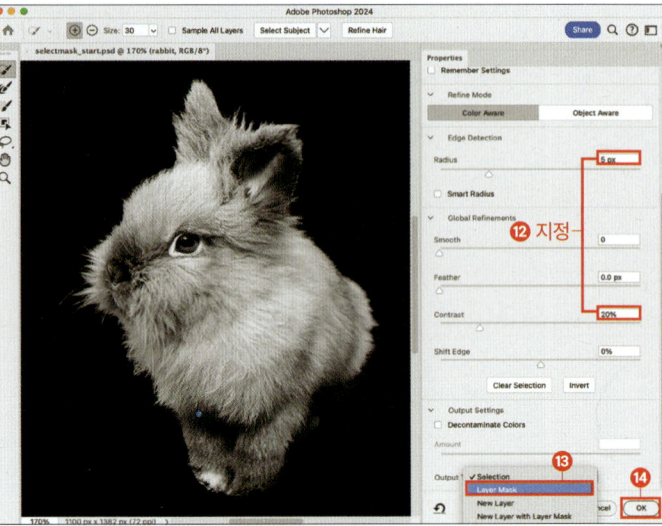

⓯ [Layers] 패널의 [rabbit] 레이어에서 토끼 영역 이외의 배경 부분에 검은색 마스크가 씌워졌는지 확인하고 ⓰ [배경] 레이어의 눈 아이콘(　)을 클릭하여 작업을 완성합니다.

061

THE
PHOTOSHOP

PART 2
인쇄 디자인

Poster | Menu | Book Cover | Card

서울 꽃 축제 포스터

예제파일 flowerposter_start.psd
완성파일 flowerposter_finish.jpg

Poster · Menu · Book Cover · Card

Point skill '사각 선택' 툴(▢), '원형 선택' 툴(◯), '마술봉' 툴(🪄), '빠른 선택' 툴(🖌), '개체 선택' 툴(🖱)

How to 포토샵에서 이미지의 일부나 전체를 선택 영역으로 지정하면 그 부분에만 포토샵 기능을 적용할 수 있어서 매우 유용합니다. 선택 영역으로 지정한 부분만 자르거나 옮길 수도 있고 복제하거나 삭제하고 특정한 색상을 입힐 수도 있습니다. 선택 영역 지정 방법은 이미지 성격에 따라 달라집니다. 같은 색을 선택할 때는 '마술봉' 툴을, 비슷한 색을 선택할 때는 '빠른 선택' 툴을 사용합니다. 선택과 관련된 기능은 누끼컷을 만들고 이미지 합성을 위해 반드시 알아야 할 기능입니다.

Step '개체 선택' 툴로 선택 영역 만들기 ➡ 이미지 명암과 색상 조정하고 마스크 씌우기 ➡ 사각 선택 영역 지정하고 포스터 내용 넣기

타이포그래피로 디자인에 힘 더하기

▶ **메시지와 잘 어울리는 글꼴은 디자인에 강력한 무기가 될 수 있습니다.**

① **글꼴 자체가 디자인**: '글꼴'은 시각적, 형태적 특징을 가진 서체입니다. 폰트는 이러한 글꼴을 컴퓨터 파일 형태로 구현한 것입니다. 글꼴은 형태와 스타일을 결정짓는 요소로, 글꼴을 변경하는 것만으로도 인상이 달라질 수 있습니다. 보기 좋게 변경한 글꼴은 단순히 정보를 전달하는 것에 그치지 않고 강력한 비주얼 요소로 작용합니다.

② **다양한 글꼴 종류**: 글꼴 종류가 매우 다양하여 목적에 맞게 잘 선택하여 사용해야 합니다. 완벽한 글꼴 분류 체계는 없지만, 흔히 사용하는 두 개의 글꼴 범주는 세리프체와 산세리프체입니다. 세리프체(명조 계열)는 끝부분이 돌출되어 있어 섬세하고 고급스러운 느낌을, 산세리프체(고딕 계열)는 돌기나 장식이 없어 현대적이고, 깔끔하며, 전문적인 느낌을 줍니다.

③ **가독성을 높이는 작업**: 타이포그래피는 텍스트의 가독성을 높여 정보를 쉽게 이해할 수 있도록 만드는 작업입니다. 폰트 종류, 굵기, 크기, 행간, 자간, 레이아웃 등 다양한 요소를 조합해 눈에 잘 띄고, 인상적이며, 시인성이 높게 구성해야 합니다.

디자인 작업 Point

» **글자 일부분을 이미지에 가려 재미 추가**

서울 꽃 축제 포스터에서 '꽃'과 'SEOUL'을 중앙에 정렬한 후 꽃과 겹쳐지는 텍스트 일부분을 가려 재미를 더했습니다. 이처럼 텍스트를 이미지에 가리거나, 걸치거나, 튀어나오게 하면 문구를 해독하기 위해 집중하도록 유도하고 호기심을 자극할 수 있습니다.

» **포스터 제목을 가독성이 좋은 명조 계열로 선택**

포스터의 제목 폰트를 명조 계열로 선택해 꽃축제의 우아한 분위기를 강조했으며 'SEOUL' 글자색을 주황색으로 설정해 봄의 밝고 화사한 느낌을 전달했습니다.

» **타이틀은 한 번에 정보를 전달하는 중요한 요소**

영어 대문자는 소문자에 비해 모든 글자의 높이가 동일하므로 멀리서도 쉽게 읽을 수 있어 메시지 전달력을 높이는 데 유리합니다. 'SPRING FESTIVAL'과 'SEOUL'을 모두 영어 대문자로 설정하고 자간을 줄여 읽기 편하게 만들었습니다.

01 도형 선택 툴

❶ '사각 선택' 툴

'사각 선택' 툴([])은 직사각형이나 정사각형 모양으로 선택 영역을 만듭니다.

❷ '원형 선택' 툴

'원형 선택' 툴(○)은 타원형이나 정원 모양으로 선택 영역을 만듭니다.

> **Tip ▶ 정사각형과 정원 만들기**
> 처음 도형을 그릴 때 [Alt]를 누른 상태에서 드래그하면 클릭한 지점을 중앙으로 해서 사방으로 커지는 도형 모양을 그릴 수 있고, [Shift]를 누른 상태에서 드래그하면 정사각형과 정원을 그릴 수 있습니다. [Alt]+[Shift]를 누른 상태에서 드래그하면 클릭한 지점이 중앙이 되고 중앙을 기준으로 가로와 세로가 비례한 정사각형과 정원을 그릴 수 있습니다.

'사각 선택' 툴의 옵션바

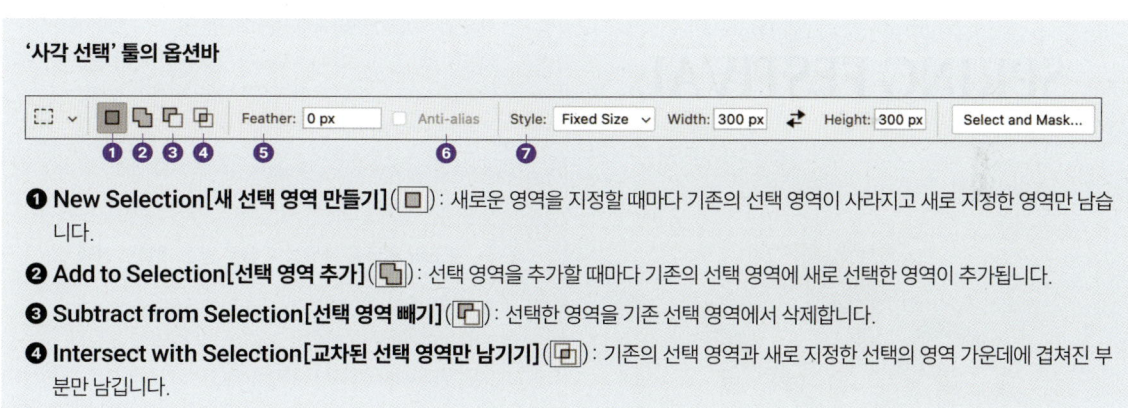

❶ **New Selection[새 선택 영역 만들기]**([]): 새로운 영역을 지정할 때마다 기존의 선택 영역이 사라지고 새로 지정한 영역만 남습니다.

❷ **Add to Selection[선택 영역 추가]**([]): 선택 영역을 추가할 때마다 기존의 선택 영역에 새로 선택한 영역이 추가됩니다.

❸ **Subtract from Selection[선택 영역 빼기]**([]): 선택한 영역을 기존 선택 영역에서 삭제합니다.

❹ **Intersect with Selection[교차된 선택 영역만 남기기]**([]): 기존의 선택 영역과 새로 지정한 선택의 영역 가운데에 겹쳐진 부분만 남깁니다.

▲ New Selection: '사각 선택' 툴로 선택 영역을 지정한 경우

▲ Add to Selection: 선택 영역을 추가한 경우

▲ Subtract from Selection: 선택 영역을 삭제한 경우

▲ Intersect with Selection: 겹쳐진 부분만 남긴 경우

❺ **Feather**: 선택 영역의 경계선을 부드럽게 만들어줍니다. 값이 클수록 경계가 더 부드럽게 처리됩니다.

▲ Feather: 0px

▲ Feather: 40px

❻ **Anti-alias**: 이미지의 외곽을 부드럽게 표현하기 위해 유사한 색상으로 처리합니다. 체크 표시를 해제하면 외곽이 거칠게 표현됩니다.

❼ **Style**: 선택 영역의 스타일을 설정합니다.

ⓐ **Normal**: 드래그한 영역만큼 자유롭게 선택 영역을 생성합니다.

ⓑ **Fixed Ratio**: 선택 영역의 가로와 세로 비율을 고정하여 선택합니다.

ⓒ **Fixed Size**: 지정한 값으로 가로와 세로 크기를 고정하여 선택 영역을 만듭니다.

02 | '마술봉' 툴, '빠른 선택' 툴

❶ '마술봉' 툴( )

'마술봉' 툴은 이미지에서 색상이 같은 막힌 면을 선택 영역으로 만듭니다(단일 색을 지정할 때 사용 권장).

❷ '빠른 선택' 툴( )

'빠른 선택' 툴은 이미지에서 비슷한 색상을 한꺼번에 선택 영역으로 만듭니다. 이 툴은 '마술봉' 툴을 보완하여 만들어서 '마술봉' 툴보다 세밀하게 선택 영역을 지정할 수 있습니다(비슷한 색을 지정할 때 사용 권장).

> **Tip ▶ '마술봉' 툴의 옵션바**
>
>
>
> ❶ **Tolerance**: 값이 클수록 색상 범위가 넓어집니다.
> ❷ **Contiguos**: 체크 표시를 해제하면 영역이 떨어져 있어도 한꺼번에 선택 영역을 지정할 수 있습니다.
>
> ▲ 'Contiguos'에 체크 표시했을 때 – 우산 하나만 선택
> ▲ 'Contiguos'의 체크 표시를 해제했을 때 – 노란색 우산 모두 선택

03 | 여러 색상의 도넛을 빠르고 간편하게 선택하기

예제파일 food_start.jpg
완성파일 food_finish.jpg

❶ [Tools] 패널에서 '빠른 선택 툴'(	)을 선택합니다. ❷ 옵션바에서 브러시 속성 버튼을 선택한 후 ❸ 'Size'를 '40'으로 지정합니다. ❹ 토핑된 딸기 부분과 빵 부분을 드래그하면 도넛 전체가 선택됩니다. [Tools] 패널의 '빠른 선택' 툴(	)로 선택하려는 영역을 드래그하면 유사 색상 및 색조 영역을 선택 영역으로 지정할 수 있습니다. 영역을 선택하면 '빠른 선택' 툴(	)이 '선택 영역에 추가'(	) 툴로 자동 변경되므로 처음 선택 영역에 다른 영역을 추가하려면 해당 영역으로 마우스 포인터를 드래그하기만 하면 됩니다.

❺ 위쪽과 아래쪽에 있는 도넛을 차례대로 드래그하여 선택 영역으로 지정합니다.

❻ 선택 영역으로 지정한 3개의 도넛 색상을 변경하기 위해 [Layers] 패널에서 [조정 레이어] 아이콘(◐)을 클릭한 후 ❼ [Channel Mixer]를 선택합니다.

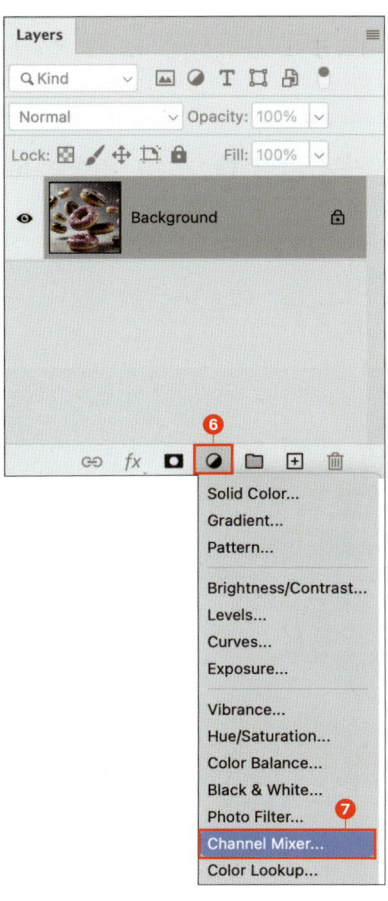

❽ [Properties] 패널에서 'Red'는 '0%', 'Green'은 '0%', 'Blue'는 '200%'로 지정하면 ❾ 빵 부분은 녹색, 토핑된 딸기 부분은 밝은 분홍색으로 변경됩니다.

핵심 기능

04 | '개체 선택' 툴

'개체 선택' 툴( )은 자동으로 개체 영역을 인식합니다. '사각 선택' 툴( )처럼 사각형 모양으로 선택 영역을 지정하면 복잡한 개체의 형태도 자동으로 인식하여 선택 영역으로 지정합니다. 이 툴은 인물을 배경과 분리하는 누끼컷을 만들 때 유용합니다.

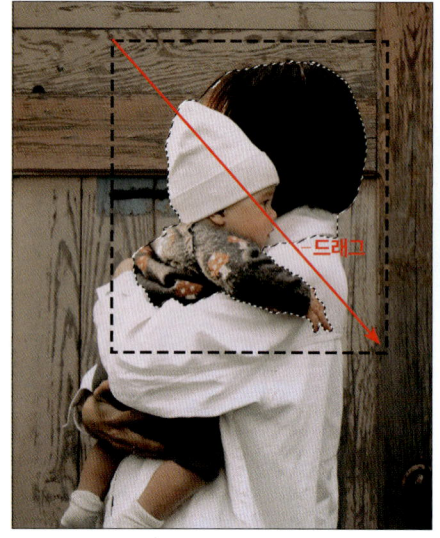
▲ 인물 상체만 포함되도록 사각형 모양으로 드래그

▲ 인물 전체가 포함되도록 드래그

> **Tip ▶ 선택 영역과 관련된 단축키**
> - Ctrl + A : 전체를 선택 영역으로 지정하기
> - Ctrl + D : 선택 영역 해제하기
> - Shift + Ctrl + I : 선택 영역 반전시키기

'개체 선택' 툴의 옵션바

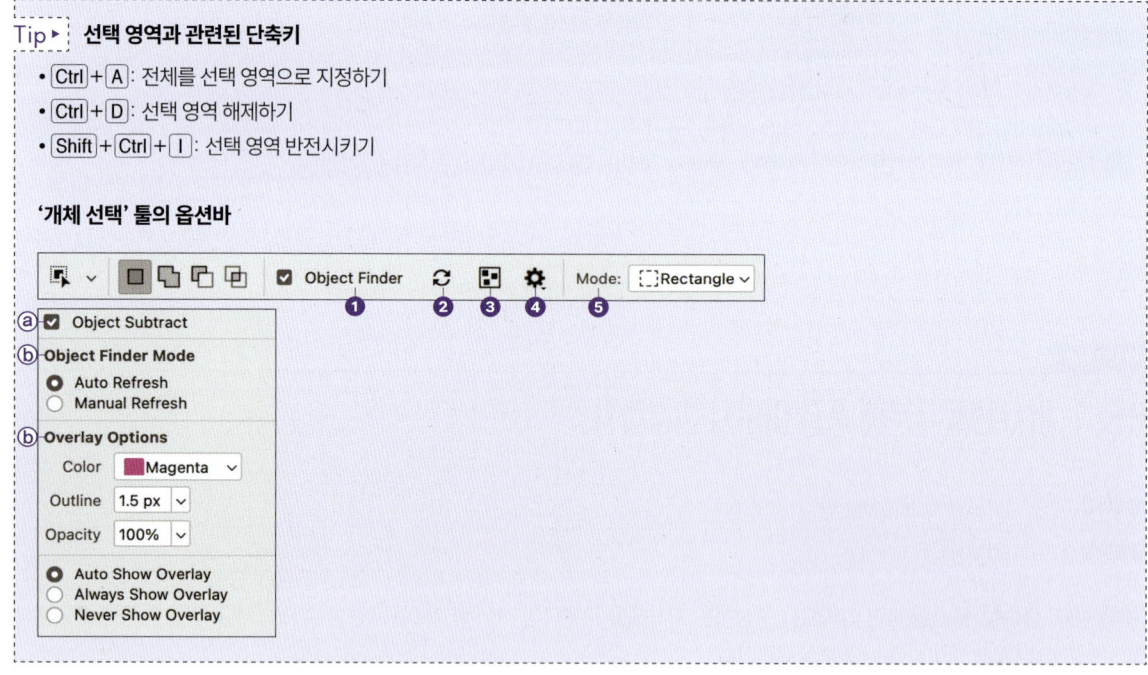

Tip ▶

❶ **Object Finder[개체 찾기]**: 이미지 안의 주요 개체를 자동으로 감지합니다.

▲ 원본 이미지　　　　　　　▲ 마우스 포인터를 이미지 위에 위치　　　　　　▲ 클릭하여 선택 영역 지정

❷ **Click to Refresh Object Finder[개체 찾기 새로 고침]**(🔄): 새롭게 개체를 재검색합니다.
❸ **Show All Objects[모든 개체 표시]**(🔳): 이미지 안의 모든 개체를 선택 영역으로 표시합니다.
❹ **Set Additional Options[추가 옵션 설정]**(⚙): 추가 설정 옵션을 지정할 수 있습니다.
　ⓐ **Object Subtract**: 선택 영역을 지정할 때 안쪽 영역을 자동으로 제외합니다.
　ⓑ **Object Finder Mode**: 개체 검색 방식을 자동 또는 수동으로 설정할 수 있습니다.
　　• **Auto Refresh**: 파일을 열 때마다 자동으로 개체 영역을 검색합니다.
　　• **Manual Refresh**: 'Click to Refresh Object Finder' 아이콘(🔄)을 클릭할 때마다 영역을 검색합니다.
　ⓒ **Overlay Options**: 선택 영역을 표시하는 색상, 경계 두께, 투명도를 조절할 수 있습니다.
　　• **Color**: 영역을 표시하는 오버레이 색상을 선택합니다.
　　• **Outline**: 선택 영역의 외곽선 두께를 설정합니다.
　　• **Opacity**: 선택 영역의 오버레이 색상의 불투명도를 조절합니다.
❺ **Mode[모드]**: 선택 영역을 '사각 선택' 툴(▭) 또는 '올가미' 툴(◯) 방식으로 지정할 수 있습니다.

✅ 간단 실습

05 | 피사체를 구분해 풍경 이미지 변경하기

예제파일	littlegirl_start.jpg
완성파일	littlegirl_finish.jpg

'개체 선택' 툴(🔲)을 이용하면 이미지를 구성하는 피사체를 구분하여 선택 영역으로 지정할 수 있습니다. 인물과 풍경을 구분하여 선택한 다음 풍경 이미지를 변경해 보겠습니다.

❶ Ctrl+O를 눌러 'littlegirl_start.jpg'를 열고 ❷ [Tools] 패널에서 '개체 선택' 툴(🔲)을 선택합니다. ❸ 옵션바에서 'Object Finder'에 체크 표시하고 ❹ 인물에 마우스 포인터를 올려놓으면 빨간색 영역이 표시되고 ❺ 바닷물과 모래에 마우스 포인터를 올려놓으면 각각 빨간색 영역이 나타납니다.

▲ 인물을 인식한 경우

▲ 바닷물을 인식한 경우

▲ 모래를 인식한 경우

❼ 인물을 클릭하여 선택 영역으로 지정합니다. ❽ [Select]-[Inverse](Shift+Ctrl+I) 메뉴를 선택하여 선택 영역을 반전시킨 후 ❾ 풍경 부분이 선택 영역으로 지정되었는지 확인합니다.

> **Tip ▶ 'Object Finder'에 체크 표시하기**
>
> 포토샵 CC 2022부터 'Object Finder' 기능이 추가되었습니다. 'Object Finder'에 체크 표시하면 이미지에서 사람, 동물, 물체 등 주요 개체를 자동으로 감지하여 선택 영역을 지정하므로 원하는 부분을 클릭하여 선택 영역으로 지정할 수 있습니다.

❿ [Window]-[Adjustments] 메뉴를 선택해서 [Adjustments] 패널을 열고 영화적인 분위기를 만들기 위해 'Adjustments presets'에서 'Cinematic - Split Tone'을 선택합니다. ⓫ 주황빛이 감도는 풍경을 만들었습니다.

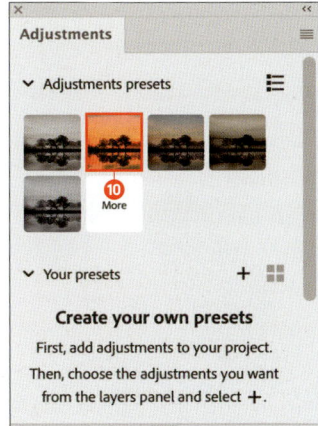

STEP 1 ｜ '개체 선택' 툴로 선택 영역 만들기

01 ❶ [File]-[Open] 메뉴를 선택해서 'flowerposter_start.psd'를 엽니다. [Tools] 패널에서 '개체 선택' 툴( )을 선택한 후 ❷ [Layers] 패널에서 [flower] 레이어를 선택합니다.

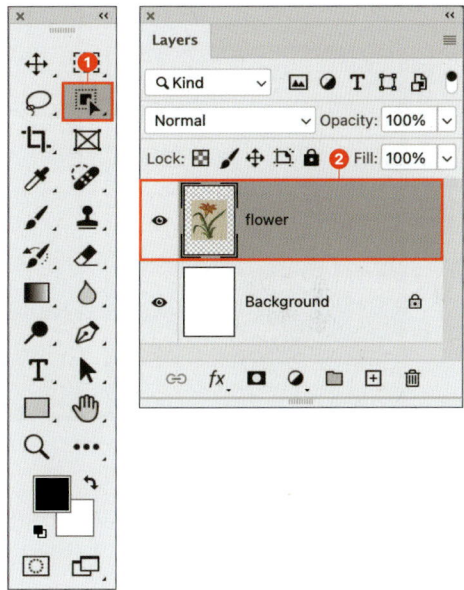

❸ '개체 선택' 툴( )의 옵션바에서 'Object Finder'에 체크 표시하고 ❹ 꽃 부분에 마우스 포인터를 올려놓습니다. 빨간색 영역이 표시되면 클릭하여 ❺ 선택 영역으로 지정합니다.

❸ 체크 표시

> **Tip ▶** '개체 선택' 툴의 옵션바에서 선택 영역을 표시하는 색상 바꾸기
>
> ❶ '개체 선택' 툴(📷)의 옵션바에서 [추가 옵션 설정] 아이콘(⚙)을 클릭해서 ❷ 'Color' 부분을 변경합니다.

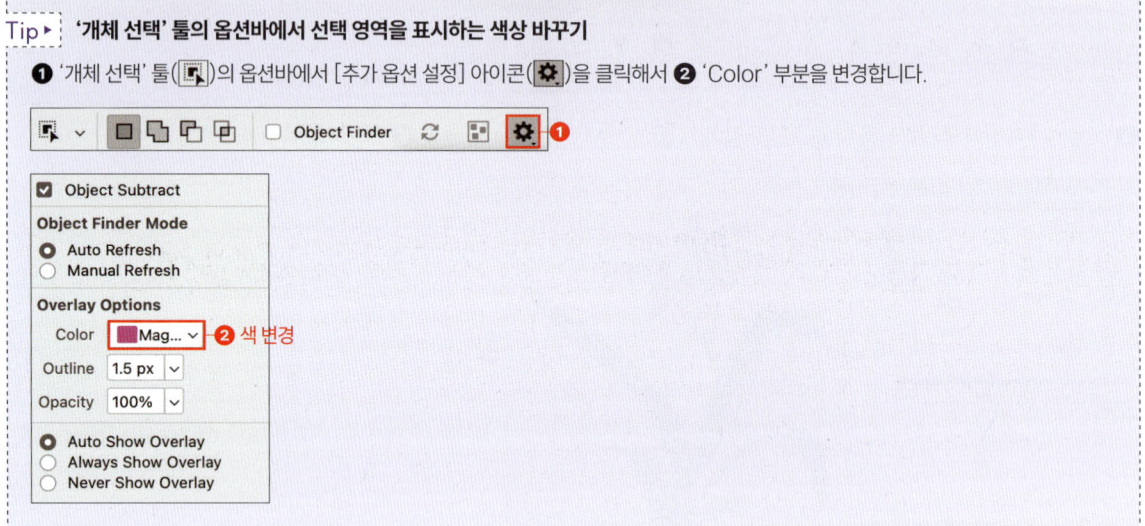

02 ❶ [Select]-[Inverse] 메뉴를 선택해서 선택 영역을 반전시키고([Shift]+[Ctrl]+[I]) ❷ [Delete]를 눌러 꽃 배경을 없앤 후 ❸ [Ctrl]+[D]를 눌러 선택 영역을 해제합니다.

03 ❶ [Layers] 패널에서 [Background] 레이어의 자물쇠 아이콘(🔒)을 클릭해서 잠금을 풀면 ❷ [Background] 레이어 이름이 자동으로 [Layer 0]으로 바뀝니다.

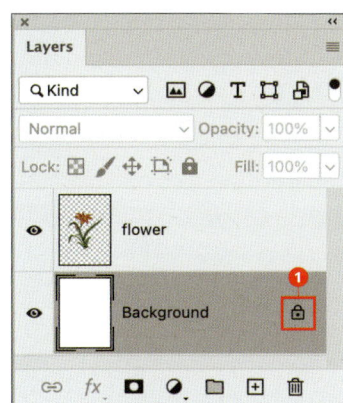 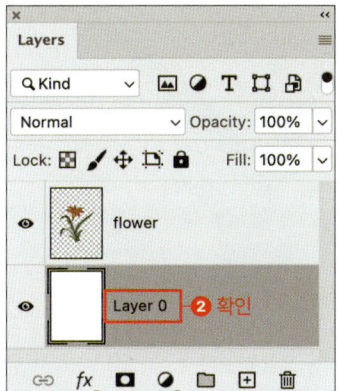

❸ [Color] 패널에서 전경색을 다음 화면과 같이 지정하고 Alt + Delete 를 눌러 ❹ 전경색으로 배경색을 입힙니다.

STEP 2 │ 이미지 명암과 색상 조정하고 마스크 씌우기

01 ❶~❷ [Image]-[Adjustments]-[Levels] 메뉴를 선택해서 [Levels] 창을 열고(Ctrl + L) 'Input Levels'와 'Output Levels'를 다음 화면과 같이 조절하여 ❸ 꽃을 밝게 표현합니다. ❹ [Image]-[Adjustments]-[Color Balance] 메뉴를 선택해서 [Color Balnace] 창을 열고(Ctrl + B) 다음 화면과 같이 조절한 후 ❺ [OK] 버튼을 클릭하여 꽃은 붉은빛으로, 잎은 푸른빛으로 변경합니다.

02 ❶ [Properties] 패널이나 [Character] 패널에서 원하는 폰트를 선택하고 ❷ [Tools] 패널의 '문자' 툴(T)로 화면 중앙에 'SEOUL'을 입력한 후 ❸ 원하는 옵션값을 지정합니다.

❹ Ctrl 을 누른 상태에서 [flower] 레이어의 섬네일을 클릭해서 꽃을 선택 영역으로 지정하고 ❺ [Select]-[Inverse] 메뉴를 선택해서 선택 영역을 반전시킵니다(Shift + Ctrl + I).

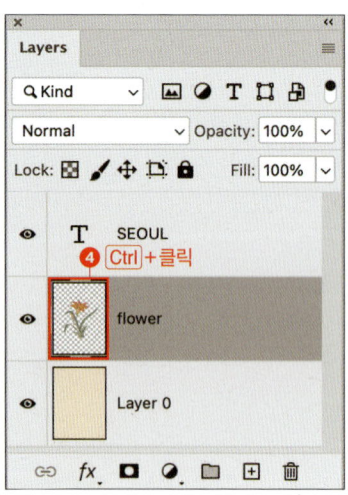 

03 ❶ [Layers] 패널에서 [SEOUL] 레이어를 선택하고 ❷ 패널 아래쪽의 [마스크] 아이콘(▢)을 클릭해서 ❸ 꽃과 겹쳐진 글자 부분을 지웁니다.

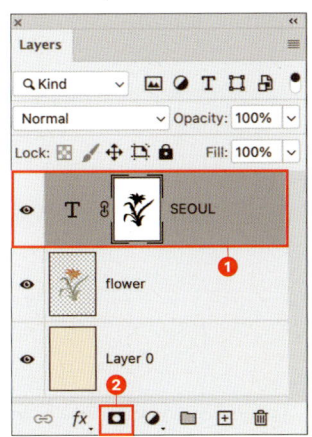

❹ 지워진 글자 부분을 부분적으로 복구하기 위해 [Tools] 패널에서 '브러시' 툴(🖌)을 선택하고 ❺ 전경색을 흰색으로 지정한 후 ❻ 흰색 브러시를 이용하여 다음 화면과 같이 칠하면 지워졌던 글자 부분이 다시 나타납니다.

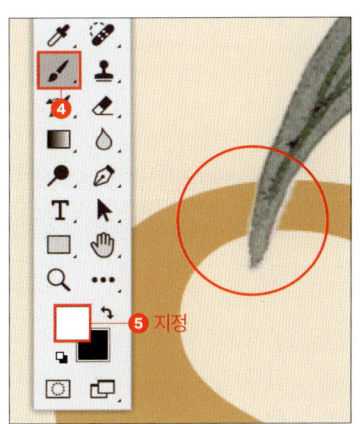
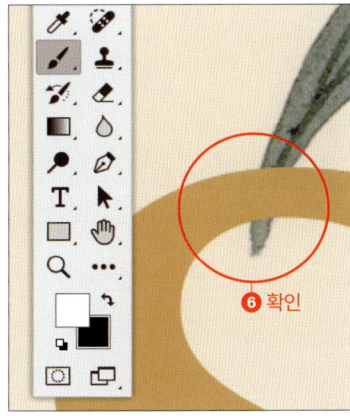

Tip ▶ 레이어 마스크를 씌우는 이유

특정 부분을 지우개로 지우지 않고 마스크로 가리면 원본 이미지가 그대로 유지되므로 합성 작업할 때 불필요한 부분을 제거하여 투명한 영역으로 만들 수 있습니다. 검은색 브러시는 이미지를 가리는 용도로, 흰색 브러시는 복구하는 용도로 사용합니다.

❼ 흰색 브러시를 이용해서 글자의 다른 부위도 복구합니다.

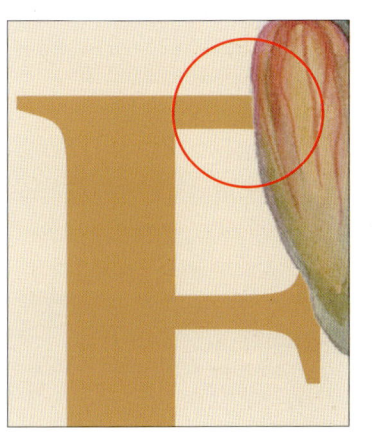

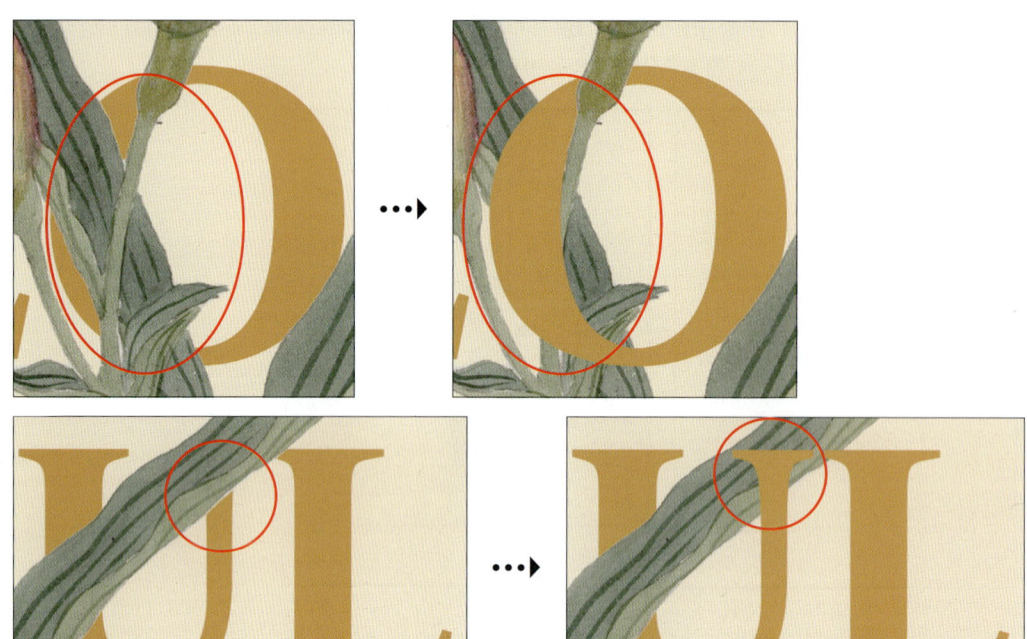

STEP 3 │ 사각 선택 영역 지정하고 포스터 내용 넣기

01 ❶~❷ [Layers] 패널에서 Ctrl 을 누른 상태에서 [SEOUL] 레이어와 [flower] 레이어를 차례대로 클릭해서 모두 선택합니다. ❸ Ctrl + T 를 눌러 자유 변형 박스를 씌우고 ❹ 위쪽 옵션바에서 'W'와 'H' 사이에 있는 링크 아이콘(⚬)을 클릭해서 연결을 끊어줍니다. ❺ Shift + Alt 를 누른 상태에서 모서리 조절점을 잡아당겨 이미지 크기를 줄이고 Enter 를 눌러 이미지를 고정합니다.

Tip ▶ 자유 변형 박스의 옵션바에서 가로, 세로 링크 아이콘(⚬)을 클릭하면?

자유 변형 박스를 씌우면 옵션바의 'W(가로)'와 'H(세로)' 값 사이에 링크 아이콘(⚬)이 나타납니다. 링크 아이콘을 켜면 가로와 세로 비율을 유지한 상태에서 이미지 크기를 조절할 수 있지만, 링크 아이콘을 끄면 가로와 세로 비율이 유지되지 않습니다. 이때 가로, 세로 비율을 유지하려면 Shift (가로, 세로 비율 유지)나 Shift + Alt (중앙을 기준으로 가로, 세로 비율 유지)를 누른 상태에서 모서리 조절점을 드래그하세요.

02 ❶ [Tools] 패널에서 '사각 선택' 툴(▯)을 선택하고 ❷ 왼쪽 위에서 오른쪽 아래로 드래그해서 직사각형 모양의 선택 영역을 만듭니다. ❸ Shift + Ctrl + I 를 눌러 선택 영역을 반전시킵니다.

03 ❶ [Layers] 패널에서 [Layer 0] 레이어를 선택하고 ❷ 전경색을 흰색으로 지정합니다. ❸ Alt + Delete 를 눌러 직사각형 모양의 선택 영역에 흰색을 입힙니다.

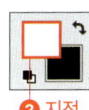
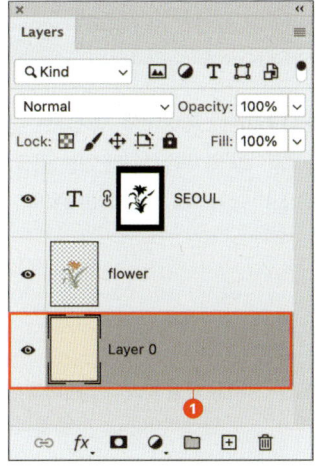

04 ❶ 포스터 타이틀과 ❷ 내용을 넣어 서울 꽃 축제 ❸ 포스터를 완성합니다.

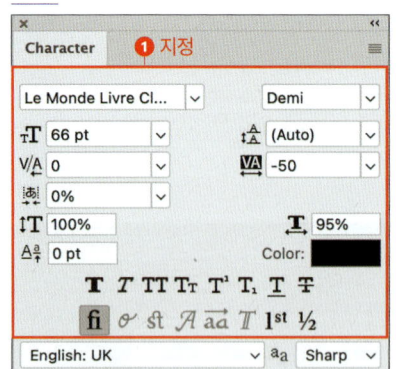 

▲ 'SPRING FESTIVAL' 타이틀에 사용한 문자 옵션   ▲ '서.울.꽃.축.제'와 날짜에 사용한 문자 옵션

❸ 확인

힐링 캠프 포스터

예제파일	campposter_start.psd
완성파일	campposter_finish.jpg

Point skill: '올가미' 툴(🔾), '다각형 올가미' 툴(🔾), '자석 올가미' 툴(🔾), 상황별 작업 표시줄(Contextual Task Bar), AI 생성형 이미지 만들기

How to: 포토샵의 AI 기능을 활용하여 힐링 캠프 포스터를 제작해 보겠습니다. 포토샵의 상황별 작업 표시줄은 선택 영역을 쉽게 지정하고 개체와 배경을 제거하는 데 유용합니다. 그리고 프롬프트에 키워드를 입력하면 관련 이미지가 자동으로 나타나 디자인 요소로 활용할 수 있습니다. 포스터는 주제와 관련된 이미지를 사용하여 주목성을 높이고 깔끔하고 명확한 디자인을 유지해야 합니다. 캠핑 포스터에 활기찬 분위기를 반영하기 위해 하늘색과 갈색과 같은 자연색 사용을 추천하고 너무 많은 그래픽 요소를 넣을 필요가 없습니다. 포토샵의 AI 기능은 계속 발전하고 있으므로 최신 버전의 기능을 익혀서 디자인에 적용해 보세요.

Step: AI 생성형 이미지 - 하늘과 땅 만들기 ➡ 상황별 작업 표시줄을 이용해 배경 없애기 ➡ 캠핑 이미지 합성하기 ➡ 배경에 그레이디언트 입히기

사진으로 사실성, 현장성, 정보의 신뢰성 높이기

▶ 사진은 그래픽보다 현장감과 신뢰성이 높으며 정보를 빠르게 전달할 수 있습니다.

① **정확한 정보 제공**: 사진은 실제 모습을 그대로 담아내어 제품이나 장소, 체험에 대한 정보를 쉽게 이해할 수 있도록 직관적으로 전달합니다.
② **실제 경험 강조**: 여행 포스터에서 장소나 풍경 사진을 활용하면 그 장소를 방문하고 싶다는 생각을 자연스럽게 불러일으킬 수 있습니다.
③ **신뢰성 형성**: 시각적 정보는 원초적인 감각 중 하나로, 사진은 사물을 실제로 재현하는 특징이 있어서 신뢰감을 형성하는 데 매우 효과적입니다.

(디자인 작업 Point)

» 사진 중심 레이아웃과 글자 배경색 첨부

포스터의 중심에는 캠핑하는 사진을, 사진 위쪽에는 포스터 제목과 기타 정보를 배치해 주목도를 높였습니다. 텍스트는 사진의 주요 부분을 가리지 않도록 위쪽에 배치했고, 제목을 크고 굵은 서체로 지정했으며, '~초대합니다.' 문장을 정보 블록으로 묶어 노란색 배경색을 넣었습니다. 핵심 키워드를 시각적으로 구분하면 정보에 더욱 집중할 수 있습니다.

» 즉각적인 메시지 전달에 유리한 '사진' 이용

캠핑 사진 하나만으로도 포스터의 목적을 쉽게 짐작할 수 있습니다. 사진을 통해 기대할 수 있는 자연 속 휴식, 가족과의 즐거운 시간, 야외 활동의 기쁨 등을 느낄 수 있습니다. 캠핑 장소의 환경이나 시설, 주요 특징이 잘 드러난 사진을 추가하거나 사진 옆에 말풍선이나 캡션을 넣어 정보를 구체화해서 모집 효과를 극대화할 수 있습니다.

» 공감대 형성

가족이 함께 즐겁게 캠핑하는 모습은 따뜻한 감정을 불러일으킵니다. 사진 속 아름다운 경치처럼 자연 속에서 캠핑을 즐기고 싶은 마음이 들게 합니다. 대부분의 사람이 가족과 함께하는 시간을 소중히 여기므로 가족 사진만으로도 쉽게 공감대를 형성할 수 있습니다.

01 '올가미' 툴의 종류

❶ '올가미' 툴

'올가미' 툴( )은 자유롭게 드래그하여 원하는 모양을 선택 영역으로 지정하는 툴로, 불규칙한 영역을 선택 영역으로 만들 때 유용합니다. 마우스로 직접 드래그하여 선택 영역을 지정하므로 선택 영역을 정교하게 지정하기에는 무리가 있습니다.

• **사용 방법**: 시작점을 클릭한 상태에서 원하는 모양을 드래그하여 만들고 처음 시작점으로 다시 되돌아와서 선택 영역을 만듭니다.

 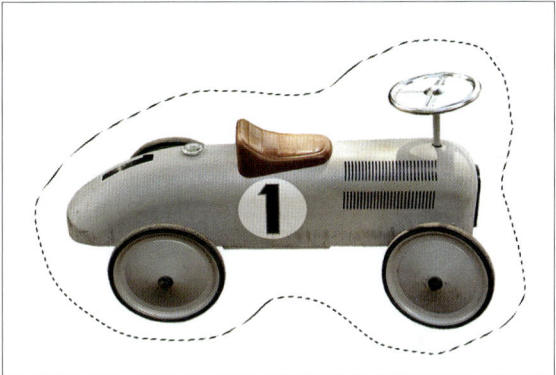

> **Tip ▶ 선택 영역을 부분적으로 빼거나 더하기**
> ❶ **선택 영역 더하기**: Shift 를 누른 상태에서 드래그합니다. '올가미' 툴의 옵션바에서 [선택 영역 추가] 아이콘( )이 선택됩니다.
> ❷ **선택 영역 빼기**: Alt 를 누른 상태에서 드래그합니다. '올가미' 툴의 옵션바에서 [선택 영역 빼기] 아이콘( )이 선택됩니다.

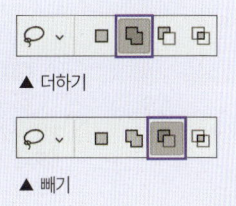
▲ 더하기

▲ 빼기

❷ '다각형 올가미' 툴

'다각형 올가미' 툴( )은 클릭하면서 선택 영역을 지정하므로 '올가미' 툴( )보다 정확하게 선택 영역을 지정할 수 있습니다. 직선으로만 뻗어나가므로 각진 개체를 선택 영역으로 만들 때 유용합니다.

• **사용 방법**: 시작점을 클릭하고 원하는 부분을 클릭해가면서 각진 형태로 선택 영역을 만듭니다.

❸ '자석 올가미' 툴

'자석 올가미' 툴( )은 색상 차이가 많이 나는 이미지 경계면을 자동으로 인식하여 선택 영역을 지정합니다.

• **사용 방법** : 시작점을 클릭하고 색상의 경계를 따라 드래그한 후 처음 시작점으로 되돌아와서 선택 영역을 만듭니다.

Tip ▶ **'다각형 올가미' 툴과 '자석 올가미' 툴로 만든 기준점 지우기**
Backspace 나 Delete 를 누르면 기준점을 만들기 전 단계로 되돌아갑니다. 단축키를 누를 때마다 클릭 이전 단계로 돌아가므로 기준점을 잘못 만들었을 때 이용하세요.

✅핵심 기능

02 | 상황별 작업 표시줄(Contextual Task Bar)

상황별 작업 표시줄은 다음 단계에서 진행할 과정을 제안해 주고 작업 흐름에서 가장 관련 있는 단계를 추천하여 쉽게 작업할 수 있도록 도와줍니다. [Tools] 패널에서 툴을 선택하면 이와 관련된 필요한 기능이 작업 표시줄에 표시됩니다.

✓ 이미지를 처음 열었을 때 상황별 작업 표시줄의 기본 형태

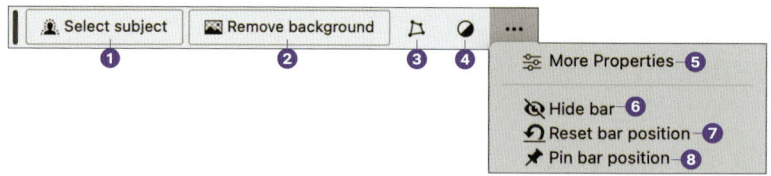

❶ **Select subject[피사체 선택]** : 이미지에 있는 피사체를 자동으로 인식하여 선택 영역을 지정합니다.

❷ **Remove background[배경 제거]** : 배경을 삭제합니다.

❸ **Transform image[이미지 변형]**( ) : 벡터 이미지 크기를 조정합니다.

❹ **Create new adjustment layer[새 조정 레이어 만들기]**( ) : 보정 레이어를 생성합니다.

❺ **More Properties**: 속성을 지정할 수 있는 [Properties] 패널을 표시합니다.
❻ **Hide bar**: 상황별 작업 표시줄을 숨깁니다.
❼ **Reset bar position**: 상황별 작업 표시줄을 기본으로 지정합니다.
❽ **Pin bar position**: 상황별 작업 표시줄을 고정합니다.

✓ 상황별 작업 표시줄을 이용해 배경 없애기

'dog.jpg'를 열고 상황별 작업 표시줄에서 [Remove background] 버튼을 클릭하면 배경이 사라집니다.

✓ 선택 영역을 지정했을 때 상황별 작업 표시줄의 형태

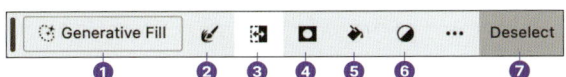

❶ **Generative Fill[생성형 채우기]**: 프롬프트 입력 창을 표시하고 생성형으로 채울 수 있습니다.
❷ **Modify Selection[선택 영역 수정]**( ): 선택 영역을 확장 및 축소합니다.
❸ **Invert Selection[선택 영역 반전]**( ): 선택 영역을 반전시킵니다.
❹ **Create mask from Selection[선택 영역 마스크]**( ): 마스크 레이어를 생성합니다.
❺ **Fill Selection[선택 영역 채우기]**( ): 선택 영역을 전경색, 배경색, 패턴, 주변 배경 등으로 채웁니다.
❻ **Create new adjustment layer[새 조정 레이어 만들기]**( ): 보정 레이어를 생성합니다.
❼ **Deselect[선택 해제]**: 선택 영역을 해제합니다.

✓ 상황별 작업 표시줄을 이용해 내용 인식 채우기

'football.jpg'를 열고 상황별 작업 표시줄에서 [Select subject] 버튼을 클릭하면 축구공이 선택 영역으로 지정됩니다.

❶ [Modify Selection] 아이콘( )을 클릭하고 ❷ [Expand Selection]을 선택합니다. ❸ [Expand Selection] 창이 열리면 'Expand By'에 '10'을 입력하고 ❹ [OK] 버튼을 클릭하여 ❺ 선택 영역을 넓힙니다.

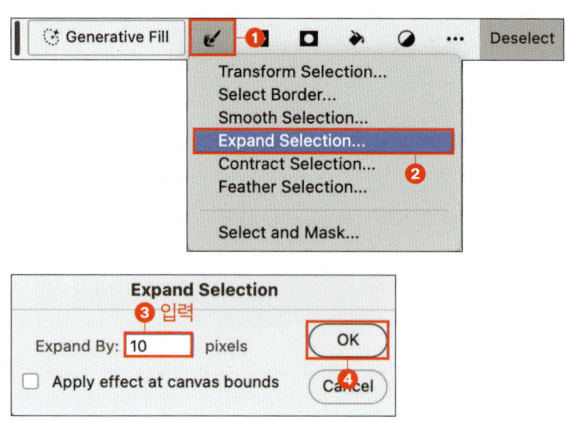 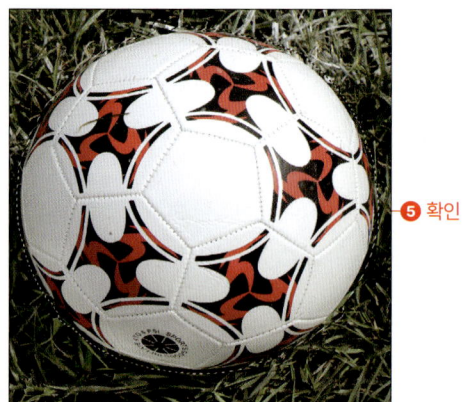

❶ [Fill Selection] 아이콘( )을 클릭하고 ❷ [Content-aware Fill]을 선택하면 ❸ 선택 영역을 주변 배경으로 채울 수 있습니다. ❹ [Deselect] 버튼을 클릭하여 선택 영역을 해제합니다.

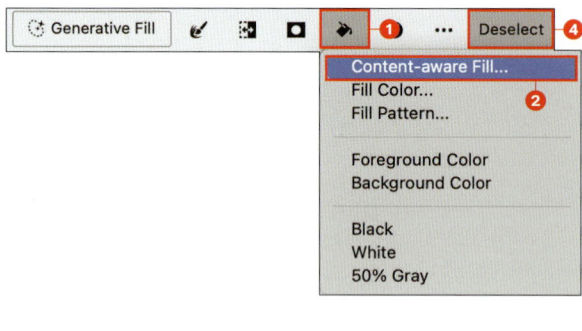 

087

✓ Generative Fill 〉 프롬프트 입력 창을 클릭했을 때 상황별 작업 표시줄의 형태

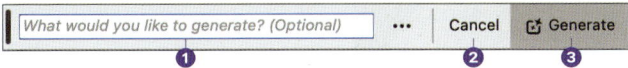

❶ **프롬프트 입력 창**: 생성하고 싶은 이미지를 영어나 한글로 입력한 후 Enter 를 누릅니다.
❷ **Cancel**: 입력한 프롬프트를 취소합니다.
❸ **Generate**: 이미지를 생성하거나 영역을 채웁니다.

핵심 기능

03 | AI 생성형 이미지 만들기

선택 영역을 지정한 상태에서 상황별 작업 표시줄에 나타나는 [Generative Fill] 버튼을 이용하면 손쉽게 이미지를 채울 수 있습니다. [Generative Fill] 버튼을 클릭하여 프롬프트 입력 창을 활성화한 후 넣고 싶은 이미지와 관련된 단어나 문장을 입력합니다. 이미지 목록이 나타나면 원하는 이미지를 선택하여 삽입할 수 있습니다. AI 생성형 이미지는 다음 네 가지 방법으로 만들 수 있습니다.

❶ **개체 생성 및 교체**: 이미지에서 선택한 후 프롬프트 입력 창에 키워드를 입력해 이미지를 추가하거나 바꿉니다.
❷ **배경 생성**: 피사체 뒤의 배경을 선택하고 프롬프트 입력 창에 키워드를 입력해 새로운 배경을 만듭니다.
❸ **이미지 확장**: 이미지 캔버스를 확장하고 빈 영역을 선택해서 비어있는 부분까지 이미지를 추가합니다.
❹ **개체 제거**: 제거할 개체를 선택하고 [Generative] 버튼을 클릭하여 삭제합니다.

✓ 개체 생성하고 교체하기

❶ [File]-[Open] 메뉴를 선택해서 'beach.jpg'를 열고 ❷ [Tools] 패널의 '사각 선택' 툴( )로 소년을 선택한 후 ❸ 상황별 작업 표시줄에서 [Generative Fill] 버튼을 클릭합니다. ❹ 프롬프트 입력 창이 열리면 '모래성'을 입력하고 ❺ [Generate] 버튼을 클릭합니다.

❻ 선택 영역의 크기와 조명의 방향, 그리고 주변 색상에 맞게 소년 대신 모래성 사진이 생성되었습니다. ❼ [Properties] 패널에 다양한 모래성 사진이 나타나면 상황별 작업 표시줄에서 화살표 버튼을 클릭해 ❽ 사진을 교체할 수 있습니다.

다른 이미지로 교체해 보겠습니다. ❶ '사각 선택' 툴(▫)로 모래성을 선택 영역으로 지정하고 ❷ 프롬프트 입력 창에 '모래성 쌓는 여자 아이'라고 입력한 후 ❸ [Generate] 버튼을 클릭합니다. ❹ 그러면 모래성 대신 모래성 쌓기 놀이를 하는 여자 아이 사진이 나타납니다.

089

이번에는 하늘을 나는 갈매기를 넣어보겠습니다. ❶ '사각 선택' 툴(□)로 다음 화면과 같이 하늘 영역을 드래그하여 선택하고 ❷ 프롬프트 입력 창에 '갈매기'를 입력한 후 ❸ [Generate] 버튼을 클릭합니다. ❹ 그러면 선택 영역 안에 '갈매기'가 생성되어 나타납니다.

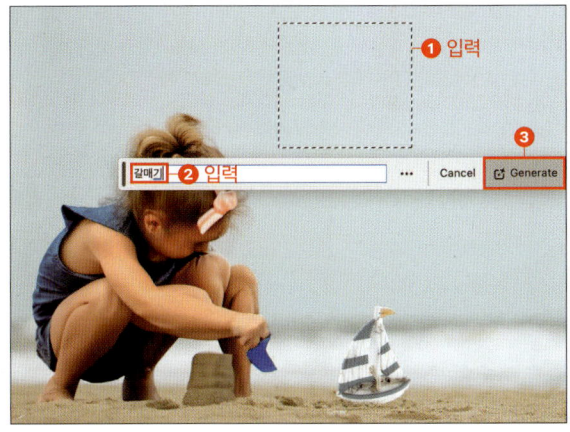 

❺ 새로운 갈매기 이미지를 원한다면 [Generate] 버튼을 클릭합니다. ❻ [Properties] 패널에 3장의 새로운 이미지가 추가되어 모두 6장이 됩니다. ❼ 이 상태에서 다시 [Generate] 버튼을 클릭하면 ❽ 새로운 이미지 3장이 추가되어 모두 9장이 됩니다. 프롬프트 입력 창에 관련 키워드를 다시 입력하지 않아도 이 방법으로 새로운 이미지를 얻을 수 있습니다.

> Tip ▶ **[Generate] 버튼 클릭해 새로운 이미지를 3장씩 생성하기**
>
> 새로운 이미지를 원한다면 [Generate] 버튼을 클릭합니다. 그러면 버튼을 클릭할 때마다 [Properties] 패널에 같은 키워드의 이미지가 3장씩 새로 생성됩니다.

❾ 마음에 드는 갈매기를 최종 선택해서 완성합니다.

✓ 배경 생성하기

❶ [File]-[Open] 메뉴를 선택해서 'starbucks.jpg'를 열고 ❷ [Select subject] 버튼을 클릭하여 ❸ 피사체 음료를 선택 영역으로 지정합니다.

❹ 선택 영역을 반전시키기 위해 [Invert Selection] 아이콘( )을 클릭하여 ❺ 배경을 선택 영역으로 지정하고 ❻ 상황별 작업 표시줄에서 [Generative Fill] 버튼을 클릭합니다. ❼ 프롬프트 입력 창에 '카페 테이블'을 입력하고 ❽ [Generative] 버튼을 클릭합니다.

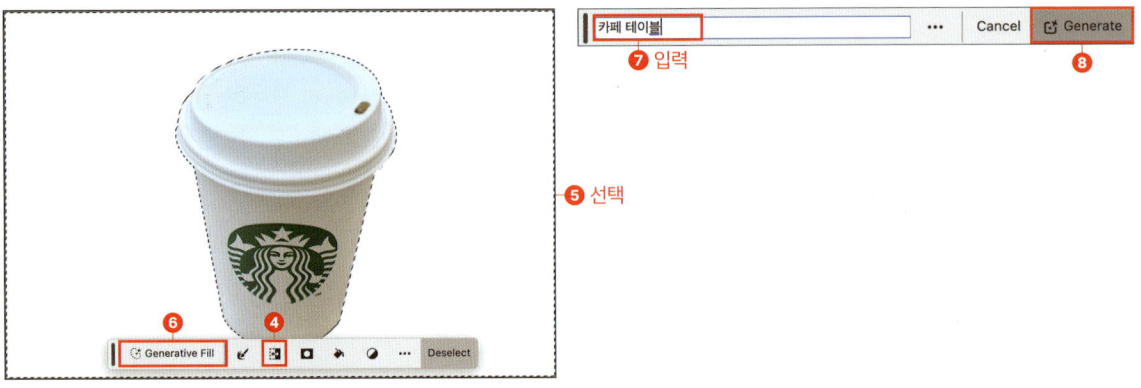

❾ 배경을 카페 테이블로 변경했으면 [Generate] 버튼을 한 번 더 클릭합니다. ❿ 새로운 카페 테이블 이미지 3장을 추가해서 총 6장이 되었습니다.

 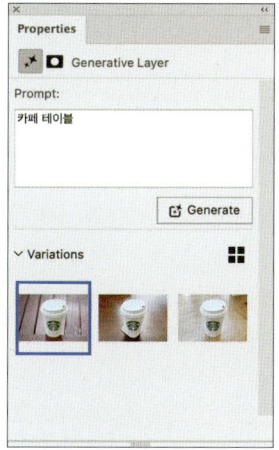 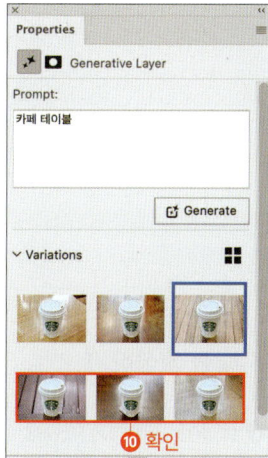

⓫ 마음에 드는 선택해 이미지를 완성합니다.

> **Tip ▶ 프롬프트 입력 방법**
>
> ❶ 간결하고, 명확하며, 구체적인 키워드를 입력하세요.
> 의미가 정확한 단어를 선택하고 영어와 한글 모두 입력할 수 있습니다.
>
> ---
>
> [방법 1]
> 흰색을 투명하게 처리합니다. 아래쪽 레이어와 색상을 곱하여 더 어둡게 표현합니다.
>
> [방법 2]
> 색상을 어둡게 하고 대비를 증가시킵니다.
>
> 프롬프트 입력:
> puppy, 강아지
>
>
>
>
> [방법 3]
>
> [방법 4]
>
> 프롬프트 입력 :
> puppy entire body, 강아지 전신
>
>
>

> Tip ▶
>
> ❷ 구체적인 이미지를 얻으려면 쉼표(,)로 구분하여 입력합니다.

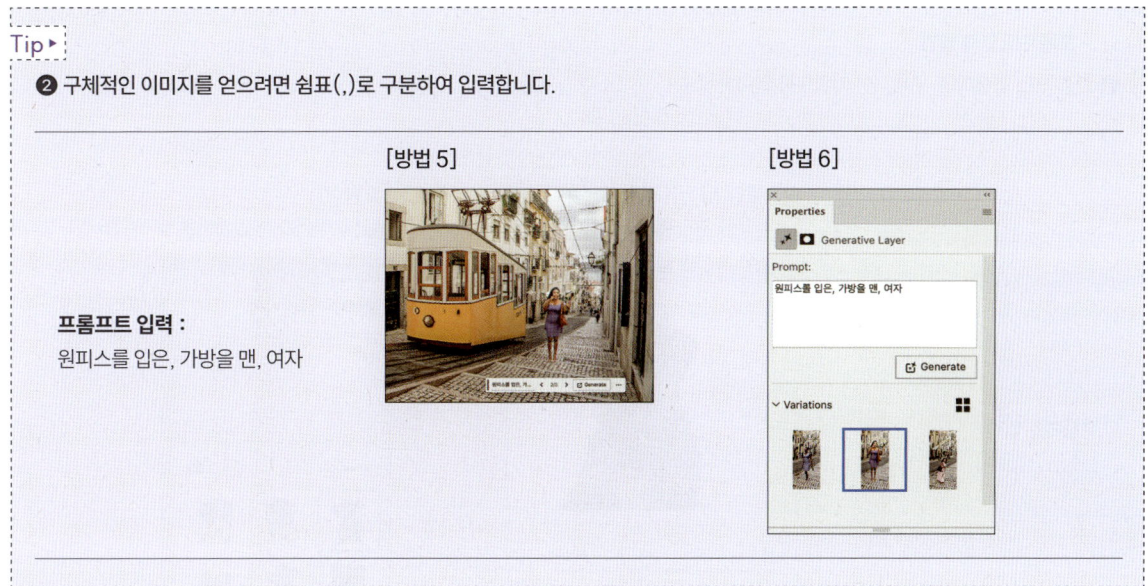

✓ 이미지 확장하기

❶ [File]-[Open] 메뉴를 선택해서 'child.jpg'를 열고 Alt + Ctrl + C 를 누릅니다. ❷ [Canvas Size] 창이 열리면 'Width'에 '1700pixels'를 지정하고 ❸ [OK] 버튼을 클릭합니다. 그러면 좌우로 캔버스가 확장됩니다.

❹ [Tools] 패널에서 '사각 선택' 툴( )을 선택하고 위쪽의 옵션바에서 [선택 영역 추가] 아이콘( )을 클릭하여 ❺~❻ 왼쪽과 오른쪽에 있는 빈 여백을 선택 영역으로 지정합니다. ❼ 상황별 작업 표시줄에서 [Generative Fill] 버튼을 클릭하여 프롬프트 입력 창을 표시하고 [Generative] 버튼을 클릭하면 ❽ 배경이 확장되면서 채워집니다.

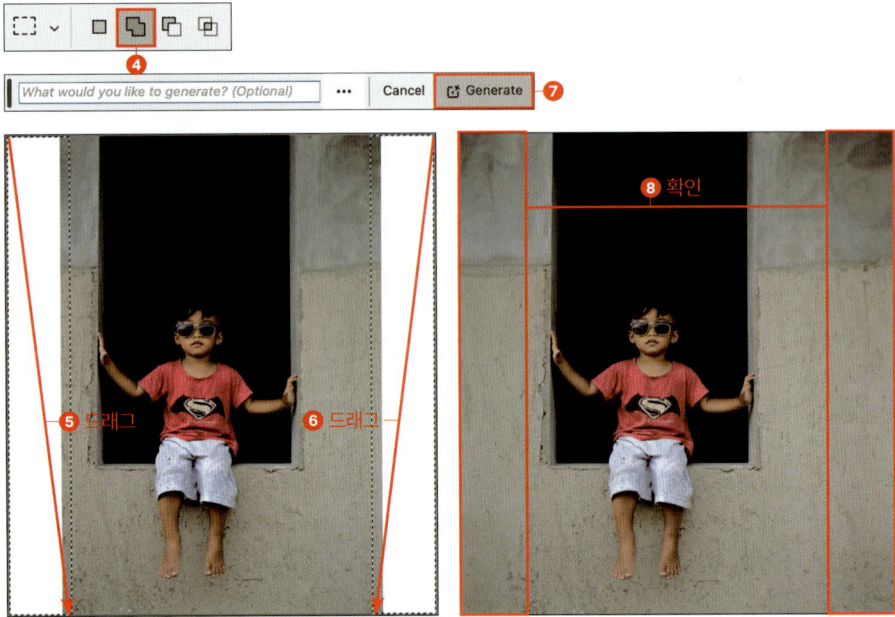

✓ 개체 제거하기

❶ [File]-[Open] 메뉴를 선택해서 'tram.jpg'를 열고 ❷ [Tools] 패널의 '사각 선택' 툴( )로 노면 전차를 지정한 후 ❸ 상황별 작업 표시줄에서 [Generative Fill] 버튼을 클릭합니다. ❹ 프롬프트 입력 창이 열리면 [Generate] 버튼을 클릭합니다. ❺ 그러면 선택 영역과 함께 노면 전차가 사라지고 그 자리에 주변 배경이 채워집니다.

  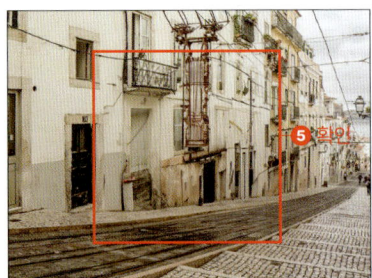

095

STEP 1 | AI 생성형 이미지 – 하늘과 땅 만들기

01 ❶ [File]-[Open] 메뉴를 선택해서 'campposter_start.psd'를 열고 [Layers] 패널에서 [summer] 레이어를 선택합니다. ❷ [Tools] 패널의 '사각 선택' 툴(▱)로 하늘 영역을 지정하고 상황별 작업 표시줄에서 [Generative Fill] 버튼을 클릭합니다.

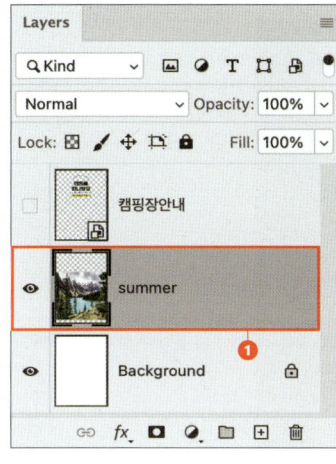

02 ❶ 프롬프트 입력 창이 표시되면 'sky'를 입력하고 ❷ [Generate] 버튼을 클릭한 후 Generating 게이지가 다 찰 때까지 기다립니다.

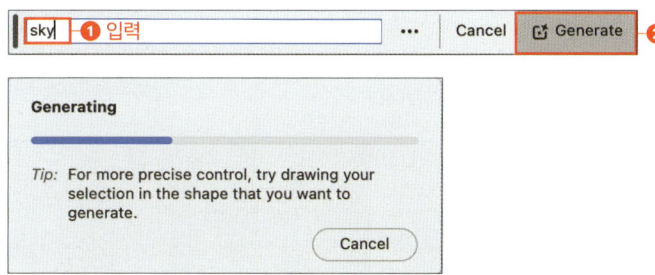

❸ 3장의 하늘 이미지가 만들어지면 상황별 작업 표시줄의 화살표 버튼을 클릭하면서 마음에 드는 이미지를 선택합니다.

03 ❶ [Tools] 패널에서 '사각 선택' 툴(▭)로 땅 영역을 지정하고 ❷ 상황별 작업 표시줄에서 [Generative Fill] 버튼을 클릭합니다. ❸ 프롬프트 입력 창이 표시되면 'dirt'를 입력하고 ❹ [Generate] 버튼을 클릭합니다.

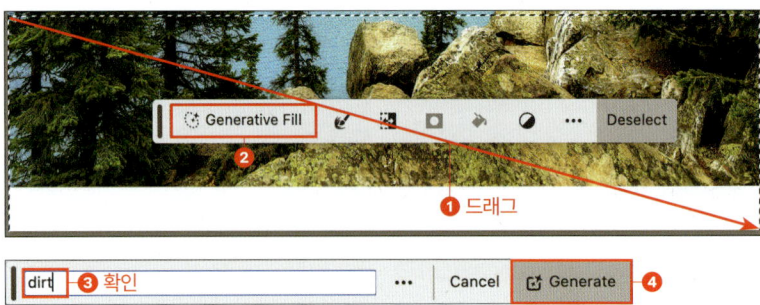

❺ 땅 이미지가 생성되었는지 확인합니다.

❻ [Properties] 패널에 생성된 3장의 이미지 중에서 마음에 드는 이미지가 없으면 [Generate] 패널에서 다시 [Generative] 버튼을 클릭해서 이미지를 추가로 생성한 후 ❼ 선택하여 ❽ 하늘과 땅을 만듭니다.

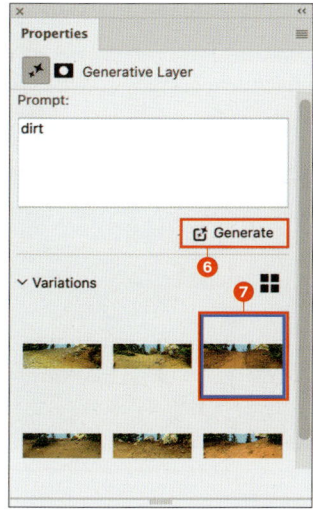

Tip ▶ **[Generate] 버튼을 클릭할 때마다 새로운 이미지가 3장씩 생성!**

[Generate] 버튼을 클릭할 때마다 같은 키워드의 이미지가 3장씩 열리므로 프롬프트 입력 창에 키워드를 다시 입력하지 않아도 새로운 이미지를 얻을 수 있습니다. 다음은 AI 생성형 땅 이미지입니다.

STEP 2 | 상황별 작업 표시줄을 이용해 배경 없애기

01 개체 선택하기

❶ [File]-[Open] 메뉴를 선택해서 새 창에 'picnic.jpg'를 열고 ❷ 텐트와 엄마, 아이를 선택 영역으로 지정하기 위해 상황별 작업 표시줄에서 [Select subject] 버튼을 클릭합니다.

❶ 파일 열기

❸ 선택 영역을 지정했습니다.

❸ 선택 확인

02 선택 영역 더하기

❶ 이제부터 [Tools] 패널의 '올가미' 툴()을 이용해서 선택 영역에 포함해야 하는 부분과 빼야 하는 부분을 정리하겠습니다. '올가미' 툴()을 선택하고 옵션바에서 [선택 영역 추가] 아이콘()을 클릭한 후 ❷ 선택되지 않은 텐트를 드래그하여 선택 영역으로 포함합니다.

▲ 선택되지 않은 텐트

▲ '올가미' 툴로 선택 영역을 추가한 경우

❸ 선택되지 않은 테이블과 아이를 드래그하여 선택 영역으로 포함합니다.

▲ 선택되지 않은 테이블과 아이

▲ '올가미' 툴로 선택 영역을 추가한 경우

▲ 선택 영역으로 지정한 텐트와 테이블, 엄마와 아이

03 선택 영역 빼기

❶ [Tools] 패널의 '올가미' 툴(⊘)을 선택하고 옵션바에서 [선택 영역 빼기] 아이콘(⊡)을 클릭한 후 ❷ 머리카락과 얼굴 사이 영역을 드래그하여 선택 영역을 뺍니다.

04 마스크 씌우기

❶ 상황별 작업 표시줄에서 [마스크] 아이콘(▣)을 클릭하여 ❷ 선택 영역이 아닌 배경 부분에 마스크를 씌웁니다.

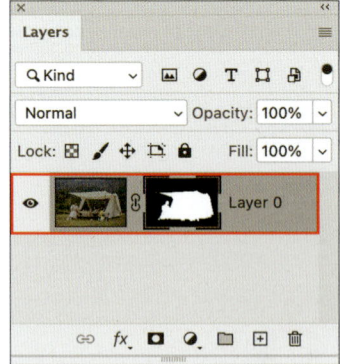

❸ [Tools] 패널에서 '이동' 툴(🔹)을 선택하고 텐트 이미지를 'campposter_start.psd' 작업 창으로 드래그하여 붙입니다. ❹ Ctrl + T를 눌러 자유 변형 박스를 씌우고 ❺ 크기와 위치를 조절한 후 Enter 를 눌러 고정합니다.

❻ [Layers] 패널에서 [Layer 1]의 마스크 섬네일을 클릭합니다. ❼ [Tools] 패널에서 '브러시' 툴(🖌)을 선택하고 옵션바에서 'Soft Round' 브러시를 선택한 후 ❽ 'Opacity'는 '30%', ❾ 전경색은 흰색으로 지정합니다.

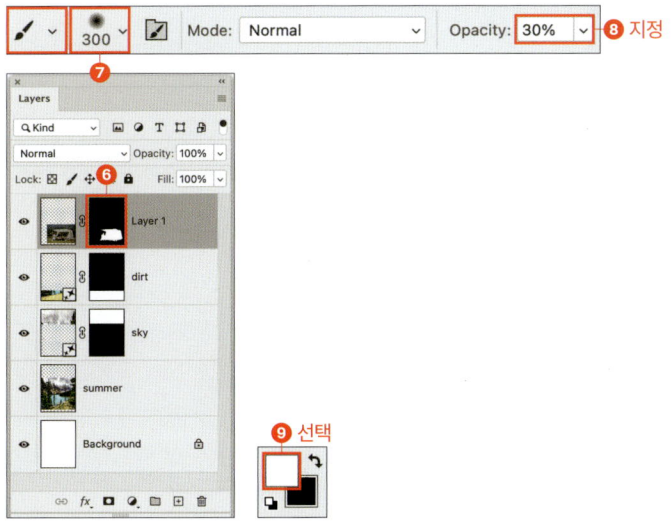

❿ [Tools] 패널의 '브러시' 툴(🖌)로 텐트의 밑부분을 드래그하여 잔디 이미지가 자연스럽게 드러나도록 만듭니다.

Tip ▶ 레이어 섬네일과 마스크 섬네일
레이어 마스크는 2개의 섬네일이 나타납니다. 앞쪽 작은 이미지는 레이어 섬네일이고 뒤에 붙은 작은 이미지는 마스크 섬네일입니다. 마스크를 수정하려면 마스크 섬네일 영역을 클릭한 후 수정해야 합니다.

STEP 3 | 캠핑 이미지 합성하기

01 ❶ 'campfire.png'를 작업 창으로 드래그하여 불러옵니다. ❷ 모서리 조절점을 이용해서 이미지 크기와 위치를 조절한 후 Enter 를 눌러 고정합니다.

103

02 AI 이미지 생성 기능을 이용해서 화로 및 그릴을 추가해 보겠습니다. ❶ [Tools] 패널의 '사각 선택' 툴(▯)로 드래그해 사각형 영역을 지정하고 ❷ 상황별 작업 표시줄에서 [Generative Fill] 버튼을 클릭합니다. ❸ 프롬프트 입력 창에 '캠핑 그릴'을 입력하고 ❹ [Generate] 버튼을 클릭합니다.

❺ 3장의 그릴 이미지가 생성되면 마음에 드는 이미지를 선택하여 삽입합니다.

> **Tip ▶ 상황별 작업 표시줄 감추기**
>
> [Window]-[Contextual Task Bar] 메뉴를 선택해서 상황별 작업 표시줄을 감추고 다시 열 수 있습니다.

STEP 4 | 배경에 그레이디언트 입히기

01 ❶~❷ [Layers] 패널에서 Ctrl 을 누른 상태에서 [summer], [sky], [dirt] 레이어를 차례대로 선택하고 Ctrl + E 를 눌러 ❸ 선택한 레이어들을 합칩니다.

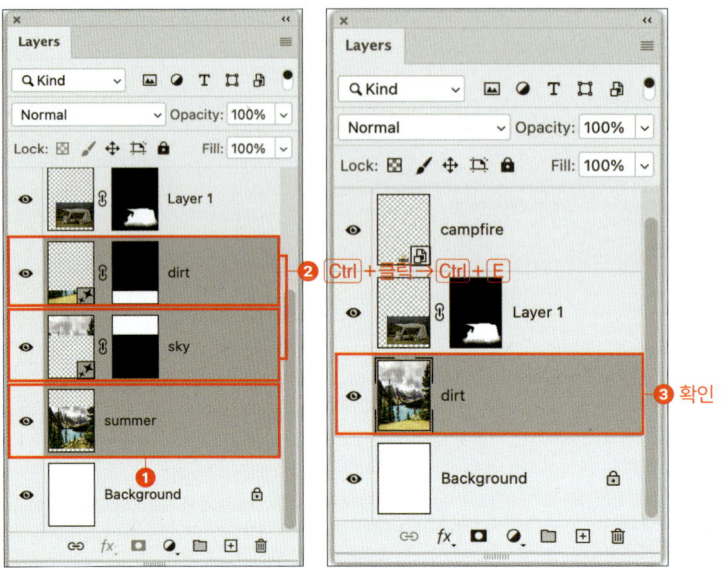

> **Tip ▶ 레이어 합치기와 보이는 레이어 합치기**
>
> ❶ **레이어 합치기**: Ctrl 을 누른 상태에서 합치려는 레이어들을 차례대로 선택하고 Ctrl + E 를 누릅니다. 또는 [Layers] 패널에서 [더 보기] 버튼(☰)을 클릭하고 [Merge Layers]를 선택하면 위쪽 레이어를 기준으로 하나로 합칠 수 있습니다.

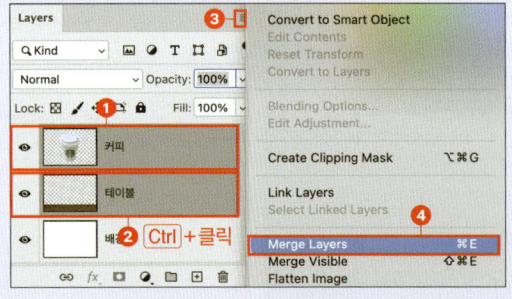 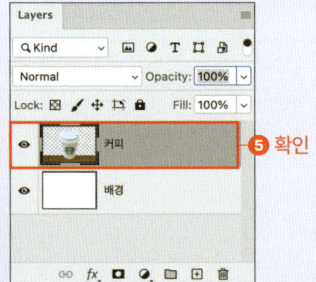

> ❷ **보이는 레이어 합치기**: 눈 아이콘(👁)이 표시된 레이어들을 선택하고 Shift + Ctrl + E 를 눌러 합칩니다. 또는 [Layers] 패널에서 [더 보기] 버튼(☰)을 클릭하고 [Merge Visible]을 선택하여 하나로 합칠 수 있습니다.

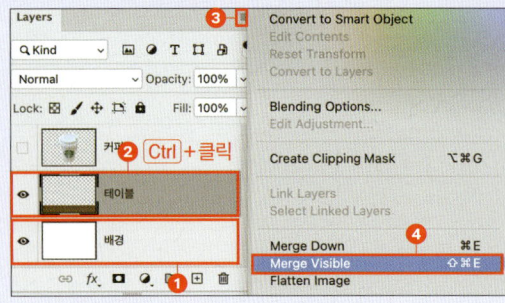 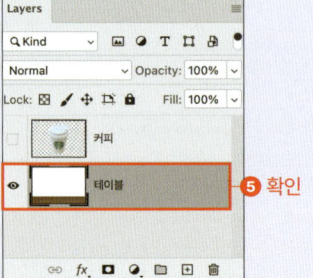

02 ❶ [Layers] 패널에서 [조정 레이어] 아이콘(⬤)을 클릭하고 ❷ [Gradient]를 선택합니다. ❸ [Gradient Fill] 창이 열리면 'Reverse'에 체크 표시하고 ❹ 'Gradient'의 박스를 클릭합니다.

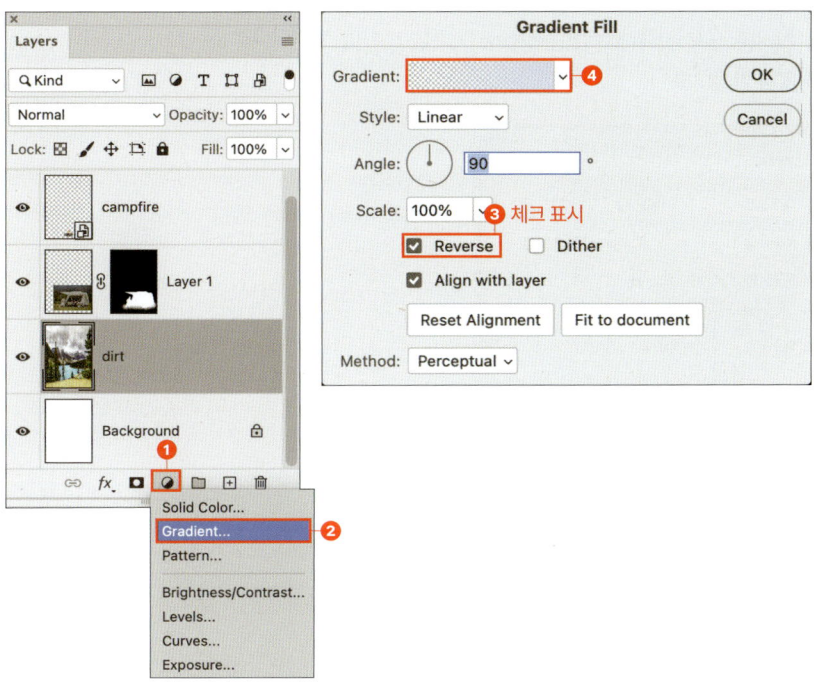

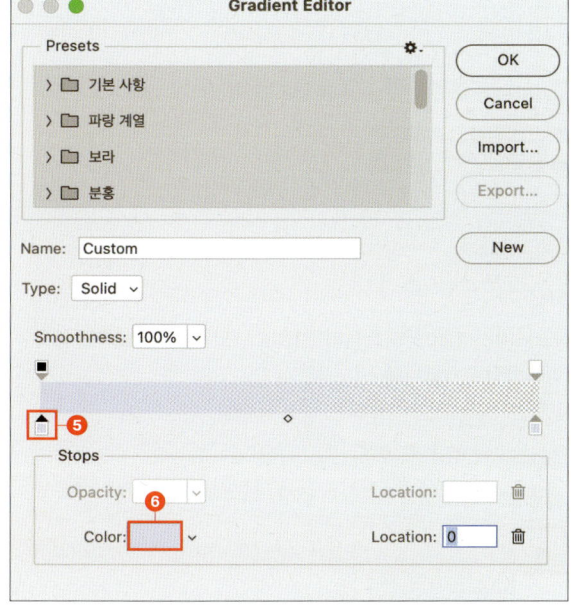

❺ [Gradient Editor] 창이 열리면 왼쪽 컬러 칩을 선택하고 ❻ 'Color' 옵션이 활성화되면 색 상자를 클릭합니다. ❼ [Color Picker] 창이 열리면 하늘색을 선택하고 ❽ [OK] 버튼을 클릭합니다.

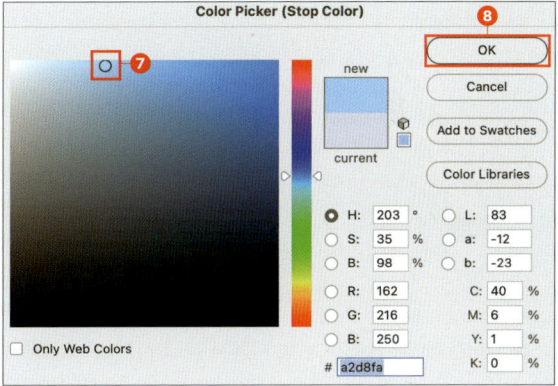

❾ 위에서부터 아래로 그레이디언트 배경을 만들었으면 포스터에 필요한 문자를 입력해서 '힐링 캠프 포스터'를 완성합니다.

❾ 입력

음식점 메뉴판

예제파일   dessertscent_start.psd
완성파일   dessertscent_finish.jpg

Point skill   '펜' 툴(), '프레임' 툴()

How to   '프레임' 툴과 '펜' 툴을 이용하여 음식점 메뉴판을 완성해 보겠습니다. 이미지 영역을 프레임으로 만들어놓으면 다양한 크기의 이미지라도 프레임 크기만큼 클리핑해서 나타낼 수 있습니다. 교체하고 싶은 이미지가 있다면 프레임으로 드래그하여 쉽게 바꿀 수 있습니다. 프레임은 메뉴판에서 이미지와 메뉴명, 그리고 가격을 시각적으로 구분하여 사용자가 메뉴를 쉽게 식별할 수 있게 합니다. 예제에 삽입되는 텍스트와 이미지를 그리드에 맞게 정렬하고 일정한 간격으로 배치하면 깔끔한 레이아웃이 됩니다. 메뉴판 표지에 곡선 모양의 장식 요소를 추가하고 가독성 좋은 서체로 타이틀을 입력하여 메뉴판을 매력적으로 만들어 보겠습니다.

Step   프레임 안에 이미지 삽입하기 ➡ '패스 도형' 툴로 박스 만들기 ➡ 메뉴판 제목 쓰기 ➡ '펜' 툴로 장식 요소 그리기 ➡ 대지를 PDF로 내보내기

프레임을 사용해 깔끔하게 배열하기

▶ 프레임을 사용해 메뉴를 구성하면 정보를 깔끔하게 전달할 수 있습니다.

① **일관성과 조직력**: 프레임을 활용하면 각 섹션을 일관성 있게 정리할 수 있어서 고객이 메뉴를 이해하고 탐색하는 데 도움을 줍니다.

② **시각적 분리**: 프레임을 이용하면 각 섹션의 경계를 명확하게 구분할 수 있어서 디저트, 음료, 특별 메뉴 등을 구분할 때 유용합니다.

③ **강조 효과**: 특정 메뉴나 추천 디저트를 강조하고 싶을 때 프레임을 사용하면 시각적으로 더 돋보이게 할 수 있습니다. 예를 들어, 인기 메뉴나 새로운 메뉴를 프레임으로 감싸 주목을 끌 수 있습니다.

④ **공간 활용**: 프레임을 사용해 메뉴를 구성하면 제한된 공간을 효율적으로 활용해 깔끔하게 정돈할 수 있습니다.

(디자인 작업 Point)

» **사각 프레임**

사각 프레임은 표, 카드, 배너 등 다양한 디자인 요소에 응용할 수 있으며 반복되면 패턴을 형성해 안정감을 줍니다. 메뉴판 디자인에서는 프레임 안에 케이크 사진을 배치해 각 요소의 독립성을 유지하면서도 전체적으로 통일감을 느낄 수 있도록 했습니다.

» **얇은 프레임 선**

프레임 선은 라운드 사각형에 사용한 녹색과 같은 색을 사용하고 굵기는 가늘게 설정했습니다. 가는 선은 시각적 방해를 최소화하여 콘텐츠를 더욱 부각시킵니다. 일반 메뉴 항목을 정리할 때는 얇은 프레임을, 신메뉴나 추천 메뉴, 할인 정보를 강조할 때는 굵은 프레임을 사용하는 것을 권장합니다.

» **색상 조합**

메뉴 사진과 타이틀을 부각시키기 위해 프레임의 흰색 배경 대신 베이지색 배경을 사용했습니다. 베이지색, 흰색, 주황색, 녹색으로 제한된 색상 팔레트는 디자인의 일관성을 유지하면서 세련된 느낌을 줍니다. 또한 디저트 카페의 고급스러운 분위기를 강화하는 데 도움이 됩니다.

- **베이지색과 흰색**: 배경 색상
- **짙은 초록색**: 기본 글자 색상
- **짙은 주황색**: 강조 색상. 부드럽고 따뜻한 느낌을 줌

핵심 기능

01 '펜' 툴과 패스 다루기

'펜' 툴(⌀)을 이용하면 벡터(Vector) 방식의 이미지를 그릴 수 있습니다. '펜' 툴을 이용해 이미지를 만들면 이미지 크기를 늘려도 화질이 떨어지지 않고 깨끗한 이미지를 얻을 수 있습니다. 실무에서 누끼컷을 만들거나 CI, BI, 정밀한 드로잉을 할 때 '펜' 툴을 많이 사용하므로 꼭 익혀두어야 합니다. '펜' 툴은 익숙해지기까지 시간이 오래 걸리므로 많이 연습하는 것이 좋습니다. 패스는 '직접 선택' 툴(▶)을 이용해 언제든지 수정할 수 있습니다.

✓ '펜' 툴의 종류

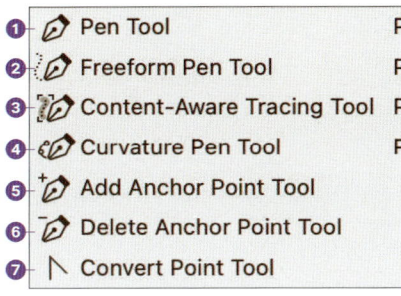

❶ '펜' 툴: 직선 패스, 곡선 패스를 그립니다. 직선 패스는 기준점과 선분으로 이루어져 있고 곡선 패스는 방향선과 방향점이 추가됩니다.

❷ '자유 형태 펜' 툴: 드래그한 형태대로 패스가 생성됩니다. 패스를 자유롭게 그릴 수 있지만 정교하게 그리기에는 무리가 있습니다.

❸ '내용 인식 추적' 툴: AI 기술을 활용하여 이미지에서 객체의 가장자리를 자동으로 인식하고 추적하여 패스를 생성합니다.

❹ '곡률 펜' 툴: 부드러운 곡선과 직선을 그립니다.

❺ '기준점 추가' 툴: 기존 패스에 기준점을 추가합니다.

❻ '기준점 삭제' 툴: 기존 패스에 기준점을 삭제합니다.

❼ '기준점 변환' 툴: 기준점의 속성을 바꿉니다. 곡선 패스를 직선 패스로, 직선 패스를 곡선 패스로 변경할 때 사용합니다.

✓ 직선 패스 그리기

❶ [Tool] 패널에서 '펜' 툴(⌀)을 선택하고 옵션바에서 모드는 'Shape', 'Fill'은 '노란색', 'Stroke'는 '없음'으로 지정합니다. ❷ 먼저 한 지점을 클릭하여 시작점을 만들고 ❸ 이어서 두 번째 지점을 클릭합니다. ❹ 2개의 기준점을 만들었으면 Shift 를 누른 상태에서 세 번째 지점을 클릭하여 45도 대각선을 만듭니다. ❺ 네 번째 지점을 클릭하고 ❻ 마지막으로 시작점을 한 번 더 클릭합니다. 이렇게 시작점과 끝점이 만나면 닫힌 패스가 됩니다.

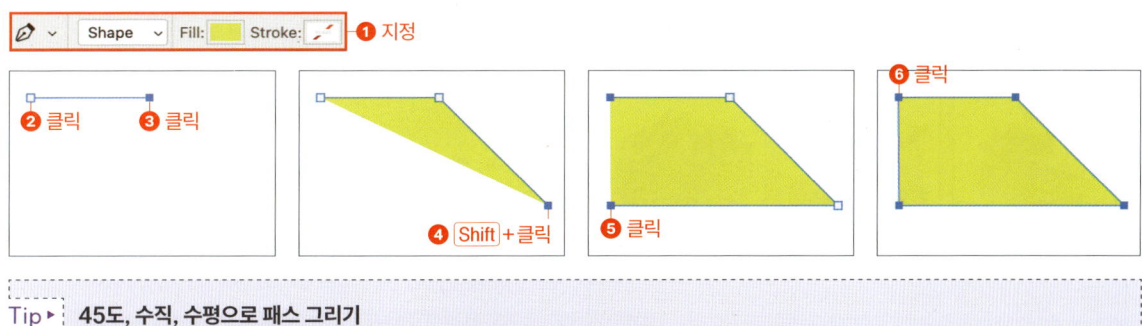

> **Tip ▶ 45도, 수직, 수평으로 패스 그리기**
> Shift 를 누른 상태에서 클릭하면 45도, 수직, 수평으로 패스를 그릴 수 있습니다.

✓ 곡선 패스 그리기

❶ '펜' 툴( )을 선택하고 옵션바에서 모드는 'Shape', 'Fill'은 '없음', 'Stroke'는 '주황색', 획 굵기는 '30px'로 지정합니다. ❷ 시작점을 클릭하고 ❸ 두 번째 지점을 클릭한 상태로 ❹ 마우스에서 손가락을 떼지 않고 화살표 방향으로 드래그합니다. 이때 핸들(방향선과 방향점)이 나타납니다. (곡선 패스는 한 방향이 아니라 여러 방향으로 뻗어나갈 수 있어서 핸들이 나타나는 것입니다.) ❺ 세 번째 지점을 클릭하면 방향선 각도에 영향을 받는 곡선이 만들어집니다.

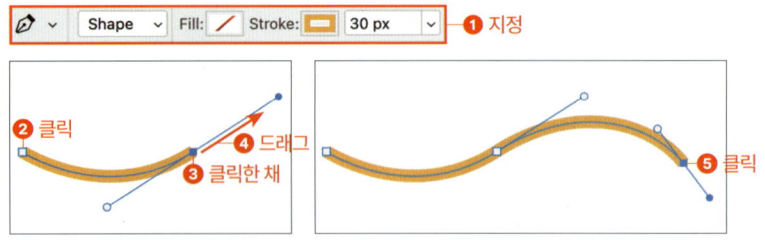

> **Tip ▸ 기준점 취소 및 삭제하기**
>
> Ctrl + Z : 이전 단계로 계속 돌아갈 수 있고 기준점을 순차적으로 취소할 수 있습니다. 그리고 패스를 그리는 도중에 Delete 를 누르면 선택한 기준점을 삭제할 수 있습니다.

✓ 기준점 추가 및 삭제, 변환하기

'기준점 추가' 툴과 '기준점 삭제' 툴로 패스 수정하기

❶ '패스연습.psd'를 불러온 후 '기준점 추가' 툴( )로 클릭하여 기준점을 추가합니다. ❷ Ctrl 을 누른 상태에서 왼쪽으로 이동하면 왼쪽으로 볼록 튀어나온 곡선 모양이 됩니다. ❸ '기준점 삭제' 툴( )로 위쪽 곡선의 중앙 기준점을 클릭하여 삭제하고 ❹ Ctrl 을 누른 상태에서 방향점을 잡은 후 ❺ 왼쪽 대각선 방향으로 이동하여 곡선 모양을 수정합니다.

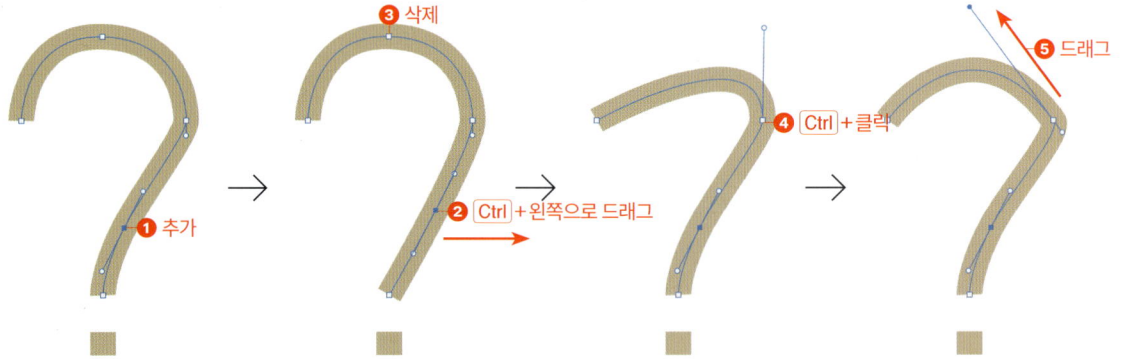

'기준점 변환' 툴로 직선 패스와 곡선 패스 바꾸기

❶ '기준점 변환' 툴()로 삼각형 꼭대기에 있는 기준점을 클릭한 상태에서 ❷ 옆으로 드래그합니다. ❸ 뾰족한 모양이 곡선 모양으로 바뀌면 기준점을 다시 클릭합니다. 그러면 핸들(방향선과 방향점)이 사라지면서 직선 패스로 되돌아옵니다.

▲ 원본　　　　　　　　▲ 곡선 패스로 변환　　　　　　　　▲ 다시 직선 패스로 변환

> **Tip▶ 패스 단축키 완전 정복하기**
>
> ❶ Ctrl : '직접 선택' 툴(▶)로 전환되어 기준점, 방향점, 선분을 이동할 수 있습니다.
> ❷ Shift + 클릭 : 45도, 수평, 수직으로 그릴 수 있습니다.
> ❸ Alt + 기준점 클릭 : 방향선을 제거합니다.
> ❹ Alt + 방향점 클릭 & 드래그 : 방향선 각도를 수정합니다.
> ❺ '기준점 추가' 툴(🖋) 사용 중 Alt : '기준점 삭제' 툴(🖋)로 전환되고 반대로도 적용할 수 있습니다.
> ❻ Shift + Ctrl + H : 패스 선을 감추거나 나타냅니다.
> ❼ Delete : 패스 전체를 선택한 후 삭제할 수도 있고 선택한 기준점을 삭제할 수도 있습니다.
> ❽ Ctrl + Enter : 패스를 선택 영역으로 바꿉니다.

✓ 곡선 패스 수정하고 방향선 제거하기

'직접 선택' 툴로 곡선 패스 수정하기

❶ '패스연습.psd'를 불러온 후 '직접 선택' 툴(▶)을 선택하고 기준점을 클릭하여 선택한 후 ❷ 이동하면 기준점이 이동하면서 모양이 변합니다. ❸ '선분'을 선택해 이동하면 드래그한 방향으로 선이 이동하면서 모양이 변하는 것을 확인할 수 있습니다.

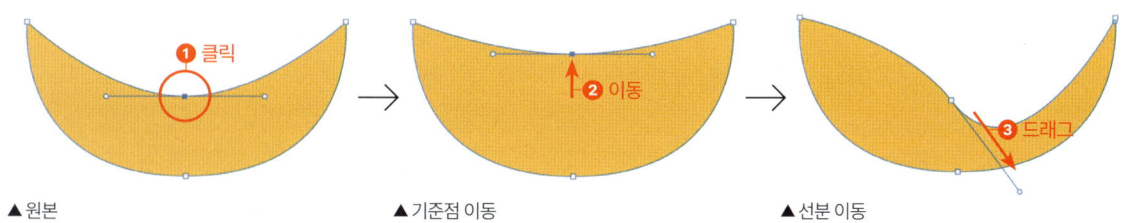

▲ 원본　　　　　　　　▲ 기준점 이동　　　　　　　　▲ 선분 이동

방향선 제거하기

❶ '펜'툴()을 선택하고 시작점을 클릭한 후 ❷ 아래쪽에 두 번째 지점을 클릭 & 드래그하여 핸들(방향선과 방향점)을 만듭니다. ❸ Alt 를 누른 상태에서 두 번째 기준점을 클릭하여 앞쪽 방향선을 제거합니다. ❹ 수평으로 이동한 오른쪽 지점을 클릭해 기준점을 추가하고 ❺ 시작점을 클릭하여 닫힌 패스로 완성합니다.

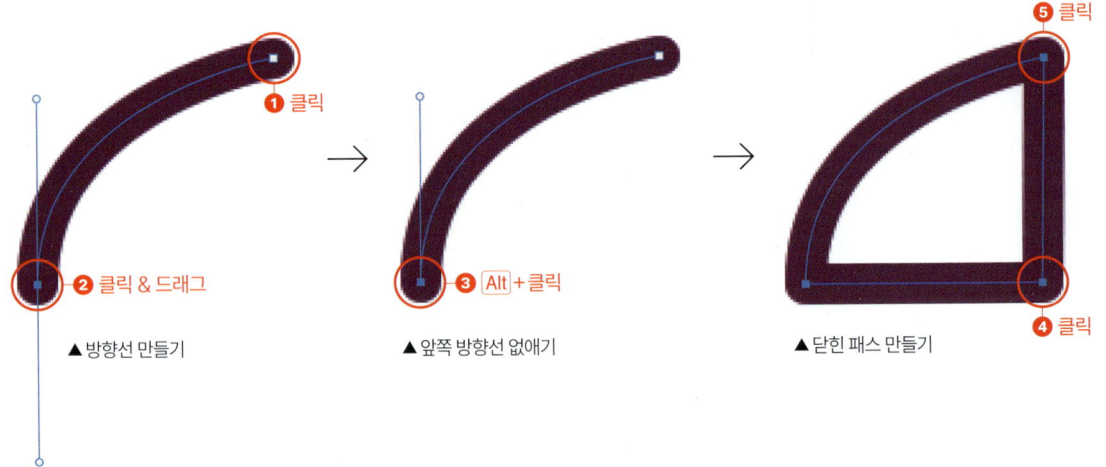

✓ 패스를 선택 영역으로 만들어 이미지 추출하기

❶ '선택 영역.jpg'를 불러온 후 '펜' 툴()의 옵션바에서 'Path' 모드를 선택하고 ❷ 화면을 적당히 확대한 후 시작점을 클릭합니다. ❸ 다음 지점을 클릭하고 화살표 방향으로 드래그하여 곡선 패스를 만듭니다. ❹ 방향선을 제거하기 위해 Alt 를 누른 상태에서 기준점을 클릭한 후 (방향선을 제거했으므로 직선 패스를 그릴 수 있습니다.) ❺ 세 번째 지점을 클릭합니다.

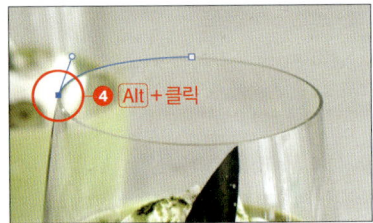

❻ 이와 같은 방법으로 컵 테두리를 따라 닫힌 패스를 만듭니다. ❼ 패스를 모두 만들었으면 Ctrl + Enter 를 눌러 선택 영역으로 만듭니다.

❽ Ctrl + J 를 눌러 선택 영역을 새 레이어로 복제하여 [Layers] 패널에 [Layer 1] 레이어를 만듭니다. ❾ [Background] 레이어의 눈 아이콘(👁)을 끄고 ❿ 컵만 정교하게 추출되었는지 확인합니다.

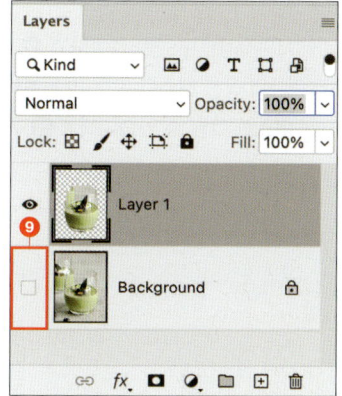

> Tip▶ **[Paths] 패널에 패널을 저장하세요!**
>
> [Paths] 패널에 나타나는 [Work Path]는 임시로 저장해 놓은 패스이므로 다른 패스를 새롭게 그리면 기존 패스가 사라집니다. 패스가 사라지지 않게 하려면 [Work Path]를 더블클릭하여 [Path 1]로 변환합니다. 또는 [Paths] 패널의 아래쪽에 있는 [새 패스 추가] 아이콘(□)을 클릭해서 새 패스를 만든 후 작업을 진행합니다.

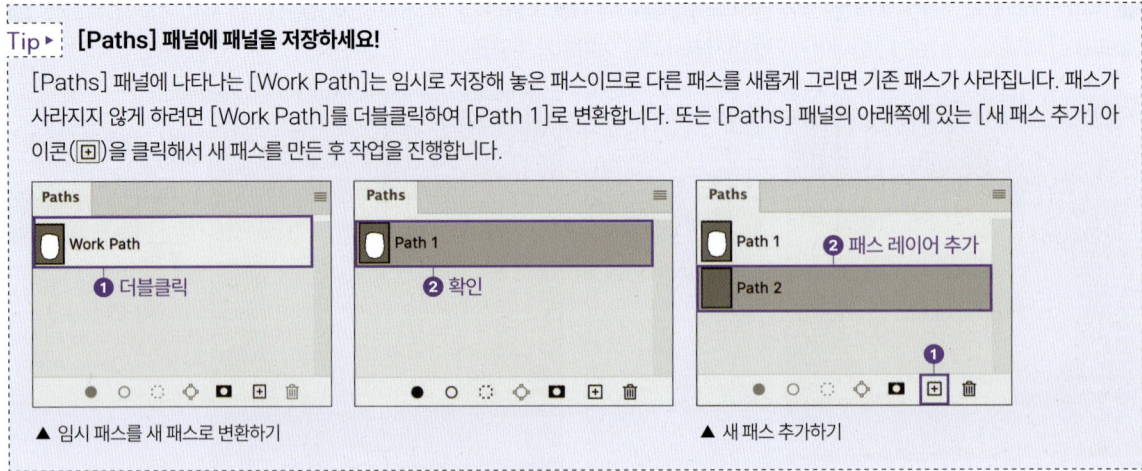

▲ 임시 패스를 새 패스로 변환하기   ▲ 새 패스 추가하기

✓ '내용 인식 추적' 툴로 이미지 추출하기

❶ '내용 인식 추적툴.jpg'를 불러온 후 [Tools] 패널에서 '내용 인식 추적' 툴(🖉)을 선택하고 ❷ 옵션바에서 [추적 추가] 아이콘(🖉)을 클릭한 후 ❸ 모드를 'Path'로 지정합니다. ❹ 꼭지 부분을 클릭하면 가장자리를 인식하여 패스가 생성됩니다. ❺ 과일 테두리 근처에 마우스 포인터를 올려놓으면 AI가 자동으로 경계를 인식하고 ❻ 클릭하면 패스가 생성되면서 기존 패스와 더해집니다.

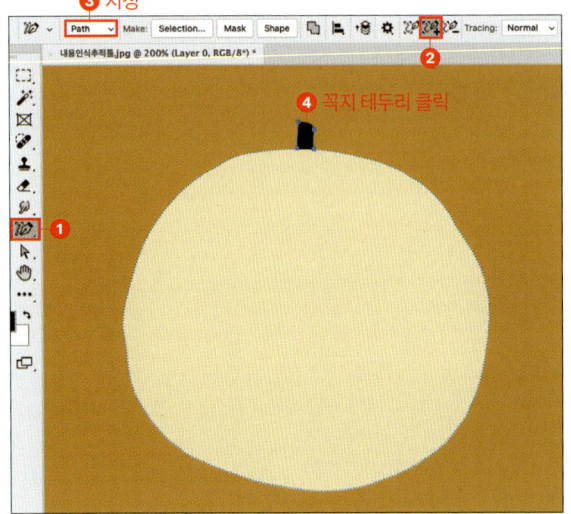 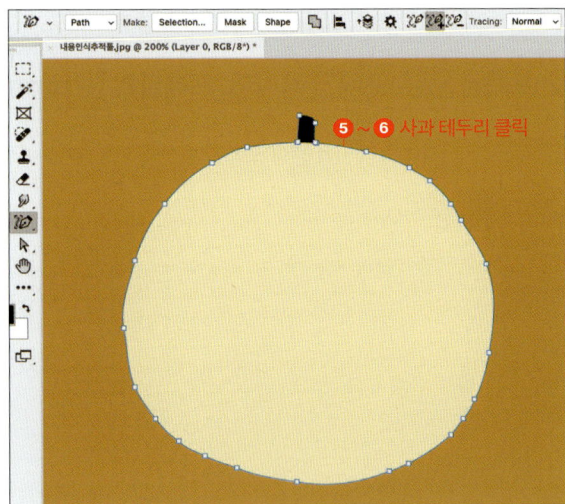

❼ Ctrl+Enter 를 눌러 패스를 선택 영역으로 만듭니다. ❽ Ctrl+J 를 눌러 선택 영역을 새 레이어로 복제하면 ❾ [Layers] 패널에 [Layer 1] 레이어가 만들어지면서 과일 이미지가 추출됩니다.

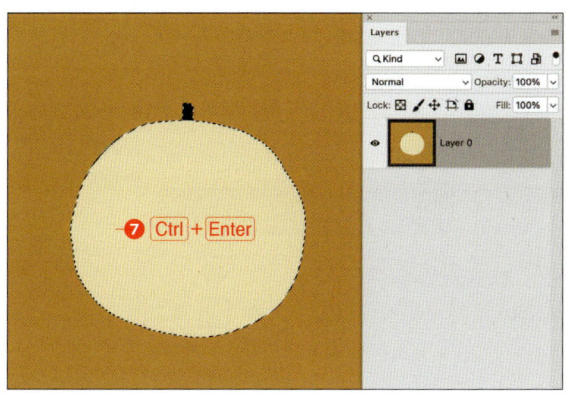 

> 핵심 기능

02 │ '프레임' 툴 다루기

'프레임' 툴()로 사각형과 원형 프레임을 만들 수 있습니다. 만들어놓은 프레임에 이미지를 드래그 앤 드롭하면 이미지가 삽입되고 프레임에 다른 이미지를 놓으면 기존의 이미지를 쉽게 바꿀 수 있습니다.

✓ 프레임 모양, 프레임 레이어, 프레임의 [Properties] 패널

옵션바에서 사각형 프레임과 원형 프레임을 선택하여 원하는 모양을 만듭니다.

  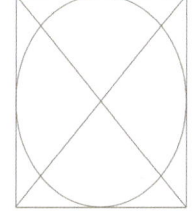

▲ 직사각형과 정사각형 프레임을 만든 경우   ▲ 타원형과 정원형 프레임을 만든 경우

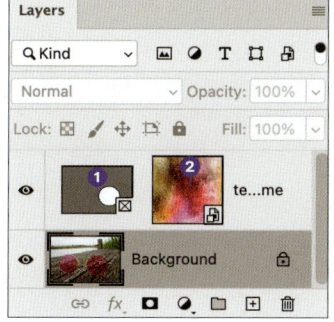

프레임 레이어에는 2개의 축소판이 표시됩니다. 프레임 안에 이미지를 넣으면 앞에는 프레임 섬네일이, 뒤에는 합성 이미지 섬네일이 표시됩니다.

❶ 프레임 섬네일 ❷ 합성 이미지 섬네일

프레임 섬네일과 합성 이미지 섬네일을 독립적으로 개별 선택하여 수정할 수 있습니다(모서리 테두리=선택 표시).

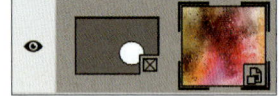

▲ 프레임을 선택했을 때   ▲ 합성 이미지를 선택했을 때

[Properties] 패널의 'Stroke' 항목에서 프레임 획을 지정하고 색상과 굵기를 변경할 수 있습니다.

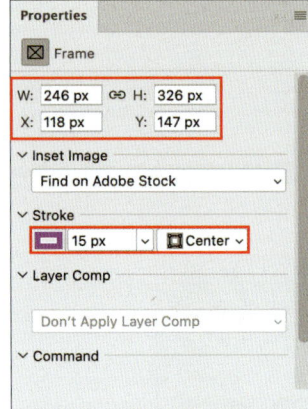
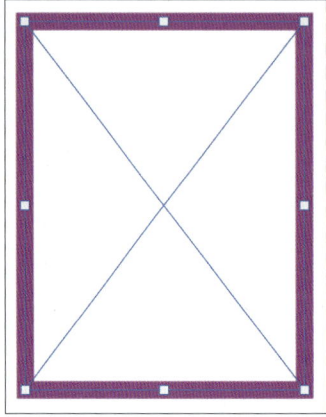

✓ 패스 도형을 프레임으로 변환하기

❶ '프레임변환.psd'를 열고 [Layer]-[New]-[Convert to Frame] 메뉴를 선택합니다. ❷ [New Frame] 창이 열리면 새로 만들 프레임 레이어 이름을 'Polygon'으로 입력하고 ❸ [OK] 버튼을 클릭하여 ❹ [Layers] 패널에 [Polygon] 레이어를 만듭니다.

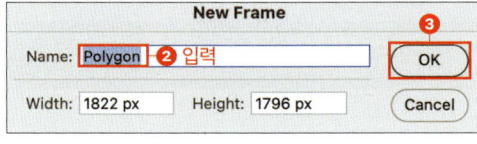
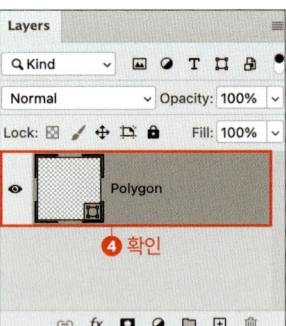

❶ 파일 열기→[Convert to Frame] 메뉴 선택

> Tip ▶ **문자 레이어를 프레임 레이어로 변환하기**
> ❶ [Layers] 패널에서 문자 레이어를 선택하고 ❷ 마우스 오른쪽 버튼을 클릭한 후 ❸ 바로 가기 메뉴에서 [Convert to Frame]을 선택하면 ❹ 프레임 레이어로 변환됩니다. ❺ 프레임 안에 원하는 이미지를 넣어 합성해 보세요.

❺ '패스 도형' 툴로 만든 도형 레이어가 프레임 레이어로 변환되었으면 ❻ 'texture_1.jpg'를 불러온 후 드래그 앤 드롭하여 이미지를 합성합니다.

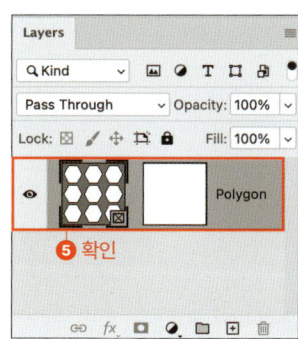  

STEP 1 | 프레임 안에 이미지 삽입하기

01 ❶ Ctrl + O 를 눌러 'dessertscent_start.psd'를 열고 ❷ [Layers] 패널에서 '메뉴' 대지를 열어 [Frame 1] 레이어를 선택합니다.

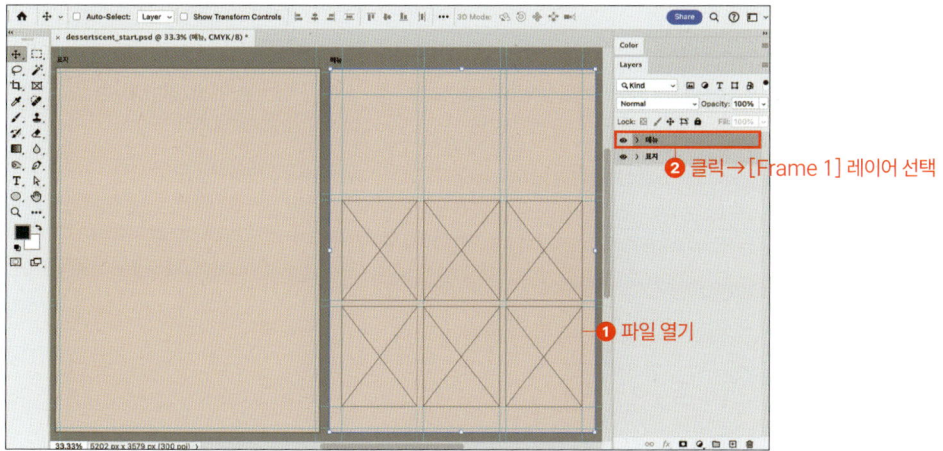

118

❸~❹ 프레임 사각형이 활성화되면 초코케이크 사진인 'photo_2.png'를 프레임 사각형 안으로 드래그합니다.

Tip ▶	**스마트 레이어 형태로 이미지를 불러오는 프레임**
	프레임은 이미지의 위치, 크기, 형태 등을 자유롭게 조절할 수 있도록 픽셀값이 깨지지 않는 스마트 레이어 형태로 이미지를 불러옵니다. 이미지 크기는 프레임에 맞게 자동 조정되므로 여백을 만들려면 자유 변형 박스(Ctrl + T)를 씌워 이미지 크기를 수정해야 합니다.

02 ❶ [Layers] 패널에서 [Frame 1] 레이어를 선택하고 2단 케익 사진인 'photo_3.png'를 프레임 사각형 안으로 드래그합니다. ❷ 이와 같은 방법으로 나머지 프레임에도 케익 사진을 삽입합니다.

03 ❶~❷ [View]-[Rulers]((Ctrl)+(R)) 메뉴를 선택합니다. 눈금자(줄자)가 나타나면 위쪽 눈금자를 클릭한 후 아래쪽으로 드래그하여 2개의 가로 안내선을 만듭니다.

> **Tip ▶ 안내선(guide)과 스냅(snap) 함께 사용하기**
>
> 안내선과 스냅을 함께 사용해서 이미지를 정확하게 배치 및 이동한 후 선택 영역을 지정하고 잘라낼 수 있습니다.
>
> ❶ **안내선 사용하기**
> [View]-[Rulers] 메뉴를 선택하거나 (Ctrl)+(R)을 눌러 눈금자(줄자)를 표시합니다. 눈금자를 클릭한 상태에서 화면으로 드래그하여 안내선을 만듭니다.
>
> ❷ **스냅 사용하기**
> [View]-[Snap] 메뉴를 선택하거나 (Shift)+(Ctrl)+(;)을 누릅니다. 스냅은 마치 자석처럼 안내선에 맞추어 마우스 포인터가 붙게 만듭니다.

❸~❹ 이미지의 크기와 위치를 조절해 보겠습니다. (Ctrl)+(T)를 눌러 자유 변형 박스를 씌우고 여백을 고려하여 적당한 크기로 줄여줍니다.

❺ 새로 생성한 가로 안내선 위에 위치할 수 있도록 이미지의 위치를 조절합니다.

STEP 2 | '패스 도형' 툴로 박스 만들기

01 ❶ 배경색 위에 사각형 박스를 만들기 위해 [Layers] 패널에서 [Color Fill 1] 레이어를 선택합니다. ❷ [Tools] 패널에서 '사각형' 툴(□)을 선택하고 옵션바에서 모드는 'Shape', 'Fill'은 '흰색', 'Stroke'는 '녹색', 굵기는 '8px'로 지정한 후 ❸ 안내선에 맞추어 드래그하면 사각형 박스가 만들어집니다.

Tip ▶ 눈금자 관련 단축키

'이동' 툴(✥)을 사용할 때 눈금자 관련 단축키를 함께 써보세요.
❶ Ctrl + 안내선 클릭: 안내선 선택.
❷ Shift + Alt + 안내선 클릭: 여러 개의 안내선을 동시에 선택.
❸ Ctrl + ; : 안내선 보이기/감추기

❹ 이와 같은 방법으로 5개의 사각형 박스를 추가로 만들고 Ctrl + ; 을 눌러 안내선을 감춥니다.

❹ 박스 추가 → 안내선 감추기 (Ctrl + ;)

02 ❶ 이번에는 메뉴판 번호를 만들어보겠습니다. [Tools] 패널에서 '사각형' 툴(□)을 선택하고 테두리가 생기지 않도록 옵션바에서 'Fill'은 '초록색', 'Stroke'는 '없음'으로 지정한 후 ❷ 드래그하여 직사각형을 그립니다. ❸ 사각형 모서리에 나타난 라운드 코너 위젯을 안쪽으로 드래그하여 모서리가 둥근 사각형을 만듭니다.

❶ 지정

❹ 모서리가 둥근 사각형이 글상자가 되는 것을 막기 위해 둥근 사각형의 바깥쪽에 글자를 써보겠습니다. '문자' 툴(T)로 '01'을 입력하고 ❺ '이동' 툴(✥)을 이용해 모서리가 둥근 사각형 안에 배치합니다.

Tip ▶ 패스 도형 위에 문자를 입력할 때 주의할 점

❶ 패스 도형 면을 클릭해 문자를 입력하면 패스 도형이 글상자로 변합니다.
❷ 패스 도형 선을 클릭해 문자를 입력하면 패스를 타고 흐르는 글자가 써집니다.

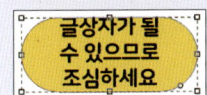 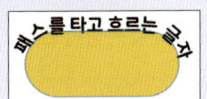

03 ❶ '01'~'06'까지 메뉴판 번호를 입력하고 ❷ 사각형 박스의 아래쪽에 영문 메뉴명을 입력한 후 ❸ 가격을 입력합니다.

STEP 3 메뉴판 제목 쓰기

01 글상자에 글씨 쓰기

❶ [Tools] 패널에서 '문자' 툴(T)을 선택하고 글상자를 만들기 위해 왼쪽 위에서 오른쪽 아래로 드래그하면 드래그한 크기만큼 글상자가 만들어집니다. 글상자에 문자를 입력하면 단락(paragraph)을 효율적으로 편집하고 정렬할 수 있습니다. ❷ [Properties] 패널의 'Character'에서 [더 보기] 아이콘(⋯)을 클릭하고 ❸ 원하는 폰트를 선택한 후 ❹ 크기는 '70pt', 장평은 '98%'로 지정합니다.

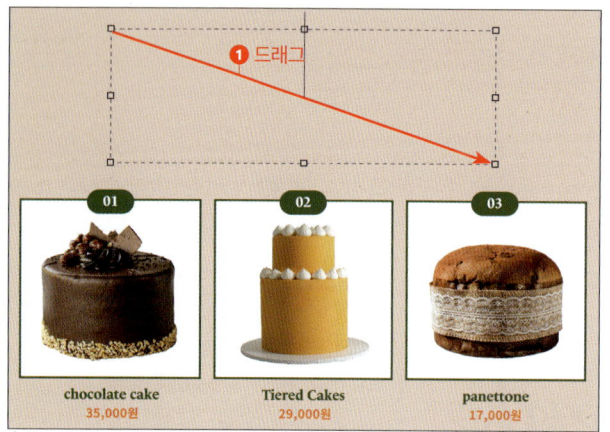  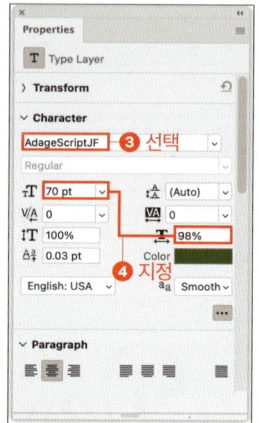

❺ 'Dessert Scent'를 입력하고 Enter 를 눌러 행을 변경합니다. ❻ 'menu'를 입력하고 ❼ 드래그하여 블록으로 지정합니다.

❽ [Properties] 패널에서 'Color'는 주황색으로, 행간은 '55pt'로 지정하여 ❾ 글자 속성을 변경합니다.

02 개체 중앙 정렬하기

❶ [Tools] 패널의 '문자' 툴(T)로 'making life more sweet' 문장을 입력합니다. ❷ [Layers] 패널에서 [새 폴더 추가] 아이콘(▢)을 클릭해 ❸ '제목'이라는 이름을 붙이고 ❹ 2개의 메뉴명 레이어를 '제목' 폴더 안으로 넣어주세요.

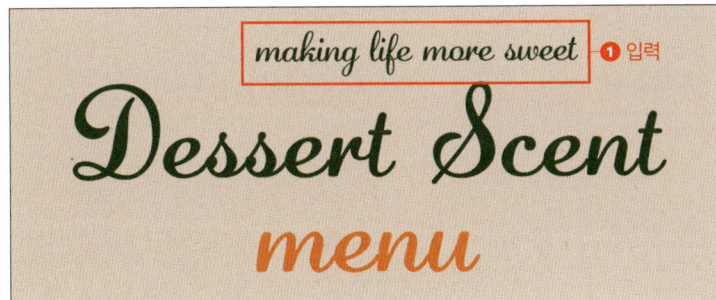
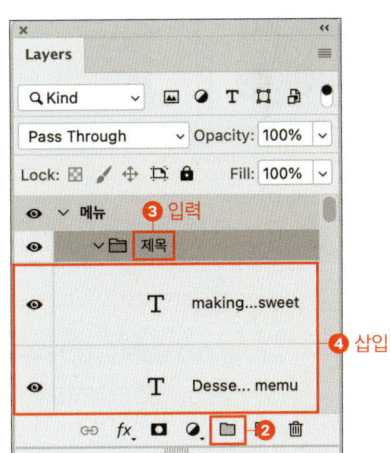

❺~❻ [Layers] 패널에서 '제목' 폴더 안에 있는 2개의 레이어를 Ctrl 을 누른 상태에서 함께 선택합니다. ❼ [Tools] 패널에서 '이동' 툴(✥)을 선택한 후 옵션바에서 [가로 중앙 정렬] 아이콘(✤)을 클릭합니다.

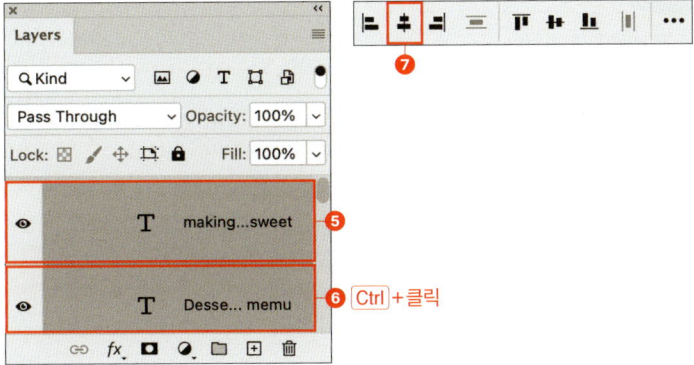

❽ 선택한 문장을 중앙 정렬했습니다.

03 문자 변형하기

❶ 문자에 왜곡 기능을 적용해 보겠습니다. [Tools] 패널에서 '문자' 툴(T)을 선택하고 [Layers] 패널에서 [making life more sweet] 레이어를 선택한 후 옵션바에서 [뒤틀어진 텍스트] 아이콘(⌁)을 클릭합니다. ❷ [Warp Text] 창이 열리면 'Style'은 'Arc', ❸ 'Bend'는 '25%'로 지정하고 ❹ [OK] 버튼을 클릭합니다.

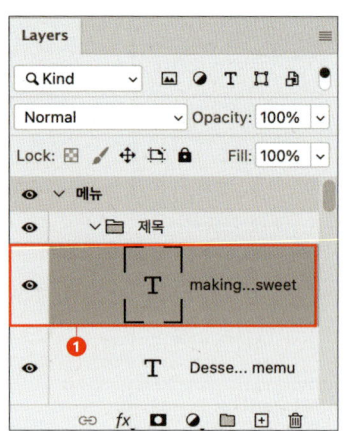 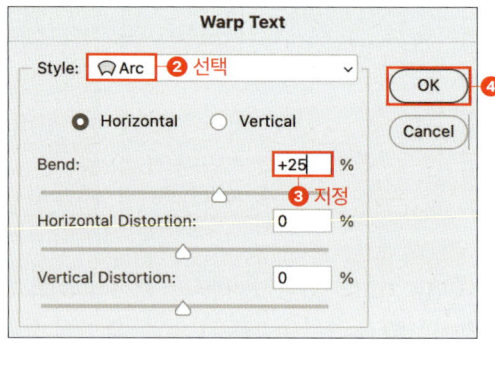

❺ 문자가 위로 볼록 솟은 모양으로 변형되었는지 확인합니다.

STEP 4 | '펜' 툴로 장식 요소 그리기

01 ❶ 이번에는 메뉴판에 테두리를 그려보겠습니다. [Tools] 패널에서 '사각형' 툴(▭)을 선택하고 옵션바에서 모드는 'Shape', 'Fill'은 '없음', 'Stroke'는 '초록색', 굵기는 '12px'로 지정한 후 ❷ 세로로 긴 직사각형을 그립니다. ❸ [Layers] 패널에서 '표지' 폴더를 선택하고 ❹ 'photo_1.png'를 화면으로 드래그한 후 모서리 조절점을 움직여서 크기를 조절합니다. 크기를 고정하려면 Enter 를 누릅니다.

02 ❶~❷ [Layers] 패널에서 '메뉴' 대지에 있는 [사각테두리] 패스 레이어와 '제목' 폴더를 선택하고 ❸ [복제하기] 아이콘(⊞)을 클릭해서 복사합니다. ❹ 복사한 [사각테두리] 레이어와 '제목' 폴더를 '표지' 대지로 이동합니다.

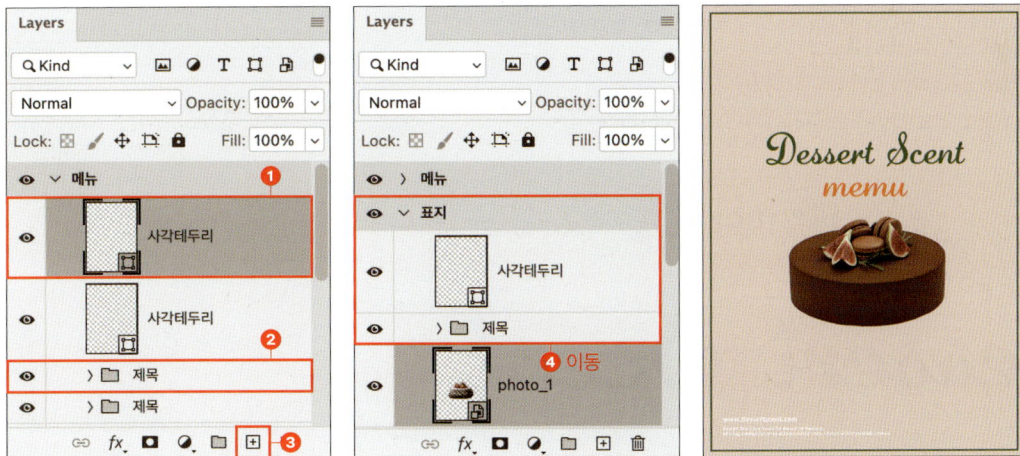

03 ❶ 곡선 모양의 장식 요소를 그려보겠습니다. [Tools] 패널에서 '펜' 툴(✒)을 선택하고 옵션바에서 모드는 'Shape', 'Fill'은 '주황색', 'Stroke'는 '없음'으로 지정합니다. ❷ 시작점을 클릭하고 ❸ 두 번째 지점을 클릭한 채 마우스에서 손가락을 떼지 않고 화살표 방향으로 드래그합니다. ❹ 세 번째 지점도 클릭한 상태에서 화살표 방향으로 드래그하여 곡선을 만듭니다.

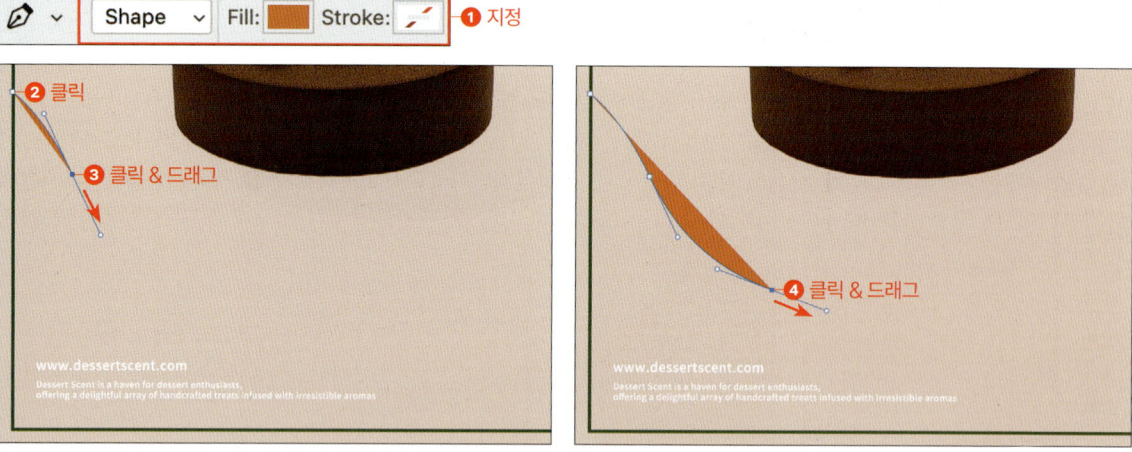

❺ 네 번째 지점을 클릭 & 드래그하여 곡선을 만듭니다. ❻ Alt 를 누른 상태에서 네 번째 기준점을 클릭하여 앞쪽 방향선을 제거합니다.

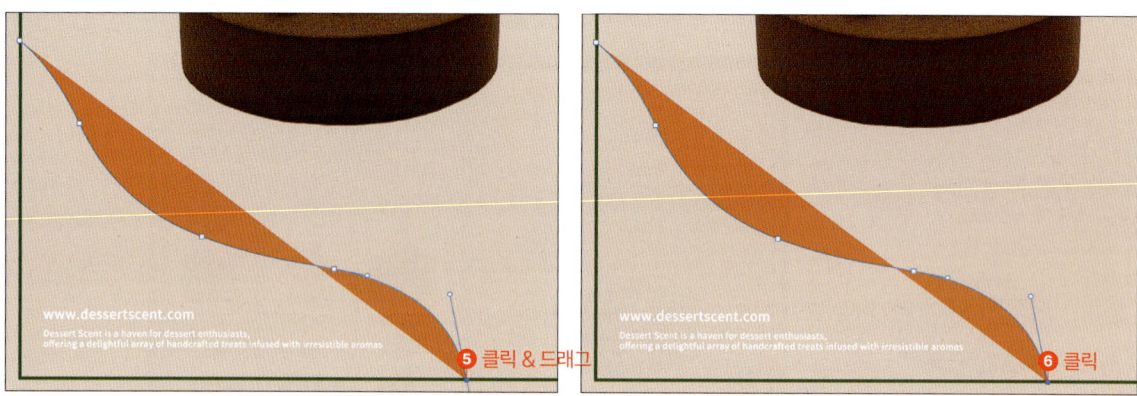

❼ 왼쪽 수정 방향으로 이동해 직선 모서리에 맞춰 기준점을 만든 후 ❽ 위쪽 시작점을 클릭하여 닫힌 패스로 완성합니다.

04 ❶ 새 레이어를 만들고 [Tools] 패널에서 '브러시' 툴( )을 선택한 후 ❷ HardRound 브러시로 흰색 점을 여러 개 찍어줍니다.

❸ 이와 같은 방법으로 오른쪽 위에 곡선 장식과 흰색 점을 추가하여 메뉴판 표지와 메뉴명 페이지를 완성합니다.

▲ 완성한 메뉴판 표지(왼쪽)와 메뉴명 페이지(오른쪽)

STEP 5 | 대지를 PDF로 내보내기

❶ [File]-[Export]-[Artboards to PDF] 메뉴를 선택합니다. ❷ [Artboards To PDF] 창이 열리면 'Destination'에서 저장할 경로를 지정하고 ❸ 'Options'에서 'Muti-Page Document'가 선택되었는지 확인합니다. ❹ 'Encoding'은 'JPEG', ❺ 'Quality'는 '12'로 지정하고 ❻ [Run] 버튼을 클릭합니다.

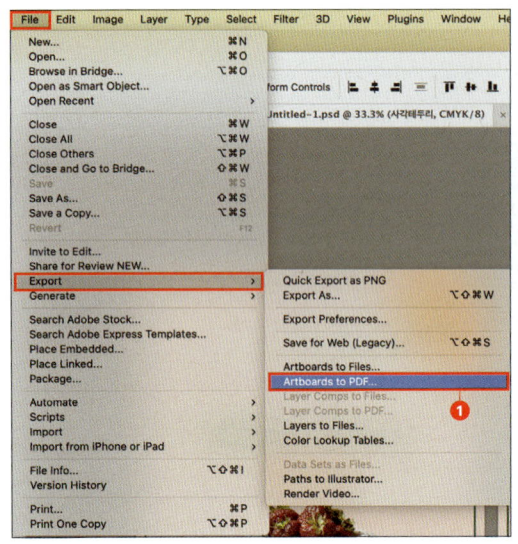
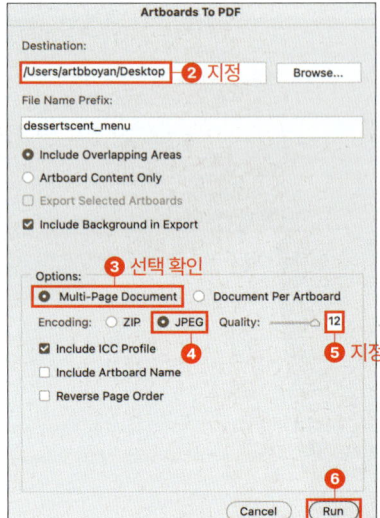

❼ PDF로 내보내기를 성공했다는 안내 창이 열리면 [OK] 버튼을 클릭합니다. ❽ PDF 파일을 열고 2page로 구성되었는지 확인합니다.

매거진 표지

예제파일	magazine_start.psd
완성파일	magazine_finish.jpg
소스파일	Peacock Gradients.grd

Poster · Menu · Book Cover · Card

Point skill '그레이디언트' 툴(■) 및 형태, [Gradient Editor] 창, 클리핑 마스크, 픽셀 유동화(Liquify) 필터

How to 'SURF 잡지'의 레이아웃을 참고하여 표지를 디자인해 보겠습니다. 매거진 표지는 독자들에게 흥미를 불러일으킬 만한 시각적 요소가 들어가야 합니다. 배경에 그레이디언트를 입히면 생동감 있으면서 부드러운 인상을 만들 수도 있고 색상에 따라 감정을 다르게 표현할 수도 있습니다. 예를 들어, 짙은 파란색에서 점진적으로 올라가는 하늘색 톤의 그레이디언트는 공간에 개방감을 주고 신비로움을 전달할 수도 있습니다. 이제부터 '그레이디언트' 툴로 색과 색이 오묘하게 섞이는 배경을 만들어보고 클리핑 마스크를 이용해서 그레이디언트 배경이 적용될 부분을 제한해 보겠습니다.

Step 그레이디언트 만들기 ➡ 원형 그레이디언트 적용하기 ➡ 픽셀 유동화 필터와 블러 필터 적용하기 ➡ 클리핑 마스크 씌우기

그레이디언트로 신비한 분위기 만들기

▶ 그레이디언트는 평면적인 디자인에 입체감을 더해 신비한 분위기를 연출할 수 있습니다.

① **색상 변화로 시각적 흥미 유발**: 그레이디언트는 2개 이상의 색상이 부드럽게 변하면서 시각적 흥미를 이끌어냅니다. 어두운 파란색과 보라색, 검은색 등을 그레이디언트로 사용하면 신비롭고 은밀한 느낌을 줄 수 있으며, 짙은 파란색에서 보라색으로 이어지는 그레이디언트를 사용하면 별이 빛나는 하늘을 떠올리게 합니다.

② **추상적이고 몽환적인 효과 연출**: 그레이디언트를 사용해 추상적인 형태와 유동적인 패턴을 만들면 마치 꿈속에 있는 듯한 몽환적인 분위기를 연출할 수 있습니다. 구체적인 형태를 고집하지 않고 자유롭고 역동적인 느낌을 표현하기에는 그레이디언트가 가장 효과적입니다.

③ **입체 효과 및 공간감 부여**: 금속 표면의 반짝이는 느낌을 주기 위해 은색이나 금색의 그레이디언트로 반사와 하이라이트를 표현하면 금속의 입체감이 살아납니다. 또한 위에서 아래로 또는 왼쪽에서 오른쪽으로 그레이디언트를 적용하면 깊은 부분과 얕은 부분이 생겨 공간감을 줄 수 있습니다.

디자인 작업 Point

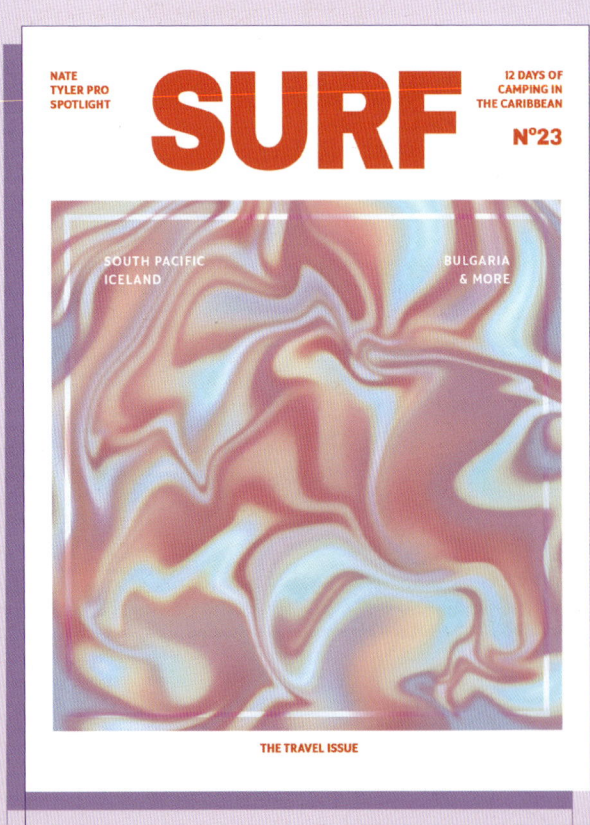

» 유동적인 물결 패턴

서프 잡지 표지에 물결 패턴이 잘 어울릴 것 같아 원형 그레이디언트를 이용해 왜곡 효과를 주었습니다. 서프 잡지는 서핑과 관련된 다양한 내용을 다루는 전문 잡지로, 파란색에서 노란색, 노란색에서 분홍색으로 이어지는 그레이디언트를 곡선 형태로 굴절시켜 넘실거리는 물결의 아름다움을 표현하려고 했습니다.

» 트렌디한 그레이디언트

추상적이고 비정형적인 비주얼은 구체적인 지시 대상이 없습니다. 그레이디언트로 구성한 배경은 특정 대상을 떠올릴 수 없는 탈구성주의적 성격을 띠며 배경이 주인공이 될 수 있는 탈형식적인 면모를 보여줍니다. 그레이디언트의 연관 검색어 중 'Vibrant Gradient'가 많은데 주로 밝은 색상, 네온 색상, 원색 등을 사용해 활기차고 에너지 넘치는 이미지를 만들어냅니다. 그레이디언트는 웹 디자인, 그래픽 디자인, 브랜딩 등에서 시각적 매력을 높이는 트렌디한 스타일로 사용됩니다.

» 그레이디언트 색상 구성

채도가 높고 밝고 따뜻한 색조로 그레이디언트를 구성하여 생동감과 역동성을 부여했습니다.

01 '그레이디언트' 툴

'그레이디언트' 툴(■)을 이용하면 여러 가지 색상을 단계적으로 혼합할 수 있습니다. 그리고 미리 지정된 그레이디언트 소스를 선택해 색을 입히거나 직접 그레이디언트를 만들어 입힐 수 있습니다.

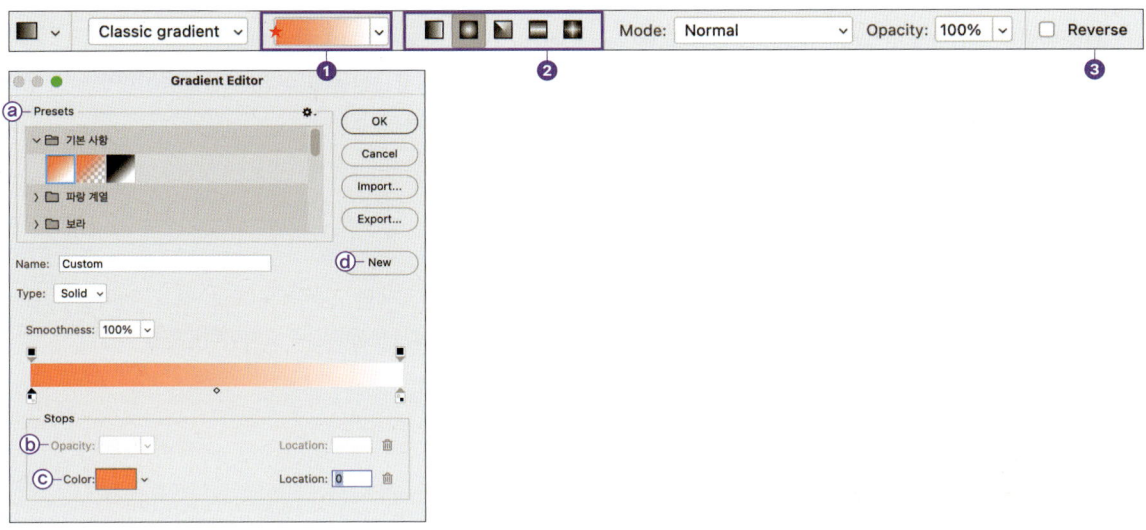

❶ [Gradient Editor] 창 열기

'그레이디언트' 툴(■)의 옵션바에서 편집 버튼(★)을 클릭해 [Gradient Editor] 창을 엽니다.

ⓐ **Presets**: 포토샵에서 제공하는 그레이디언트 소스를 섬네일 형태로 확인하고 선택해 사용합니다.

ⓑ **Opacity**: 불투명도를 지정합니다.

ⓒ **Color**: 색상을 지정합니다.

ⓓ **[New] 버튼**: 편집 목록에 새로운 그레이디언트를 추가합니다.

❷ 그레이디언트의 형태

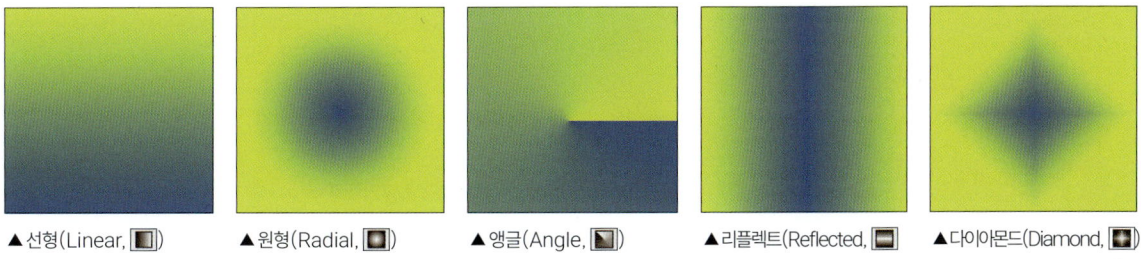

▲ 선형(Linear, ■) ▲ 원형(Radial, ■) ▲ 앵글(Angle, ■) ▲ 리플렉트(Reflected, ■) ▲ 다이아몬드(Diamond, ■)

❸ **Reverse**: 그레이디언트 색상 단계를 반전시킵니다.

02 | 클리핑 마스크

클리핑 마스크(Clipping Mask)는 상위 레이어가 하위 레이어의 영역 안으로 들어가 하위 레이어의 영역만큼 보이게 만드는 기능입니다. 하위 레이어로 일반 레이어, 도형 레이어, 문자 레이어를 모두 사용할 수 있습니다.

✓ 상위 레이어에 클리핑 마스크 씌우기

❶ '클리핑 마스크_1.psd'를 불러온 후 [Layers] 팔레트에서 클리핑 마스크를 씌울 상위 레이어를 선택합니다. ❷ 마우스 오른쪽 버튼을 클릭한 후 ❸ 바로 가기 메뉴에서 [Create Clipping Mask]를 선택합니다. 하위 레이어인 [꽃11] 도형 레이어에 맞추어 상위 레이어인 컵케이크 사진이 들어갔습니다.

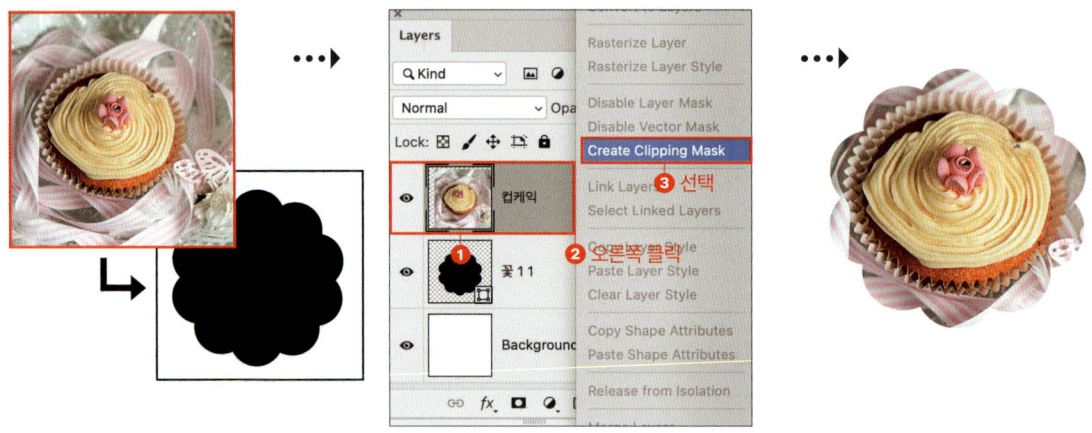

✓ 단축키로 클리핑 마스크 씌우기

'클리핑 마스크_2.psd'를 불러옵니다. Alt + Ctrl + G 를 누르거나 Alt 를 누른 상태에서 레이어와 레이어 사이를 클릭하면 클리핑 마스크를 씌울 수 있습니다. 하위 레이어인 문자 레이어 크기에 맞추어 질감을 입혔습니다.

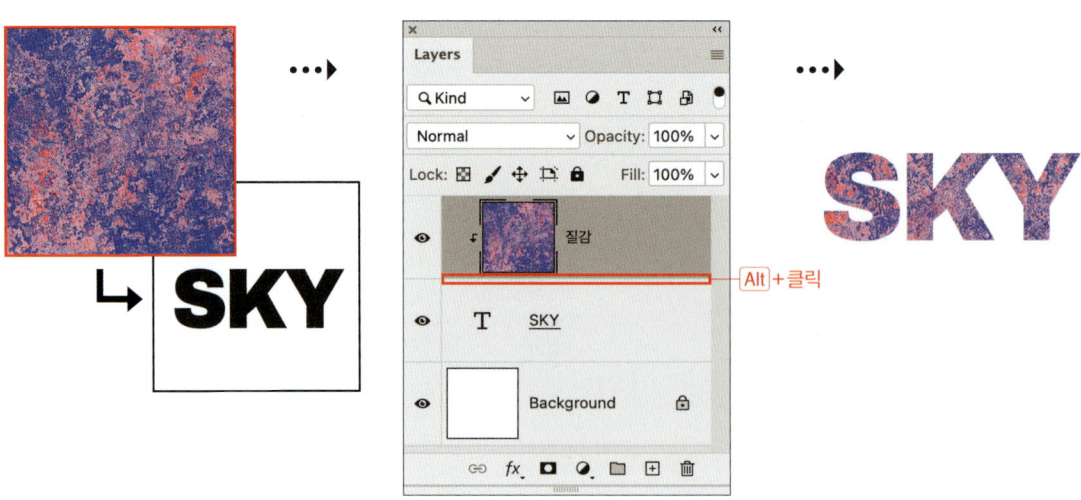

> **Tip ▶ 클리핑 마스크를 씌운 상위 레이어의 위치 변경하기**
>
> 클리핑 마스크를 씌울 때 상위 레이어가 하위 레이어보다 큰 경우가 많습니다. 텍스처 질감을 클리핑 마스크로 만든 경우 마음에 드는 질감이 나타날 수 있도록 '이동' 툴(⊕)을 이용해 위치를 바꿔보세요.

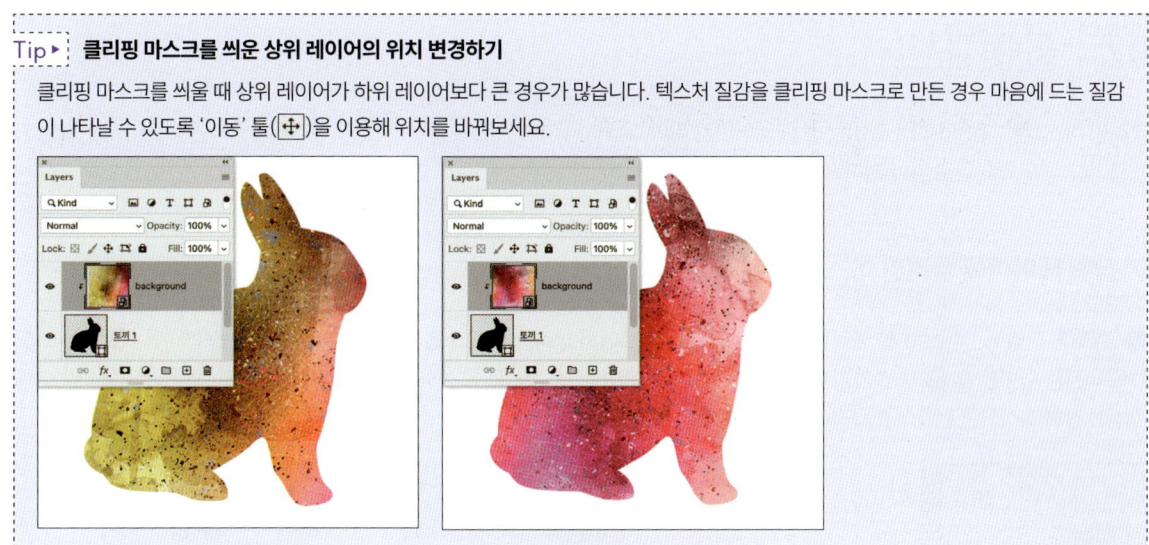

핵심 기능

03 | 픽셀 유동화 필터

[Filter]-[Liquify] 메뉴(Shift+Ctrl+X)를 선택하여 픽셀 유동화 창인 [Liquify] 창을 열면 왼쪽에는 툴박스가, 오른쪽에는 얼굴을 조정할 수 있는 옵션 컨트롤이 보입니다. 픽셀 유동화(Liquify) 필터는 이미지를 미세하게 왜곡할 수 있어서 뒤틀고, 당기고, 회전하고, 오목하고, 볼록하고, 매끄럽게 만들 수 있습니다. 또한 사진 속 얼굴(눈, 코, 입, 얼굴 모양)을 자동으로 인식하는 기능을 이용해 형태를 수정할 수도 있습니다.

✓ 픽셀 유동화 툴박스

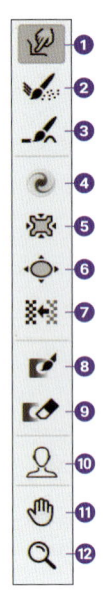

❶ '뒤틀기' 툴(🖐): 드래그한 방향대로 사진과 픽셀이 움직입니다. [와]를 눌러 브러시 크기를 조절해서 픽셀의 움직임을 섬세하게 조정할 수 있습니다.

❷ '재구성' 툴(✓): 픽셀 값을 원래대로 되돌릴 수 있습니다. 변경한 픽셀에만 적용됩니다.

❸ '매끄럽게' 툴(✎): 변경한 픽셀을 좀 더 부드럽게 펴주고 울퉁불퉁해진 면을 매끄럽게 바꿉니다.

❹ '돌리기' 툴(⟳): 시계 방향으로 회전하면서 회오리 모양을 만듭니다. (Alt를 누른 상태에서 드래그하면 시계 반대 방향으로 돌립니다.)

❺ '오목' 툴(✱): 클릭한 영역이 수축되어 오목하게 모아집니다.

❻ '볼록' 툴(◈): 클릭한 영역이 팽창되어 볼록하게 부풀려집니다.

❼ '왼쪽 밀기' 툴(▦): 픽셀을 한 방향으로 밀어줍니다. 클릭한 상태에서 드래그하면 드래그 각도에 따라 특정한 방향으로 밀어줍니다. (Alt를 누른 상태에서 드래그하면 반대 방향으로 밀립니다.)

❽ '마스크 고정' 툴(▸): 기능을 적용하지 않으려는 영역을 브러시로 칠하여 마스크를 씌울 수 있습니다.

❾ '마스크 해제' 툴(◂): 마스크를 해제합니다.

❿ '얼굴' 툴(👤): 포토샵 AI가 사진 속 얼굴을 자동으로 식별하고 화면에 나타나는 컨트롤을 이용해 얼굴 부위를 조정할 수 있습니다.

⓫ '손바닥' 툴(✋): 화면을 이동합니다.

⓬ '돋보기' 툴(🔍): 화면을 확대하고 축소합니다.

✓ 픽셀 유동화 얼굴 인식 옵션 컨트롤

'픽셀 유동화_얼굴조정.psd'를 불러온 후 Shift+Ctrl+X를 눌러 픽셀 유동화 필터 창인 [Liquify] 창을 열고 오른쪽에 있는 얼굴 인식 픽셀 옵션 컨트롤을 이용해 눈, 코, 입, 얼굴 모양을 조정합니다. 'Eyes'에 있는 [링크] 아이콘(🔗)을 클릭하면 왼쪽 눈과 오른쪽 눈이 연결되어 함께 변합니다.

▲ 원본 이미지

[눈 크기 변경하기]

'Eye Size'를 '50'으로 변경해서 눈 크기가 커졌습니다.

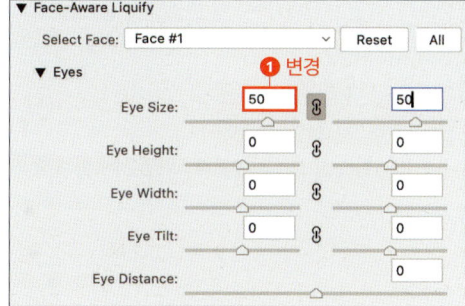 

[코 너비 변경하기]

'Nose Width'를 '80'으로 변경해서 코 너비가 커졌습니다.

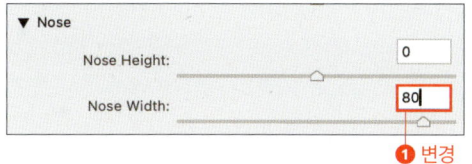 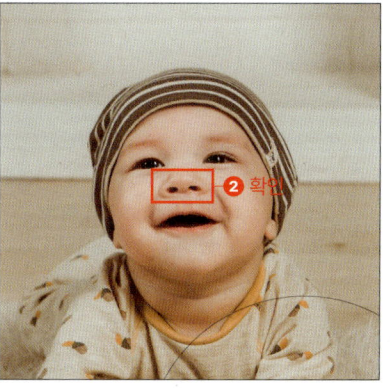

[이마 넓이 변경하기]

'Forehead'를 '100'으로 변경해서 이마 넓이가 넓어졌습니다.

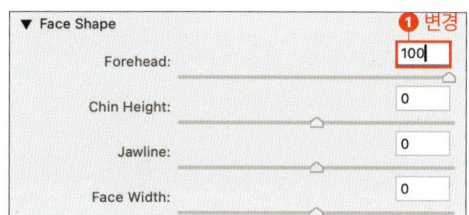 

STEP 1 | 그레이디언트 만들기

01 ① [File]-[Open]([Ctrl]+[O]) 메뉴를 선택해서 'magazine_start.psd'를 열고 ② [Layers] 패널에서 [새 레이어 추가] 아이콘(□)을 클릭해 ③ [Layer 1] 레이어를 생성합니다.

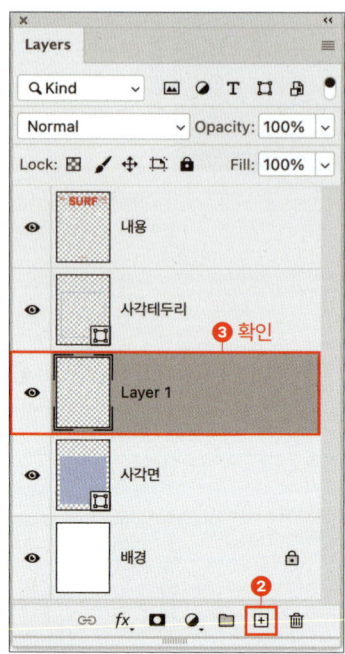

Tip ▶ 안내선(guides) 보이기와 감추기

① [Ctrl]+[;]: 파란색 안내선만 보이고 감출 수 있습니다.
② [Ctrl]+[H]: [View]-[Show] 메뉴에 체크 표시된 모든 메뉴를 한꺼번에 표시하거나 감출 수 있습니다.

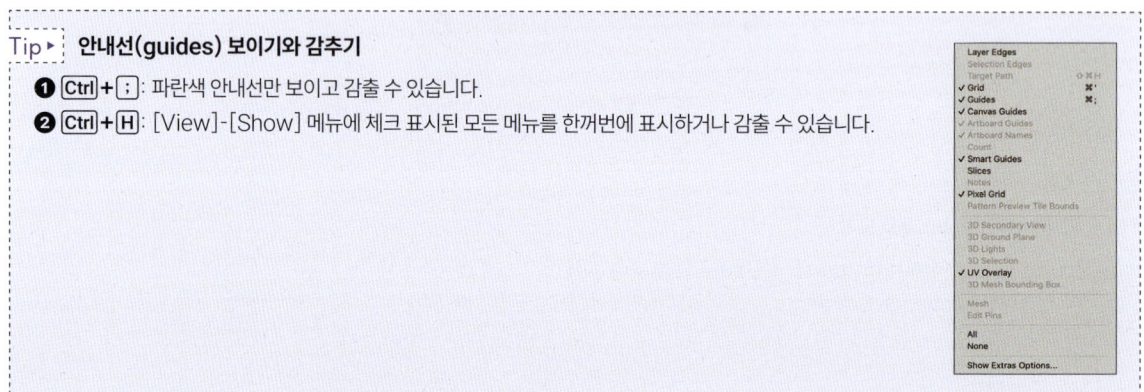

02 ① [Tools] 패널에서 '그레이디언트' 툴(■)을 선택하고 옵션바의 맨 첫 번째 항목에서 'Classic gradient'를 선택합니다. ② '원형(Radial)' 그레이디언트(■)를 클릭하고 ③ 편집 버튼을 클릭합니다.

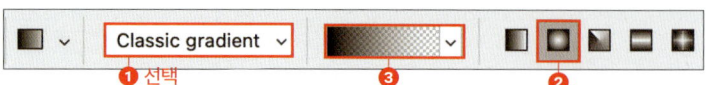

137

03 ❶ 그레이디언트를 편집할 수 있는 [Gradient Editor] 창이 열리면 색상 슬라이드바의 아래쪽을 클릭해 다음 화면과 같은 위치에 5개의 컬러 칩(흰색, 하늘색, 노란색, 빨간색, 흰색)을 만듭니다. ❷ 컬러 칩을 선택하여 'Color' 옵션을 활성화하고 ❸ 색 상자를 클릭합니다. ❹ [Color Picker] 창이 열리면 원하는 색을 지정하고 ❺ [OK] 버튼을 클릭합니다.

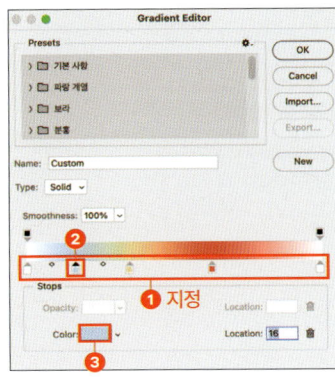
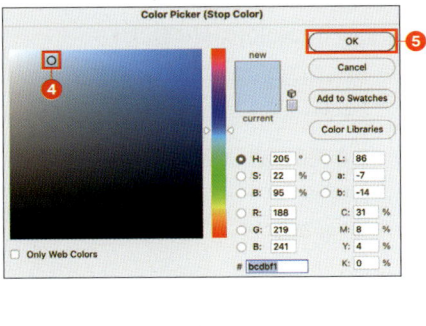

❻ 빨간색 컬러 칩이 있는 슬라이드바의 위쪽을 클릭해 투명도 칩을 추가하고 ❼ 'Opacity'를 '50%'로 지정하면 회색으로 변합니다. ❽ 오른쪽 끝에 있는 투명도 칩의 ❾ 'Opacity'를 '0%'로 수정하면 흰색으로 변합니다.

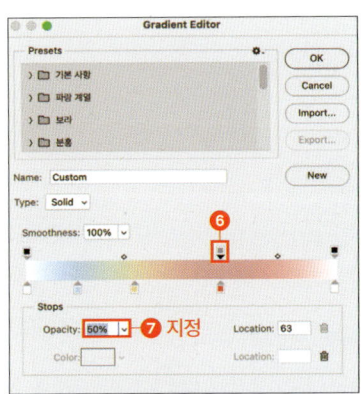
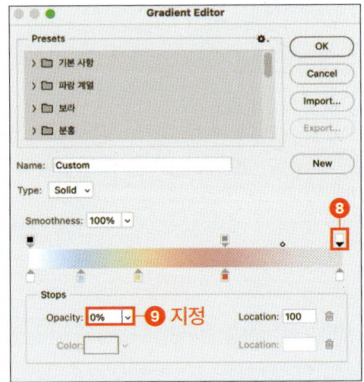

> **Tip ▶ 그레이디언트 소스 불러오기**
>
> [Gradient Editor] 창에서 [Import] 버튼을 클릭한 후 그레이디언트 소스를 불러와서 사용할 수 있습니다. 'Peacock Gradients.grd' 파일은 예제에서 사용한 원형 그레이디언트 소스입니다.
>
>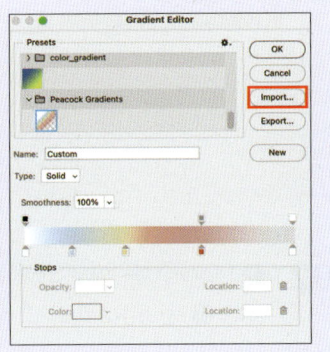

STEP 2 | 원형 그레이디언트 적용하기

01 ❶ 중앙에서 바깥쪽으로 드래그해 원형 그레이디언트를 적용합니다. ❷ 이와 같은 방법으로 원형 그레이디언트를 여러 개 만듭니다.

 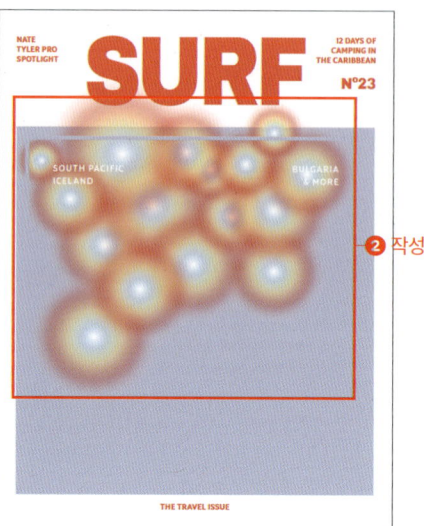

❸ ❶~❷와 같은 방법으로 보라색 사각형 크기만큼 가득 차게 원형 그레이디언트를 계속 만듭니다.

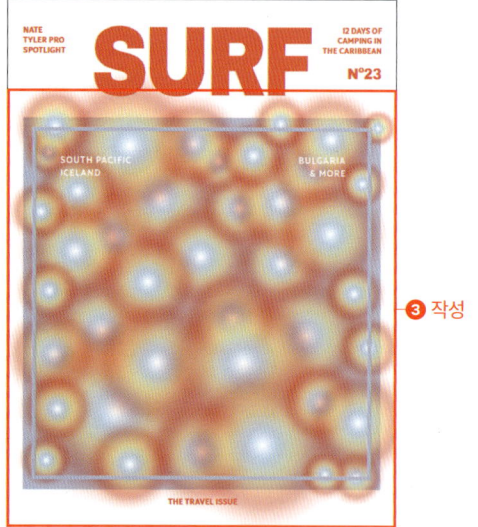

STEP 3 | 픽셀 유동화 필터와 블러 필터 적용하기

01 ❶ [Filter]-[Liquify] 메뉴를 선택하여 픽셀 유동화 창인 [Liquify] 창을 열고 '뒤틀기' 툴(✋)을 선택합니다. ❷ 브러시 크기를 줄이는 [와 키우는] 를 눌러 브러시를 적당한 크기로 조절하고 ❸ 동그랗게 회전시켜서 구불구불한 곡선을 만듭니다.

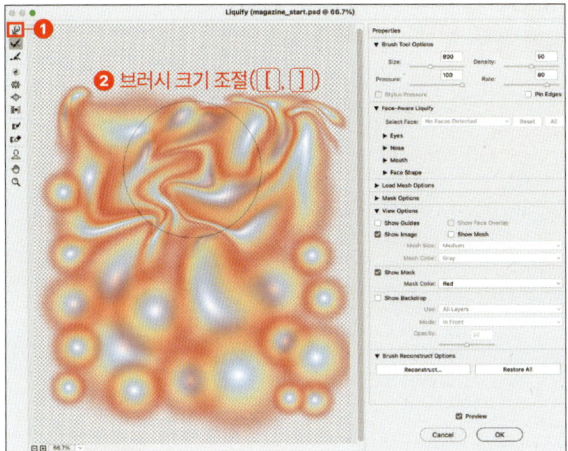

02 ❶ [Filter]-[Gaussian Blur] 메뉴를 선택하여 [Gaussian Blur] 창을 열고 'Radius'를 '5'로 지정한 후 ❷ [OK] 버튼을 클릭합니다.

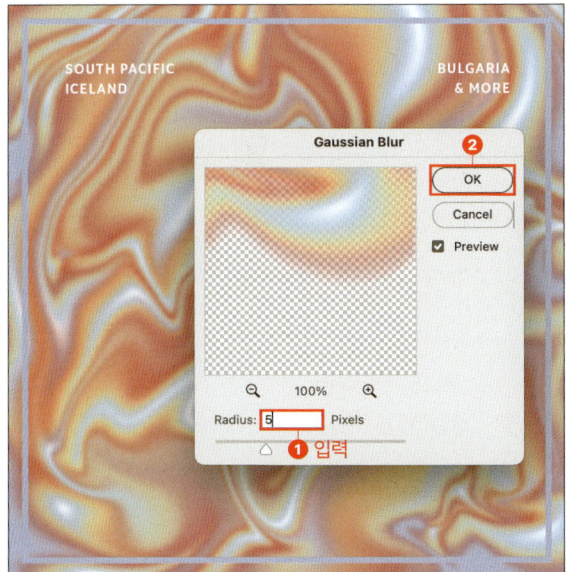

❸~❹ [Filter]-[Surface Blur] 메뉴를 선택하여 [Surface Blur] 창을 열고 'Radius'는 '55', 'Threshold'는 '25'로 지정한 후 ❺ [OK] 버튼을 클릭합니다.

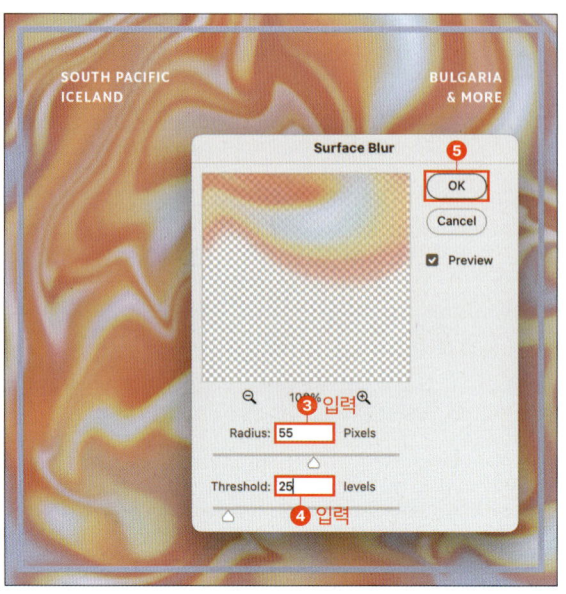

> **Tip ▶ Gaussian Blur 필터와 Surface Blur 필터의 차이점**
> Gaussian Blur 필터는 픽셀 주변의 가중치를 계산하여 이미지를 뿌옇고 흐릿하게 만듭니다. 반면 Surface Blur 필터는 이미지의 주요 경계와 표면을 유지하면서 부드러운 효과를 주므로 얼굴이나 피부 톤을 조정하는 데 매우 유용합니다.

STEP 4 클리핑 마스크 씌우기

01 ❶ [Layers] 패널에서 [Layer 1] 레이어를 선택하고 Alt + Ctrl + G 를 눌러 클리핑 마스크를 씌웁니다. ❷ 보랏빛이 감도는 배경색으로 변경하기 위해 Ctrl + B 를 눌러 ❸ [Color Balance] 창을 열고 다음 화면과 같이 'Color Levels'를 조절한 후 ❹ [OK] 버튼을 클릭합니다.

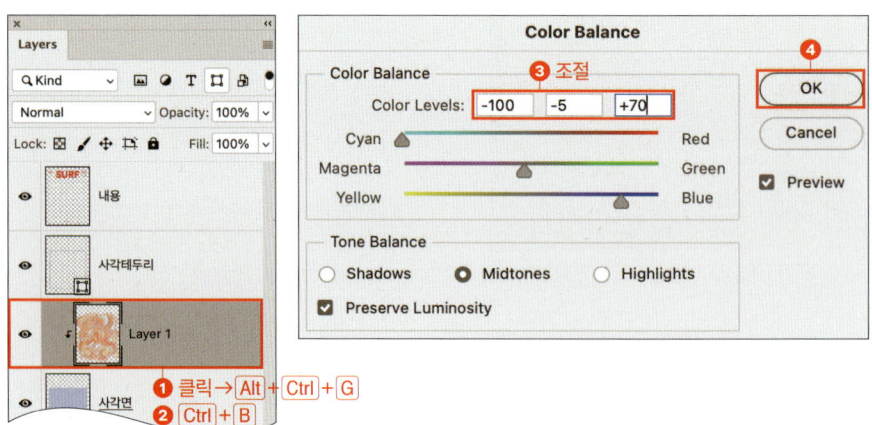

❺ 붉은색 톤을 보라색 톤으로 변경했습니다.

❺ 확인

02 ❶ [Layers] 패널에서 [Layer 1] 레이어를 선택하고 Ctrl + J 를 누르면 [Layer 1] 레이어가 복제되면서 [Layer 1 copy] 레이어가 생성됩니다. ❷ [Layer 1 copy] 레이어를 [사각테두리] 레이어의 위쪽으로 드래그하여 이동한 후 ❸ Alt + Ctrl + G 를 눌러 클리핑 마스크를 씌웁니다.

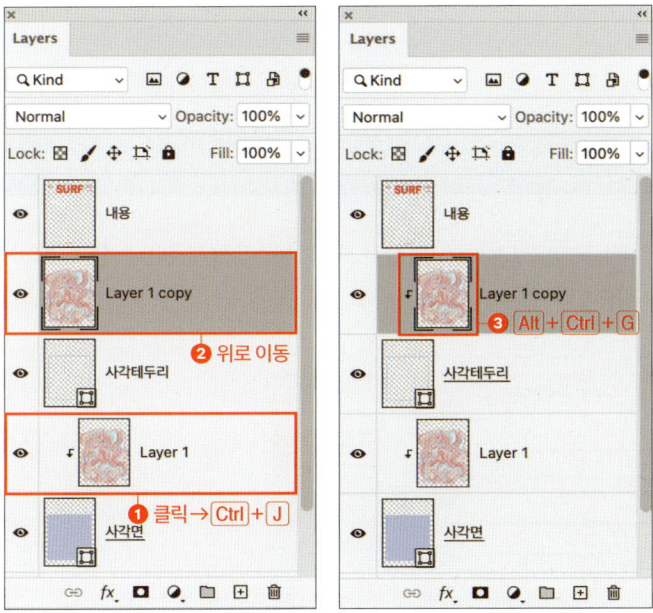

❹ Ctrl + L 을 눌러 [Levels] 창을 열고 ❺ 다음 화면과 같이 조절한 후 ❻ [OK] 버튼을 클릭합니다.

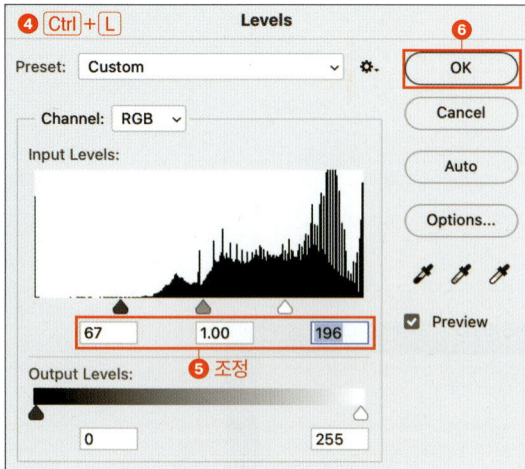

❼ 사각형 테두리를 둘러싼 그레이디언트 배경의 명암 대비가 뚜렷해지고 밝아지면서 매거진 표지를 완성했습니다.

축하 사랑 카드

예제파일 card_start.psd
완성파일 card_finish.jpg

Poster · Menu · Book Cover · Card

⌁ Point skill	'자르기' 툴(🔲), '혼합 브러시' 툴(🖌)
▸ How to	축하 사랑 카드에 들어간 일러스트와 축하 문구를 조화롭게 표현하려면 각 요소들을 적절한 크기로 균형 있게 배치해야 합니다. 포토샵의 '자르기' 툴은 불필요한 이미지를 잘라낼 때 유용합니다. 필요한 부분만 보이게 만들면 전하고 싶은 내용을 확실하게 전달할 수 있습니다. '혼합 브러시' 툴은 손으로 그린 듯한 따뜻하고 부드러운 터치감을 만들 수 있으므로 이 툴을 이용해 카드에 들어가는 글씨를 직접 써서 독창적인 느낌을 연출해 보겠습니다.
⏱ Step	원하는 부분만 남기고 자르기 ➡ 브러시 소스 불러오기 ➡ '혼합 브러시' 툴로 글씨 쓰기

이미지 트리밍으로 목적에 맞는 인상 연출하기

▶ **트리밍의 기본 원칙! 무엇을 남기고 무엇을 제거할 것인지 고민하세요.**

① **불필요한 요소 제거**: 이미지 트리밍은 단순히 불필요한 부분을 잘라내는 작업이 아니라 목적에 맞는 인상을 만들기 위해 중요한 과정입니다. 트리밍을 통해 텍스트와 감정적인 요소를 강조하고 불필요한 혼란을 제거해서 이미지의 메시지를 보다 효과적으로 전달할 수 있습니다.

② **충분한 여백 남기기**: 트리밍할 때 남은 여백이 지나치게 많으면 주의가 분산될 수 있지만, 적절히 남은 여백은 디자인을 깔끔하고 세련되게 만듭니다. 중요한 부분 주위에 충분한 여백을 남겨 숨 쉴 수 있는 공간을 확보하는 것이 중요합니다.

③ **적절한 트리밍**: 동일한 이미지라도 줌 아웃(Zoom-out, 넓게 보기)과 줌 인(Zoom-in, 좁게 보기)의 인상이 다릅니다. 줌 아웃한 트리밍은 공간을 넓혀 안정감을 주고, 줌 인한 트리밍은 강한 인상을 줍니다. 일부만 크게 확대해서 전하고 싶은 메시지를 강조할 수 있지만, 과도한 트리밍으로 인해 이미지의 본질을 알 수 없게 되는 것은 피해야 합니다.

디자인 작업 Point

» **손글씨로 따뜻한 느낌 전달**

'hello my love'라는 문구를 손글씨로 직접 작성했습니다. 손글씨는 상업적 폰트의 기계적이고 반복적인 느낌을 피하면서도 특정 스타일에 얽매이지 않고 자유롭게 변형할 수 있어 디자인의 유연성을 높입니다. 단, 손글씨가 너무 장식적이면 가독성이 떨어질 수 있으므로 일관성을 유지하는 것이 중요합니다. '목탄 연필' 브러시를 사용해 분홍색과 녹색이 부드럽게 혼합되도록 하여 손글씨에 따뜻한 감성을 더했습니다.

» **감정 전달을 위한 중앙 중심 트리밍**

인물을 중심에 두고 트리밍한 결과, 서로 안고 있는 동작이 눈에 잘 들어옵니다. 또한 허리 부분에 맞춰 트리밍해서 얼굴과 표정에 집중할 수 있게 했습니다. 일러스트를 중앙에 배치해 사랑하는 마음을 전달하는 것이 카드의 목적임을 분명히 표현했습니다.

» **적절한 여백 공간 활용**

넓게 남은 위쪽 여백에 제목을 배치하여 텍스트가 눈에 잘 띄도록 했습니다.

✓ 핵심 기능

01 '자르기' 툴

'자르기' 툴(🔲)은 이미지에서 필요한 부분만 남기고 나머지 부분을 버릴 때 사용합니다. 구도에 맞게 잘 잘라내면 원하는 부분을 집중적으로 표현할 수도 있고 인상을 바꿀 수도 있습니다.

- **사용 방법**: 드래그한 후에 표시되는 사각형의 조절점을 움직여서 자르기 영역을 조절하고 회전할 수 있습니다. Enter 를 누르거나 더블클릭하면 필요한 부분만 남습니다.

▲ 원본 이미지

▲ 잘라낼 영역을 회전한 이미지

▲ Enter 를 눌러 회전한 상태로 잘라낸 이미지

✓ '자르기' 툴의 옵션바 살펴보기

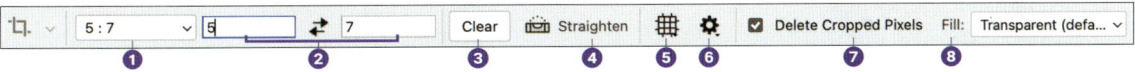

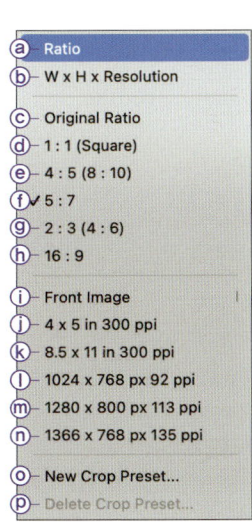

❶ **설정 비율**: 자르는 비율과 크기를 선택해 변경할 수 있습니다.

ⓐ **Ratio**: 드래그하는 대로 비율을 직접 설정해 조절할 수 있습니다.

ⓑ **W × H × Resolution**: 가로, 세로, 해상도 값을 직접 입력합니다.

ⓒ **Original Ratio**: 이미지의 기본 비율을 유지하면서 자릅니다.

ⓓ **1 : 1 (Square)**: 정사각형 비율로 자릅니다.

ⓔ **4 : 5 (8 : 10)**: 4:5 또는 8:10 비율로 자릅니다.

ⓕ **5 : 7**: 5:7 비율로 자릅니다.

ⓖ **2 : 3 (4 : 6)**: 2:3 또는 4:6 비율로 자릅니다.

ⓗ **16 : 9**: 16:9 비율로 자릅니다.

ⓘ **Front Image**: 전면 이미지(먼저 선택한 이미지)의 비율을 복사하여 그대로 자릅니다.

ⓙ **4 × 5 in 300 ppi**: 4×5인치의 비율과 300ppi의 해상도로 자릅니다.

ⓚ **8.5 × 11 in 300 ppi**: 8.5×11인치의 비율과 300ppi의 해상도로 자릅니다.

ⓛ **1024 × 768 px 92 ppi**: 1024×768픽셀의 비율과 92ppi의 해상도로 자릅니다.

ⓜ **1280 × 800 px 113 ppi**: 1280×800픽셀의 비율과 113ppi의 해상도로 자릅니다.

ⓝ **1366 × 768 px 135 ppi**: 1366×768픽셀의 비율과 135ppi의 해상도로 자릅니다.

ⓞ **New Crop Preset**: 새로운 자르기 프리셋을 만듭니다.
ⓟ **Delete Crop Preset**: 자르기 프리셋을 제거합니다.

❷ **가로, 세로 비율**: 가로와 세로 비율을 직접 입력합니다. 양방향 화살표(⇄)를 클릭하면 가로값과 세로값을 바꿀 수 있습니다.
❸ **Clear**: 입력한 가로값과 세로값을 지웁니다.
❹ **Straighten**( ): 수평과 수직이 안 맞는 사진 위에 수평계를 그려 똑바르게 만들 수 있습니다.

▲ 클릭 & 드래그하여 수평계를 그린 경우

▲ [Enter]를 눌러 회전시켜서 수직선으로 바꾼 경우

❺ **보조선**( ): 이미지를 자를 때 나타나는 보조선 형태를 선택합니다.

▲ **Rule of Thirds**: 삼등분 법칙

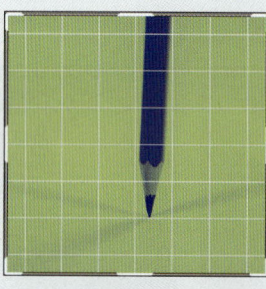
▲ **Grid**: 그리드(격자)

▲ **Diagonal**: 대각선

▲ **Triangle**: 삼각형 선

▲ **Golden Ratio**: 황금비

▲ **Golden Spiral**: 황금 나선(직사각형에서 나타남)

❻ **자르기 옵션**( ): 클래식 모드와 크롭 보호 모드를 제공합니다. 자른 영역을 표시하는 방법, 자른 영역의 색상을 지정하는 방법 등을 설정합니다.
❼ **Delete Cropped Pixels**: 체크 표시를 해제하면 나중에 자르기 영역 밖의 픽셀이 유지되어 복원할 수 있습니다. 즉 이미지를 잘못 잘랐을 때 다시 되돌릴 수 있어서 유용합니다. 체크 표시하면 자르기 영역 밖의 픽셀을 삭제할 수 있습니다.

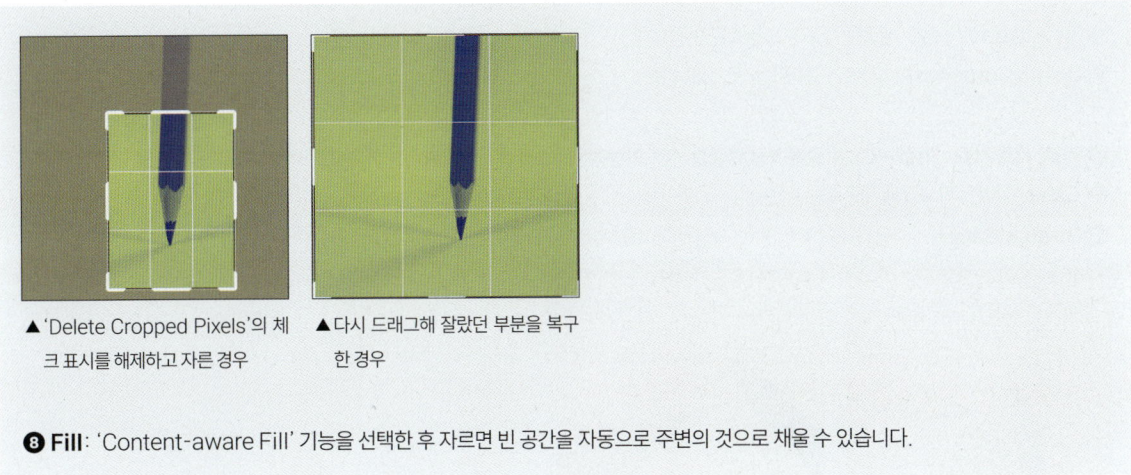

▲ 'Delete Cropped Pixels'의 체크 표시를 해제하고 자른 경우 ▲ 다시 드래그해 잘랐던 부분을 복구한 경우

❽ **Fill**: 'Content-aware Fill' 기능을 선택한 후 자르면 빈 공간을 자동으로 주변의 것으로 채울 수 있습니다.

✓ 1 : 1(정사각형)로 자르기

'자르기툴 _ 1.jpg'를 불러온 후 [Tools] 패널에서 '자르기' 툴(🔲)을 선택하고 옵션바에서 '1 : 1 (Square)'를 선택합니다. 자를 영역이 표시되면 Enter 를 누르거나 더블클릭하여 이미지를 자릅니다.

✓ 안내선(Guides)과 스냅(Snap)으로 자르기

'자르기툴 _ 2.jpg'를 불러온 후 '자르기' 툴(🔲)을 선택하고 안내선의 교차점 부분을 드래그하여 선택하면 드래그한 영역이 선택 영역으로 표시되면서 안내선에 달라붙습니다. 자를 영역이 표시되면 Enter 를 누르거나 더블클릭하여 이미지를 자릅니다.

02 | 증명사진 규격으로 자르기

예제파일 portrait_start.jpg
완성파일 portrait_finish.jpg

❶ 'portrait_start.jpg'를 열고 ❷ [Tools] 패널에서 '자르기' 툴(🔲)을 선택한 후 ❸ 옵션바에서 'Ratio'를 선택합니다. ❹ 비율 입력 상자에 '7'과 '9'를 입력하고 ❺ 인물이 중앙에 오도록 자를 영역을 드래그한 후 Enter 를 누르거나 더블클릭합니다.

❻ 이미지 크기를 증명사진 규격인 '3.5×4.5cm'로 설정하기 위해 [Image]-[Image Size](Alt + Ctrl + I) 메뉴를 선택합니다.

❼ [Image Size] 창이 열리면 단위를 'Centimeters'로 변경하고 'Width'는 '3.5', 'Heigh'는 '4.5', 해상도인 'Resolution'은 '300 Pixels/Inch'로 지정한 후 ❽ [OK] 버튼을 클릭합니다.

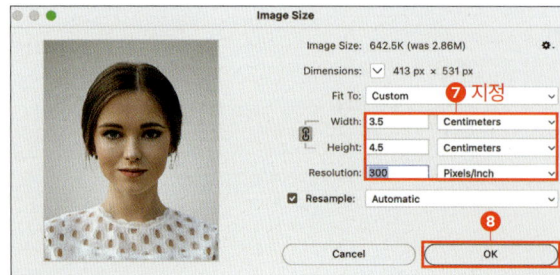

❾ 사진이 규격 크기에 맞게 줄어들었으면 [File]-[Save As]([Shift]+[Ctrl]+[S]) 메뉴를 선택합니다. [Save As] 대화상자가 열리면 'JPEG' 형식으로 이미지를 저장합니다.

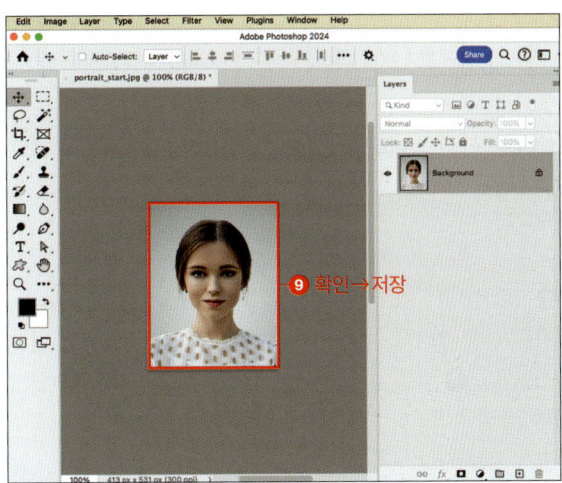

> **Tip ▶ 대한민국 증명사진 & 여권사진의 규격과 규정**
>
> ❶ **증명사진**
> 증명사진은 운전면허시험, 주민등록증, 수능 원서 등에 사용합니다.
> - **크기**: 3.5×4.5cm(비율 7:9)
> - **규정**: 배경은 흰색 또는 밝은 색, 정면을 바라보고 있는 자연스러운 표정, 배경과 머리카락의 경계가 뚜렷해야 합니다.
>
> ❷ **여권사진**
> 여권사진은 여권을 만들 때 사용합니다.
> - **크기**: 3.5×4.5cm(비율 7:9)
> - **규정**: 배경은 흰색, 정면을 바라본 상태에서 자연스럽게 입은 다물고 눈은 뜨고 있어야 합니다. 머리카락이 얼굴을 가리지 않으며, 안경을 착용했을 때는 렌즈가 반사되지 않아야 합니다.

03 | '혼합 브러시' 툴

'혼합 브러시' 툴( )은 물감이 섞이는 것처럼 이미지의 색상과 질감을 혼합할 수 있는 툴로, 주로 페인팅에서 색을 혼합할 때 사용합니다. 이 툴은 주변 색상을 샘플링하여 섞어주는데, 옵션바에서 Wet(축축함), Load(불러오기), Mix(혼합) 등을 지정할 수 있습니다.

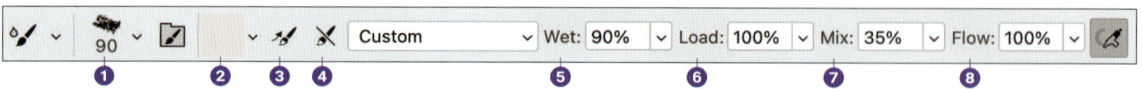

❶ 브러시를 선택합니다.
❷ 선택한 색상이나 선택한 이미지의 섬네일이 나타납니다. Alt 를 누르는 순간 '혼합 브러시' 툴( )에서 '스포이트' 툴( )로 바뀌어 이미지의 부분을 도장을 찍은 것처럼 선택할 수 있습니다.
❸ **Load Brush**( ) : 이미지에 전경색으로 지정한 색상을 섞어줍니다.
❹ **Clean Brush**( ) : 이미지에 있는 색상끼리 섞어줍니다.
❺ **Wet** : 축축함. 물의 농도를 조절합니다.
❻ **Load** : 불러오기. 색의 농도를 조절합니다.
❼ **Mix** : 혼합. 섞이는 정도를 조절합니다.
❽ **Flow** : 강도. 브러시 획의 강도를 조절합니다.

✓ '혼합 브러시' 툴로 사진을 그림처럼 바꾸기

'혼합 브러시' 툴( )을 이용하면 브러시 획을 자연스럽게 표현할 수 있고 사진의 색감을 혼합하여 아날로그 페인팅과 유사한 터치를 만들 수 있습니다. '혼합브러시_사과.psd'를 불러온 후 [Brushes] 패널에서 '수채화 재질 브러시' 폴더에 있는 'Kyle의 사실적인 유화 − 01' 브러시를 선택합니다. 그런 다음 사과 사진 위에 획을 그려서 사과의 색상을 서로 섞은 후 브러시 크기를 조절해 리터칭하여 완성합니다.

▲ 사과 사진

▲ '혼합 브러시' 툴로 색상 혼합해서 완성하기

▲ 브러시 선택하기

✓ Wet(축축함)과 Load(불러오기)에 따라 달라지는 터치감

'Wet'에서는 물의 농도를 조절할 수 있고 수치값이 클수록 물이 많이 섞입니다.

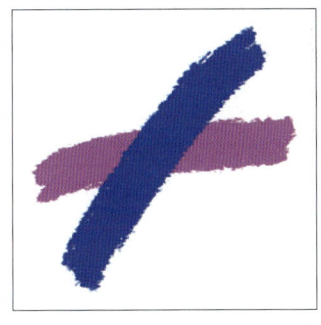
▲ Wet: 0%

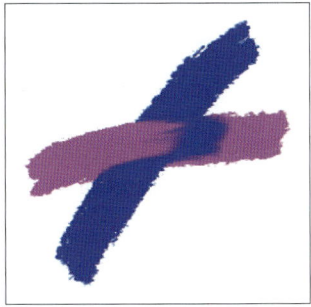
▲ Wet: 100%

'Load'는 색의 농도를 조절할 수 있고 수치값이 작을수록 획이 빨리 건조됩니다.

▲ Load: 1%

▲ Load: 100%

STEP 1 | 원하는 부분만 남기고 자르기

01 ❶ 'card_start.psd'과 'couple.png'를 열고 ❷ 'couple.png'에서 [Tools] 패널의 '자르기' 툴(🔲)을 선택한 후 ❸ 옵션바에서 '1:1 (Square)'을 선택합니다.

④ 이미지에 자를 영역이 표시되면 더블클릭하여 ⑤ 이미지를 1 대 1 비율로 자릅니다.

> **Tip ▶ 어떤 부분을 남길지 고려하세요!**
> 이미지에 자를 영역이 표시되면 영역 안의 이미지는 환하고 영역 밖의 이미지는 어둡게 표시됩니다. 영역 안의 이미지를 클릭 & 드래그하여 움직여 보면서 어떤 부분을 남길지 고려한 후 Enter 를 누릅니다.

02 ① [Layers] 패널에서 [Layer 1] 레이어를 선택하고 'card_start.psd' 화면으로 드래그해 ② [Layers] 패널의 [프레임] 레이어와 [그림배경] 레이어 사이에 둡니다.

❸ [Tools] 패널의 '이동' 툴(🕂)로 아래쪽 점선에 맞추어 그림을 이동합니다.

STEP 2 | 브러시 소스 불러오기

01 ❶ 'source' 폴더에 있는 'charcoal pencil.abr'을 더블클릭합니다. ❷ 포토샵 화면으로 되돌아온 후 [Window]-[Brushes] 메뉴를 선택하여 [Brushes] 패널을 열고 목록의 맨 아래쪽에 'charcoal pencil' 폴더가 추가되었는지와 폴더 안에 '목탄 연필' 브러시가 있는지 확인합니다.

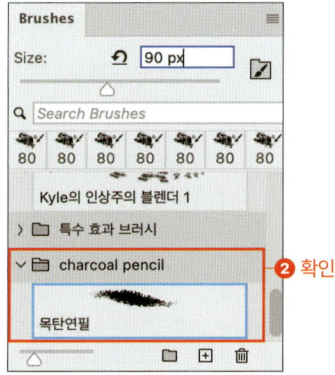

02 ❶ [Tools] 패널에서 '혼합 브러시' 툴(✏️)을 선택하고 '목탄 연필' 브러시를 선택합니다. ❷ Alt 를 누른 상태에서 남자 손과 소매와 여자 원피스가 겹쳐지는 부분을 클릭하면 ❸ 옵션바에 클릭한 부분의 섬네일이 표시됩니다.

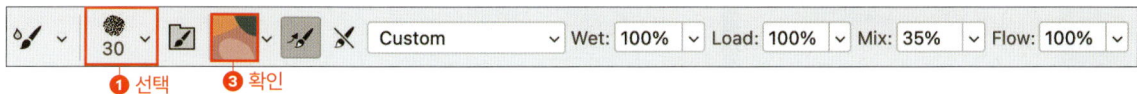

❹ 이와 같은 방법으로 다음의 혼합 브러시 형태를 완성했습니다.

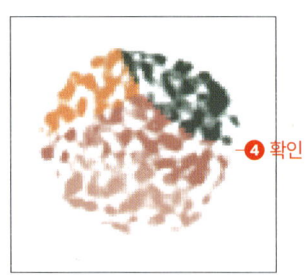

STEP 3 | '혼합 브러시' 툴로 글씨 쓰기

❶ [Layers] 패널에서 [새 레이어 추가] 아이콘(□)을 클릭합니다. ❷ [Layer 2] 레이어가 생성되면 ❸ [Tools] 패널에서 '혼합 브러시' 툴(✎)을 선택한 후 ❹ 필기체 스타일로 'h'를 그립니다.

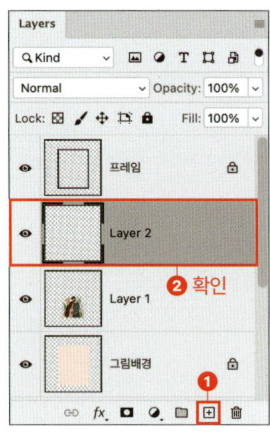
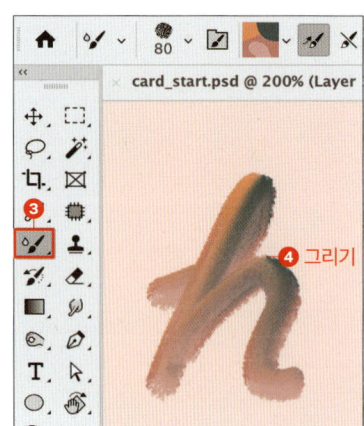

❺ 이어서 다른 글자도 그려서 원하는 축하 문구를 완성합니다. ❻ [Tools] 패널에서 일반 '브러시' 툴( )을 선택하고 ❼ 텍스트 'my'를 그립니다.

❽ 축하 사랑 카드를 완성했습니다.

Tip ▶ 혼합 브러시의 'Wet'를 조절해 번짐 정도 조절하기

'Wet'의 수치값이 클수록 색과 색끼리 잘 섞입니다.

❶ **Wet**: 0%
목탄 브러시의 질감과 컬러가 섞이지 않고 연이어 나타납니다.

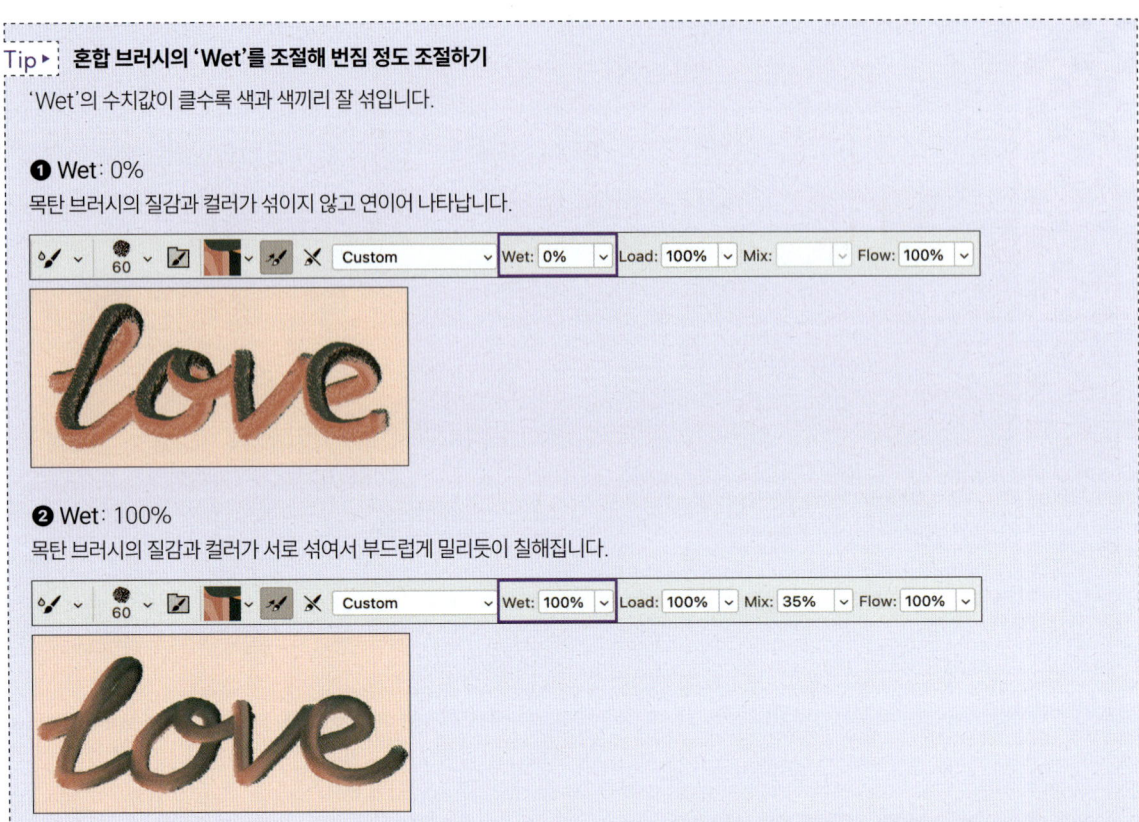

❷ **Wet**: 100%
목탄 브러시의 질감과 컬러가 서로 섞여서 부드럽게 밀리듯이 칠해집니다.

THE
PHOTOSHOP

PART 3

브랜딩 & 광고 디자인

BI | Business Card | Placard | Leaflet

도너츠 브랜드 아이덴티티 디자인

브랜딩 & 광고

BI · Business Card · Placard · Leaflet

예제파일 logo_start.psd, DonutMockup_start.psd
완성파일 logo_finish.psd, DonutMockup_finish.psd

Point skill   Warp Text(뒤틀어진 텍스트 만들기), 스마트 오브젝트 레이어(Smart Object Layer)

How to   BI(Brand Identity)는 브랜드의 전문성과 신뢰도를 보여주는 시각적 심벌로, 이번에는 도너츠 브랜드 BI를 제작해 보겠습니다. 상표 이미지를 시각적으로 매력적이게 만들면 브랜드에 대한 선호도를 높일 수 있으므로 BI를 디자인할 때는 브랜드의 가치뿐만 아니라 다른 브랜드와 구별할 만한 특징을 잘 살리는 것이 중요합니다. 포토샵의 'Warp Text' 기능으로 글자를 부채 모양으로 변형한 후 그림자를 넣어 강조해 보겠습니다. 또한 완성한 BI를 Mock Up 파일로 만들어 실제 제품에 적용되었을 때의 모습도 확인해 보겠습니다.

Step   부채꼴 변형 문자 만들기 ➡ 검은색 테두리 입히기 ➡ 사선형 그림자 만들기 ➡ Mock Up 파일에 BI 적용하기

캐릭터와 메인 컬러로 아이덴티티 표현하기

▶ 성공적인 로고·디자인을 위해 캐릭터와 메인 컬러를 활용할 수 있습니다.

① **캐릭터 디자인**: 캐릭터는 단순한 텍스트 로고보다 더 쉽게 인식되며 고객의 기억 속에 오래 남습니다. 또한 캐릭터를 활용한 새로운 제품이나 서비스 라인을 쉽게 출시할 수도 있고 캐릭터를 이용한 다양한 콘텐츠(애니메이션, 만화, 광고 등)를 제작할 수도 있습니다. 캐릭터 디자인은 고객의 흥미를 유발하고 브랜드와의 상호작용을 증대시킵니다.

② **메인 컬러**: 특정 색상을 메인 컬러로 사용하면 브랜드를 즉각적으로 연상시키고 시각적 정체성을 확립하는 데 매우 도움이 됩니다. 색상은 감정과 연관되어 있어 브랜드가 전달하려는 느낌을 강화합니다.

③ **브랜드 인지도 강화와 디자인 통일성**: 메인 컬러를 일관성 있게 사용하면 디자인 통일성을 높이며 캐릭터를 중심으로 한 이야기는 소비자의 관심을 끌고 브랜드에 대한 이해를 돕습니다. 이러한 요소들은 다양한 매체에 적용할 수 있어 브랜드 확장성과 유연성을 높입니다.

디자인 작업 Point

» **따뜻하고 긍정적인 느낌을 주는 메인 컬러**

노란색은 밝고 눈에 잘 띄는 색상으로, 긍정적이고 따뜻한 느낌을 줍니다. 로고에 사용한 검은색과 노란색 조합은 강렬한 대조를 이루어 로고의 요소들이 명확하게 드러나도록 합니다.

» **도넛 캐릭터의 매력적인 부분과 스토리텔링**

'Twist Donuts' 로고 속 도넛 캐릭터는 큰 눈과 웃는 입을 가지고 있어 친근하고 귀여운 인상을 줍니다. 도넛 모양의 몸체는 유머러스하며 걷는 포즈는 생동감이 느껴집니다. 인사하는 듯 위로 향한 손은 고객을 환영하는 듯한 인상을 줍니다. 도넛의 단순한 형태뿐만 아니라 노란색 면과 검은색 선의 대비는 시각적으로 명확해 한눈에 알아보기 쉽습니다. 도넛 캐릭터로 재미있는 이야기나 애니메이션을 만들어 홍보하면 브랜드에 대한 호감도를 높일 수 있습니다.

» **캐릭터와 컬러를 일관성 있게 사용하여 아이덴티티 형성**

'Twist Donuts'의 마케팅 자료, 제품 패키지, 광고, 웹사이트 등에서 동일한 도넛 캐릭터와 메인 컬러를 일관성 있게 사용하여 브랜드의 인지도를 높일 수 있습니다.

01 'Warp Text'로 뒤틀어진 텍스트 만들기

[Warp Text] 창의 'Style' 옵션에서 뒤틀기 스타일을 선택하여 변형 문자를 만들 수 있습니다. 문자를 입력하고 옵션바에서 [Create Warped Text] 아이콘(🅸)을 클릭하거나 [Type]-[Warp Text] 메뉴를 선택하면 [Warp Text] 창이 열립니다.

✓ [Warp Text] 창

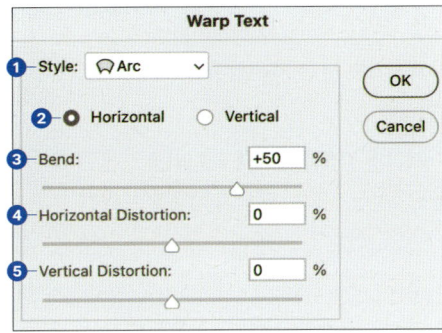

❶ **Style**: 뒤틀기 스타일을 선택합니다.
❷ **Horizontal, Vertical**: 뒤틀기 방향을 가로나 세로 중에서 선택합니다.
❸ **Bend**: 휘어지는 강도를 조절합니다.
❹ **Horizontal Distortion**: 가로의 왜곡 정도와 왼쪽, 오른쪽으로 굴절되는 강도를 조절합니다.
❺ **Vertical Distortion**: 세로의 왜곡 정도와 위, 아래로 굴절되는 강도를 조절합니다.

✓ 뒤틀기 스타일

❾ 물결
Wave

❿ 물고기
Fish

⓫ 상승
Rise

⓬ 물고기 눈 모양
Fisheye

⓭ 부풀리기
Inflate

⓮ 양쪽 누르기
Squeeze

⓯ 비틀기
Twist

> 핵심 기능

02 | 스마트 오브젝트 레이어

스마트 오브젝트 레이어(Smart Object Layer)는 **'똑똑한 오브젝트가 있는 레이어'**로, '고급 개체'라고도 부릅니다. 스마트 오브젝트는 **'비파괴 편집'**을 할 수 있고 **'개체를 그룹화하여 독립적으로 관리'**할 수 있다는 장점이 있습니다.

• 스마트 오브젝트 레이어는 일반 레이어와 다르게 섬네일 오른쪽 아래에 종이 모서리가 접힌 표시( )가 있습니다.

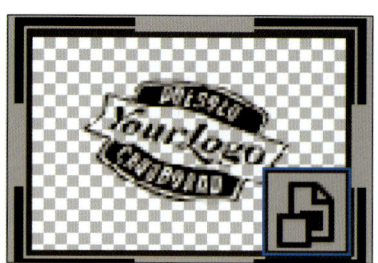

- 스마트 오브젝트 섬네일을 더블클릭하면 PSB 창이 열립니다. PSB 창은 개체를 그룹화한 독립된 창으로, PSB에서 새 레이어를 추가하거나 이미지를 수정한 후 저장하면 PSB 내용이 원본 PSD에 반영됩니다. PSB는 원본 PSD의 대리인 같은 역할을 합니다.

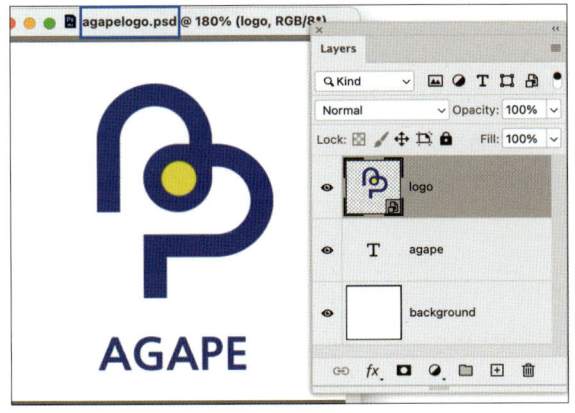

▲ PSD 원본 창: 스마트 오브젝트 섬네일 더블클릭

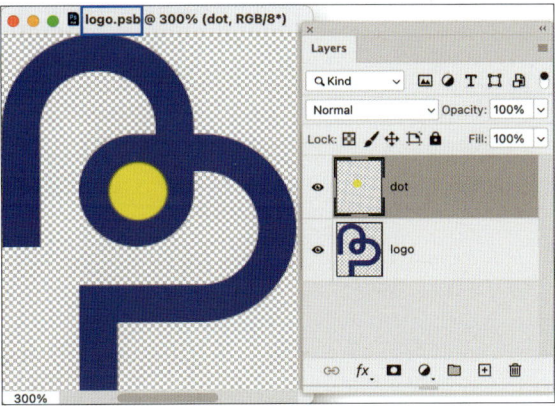

▲ PSB 창: 2개의 레이어로 구성된 PSD 창이 열린 경우

✓ 스마트 오브젝트 레이어 만들기

[방법 1]

❶ [Layers] 패널에서 원하는 레이어를 선택합니다. ❷ 마우스 오른쪽 버튼을 클릭한 후 바로 가기 메뉴에서 ❸ [Convert to Smart Object]를 선택하여 ❹ 스마트 오브젝트 레이어를 만듭니다.

 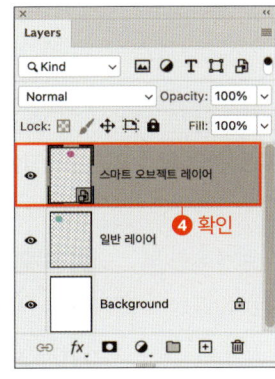

[방법 2]

❶ [File]-[Place Embedded] 메뉴를 선택하거나 폴더에 있는 이미지를 직접 드래그하면 ❷ 스마트 오브젝트 형태로 가져올 수 있습니다.

✓ 스마트 오브젝트 레이어를 일반 레이어로 바꾸기

❶ [Layers] 패널에서 스마트 오브젝트 레이어를 선택하고 ❷ 마우스 오른쪽 버튼을 클릭한 후 ❸ 바로 가기 메뉴에서 [Rasterize Layer]를 선택합니다.

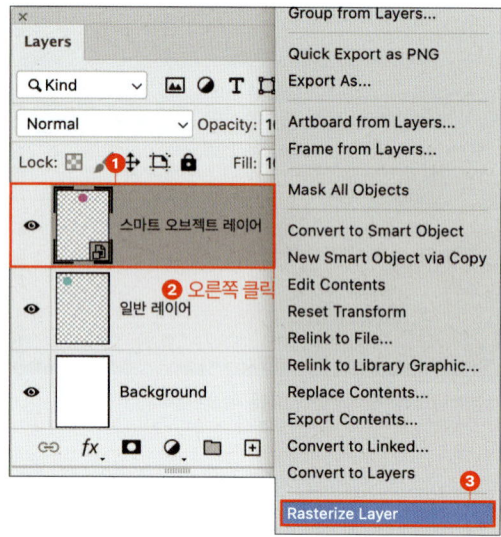

✓ 스마트 오브젝트를 이용해 이미지 크기 조절하기

일반 레이어를 스마트 오브젝트 레이어로 바꾸면 이미지를 줄였다 늘려도 원본의 해상도를 유지할 수 있습니다. 크기가 같은 원을 만들고 둘 다 크기를 줄인 후 다시 늘렸을 때 일반 레이어는 픽셀이 심하게 깨지지만 스마트 오브젝트 레이어는 픽셀이 깨지지 않습니다.

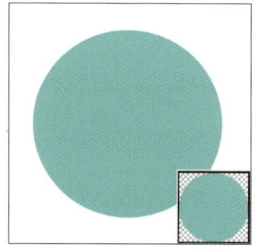 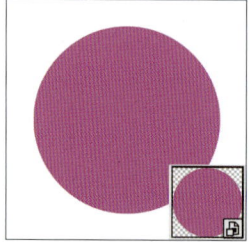

▲ 같은 크기로 만든 원 – 일반 레이어(왼쪽), 스마트 오브젝트 레이어(오른쪽)

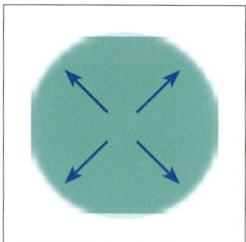 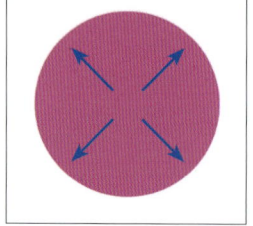 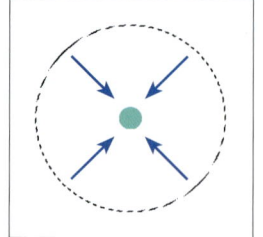 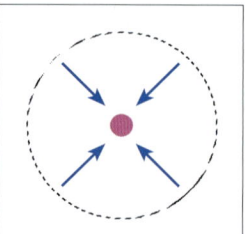

▲ 크기를 늘렸을 때   ▲ 크기를 줄였을 때

✓ 스마트 오브젝트를 이용해 필터 효과 지정하기

스마트 오브젝트 레이어에 필터를 적용하면 원본 이미지의 손상 없이 필터 효과를 적용할 수 있습니다. 레이어에 표시된 필터명 옆의 눈 아이콘(👁)을 끄거나 켜서 필터의 적용 유무를 정할 수 있습니다.

▲ 스마트 오브젝트 레이어에 필터 효과를 적용한 경우

▲ 필터명 옆의 눈 아이콘을 꺼서 필터 효과를 취소한 경우

필터명을 더블클릭하여 필터 옵션 창을 열고 옵션값을 변경해서 필터 효과를 수정할 수 있습니다.

▲ 필터 옵션 창에서 필터 효과 수정하기

> **Tip ▶ 스마트 오브젝트 레이어에서 사용할 수 없는 필터**
>
> Lens Blur, Flame, Picture Frame, Tree 등의 필터는 스마트 오브젝트 레이어에서 사용할 수 없지만, 일반 레이어로 변경하면 사용할 수 있습니다.

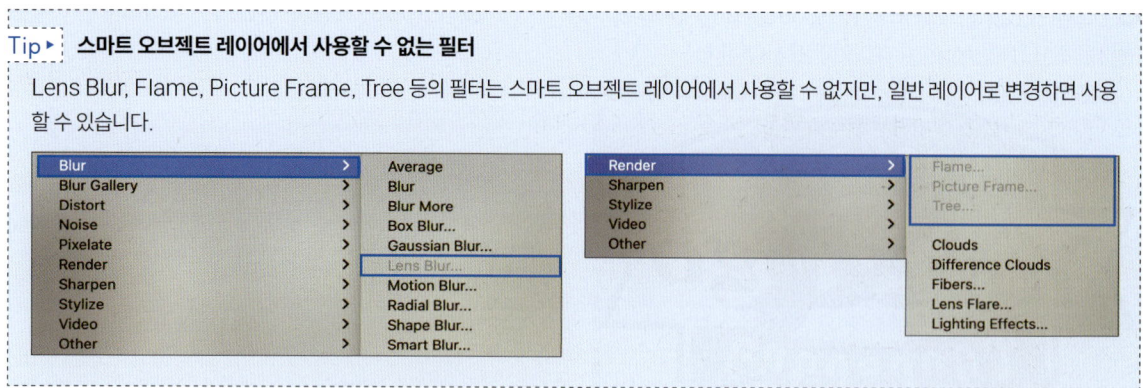

간단 실습

03 | 스마트 오브젝트를 이용해 개별 편집 및 Mock Up 시뮬레이션하기

예제파일	Logo MockUp.psd, Rosmarin.png
완성파일	Rosmarin_finish.png

❶ 'Logo MockUp.psd'를 열고 ❷ [Layers] 패널에서 [logo] 스마트 오브젝트 섬네일을 더블클릭하면 ❸ 개별 편집 창인 [Logo112.psb] 창이 열립니다.

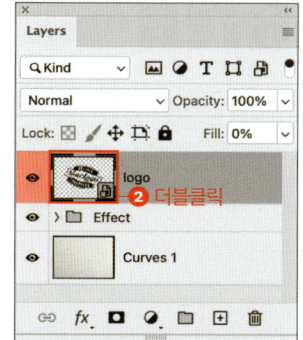

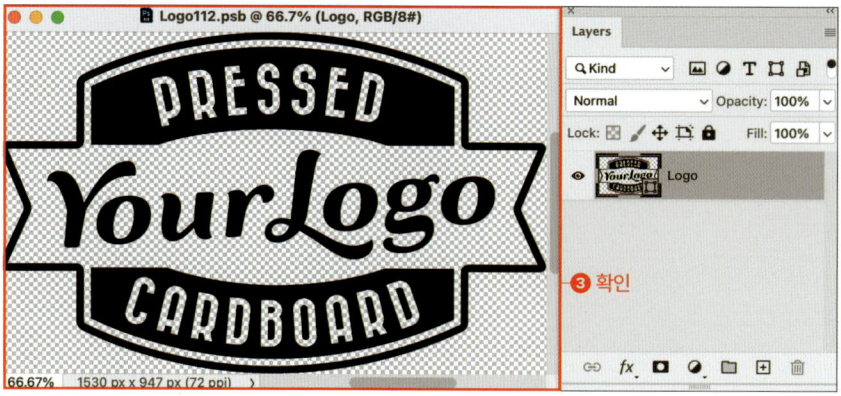

167

❹ [Logo112.psb] 창으로 'Rosmarin.png'를 드래그하여 붙이고 ❺ [Layers] 패널에서 [Logo] 레이어의 눈 아이콘 (👁)을 꺼서 [Rosmarin] 레이어만 표시합니다.

❻ Ctrl+S를 눌러 저장합니다.

❼ 원본 [Logo MockUp.psd] 창으로 되돌아가면 PSB 창에서 편집한 내용이 로고 Mock Up으로 나타납니다.

STEP 1 | 부채꼴 변형 문자 만들기

01 ① 'logo_start.psd'를 열고 ② [Tools] 패널에서 '문자' 툴(T)을 선택한 후 'twist donuts'를 입력합니다. ③ [Character] 패널에서 글꼴은 'Battlefin', 크기는 '80pt', ④ 자간은 '-30', 가로 비율은 '97%'로 지정합니다.

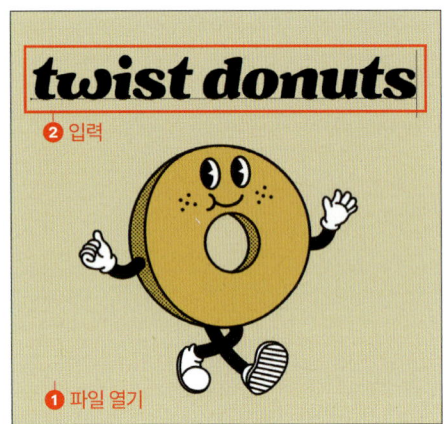
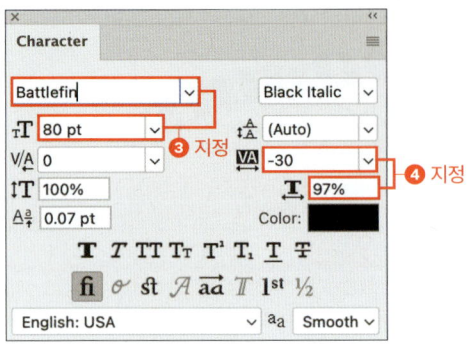

02 ① 't'를 드래그하여 선택하고 ② [Character] 패널에서 모두 [대문자] 아이콘(TT)을 클릭하여 ③ 대문자 'T'로 바꿉니다.

> **Tip ▶ 로고는 크게 만드세요!**
> 인쇄물, 웹사이트, 소셜 미디어, 광고 등 다양한 매체에서 로고를 사용할 수 있으므로 크게 제작하는 게 좋습니다.

03 ❶ 옵션바에서 [Create Warped Text] 아이콘(工)을 클릭하거나 [Type]-[Warp Text] 메뉴를 선택합니다. ❷ [Warp Text] 창이 열리면 'Style'은 'Arc', ❸ 'Bend'는 '30%'로 지정하고 ❹ [OK] 버튼을 클릭하여 ❺ 부채가 펼쳐진 것처럼 문자의 모양을 변형합니다.

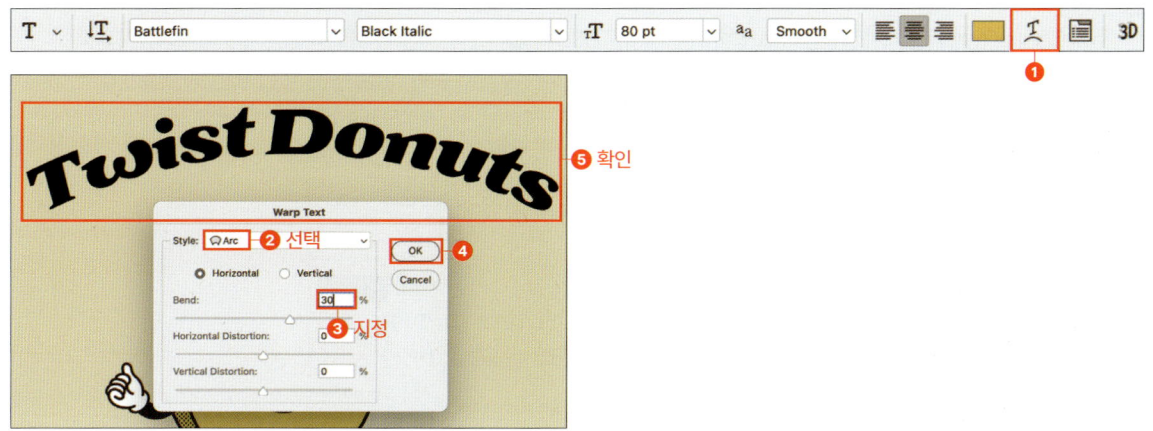

❻ 가로로 넓어진 문자의 폭을 줄이기 위해 Ctrl + T 를 눌러 자유 변형 박스를 씌우고 ❼ Alt 를 누른 상태에서 오른쪽 가운데 조절점을 안으로 움직인 후 Enter 를 눌러 고정합니다.

> **Tip ▶ 자유 변형 박스의 크기 조절 방법**
> 자유 변형 박스를 씌운 후 Alt 를 누른 상태에서 모서리 조절점이나 가운데 조절점을 움직이면 좌우 길이와 상하 길이가 함께 줄어들거나 늘어납니다.

STEP 2 | 검은색 테두리 입히기

01 ❶ 전체 문자를 드래그하여 선택한 후 ❷ 옵션바에서 [색상 지정] 아이콘을 클릭합니다. ❸ [Color Picker] 창이 열리면 도넛 캐릭터에서 노란색 얼굴을 클릭해 노란색 정보(#f1c94b)를 가져온 후 ❹ [OK] 버튼을 클릭하여 ❺ 문자를 노란색으로 변경합니다.

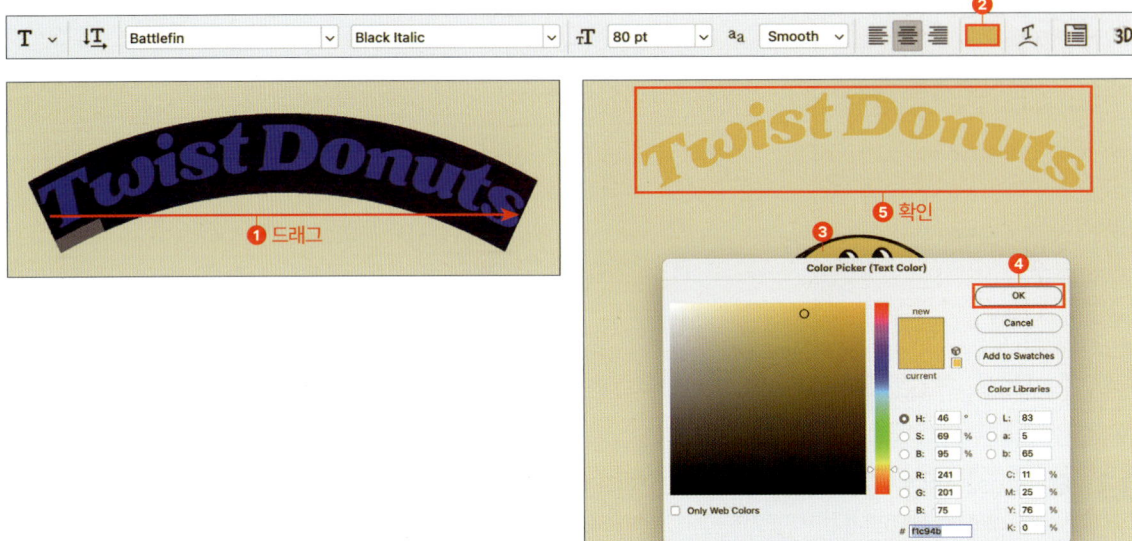

02 ❶ [Layers] 패널에서 Ctrl 을 누른 상태에서 [twist donuts] 레이어의 섬네일을 클릭하여 ❷ 문자 전체를 선택 영역으로 지정합니다.

❸ [Layers] 패널에서 [새 레이어 추가] 아이콘(□)을 클릭해서 레이어를 추가하고 ❹ 레이어 이름을 [검정색테두리]로 변경합니다.

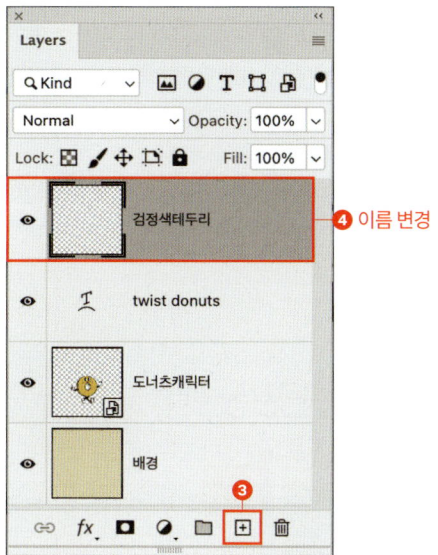

03 ❶ [Toos] 패널에서 '사각 선택' 툴(□)을 선택하고 ❷ 화면에서 마우스 오른쪽 버튼을 클릭한 후 ❸ 바로 가기 메뉴에서 [Stroke]를 선택합니다.

❹ [Stroke] 창이 열리면 'Width'는 '12px', ❺ 'Location'은 'Outside'로 지정하고 ❻ [OK] 버튼을 클릭합니다.

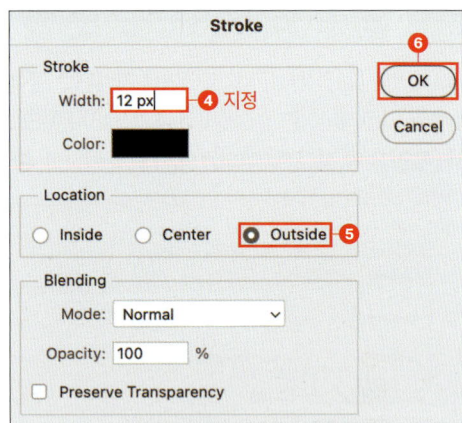

❼ 문자 바깥쪽부터 두께가 12픽셀인 검은색 테두리가 만들어졌는지 확인합니다.

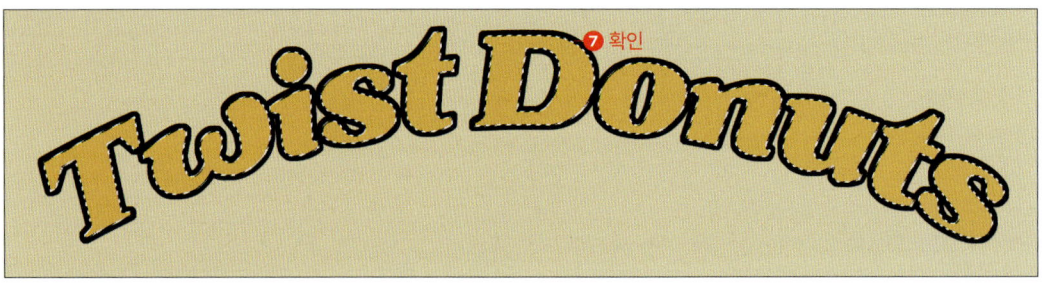

STEP 3 | 사선형 그림자 만들기

01 ❶~❷ [Layers] 패널에서 Ctrl 을 누른 채 [twist donuts] 문자 레이어와 [검정색테두리] 레이어를 차례대로 클릭하여 함께 선택하고 ❸ Ctrl + E 를 눌러 하나로 합칩니다. ❹ [검정색테두리] 레이어를 [새 레이어 추가] 아이콘(□)으로 가져가서 [검정색테두리 copy] 레이어를 복제합니다. ❺ 'Lock'에서 [투명 영역 잠그기] 아이콘(▩)을 클릭하고 ❻ Ctrl 을 누른 상태에서 [검정색테두리 copy] 레이어의 섬네일을 클릭합니다.

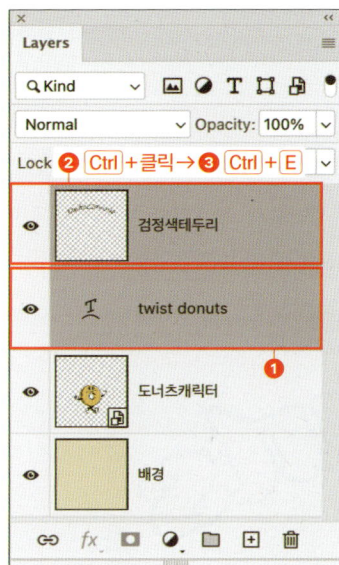 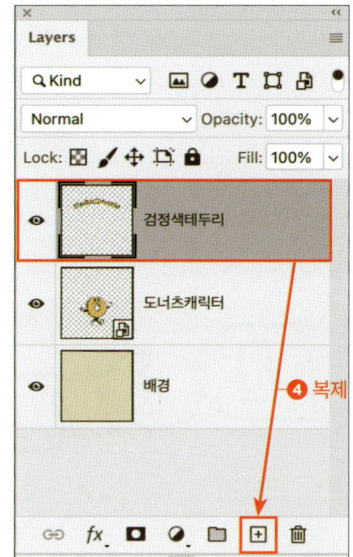 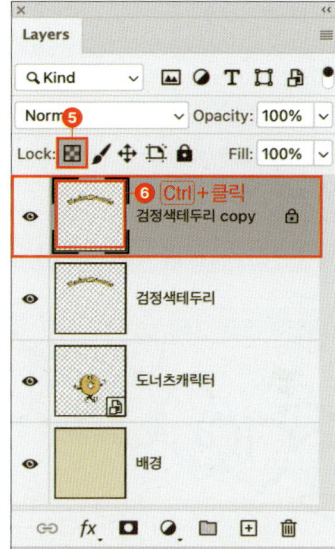

02 ❶ 문자 전체를 선택 영역으로 지정했으면 전경색을 검은색으로 지정한 후 Alt + Delete 를 누릅니다.

❷ 투명 영역 잠그기(▩)를 설정했으므로 문자 영역에만 검은색이 입혀집니다.

03 ❶ [Edit]-[Define Brush Preset] 메뉴를 선택하여 [Brush Name] 창을 열고 'Name'에 '로고브러시'를 입력한 후 ❷ [OK] 버튼을 클릭합니다.

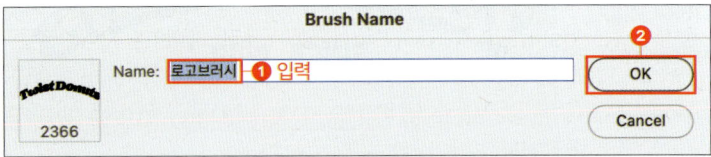

❸ [Layers] 패널에서 [검정색테두리 copy] 레이어의 눈 아이콘(👁)을 끄고 ❹ [새 레이어 추가] 아이콘(⊞)을 클릭하여 ❺ [그림자] 레이어를 만든 후 [검정색 테두리] 레이어 아래에 위치시킵니다. ❻ F5 를 눌러 ❼ [Brush Settings] 창을 열고 'Spacing'을 '1%'로 지정합니다.

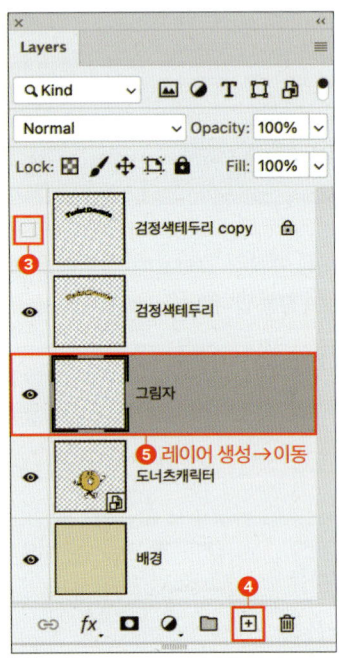
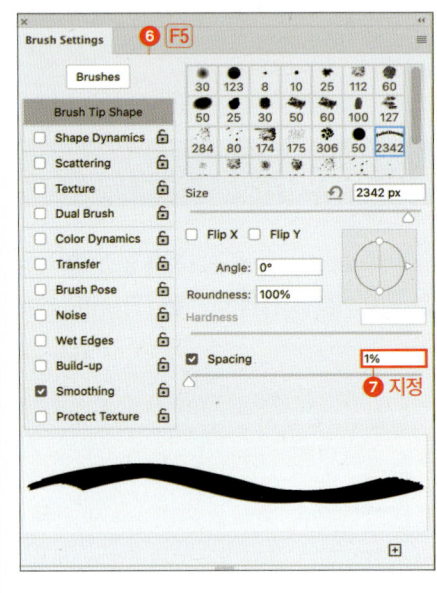

04 ❶ 작업 창에서 'Twist Donuts' 문자 부분을 한 번 클릭하고 ❷ Shift 를 누른 상태에서 사선 방향인 오른쪽 아래를 다시 한 번 더 클릭하여 처음 클릭한 부분과 마지막으로 클릭한 부분을 검은색으로 채웁니다.

175

❸ [Character] 패널에서 '여기어때 잘난체 고딕' 글꼴을 선택하고 글자 크기를 '30pt'로 지정합니다. ❹ [Tools] 패널의 '문자' 툴(T)로 'SINCE 1990'을 입력하여 BI를 완성하고 ❺ Alt+Ctrl+S를 눌러 'logo_finish.jpg'로 저장합니다.

STEP 4 | Mock Up 파일에 BI 적용하기

01 ❶ 'DonutMockup_start.psd'를 포토샵으로 드래그하여 열고 ❷ [Layers] 패널의 'Design' 폴더에 있는 [《《FrontPanel] 스마트 오브젝트 레이어를 더블클릭하여 ❸ [FrontPanel.psb] 창을 엽니다.

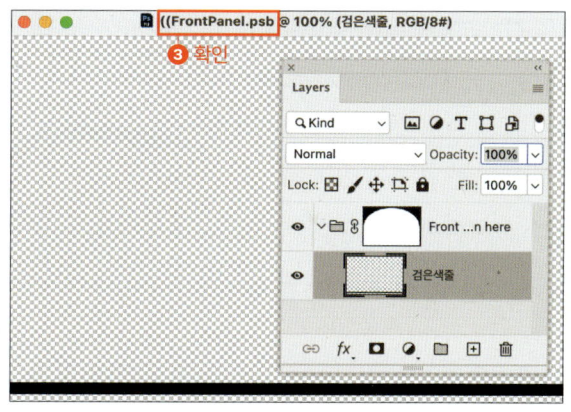

02 ❶ [FrontPanel.psb] 창으로 'logo_finish.jpg'를 드래그하여 삽입한 후 모서리 조절점을 움직여 크기를 조절하고 Enter를 누릅니다.

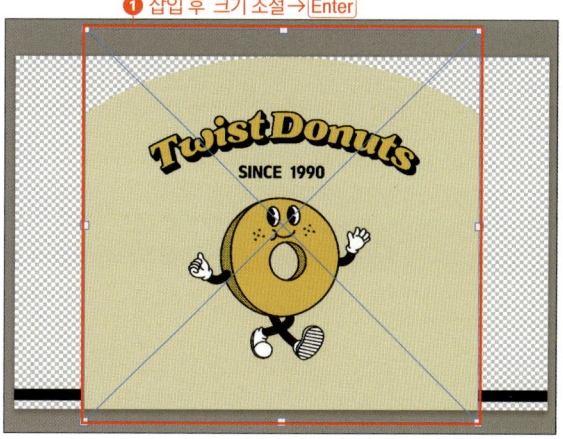

❷ 이미지 레이어를 [Layers] 패널의 [검은색줄] 레이어 아래쪽으로 보내고 ❸ [새 레이어 추가] 아이콘(□)을 클릭해서 ❹ [Layer 1] 레이어를 생성합니다. ❺ [Tools] 패널에서 '스포이트' 툴(✎)을 선택하고 ❻ 배경색을 클릭하여 ❼ 전경색으로 지정한 후 ❽ Alt + Delete 를 눌러 전체 배경색을 입혀줍니다.

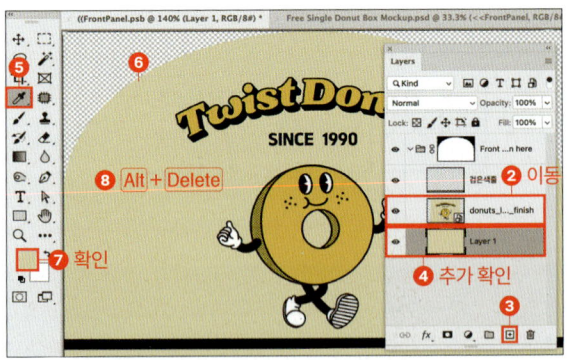

03 ❶ Ctrl + S 를 눌러 저장한 후 원본 [DonutMockup_start.psd] 창으로 되돌아가면 ❷ PSB 창에서 편집한 내용이 Mock Up으로 나타납니다. 도너츠 브랜드 아이덴티티 BI 디자인을 완성했습니다.

❸ 이외에도 다양한 Mock Up 파일에 BI를 적용하여 디자인을 미리 확인하고 디자인 콘셉트를 논의해 보세요.

BI · 분류 & 광고

BI · Business Card · Placard · Leaflet

비즈니스 카드

예제파일   dentistlogo.png
완성파일   businesscard.front.jpg, businesscard_back.jpg, businesscard_finish.psd

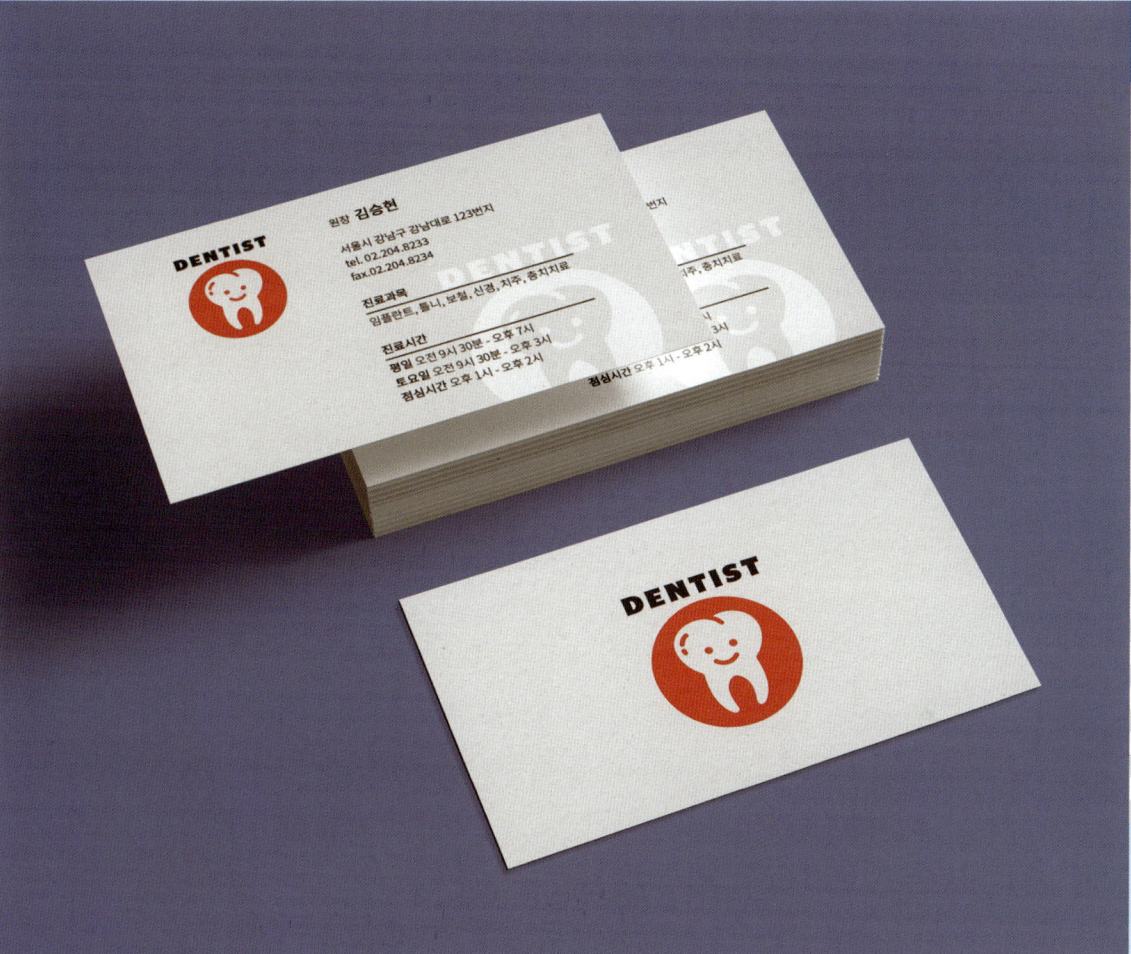

Point skill   이미지 크기(Image Size)와 캔버스 크기(Canvas Size), [Paths] 패널, 어도비 익스프레스(Adobe Express)

How to   이번에는 회사 로고, 이름, 직책, 연락처 및 웹사이트 및 기타 정보를 포함한 비즈니스 카드를 제작해 보겠습니다. 명함과 같은 인쇄물을 작업할 경우에는 종이를 재단할 때 오차 범위를 고려하여 도련을 표시해야 합니다. 포토샵의 안내선 기능을 이용하면 재단선과 작업선 사이의 여백인 도련을 쉽게 지정할 수 있습니다. 그리고 어도비 익스프레스에서 제공하는 무료 로고 템플릿을 이용해 소스 이미지를 얻어보겠습니다. 어도비 익스프레스를 이용하면 인쇄 및 디지털 플랫폼에 공유할 수 있는 디자인 결과물을 쉽게 제작할 수 있습니다. 마음에 드는 로고 템플릿을 선택한 후 이미지, 아이콘, 글자 등을 추가하여 나만의 개성 있는 로고를 완성하는 과정을 살펴보겠습니다.

Step   어도비 익스프레스를 이용해 로고 디자인하기 ➡ 명함 크기에 맞는 문서 만들기 ➡ 로고를 패스로 만들기 ➡ 명함에 원하는 정보 입력하기 ➡ 레이어를 대지로 만들기

연상을 활용해 효과적으로 브랜딩하기

▶ **연상을 활용한 디자인으로 강력한 인상을 남길 수 있습니다.**

① **감정적인 반응 유도**: 연상 작용은 사람들이 특정 이미지, 색상, 형태 등을 보았을 때 자연스럽게 특정 개념이나 감정을 떠올리게 하는 현상을 말합니다. 특정 색상이나 형태는 행복, 신뢰, 흥분 등의 감정을 불러일으킬 수 있으며 이러한 감정적 연결은 브랜드 충성도를 강화하는 데 도움이 됩니다.

② **연상을 키워드로 적기**: 연상을 통해 구체적인 디자인 키워드를 작성합니다. '레이아웃은?', '형태는?', '색은?', '사진은?', '타이포그라피는?' 이러한 질문을 통해 얻은 키워드를 적어본 후 이에 맞는 비주얼 소스를 다양하게 찾아 디자인을 구성합니다.

③ **강력한 인상**: 직관적인 심벌과 이미지 사용, 적절한 색상 선택, 적절한 텍스트와 폰트 스타일 선택, 시각적 일관성을 유지한 디자인을 통해 명확한 메시지를 전달할 수 있어야 합니다. 연상을 통해 윤곽을 잡은 후 단 하나의 비주얼로 압축하는 연습을 통해 디자인 실력을 키울 수 있습니다.

디자인 작업 Point

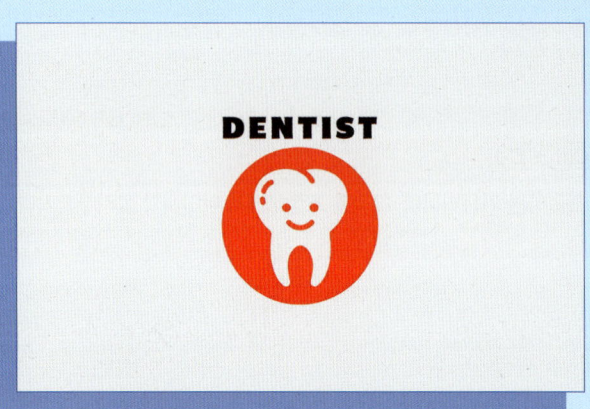

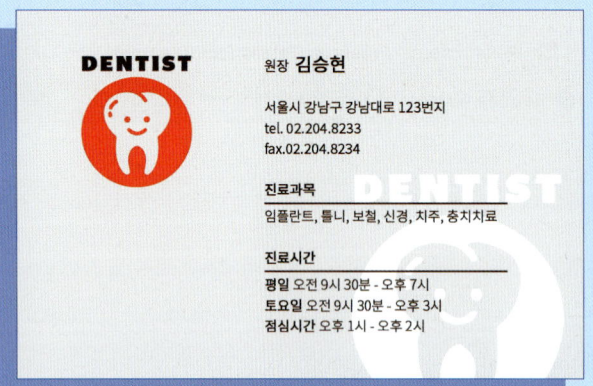

» 연상을 통해 치아 캐릭터 제작

디자인 작업을 하기 전에 '치과' 하면 떠오르는 키워드를 찾아 정리했습니다.

① **치아**: 깨끗하고 하얀 치아, 치아 모양의 아이콘.
② **치과 의사**: 흰 가운을 입은 치과 의사, 미소 짓는 치과 의사
③ **치과 도구**: 치과용 거울, 탐침, 드릴
④ **치아 건강**: 깨끗한 치아, 건강한 잇몸, 웃는 얼굴
⑤ **치약과 칫솔**: 치약 튜브, 칫솔
⑥ **청결함**: 깨끗한 환경, 청결한 느낌을 연상시키는 흰색

치과에 가는 것을 두려워하는 사람들을 위해 '치아 캐릭터'를 만들어 '건강한 미소', '행복한 치아'라는 메시지를 전달하면 좋겠다고 생각했습니다. 중앙에 위치한 웃고 있는 치아 캐릭터는 어린이들이 치과를 두려워하지 않도록 하는 긍정적인 이미지를 심어줍니다.

» 간결한 디자인과 색채 대비

불필요한 요소를 제거하고 치과의 연락처, 주소, 진료 과목과 진료 시간과 같은 핵심 정보를 간결하게 담아 고객이 쉽게 정보를 찾을 수 있도록 디자인했습니다. 심플한 디자인은 명함에 포함된 핵심 정보를 부각시켜서 중요한 내용을 명확하게 전달합니다. 빨간색 원 안에 흰색 치아 캐릭터를 배치하여 강렬한 대비 효과를 주었습니다. 빨간색은 주목성을 높이고 흰색 및 밝은 회색은 청결함과 신뢰성을 전달합니다.

01 | 이미지 크기와 캔버스 크기

❶ 이미지 크기(Image Size)

· **이미지 크기 변경 방법**: [Image]-[Image Size]([Alt]+[Ctrl]+[I])

'이미지 크기'를 이용하면 보이는 이미지 크기를 키우고 줄일 수 있습니다. 이미지 크기가 커지면 커진 만큼 임의의 픽셀들이 캔버스 끝까지 채워지면서 노이즈 현상(계단 현상)이 생깁니다. 사진과 같은 비트맵 이미지는 정해진 픽셀로 만들어지므로 원본 이미지보다 확대해서 사용하면 이미지가 깨집니다. 이와 같이 확대한 이미지를 인쇄하면 출력물의 품질이 떨어지므로 어쩔 수 없이 해당 이미지를 사용해야 한다면 노이즈를 감소시킨 후 사용해야 합니다.

▲ 원본 이미지

▲ 원본 이미지 크기를 키웠을 때 픽셀이 깨진 이미지

❷ 캔버스 크기(Canvas Size)

· **캔버스 크기 변경 방법**: [Image]-[Canvas Size]([Alt]+[Ctrl]+[C])

'캔버스 크기'는 이미지는 그대로 둔 상태에서 작업 창의 크기를 조절하는 기능입니다. 크기를 조정하면서 이미지가 잘려나가거나 여백이 생길 수 있습니다.

✓ 이미지 크기 창([Image Size] 창)

[Image]-[Image Size]([Alt]+[Ctrl]+[I]) 메뉴를 선택하면 [Image Size] 창에서 이미지 크기를 조절할 수 있습니다.

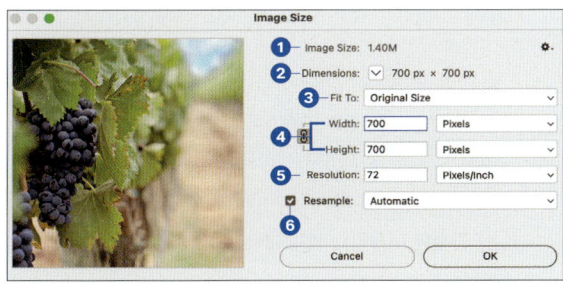

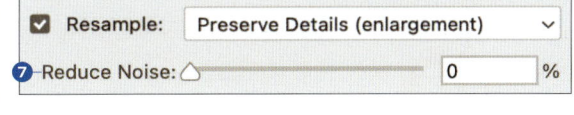

❶ **Image Size**: 현재 파일 용량을 표시합니다. (크기를 변경하면 바뀔 파일 용량이 표시됩니다.)

❷ **Dimensions**: 현재 이미지의 가로와 세로 길이를 표시합니다.

❸ **Fit To**: 자주 사용하는 이미지의 규격을 제공하여 변경하려는 이미지 크기를 지정할 수 있습니다.

❹ **Width, Height**: 이미지의 가로, 세로 길이를 새롭게 입력할 수 있습니다. [링크] 아이콘(🔗)을 클릭하면 가로, 세로 비율을 유지하면서 조절할 수 있습니다.

❺ **Resolution**: 해상도를 변경합니다. 웹, 모바일, 영상 이미지는 '72Pixels/Inch', 인쇄용 이미지는 '150~300Pixels/Inch'로 해상도를 지정합니다. 'Resample'에 체크 표시한 경우 해상도가 높아지면 이미지 용량 및 가로, 세로 크기도 함께 커집니다.

❻ **Resample**: 이미지 크기를 변경하면서 새로 만들어지는 영역에 픽셀을 채우는 방식을 지정합니다. 이 옵션을 사용하면 이미지 크기를 늘릴 때 픽셀이 깨지는 현상을 줄일 수 있습니다.

❼ **Reduce Noise**: 'Resample'을 'Preserve Details (enlargement)'로 지정하면 활성화되는 옵션으로, 이미지 노이즈를 제거할 수 있습니다. 값이 클수록 노이즈가 줄어듭니다.

✓ 캔버스 크기 창([Canvas Size] 창)

'canvasanchor.jpg'를 불러온 후 [Image]-[Canvas Size](Alt+Ctrl+C) 메뉴를 선택하면 [Canvas Size] 창에서 캔버스 크기를 조절할 수 있습니다.

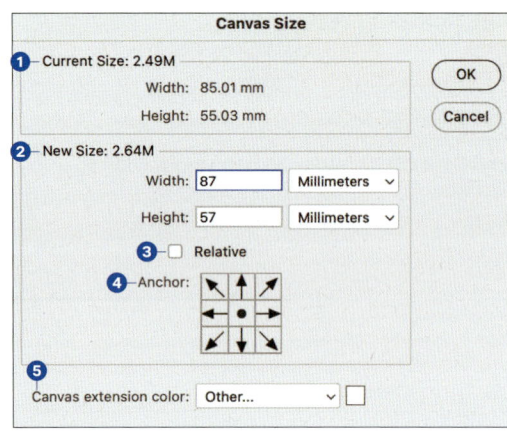

▲ 원본 이미지(**Width**: 500픽셀, **Height**: 500픽셀)

❶ **Current Size**: 현재 캔버스 크기입니다.

❷ **New Size**: 새 캔버스의 가로값과 세로값을 지정합니다.

❸ **Relative**: 캔버스 크기가 아니라 사방의 여백 크기를 지정합니다.

❹ **Anchor**: 앵커 위치를 조정해 캔버스가 확장되는 방향을 지정합니다.

❺ **Canvas extension color**: 확장할 영역의 색상을 지정합니다.

'canvasanchor.jpg'를 열고 [Canvas Size] 창에서 다음 화면과 같이 가로, 세로 크기와 앵커 위치를 조정해 보세요.

 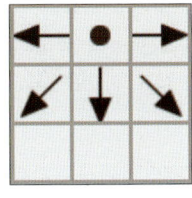    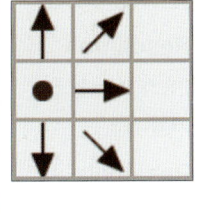

▲ Anchor를 위쪽으로 지정(Width: 500 픽셀, Height: 600 픽셀)   ▲ Anchor를 왼쪽으로 지정(Width: 600 픽셀, Height: 500 픽셀)

 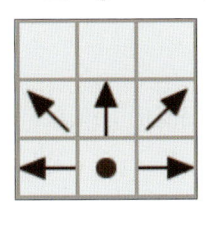    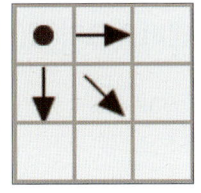

▲ Anchor를 아래쪽으로 지정(Width: 500 픽셀, Height: 600 픽셀)   ▲ Anchor를 왼쪽 위로 지정(Width: 600 픽셀, Height: 600 픽셀)

02 | 캔버스를 확장해 생성형 이미지 채우기

| 예제파일 | lighthouse.jpg |
| 완성파일 | lighthouse_finish.jpg |

❶ 'lighthouse.jpg'를 열고 ❷ [Layers] 패널에서 [Backgroud] 레이어의 [모두 잠그기] 아이콘(🔒)을 클릭해서 잠금을 풀어주면 ❸ 레이어 이름이 [Layer 0]으로 바뀝니다.

❹ [Image]-[Canvas Size]([Alt]+[Ctrl]+[C]) 메뉴를 선택하여 [Canvas Size] 창을 열고 'Width'를 '1500pixels'로 지정한 후 ❺ [OK] 버튼을 클릭합니다. ❻ 그러면 캔버스가 좌우로 확장되어 나타납니다.

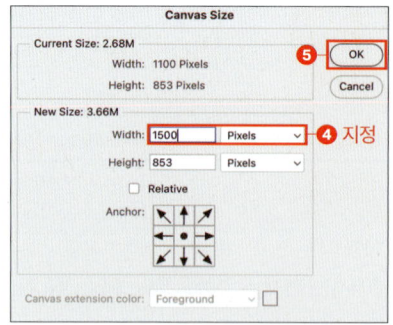 

❼ [Tools] 패널에서 '사각 선택' 툴(□)을 선택하고 옵션바에서 [선택 영역 추가] 아이콘(□)을 클릭합니다. ❽~❾ 확장된 왼쪽 영역과 오른쪽 영역을 드래그하여 선택 영역으로 지정하고 ❿ 상황별 작업 표시줄(Contextual Task Bar)에서 [Generative Fill] 버튼을 클릭합니다. ⓫ 프롬프트 입력 창이 표시되면 [Generate] 버튼을 클릭합니다.

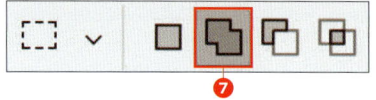 

Tip ▶ '사각 선택' 툴에서 [선택 영역 추가] 옵션을 선택해 선택 영역 더하기
[선택 영역 추가] 아이콘(□)을 클릭하면 연속해서 선택 영역을 지정할 수 있습니다.

⓬ 영역이 확장되면서 원본 이미지와 자연스럽게 연결되어 합성되었는지 확인합니다.

183

> Tip ▶ 상황별 작업 표시줄(Contextual Task Bar) 나타내고 감추기
> [Window]-[Contextual Task Bar] 메뉴를 선택하면 상황별 작업 표시줄이 나타나고 메뉴를 한 번 더 선택하면 사라집니다.

✓ 핵심 기능

03 | [Paths] 패널

[Window]-[Paths] 메뉴를 선택하면 [Paths] 패널이 열립니다. [Paths] 패널에서는 현재 작업하고 있는 패스(Work Path)와 저장된 패스를 관리할 수 있습니다. 패널에는 섬네일과 패스 이름이 나타납니다.

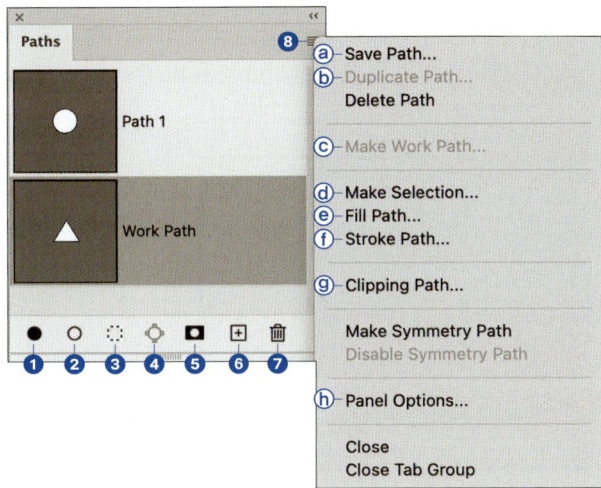

❶ 면 색 입히기(●) : 선택한 패스에 면 색을 입힙니다.

❷ 획 패스(○) : 선택한 패스에 선 색을 입힙니다. 선의 두께는 선을 만드는 툴의 옵션바에서 지정한 두께입니다.

❸ 선택 영역 만들기(⋮⋮) : 패널에서 선택한 패스를 선택 영역으로 전환합니다.

❹ 선택 영역 패스 전환(◇) : 현재의 선택 영역을 패스로 전환합니다.

❺ 레이어 마스크(▣) : 레이어에 마스크를 씌웁니다.

❻ 새 패스 추가(⊞) : 새로운 패스를 만듭니다. 현재 작업 중인 [Work Path]를 [새 패스 추가] 아이콘(⊞)으로 드래그하면 패스가 저장되고 저장된 패스를 [Create New Path] 아이콘(⊞)으로 드래그하면 패스가 복제됩니다.

❼ 패스 삭제(🗑) : 선택한 패스를 삭제합니다.

❽ 패스 옵션 메뉴

ⓐ New Path, Save Path : 새로운 패스를 만들고, 작업중인 [Work Path] 패스를 저장합니다.

ⓑ Duplicate Path : 패널에서 선택한 패스를 복제하지만, [Work Path] 패스는 복제하지 않습니다.

ⓒ Make Work Path : 선택 영역을 [Work Path] 패스로 전환합니다. 'Tolerance'를 이용하여 패스의 평탄도를 조절할 수 있고 수치값이 작을수록 부드러운 테두리를 만들 수 있습니다. [Paths] 패널 아래쪽의 [선택 영역 패스 전환] 아이콘(◇)과 기능이 같습니다.

ⓓ **Make Selection**: 패스를 선택 영역으로 전환합니다. [Paths] 패널의 [선택 영역 만들기] 아이콘(▨)과 기능이 같지만, [Make Selection] 창이 열리면서 선택 영역을 세부적으로 처리할 수 있습니다.

ⓔ **Fill Path**: 패스 내부에 색을 입힙니다. [Paths] 패널의 [면 색 입히기] 아이콘(●)과 기능이 같지만, [Fill Path] 창이 표시되어 색을 입히는 방법을 세부적으로 지정할 수 있습니다.

ⓕ **Stroke Path**: 패스에 선 색을 입힙니다. [Paths] 패널의 [획 패스] 아이콘(○)과 기능이 같지만, [Stroke Path] 창이 열리면서 선을 만드는 툴을 지정할 수 있습니다.

ⓖ **Clipping Path**: 포토샵으로 작업한 이미지를 편집하기 위하여 삽입할 때 이미지의 일부분만 벡터 프로그램에서 표시할 수 있는 기능으로, 인쇄물을 디자인하는 경우에 유용합니다.

ⓗ **Panel Options**: 패스 섬네일의 크기를 지정합니다.

> **Tip ▶ 패스를 저장하는 세 가지 방법**
>
> **[방법 1]** [Paths] 패널의 [더 보기] 버튼(▤)을 클릭하고 [Save Path]를 선택합니다.
> **[방법 2]** 현재 작업 중인 [Work Path]를 더블클릭하여 [Save Path] 창을 열고 저장하려고 하는 패스명을 입력한 후 [OK] 버튼을 클릭합니다.
>
>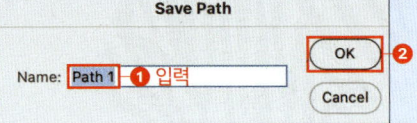
>
> **[방법 3]** 현재 작업 중인 [Work Path]를 [Paths] 패널의 [새 패스 추가] 아이콘(⊞)으로 드래그합니다.

04 선택 영역을 패스로 만들고 패스에 선 색과 면 색 입히기

예제파일	zebra.png
완성파일	zebra_finish.jpg

❶ 'zebra.png'를 열고 ❷ [Tools] 패널에서 '마술봉' 툴( )을 선택한 후 ❸ 옵션바에서 'Contiguous'의 체크 표시를 해제합니다. ❹ 검은색을 클릭하면 ❺ 클릭한 지점뿐만 아니라 얼룩말 전체에 있는 검은색이 모두 선택 영역으로 지정됩니다. ❻ [Paths] 패널에서 [선택 영역 패스 전환] 아이콘( )을 클릭해서 선택 영역을 패스로 전환합니다.

> **Tip** ▶ 마술봉 툴( ) – Contiguous(인접)
> - 'Contiguous(인접)' 체크 표시 해제: 이미지 전체에서 유사한 색상을 모두 선택 영역으로 지정합니다.
> - 'Contiguous(인접)' 체크 표시: 클릭한 지점과 인접한 부분에 있는 유사한 색상만 선택 영역으로 지정합니다.

▲ 'Contiguous'의 체크 표시를 해제한 경우   ▲ 'Contiguous'에 체크 표시한 경우

❼ [Paths] 패널에 있는 [Work Path]를 [새 패스 추가] 아이콘(   )으로 드래그하면 ❽ [Path 1]이라는 이름으로 저장됩니다. ❾ [Layers] 패널에서 [새 레이어 추가] 아이콘(   )을 클릭해서 ❿ 새로운 [Layer 1] 레이어를 만들고 ⓫ [Background] 레이어의 눈 아이콘(   )을 클릭하여 끕니다. ⓬ Ctrl + T 를 눌러 자유 변형 박스를 씌운 후 ⓭ 크기를 크게 조절합니다.

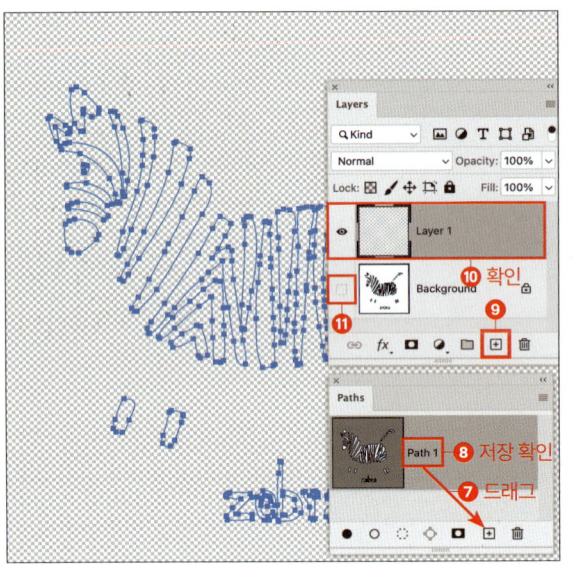
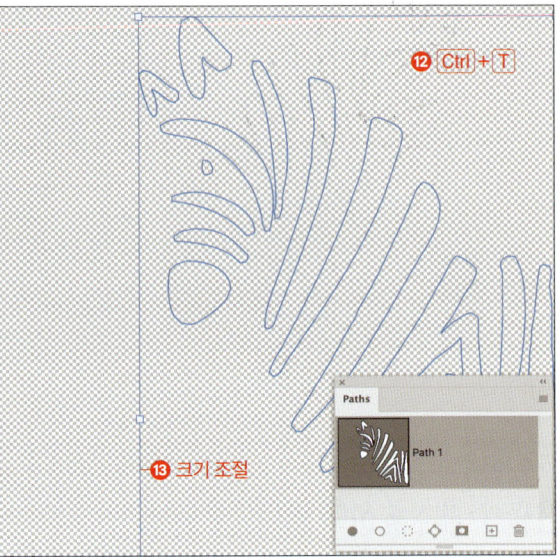

⓮ [Paths] 패널에서 [획 패스] 아이콘(   )을 선택하고 ⓯ '브러시' 툴(   )에서 'Hard Round' 브러시를 선택한 후 사이즈는 '10', 전경색은 검은색으로 지정합니다. ⓰ [Stroke Path] 창이 열리면 'Tool'에서 'Brush'를 선택한 후 ⓱ [OK] 버튼을 클릭하여 ⓲ 패스를 따라 검은색 선을 입힙니다.

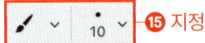

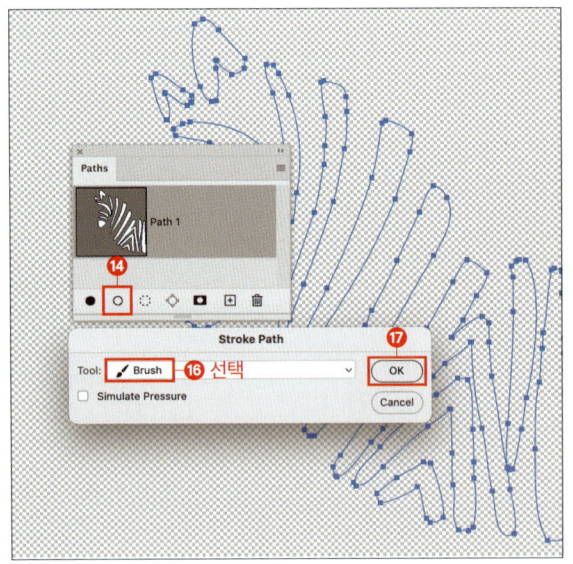
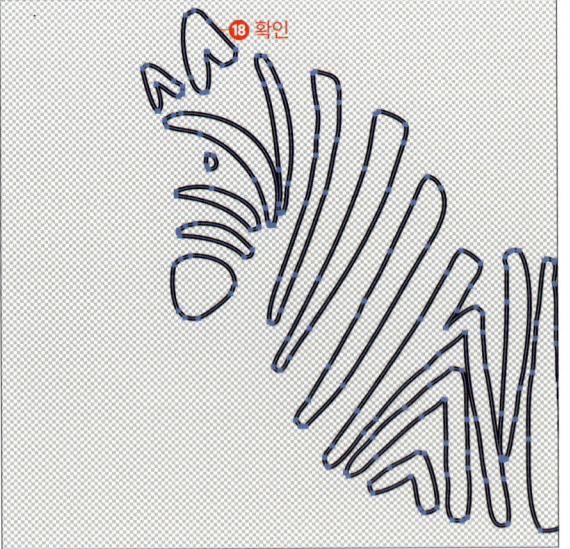

⑲ [Layers] 패널의 [Background] 레이어에 흰색을 입히고 ⑳ [Layers] 패널에서 [새 레이어 추가] 아이콘(   )을 클릭합니다. ㉑ 새로운 [Layer 2] 레이어가 만들어지면 ㉒ 전경색을 노란색으로 지정하고 ㉓ [Paths] 패널에서 [면 색 입히기] 아이콘(   )을 클릭해서 ㉔ 면 색을 입힙니다.

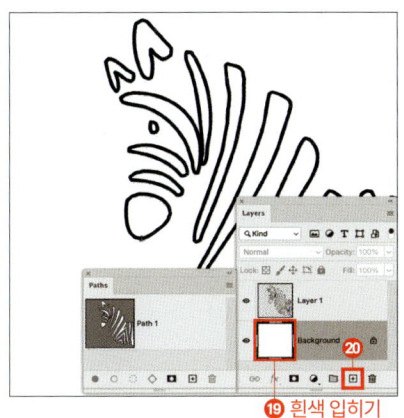
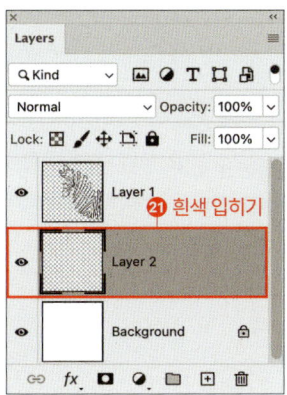

간단 실습

05 | 패스를 선택 영역으로 만들기

| 예제파일 | rose.psd |
| 완성파일 | rose_finish.jpg |

❶ 'rose.psd'를 열고 ❷ [Paths] 패널에 있는 [Work Path]를 선택한 후 ❸ [선택 영역 만들기] 아이콘(   )을 클릭해서 ❹ 선택한 패스를 선택 영역으로 전환합니다. ❺ [Layers] 패널에서 [새 레이어 추가] 아이콘(   )을 클릭해서 ❻ 새로운 [Layer 1] 레이어를 만듭니다.

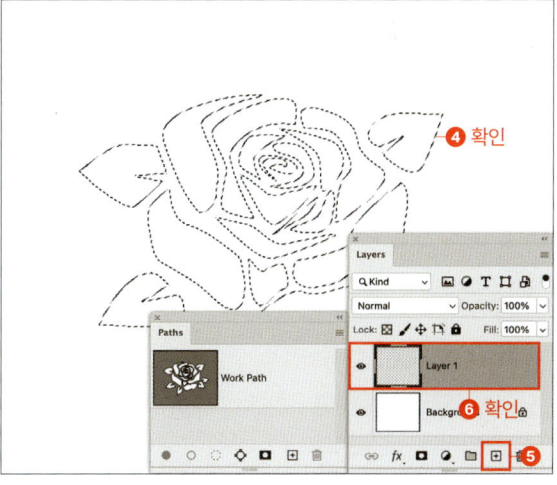

❼ 전경색을 연보라색으로 지정하고 ❽ [Alt]+[Delete]를 눌러 선택 영역에 색을 입힙니다.

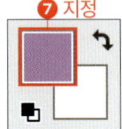

핵심 기능

06 | 어도비 익스프레스(Adobe Express)

어도비 익스프레스(Adobe Express)는 AI의 강력한 성능을 탑재한 올인원 편집기로, 사진 보정뿐만 아니라 디자인 구성, 동영상 제작, PDF 편집 등의 작업을 빠르고 쉽게 할 수 있습니다. Adobe Firefly 기반의 '생성형 채우기', '텍스트를 이미지로', '텍스트를 템플릿으로'를 이용하면 아이디어를 손쉽게 표현할 수 있습니다. 이미지를 자동으로 생성해 주는 어도비 익스프레스는 사용 방법이 간단하고 직관적이라 초보자도 쉽게 다룰 수 있습니다. 만들고 싶은 디자인이 있지만 어디서부터 시작해야 할지 모르겠으면 어도비 익스프레스에서 제공하는 수천 개의 템플릿을 활용해 보세요.

▲ 어도비 익스프레스 사이트의 메인 화면

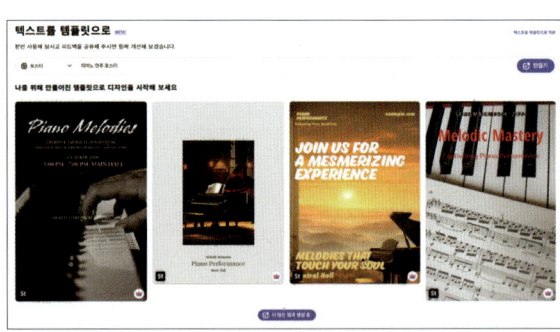
▲ 어도비 익스프레스 텍스트로 이미지를 생성해 편집하는 모습

어도비 익스프레스는 앱(iOS, Android)과 웹에서 이용할 수 있습니다. 무료 버전과 프리미엄 버전이 있지만, 무료 버전에서도 서비스를 충분히 이용할 수 있습니다. 무료 버전은 매월 25개의 생성 크레딧이, 유료 버전은 월 11,000원으로 240개의 생성 크레딧이 제공됩니다.

▲ 어도비 익스프레스 앱

STEP 1 　어도비 익스프레스를 이용해 로고 디자인하기

01 ❶ 어도비 익스프레스(Adobe Express) 사이트에 접속한 후 위쪽 검색 창에 '치과 로고'를 입력하고 Enter 를 누릅니다. ❷ 검색 결과 중에서 마음에 드는 템플릿을 선택하고 ❸ [템플릿 사용자 정의] 버튼을 클릭합니다.

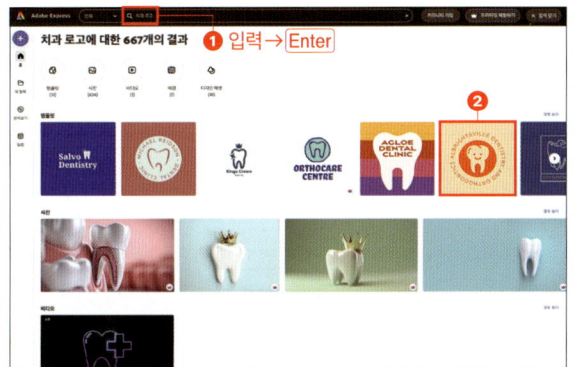
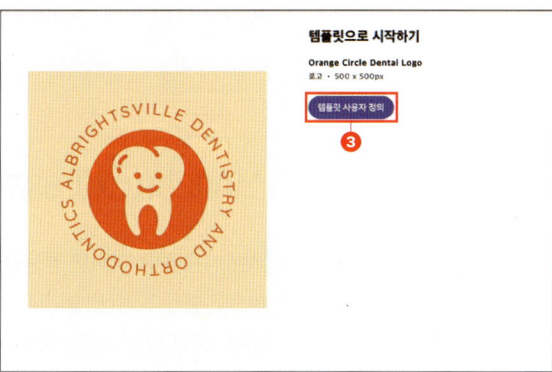

02 ❶ 선택한 템플릿 로고가 삽입되었으면 ❷ 화면의 위쪽에 있는 [배경색] 버튼을 클릭하고 ❸ '색상 견본'에서 '없음'(☒)을 선택합니다.

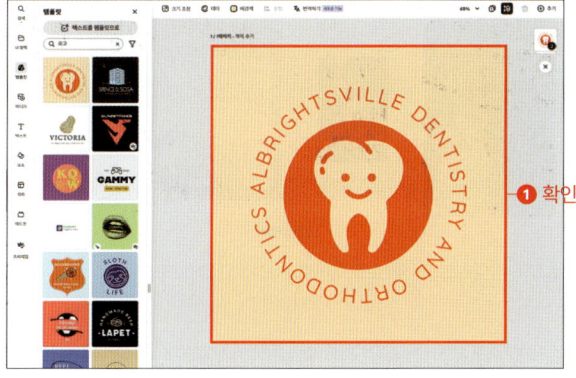
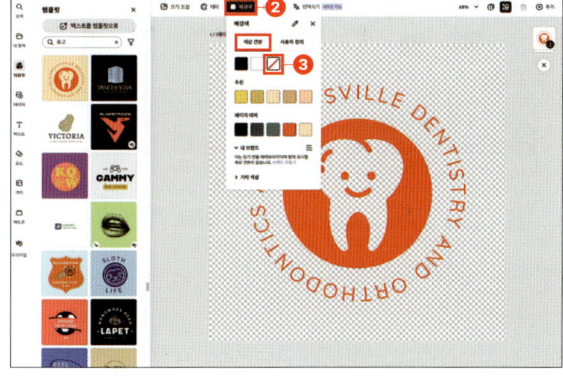

❹ 글자를 드래그하여 선택하고 Backspace 를 눌러 모두 삭제합니다.

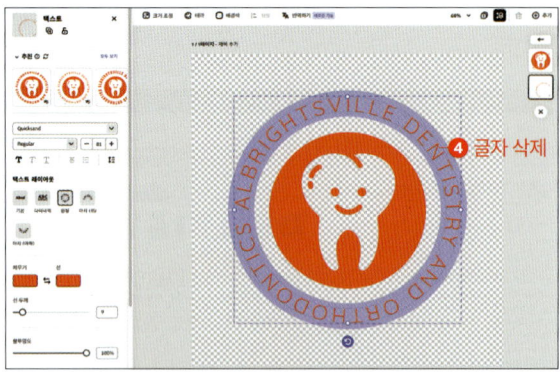

❺ [텍스트 추가] 버튼을 클릭하여 ❻ 화면에 'DENTIST'를 입력한 후 ❼ 'MultiDisplay' 서체를 선택하고 ❽ '채우기'에서 진녹색 계열의 색을 선택합니다. ❾ 화면에 나타난 'DENTIST' 글상자 조절점을 이용해 크기와 위치를 조절합니다.

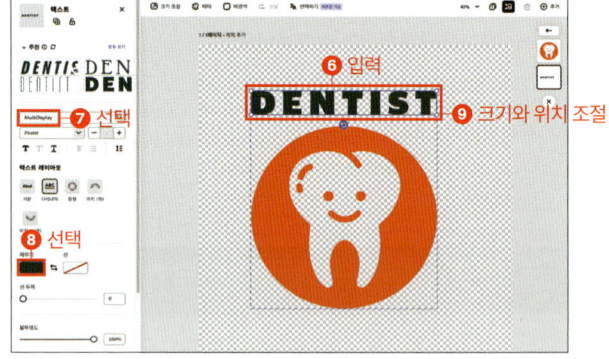

❿ [테마] 버튼을 클릭하고 ⓫ '모던' 카테고리에 있는 배색 중 마음에 드는 것을 선택하여 ⓬ 글자와 그림에 배색을 적용합니다.

03 ❶ 글자를 드래그하여 선택하고 ❷ [텍스트 간격] 아이콘( )을 클릭하여 문자 간격을 좁게 조절합니다. ❸ [크기 조정] 버튼을 클릭하여 ❹ 폭과 높이를 '2000pixel'로 지정하고 ❺ [다운로드] 버튼을 클릭한 후 ❻ '파일 포맷'에서 [투명 PNG(이미지에 최적)]를 선택하고 ❼ [다운로드] 버튼을 클릭합니다.

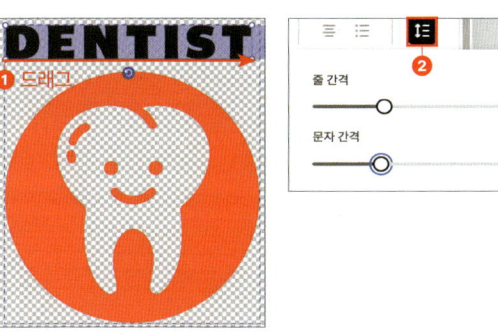
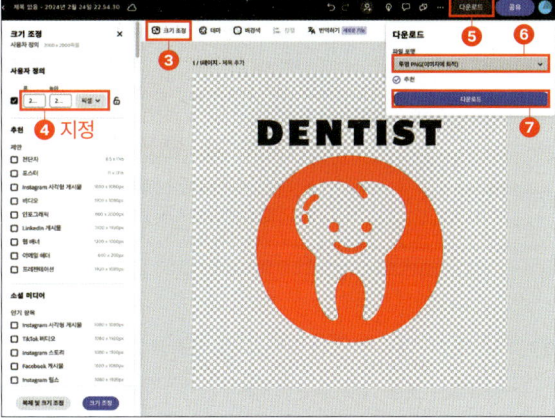

> **Tip ▶ 로고는 크게 만드는 것이 좋아요!**
> 로고를 만들 때는 여러 곳에 활용할 것을 고려해서 크게 만드는 것이 좋습니다.

STEP 2 | 명함 크기에 맞는 문서 만들기

01 ❶ 명함을 만들기 위해 새로운 문서를 만들어보겠습니다. [File]-[New] 메뉴(Ctrl+N)를 선택해서 [New Document] 창을 열고 단위는 'Millimeters', 가로(Width)는 '85', 세로(Height)는 '55', 'Orientation'은 '가로', 'Resolution'은 '300Pixels/Inch', 'Color Mode'는 'CMYK Color'로 지정한 후 ❷ [Create] 버튼을 클릭합니다.

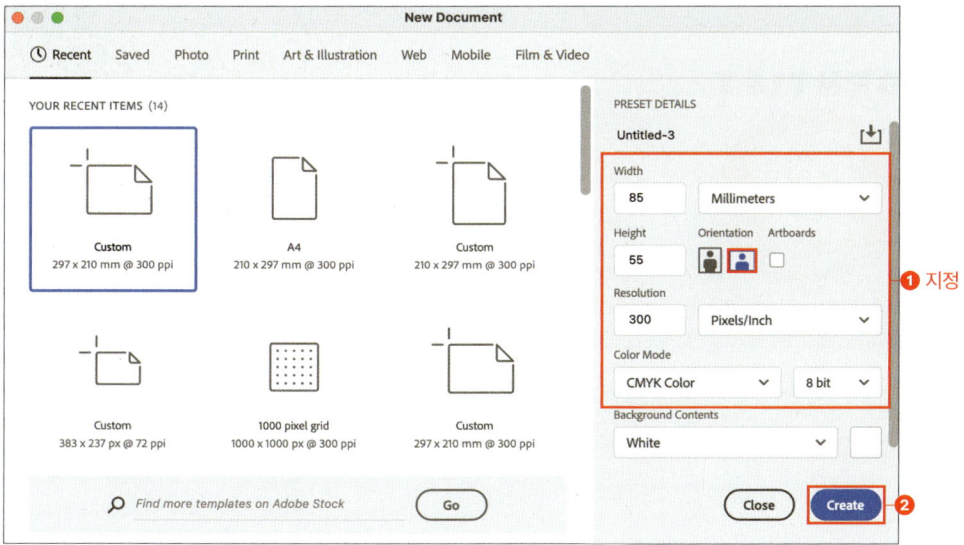

❸ [Layers] 패널에서 [조정 레이어] 아이콘(◐)을 클릭하고 ❹ [Solid Color]를 선택합니다.

❺ [Color Picker] 창이 열리면 '#f0f0f0'을 입력하고 ❻ [OK] 버튼을 클릭합니다. ❼ [Layers] 패널에 [Color Fill 1] 레이어가 만들어지고 배경색이 연한 회색으로 입혀집니다.

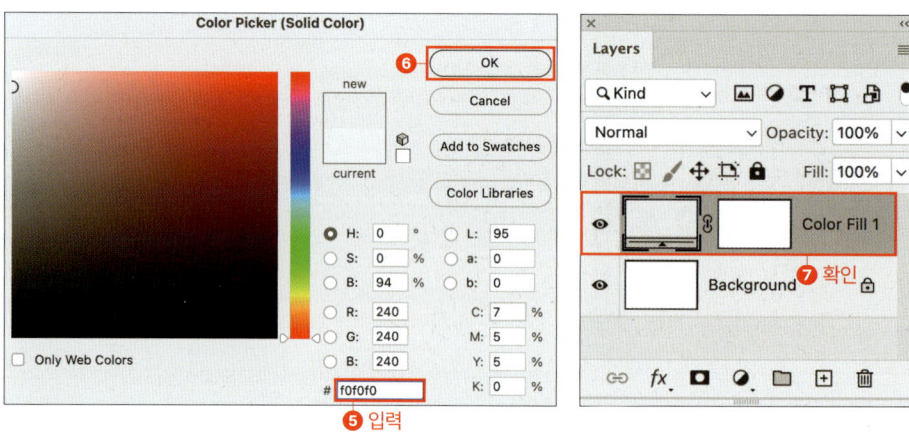

02

❶ 인쇄할 때 잘려나가는 도련 영역을 표시하기 위해 안내선을 만들어보겠습니다. [View]-[Rulers]([Ctrl]+[R]) 메뉴를 선택해 왼쪽과 오른쪽 위에 눈금자를 표시하고 ❷ 눈금자에서부터 사방 끝까지 드래그하여 4개의 안내선을 만듭니다.

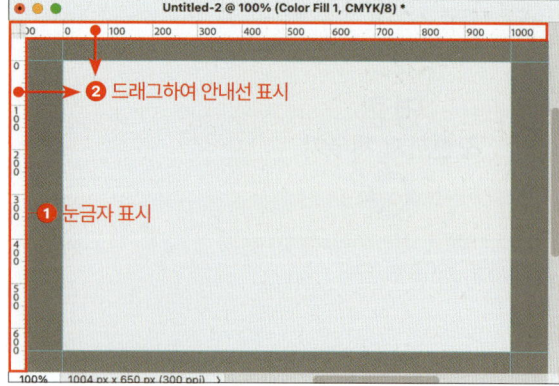

193

❸ [Image]-[Canvas Size](Alt + Ctrl + C) 메뉴를 선택하여 [Canvas Size] 창을 열고 'Width'는 '87', 'Height'는 '57', 단위는 'Millimeters' 로 지정한 후 ❹ [OK] 버튼을 클릭합니다.

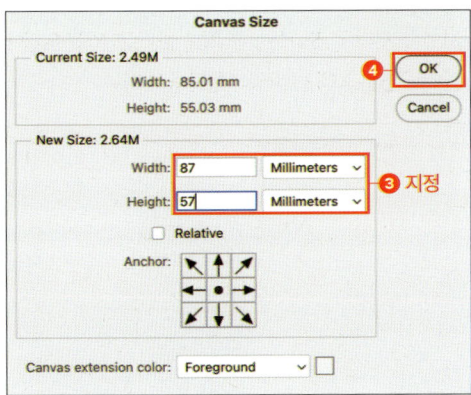

❺ 사방이 확장되어 넓어졌습니다.

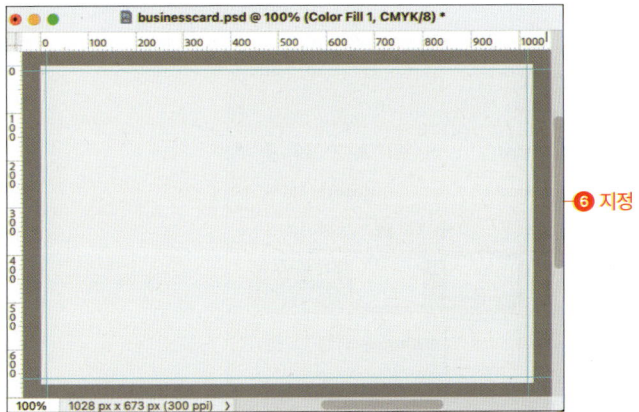

Tip▶ 인쇄물에 꼭 필요한 도련과 재단선

❶ **도련** : 도련은 문서 바깥에 지정되는 공간으로, 재단선과 여유분 사이의 여백인데 '작업선'이라고도 부릅니다. 인쇄소에서는 큰 종이에 여러 개의 이미지를 인쇄한 후 잘라 사용합니다. 이때 한 장씩 자르는 것이 아니라 많은 양을 놓고 한 번에 잘라서 오차가 발생할 수밖에 없으므로 책의 재단 오차를 고려해서 여백(도련)을 지정해야 합니다. 일반적으로 도련 작업은 '3mm'로 지정하지만, 명함처럼 작은 인쇄물의 경우에는 '1mm'로 지정하기도 합니다.

▲ 재단선까지만 이미지를 채우면 안 됩니다.

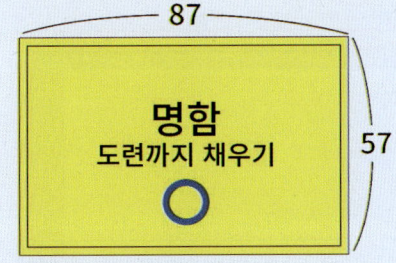
▲ 도련까지 이미지를 채우세요.

❷ **재단선** : 실제로 잘리는 기준이 되는 선입니다.

STEP 3 | 로고를 패스로 만들기

01 ❶ 'dentistlogo.png'를 작업 창으로 드래그해서 열고 로고 이미지의 모서리를 조절하여 크기를 줄인 후 왼쪽 위에 위치시킵니다. ❷ [Layers] 패널에서 Ctrl 을 누른 채 로고 레이어의 섬네일을 클릭해 선택 영역을 만듭니다.

02 ❶ [Paths] 패널에서 [더 보기] 버튼(≡)을 클릭하고 ❷ [Make Work Path]를 선택합니다. ❸ [Make Work Path] 창이 열리면 'Tolerance'에 '1pixels'를 입력하고 ❹ [OK] 버튼을 클릭합니다.

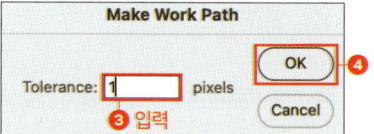

❺ 선택 영역이 패스로 바뀌어 나타났는지 확인합니다.

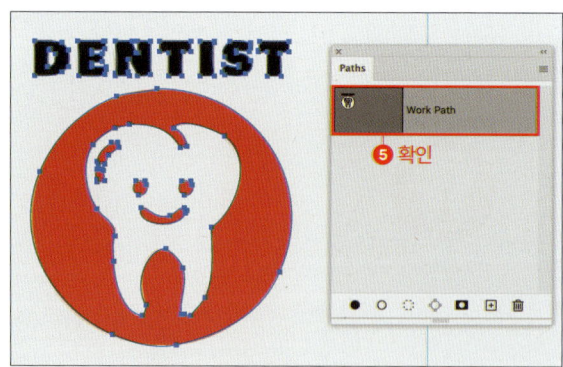

❻ Ctrl + T 를 눌러 자유 변형 박스를 씌우고 ❼ 다음 화면과 같이 크기를 크게 조절한 후 위치를 조절합니다.

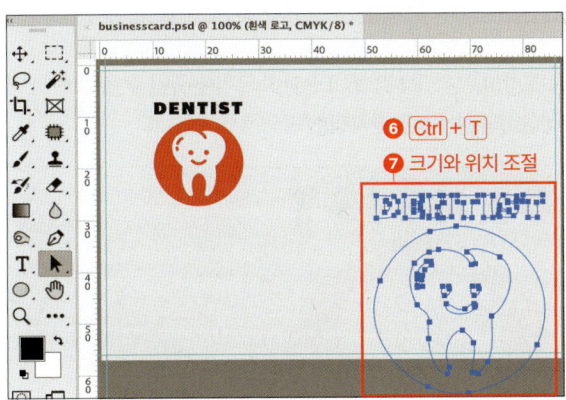

❽ [Layers] 패널에서 [새 레이어 추가] 아이콘(⊞)을 클릭해 ❾ 새로운 [흰색 로고] 레이어를 만듭니다.

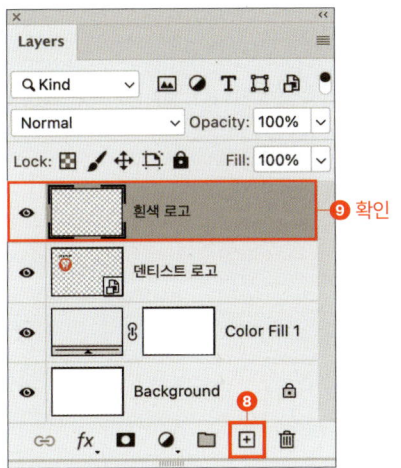

❿ Ctrl + Enter 를 눌러 패스를 선택 영역으로 바꾸고 ⓫ 전경색을 흰색으로 지정한 후 Alt + Delete 를 눌러 선택 영역에 색을 입힙니다.

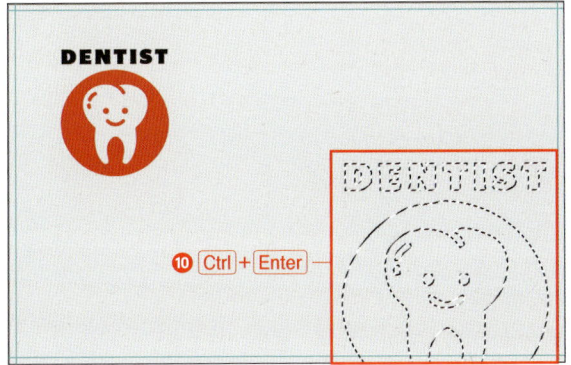
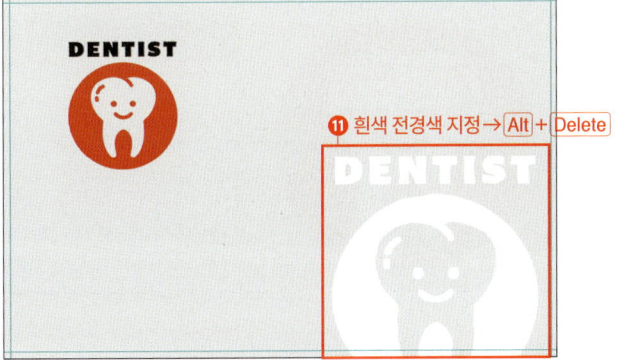

STEP 4 | 명함에 원하는 정보 입력하기

01 ❶ [Tools] 패널에서 '문자' 툴(T)을 선택하고 다음 화면과 같이 텍스트를 입력합니다. ❷ [Character] 패널에서 글꼴은 '본고딕', 스타일은 'Normal', 크기는 '6pt', 행간은 '9pt', 자간은 '-5'로 지정합니다.

 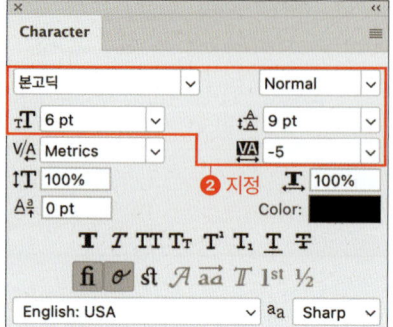

❸ '김승현'을 드래그하여 선택하고 ❹ [Character] 패널에서 크기를 '8pt'로 변경합니다.

 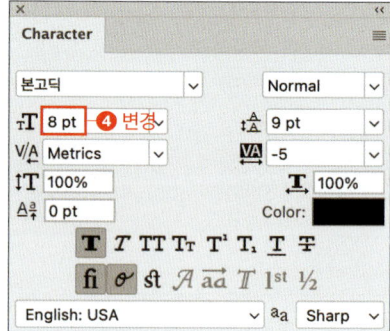

❺ 글자를 모두 드래그하여 선택하고 ❻ 옵션바에서 [왼쪽 정렬] 아이콘(≡)을 클릭하여 모든 글자를 왼쪽 직선에 맞추어 정렬합니다.

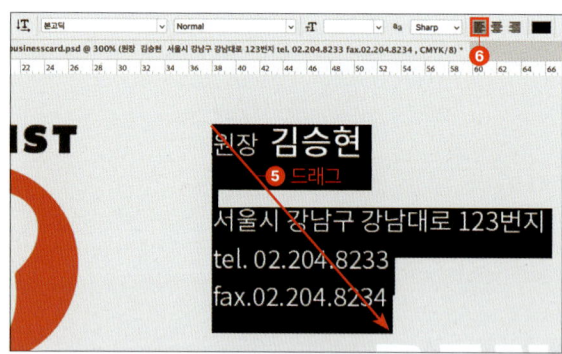

> **Tip ▶ 왼쪽 정렬(Left align text, ≡)**
> 왼쪽 정렬은 정렬 기준이 왼쪽으로, 문자를 왼쪽 직선에 맞춘 후 오른쪽은 흩어진 상태로 둡니다.

02 ❶ 안내선에 맞추어 명함 정보를 입력해 보겠습니다. 눈금자 위에서 마우스 오른쪽 버튼을 클릭하고 ❷ 바로 가기 메뉴에서 [Millimeters]를 선택하여 단위를 지정합니다.

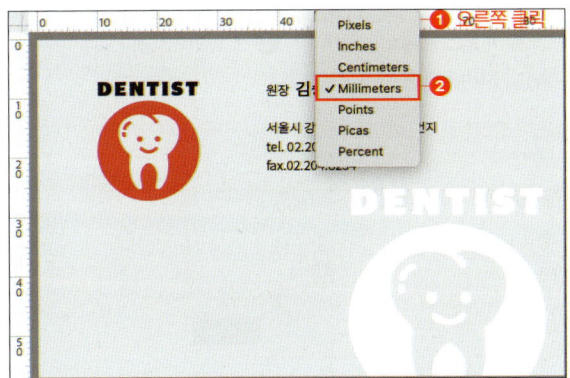

❸ 왼쪽 눈금자를 드래그하여 '38mm' 위치에 놓고 ❹ 진료 과목 및 진료 시간과 관련된 내용을 작성합니다.

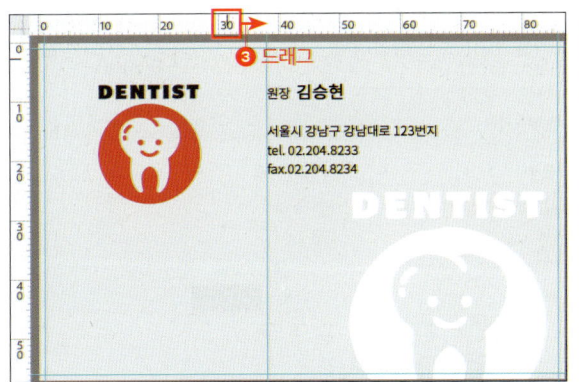
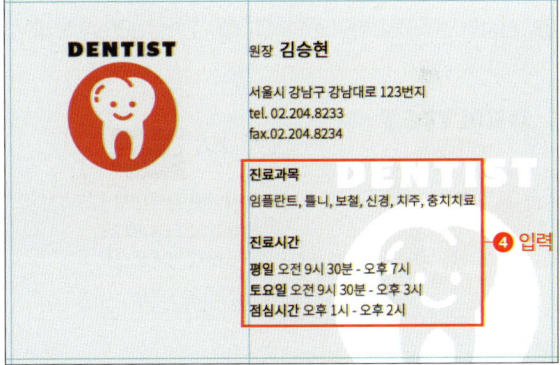

> **Tip ▶ 황금 비율을 고려해 글자 배치하기**
>
> 안내선은 시각적으로 가장 조화를 잘 이루는 황금 비율(1 : 1.618)을 고려하여 만들었습니다. 가로 폭이 '87mm'인 명함에서 왼쪽에서부터 '38mm' 지점은 황금 비율을 고려하여 분할한 지점입니다. 황금 비율은 편집에서 시각적으로 강조하고 조화롭게 배치하려면 꼭 익숙해져야 하는 디자인 이론이므로 익혀두세요.

03 ❶ [Tools] 패널에서 '선' 툴(/)을 선택하고 ❷ 옵션바에서 모드는 'Shape', 'Stroke'는 '검은색', 굵기는 '1.5Px'로 지정합니다. ❸~❹ '진료과목'과 '진료시간' 글자 아래에서 드래그하여 구분선을 넣습니다.

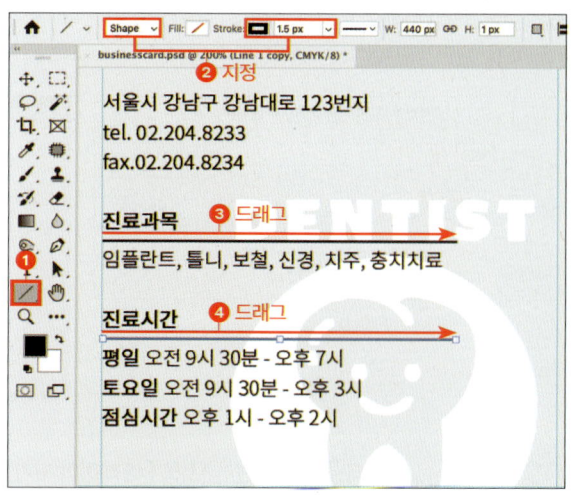

STEP 5 | 레이어를 대지로 만들기

01 ❶ [Layers] 패널에서 맨 아래쪽에 있는 레이어를 선택하고 ❷ Shift 를 누른 상태에서 맨 위에 있는 레이어를 선택하여 모든 레이어를 선택합니다. ❸ 선택한 레이어에서 마우스 오른쪽 버튼을 클릭하고 ❹ 바로 가기 메뉴에서 [Artboard from Layers]를 선택합니다.

199

❺ [New Artboard from Layers] 창이 열리면 'Name'에 '뒷면'을 입력하고 ❻ [OK] 버튼을 클릭합니다. ❼ [Layers] 패널에서 '뒷면' 대지를 확인합니다.

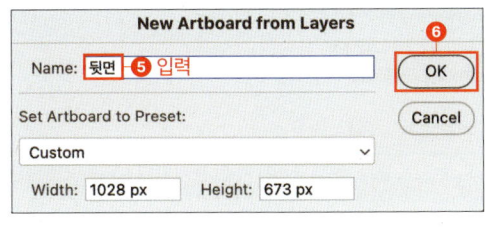
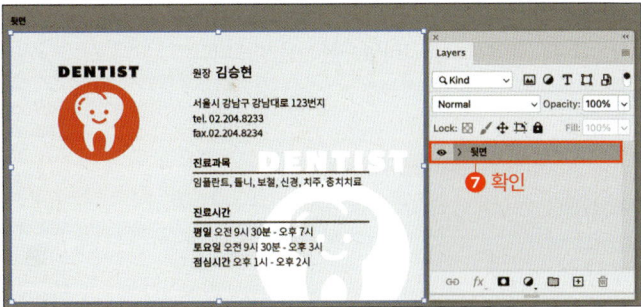

02 ❶ [Layers] 패널에서 '뒷면' 대지를 [새 레이어 추가] 아이콘(□)으로 드래그합니다. ❷ [뒷면 copy] 레이어가 복제되면 이름을 '앞면'으로 수정합니다.

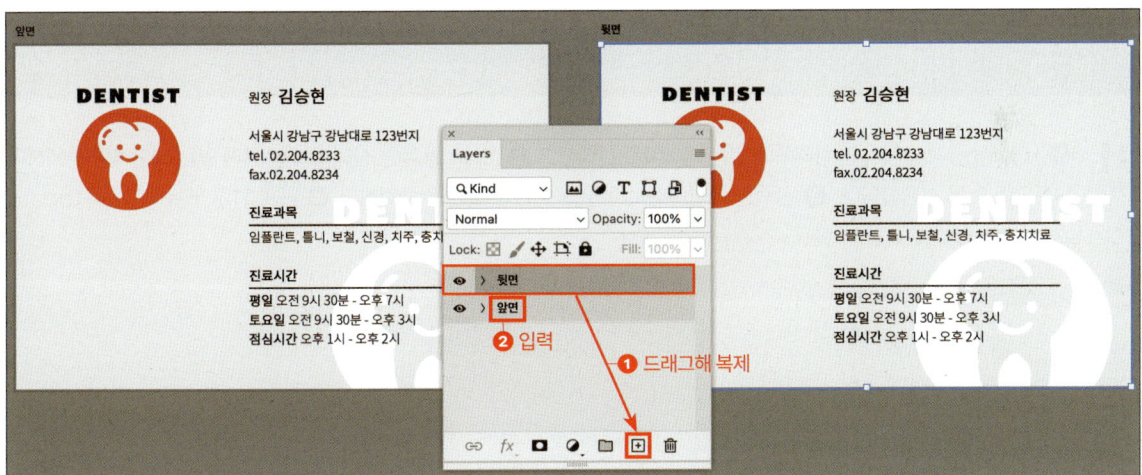

❸ '앞면' 대지에 있는 로고와 배경을 제외한 나머지 레이어의 눈 아이콘(👁)을 클릭하여 모두 끕니다. ❹ [Layers] 패널에서 [덴티스트 로고] 레이어를 선택하고 Ctrl + T 를 눌러 자유 변형 박스를 씌웁니다.

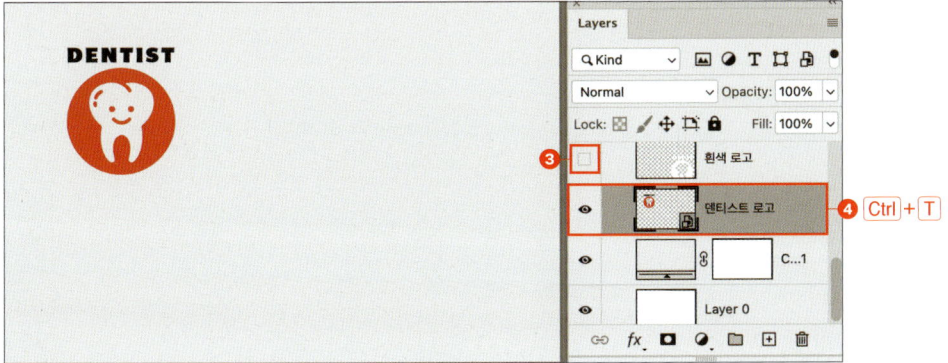

❺ 로고의 크기를 키우고 중앙에 배치합니다.

❻ 비즈니스 카드의 앞면과 뒷면을 모두 완성했습니다.

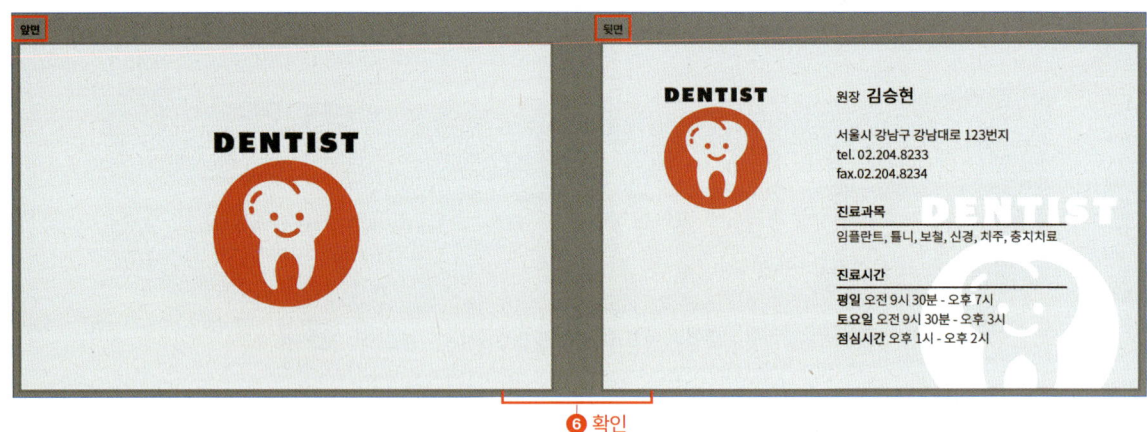

영어학원 현수막

완성파일 banner_finish_1.jpg, banner_finish_2.jpg

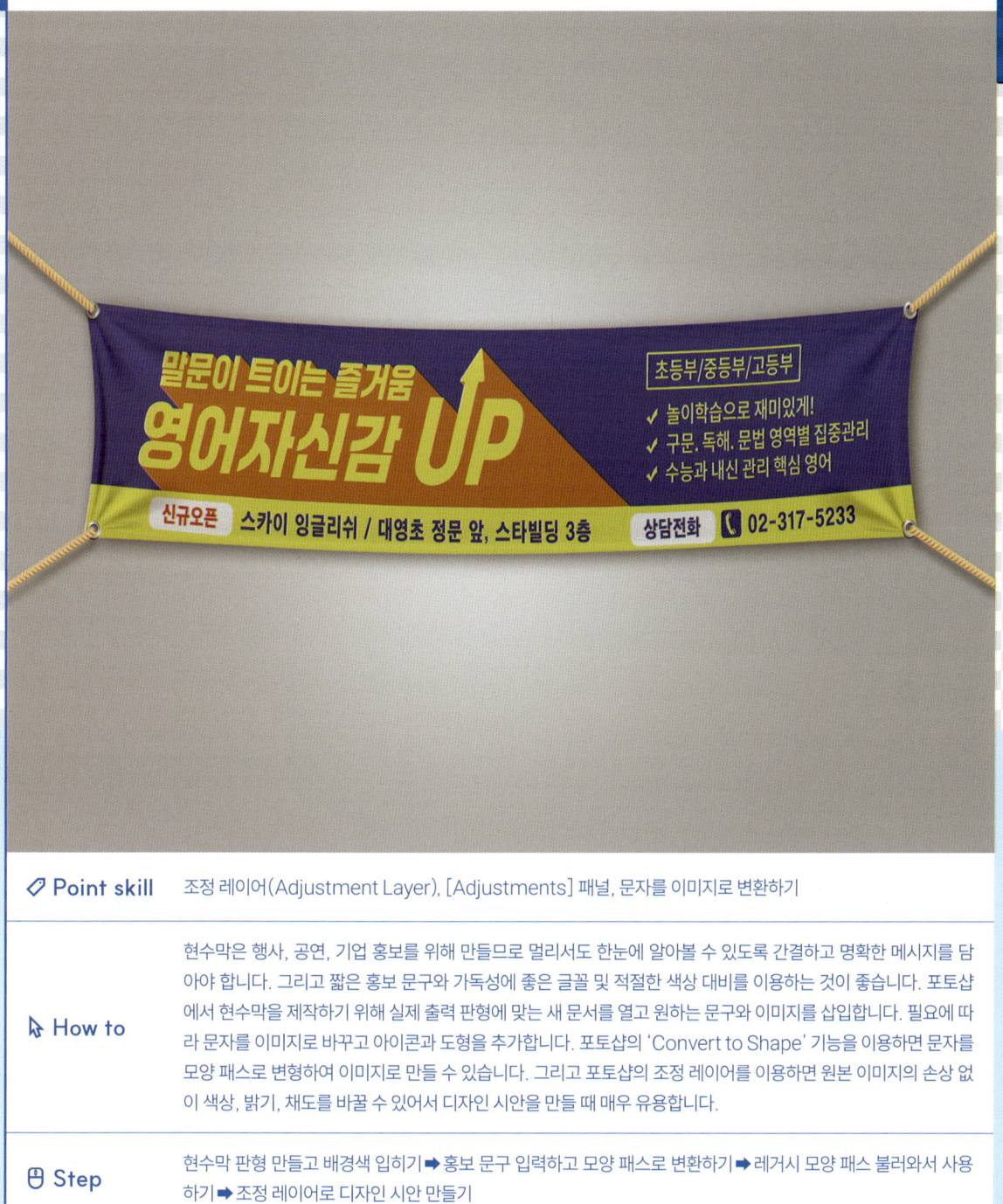

| Point skill | 조정 레이어(Adjustment Layer), [Adjustments] 패널, 문자를 이미지로 변환하기 |

How to 현수막은 행사, 공연, 기업 홍보를 위해 만들므로 멀리서도 한눈에 알아볼 수 있도록 간결하고 명확한 메시지를 담아야 합니다. 그리고 짧은 홍보 문구와 가독성에 좋은 글꼴 및 적절한 색상 대비를 이용하는 것이 좋습니다. 포토샵에서 현수막을 제작하기 위해 실제 출력 판형에 맞는 새 문서를 열고 원하는 문구와 이미지를 삽입합니다. 필요에 따라 문자를 이미지로 바꾸고 아이콘과 도형을 추가합니다. 포토샵의 'Convert to Shape' 기능을 이용하면 문자를 모양 패스로 변형하여 이미지로 만들 수 있습니다. 그리고 포토샵의 조정 레이어를 이용하면 원본 이미지의 손상 없이 색상, 밝기, 채도를 바꿀 수 있어서 디자인 시안을 만들 때 매우 유용합니다.

Step 현수막 판형 만들고 배경색 입히기 ➡ 홍보 문구 입력하고 모양 패스로 변환하기 ➡ 레거시 모양 패스 불러와서 사용하기 ➡ 조정 레이어로 디자인 시안 만들기

아이콘으로 직관적 디자인 완성하기

▶ **형태적 특성을 단순하게 표현한 아이콘으로 정보를 정확하게 전달할 수 있습니다.**

① **시각적 상징**: 아이콘은 특정 개념, 기능, 행동 등을 시각적으로 상징하여 텍스트 없이도 정보를 정확하게 전달할 수 있습니다. 예를 들어, 전화기 아이콘은 '연락처'를, 쓰레기 아이콘은 '삭제'를, 편지봉투 아이콘은 '메일'을 상징합니다.

② **단순화된 디자인**: 아이콘은 복잡한 이미지를 단순화하여 한눈에 이해할 수 있도록 합니다. 통일된 아이콘 세트를 사용하면 시각적 일관성을 유지하는 데 도움이 됩니다.

③ **직관적 디자인**: 아이콘은 정보의 내용을 한눈에 파악할 수 있도록 의미가 함축되어야 하므로 기능을 쉽게 유추할 수 있는 시각적 형태로 만들어야 합니다. 원, 사각형, 삼각형 등 기본 도형을 활용하여 단순하게 만드는 것을 추천합니다.

디자인 작업 Point

» **가독성이 높은 글꼴과 화살표 사용**

'영어자신감 UP'이라는 현수막 타이틀이 먼 거리에서도 잘 읽을 수 있게 산세리프체를 사용하고 글자 크기를 충분히 키웠습니다. 배경색(파란색)과 글자색(노란색)을 강하게 대비시켜서 글자가 눈에 잘 띄도록 했습니다. 학습 방식, 학습 내용, 위치, 상담 전화번호 등 서브 정보는 타이틀에 비해 작은 크기로 적었습니다. '영어자신감 UP'에서 위로 향하는 화살표는 성장, 발전, 향상 등을 상징하면서 영어 실력 향상과 자신감 증가를 직관적으로 전달합니다.

» **대각선으로 떨어진 그림자**

대각선으로 떨어진 그림자는 정적인 요소에 동적인 느낌을 더해 활력을 부여합니다. 평면적인 디자인에 깊이를 더해주고 돌출된 효과를 연출하여 주요 메시지가 더욱 눈에 띄고 주목받게 만듭니다.

» **균형 있는 구성과 보조 아이콘**

주요 정보는 왼쪽에, 세부 정보는 오른쪽과 아래쪽에 나누어 배치해 시각적 균형을 맞췄습니다. 시선의 흐름이 자연스럽게 왼쪽에서 오른쪽으로, 위쪽에서 아래쪽으로 이어지도록 했습니다. 전화번호 앞에 전화기 보조 아이콘을 사용하여 정보를 보강했습니다.

01 | 조정 레이어(Adjustment Layer)와 [Adjustments] 패널

✓ 조정 메뉴 vs 조정 레이어

[Image]-[Adjustment] 메뉴에 있는 조정 메뉴를 이용하여 바로 보정했을 때와 조정 레이어(Adjustment Layer)를 이용해서 보정했을 때를 비교하면 결괏값은 같습니다. 하지만 조정 메뉴를 사용했을 때는 픽셀이 손실되지만, 조정 레이어를 이용해서 보정하면 원본 이미지가 가지고 있는 픽셀이 손실되지 않아 몇 번을 수정해도 같은 품질을 유지할 수 있습니다.

▲ '조정 메뉴'를 이용해 보정: 픽셀이 손실되어 재수정 불가   ▲ '조정 레이어'를 이용해 보정: 레이어가 나눠져 있어서 재수정이나 복구 가능

[조정 레이어를 사용했을 때 좋은 점]

- 원본 이미지의 데이터 손실 없이 이미지에 색상, 밝기, 채도 등의 조정 효과를 줄 수 있습니다.
- 언제든지 조정한 값을 수정하고 복구할 수 있습니다.
- 여러 개의 조정 레이어를 하위 레이어에 적용할 수 있습니다.
- 조정 레이어의 아래쪽에 있는 여러 개의 레이어에 같은 값을 적용하므로 각 레이어를 개별적으로 조정하지 않아도 한꺼번에 교정한 효과를 얻을 수 있습니다.

✓ 조정 레이어(Adjustment Layer) 만들기

[Layers] 패널에서 [새 조정 레이어] 아이콘(◉)을 클릭하고 조정 유형을 선택합니다. 여기에 해당하는 [Properties] 패널이 자동으로 열리면 속성 창에서 옵션값을 조절합니다.

▲ 조정 레이어 유형을 선택하면 자동으로 열리는 [Properties] 패널

✓ [Adjustments] 패널

[Window]-[Adjustments] 메뉴를 선택하여 [Adjustments] 패널을 열고 'Adjustments presets'에서 원하는 필터의 섬네일에 마우스 포인터를 올려놓으면 필터 효과를 미리 볼 수 있습니다. 또한 'Single adjustments'에 있는 조정 옵션을 선택하여 조정 레이어를 만들 수도 있습니다.

❶ Adjustments presets(조정 사전 설정)

이미지 보정 결괏값을 미리 보고 변경할 수 있는 필터입니다. 인물, 풍경, 사진 복구, 창작, 흑백, 영화 등에 잘 어울리는 약 30개 이상의 조정 사전 필터가 있습니다. 마우스 포인터를 올려놓으면 보정값이 적용된 이미지를 미리 볼 수 있고 필터를 선택한 후에는 [Layers] 패널에서 해당 조정 옵션값을 수정할 수 있습니다.

▲ 조정 사전 필터

▲ 원본

▲ Photo Repair – Sepia 필터를 지정한 이미지

❷ **Single adjustments(단일 조정)**

ⓐ **Hue/Saturation**: 색상/채도/명도 조정

ⓑ **Brightness/Contrast**: 노출 대비 조정

ⓒ **Curves**: 밝기 대비 조정(그래프 형태로 조정)

ⓓ **Levels**: 밝기 대비 조정(세밀하게 각 채널별로 조정)

ⓔ **Color Balance**: 색상 균형 조정

ⓕ **Black & White**: 회색 음영, 듀오톤 만들기

ⓖ **Exposure**: 빛의 노출값 조정

ⓗ **Vibrance**: 계조를 살리면서 채도 조절

ⓘ **Selective Color**: 추출 색상 조정

ⓙ **Photo Filter**: 색상 필터 입히기

ⓚ **Gradient Map**: 그레이디언트 색상 입히기

ⓛ **Channel Mixer**: 채널별 색상과 빛 조정
ⓜ **Color Lookup**: 카메라 렌즈 효과
ⓝ **Invert**: 색상 반전
ⓞ **Threshold**: 흰색과 검은색의 고대비 효과
ⓟ **Posterize**: 색상 단순화

간단 실습
02 | 원본은 그대로! 조정 레이어 적용하고 설정값 변경하기

예제파일	baseball.jpg
완성파일	baseball_finish.jpg

선택 영역을 지정하면 선택 영역이 지정된 부분만 보정할 수 있습니다. 특정 부분의 색상을 변경하는 조정 레이어를 알아보고 적용한 조정 레이어의 설정값을 변경해 보겠습니다.

❶ 'baseball.jpg'를 열고 ❷ [Tools] 패널에서 '빠른 선택' 툴( )을 선택한 후 검은색 바지를 드래그하여 선택 영역으로 지정합니다. ❸ 조정 레이어를 만들기 위해 [Layers] 패널에서 [새 조정 레이어] 아이콘( )을 클릭하고 [Hue/Saturation]을 선택합니다.

❹ [Properties] 패널이 열리면 'Saturation'은 '90', 'Lightness'는 '25'로 지정합니다. ❺ 그러면 검은색 바지가 빨간색 바지로 변합니다.

> **Tip ▶ 조정 레이어 마스크 만들기**
> 선택 영역을 지정한 상태에서 조정 레이어를 적용하면 마스크가 만들어집니다. 마스크는 선택 영역이 아닌 부분에 씌워지고 조정 기능은 선택 영역에만 적용됩니다.

❻ 추가로 조정 레이어를 만들기 위해 [Layers] 패널에서 [새 조정 레이어] 아이콘(　)을 클릭하고 [Black & White]를 선택합니다. ❼ 그러면 이미지가 무채색으로 변합니다.

❽ 조정 레이어의 눈 아이콘(　)을 끄면 조정 효과가 사라지면서 ❾ 원본 이미지로 되돌아옵니다.

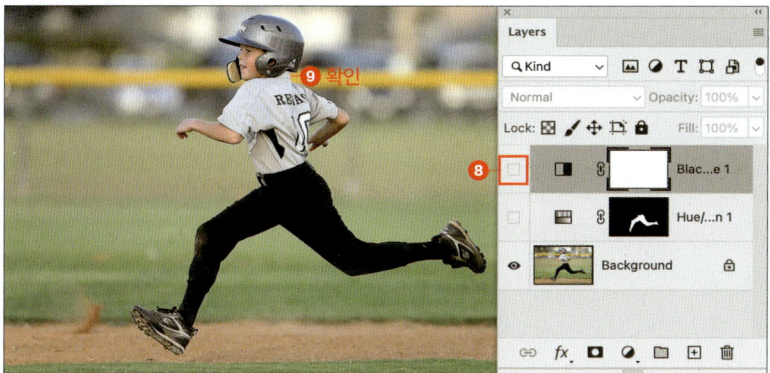

❿ 조정 레이어의 설정값을 변경해 보겠습니다. [Hue/Saturation] 조정 레이어의 눈 아이콘(👁)을 클릭해 활성화하고 ⓫ 조정 레이어의 섬네일을 더블클릭합니다. ⓬ [Properties] 패널이 열리면 'Hue'는 '214', 'Saturation'은 '66', 'Lightness'는 '25'로 수정합니다. ⓭ 그러면 빨간색 바지가 파란색 바지로 바뀝니다.

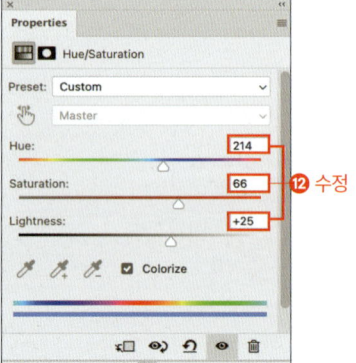

> **Tip ▶ 조정 레이어 삭제하기**
> 조정 레이어를 삭제하려면 [Layers] 패널에 있는 휴지통(🗑)으로 드래그합니다. 조정 레이어의 눈 아이콘(👁)을 비활성화하거나 휴지통에 버리면 보정 전의 원본 이미지로 돌아갈 수 있습니다.

핵심 기능

03 | 문자를 이미지로 변환하기

문자 속성에서 벗어나서 이미지로 변환하는 이유는 형태를 변경하고 다양한 효과를 주기 위해서입니다. 이번에는 문자를 비트맵 이미지나 벡터 이미지로 변환할 수 있는 세 가지 방법을 소개하겠습니다.

✓ 문자를 비트맵 이미지로 변환하기 – Rasterize Type

[Layers] 패널의 문자 레이어에서 마우스 오른쪽 버튼을 클릭하고 바로 가기 메뉴에서 [Rasterize Type]을 선택하면 비트맵 이미지로 변환됩니다.

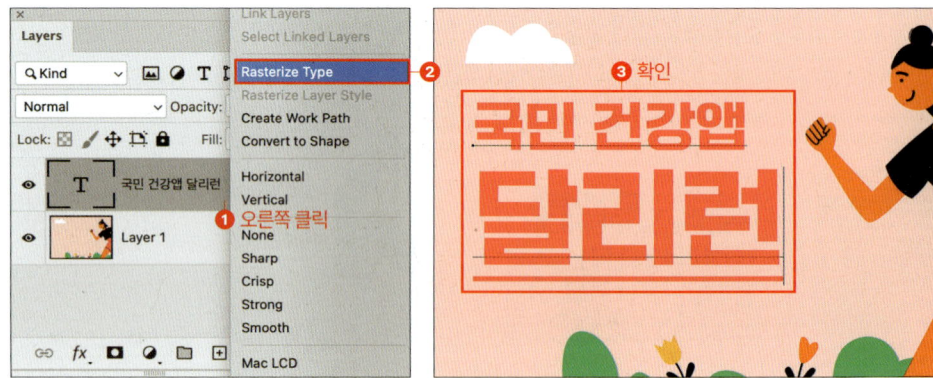

209

✓ 문자를 모양 패스로 변환하기 – Convert to Shape

[Layers] 패널의 문자 레이어에서 마우스 오른쪽 버튼을 클릭하고 바로 가기 메뉴에서 [Convert to Shape]를 선택하면 모양 패스(셰이프)로 변환됩니다.

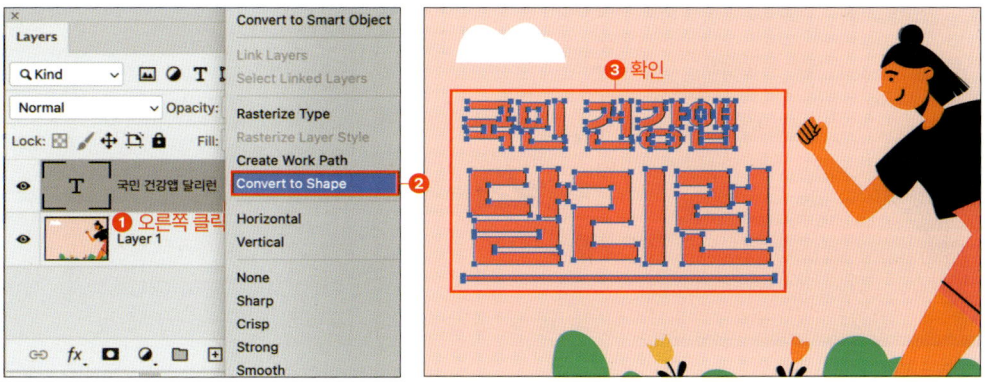

[Layers] 패널을 확인하면 문자 레이어가 셰이프 레이어(벡터 이미지)로 변경된 것을 확인할 수 있습니다. [Paths] 패널에는 'Shape Path'가 생성되는데, 셰이프 벡터 이미지는 면 색과 선 색을 포함합니다.

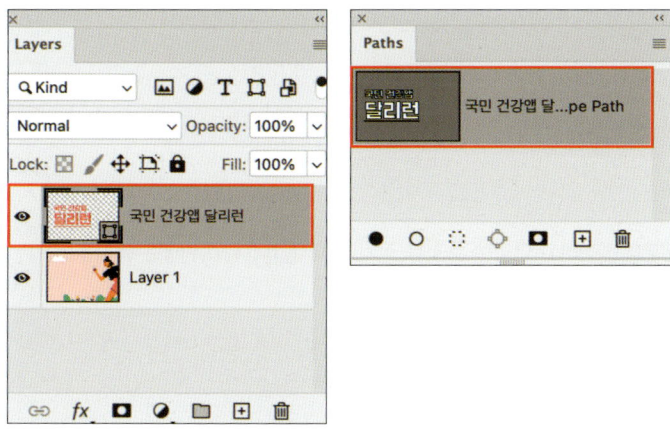

✓ 문자를 패스로 변환하기 – Create Work Path

[Layers] 패널의 문자 레이어에서 마우스 오른쪽 버튼을 클릭하고 바로 가기 메뉴에서 [Create Work Path]를 선택하면 문자 레이어를 그대로 유지한 상태에서 문자 위에 패스가 나타납니다. [Paths] 패널에는 [Work Path]가 만들어집니다.

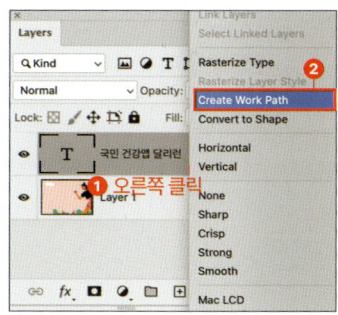

STEP 1 | 현수막 판형 만들고 배경색 입히기

01 ❶ [File]-[New] 메뉴를 선택해서 [New Document] 창을 열고 'Width'는 '400', 'Height'는 '70', 단위는 'Centimeters', 'Resolution'은 '200Pixels/Inch'로 지정한 후 ❷ [Create] 버튼을 클릭합니다.

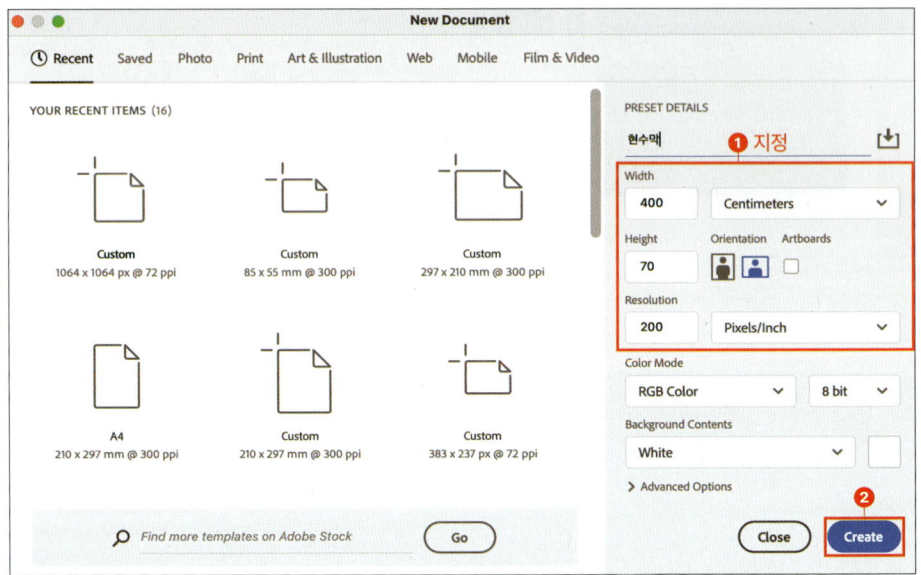

> **Tip ▶ 색상 모드 변경하기**
> 예제에서는 색상 모드를 'RGB'로 설정했습니다. 'RGB'로 작업한 경우 현수막 출력 전에 'CMYK'로 색상을 변경하여 확인하세요.
> **'CMYK'로 변경하는 방법**: [Image] → [Mode] → [CMYK Color]

❸ 가로로 넓은 작업 창을 만들었습니다.

> **Tip ▶ 현수막 규격 및 출력 파일 형식, 해상도 및 색상 모드 지정하기**
> - **규격**: 150×40, 200×50, 300×70, 400×70, 500×80(단위: cm) 등 다양한 규격이 있습니다.
> - **해상도**: 150 이상(단위: Pixels/Inch)
> - **권장 출력 색상 모드**: CMYK
> - **권장 출력 파일 형식**: pdf, tiff, eps(jpg는 압축 손실이 발생할 수 있으므로 고해상도 파일로 저장하는 것을 권장합니다.)

02

❶ [Layers] 패널에서 [조정 레이어] 아이콘( )을 클릭하고 ❷ [Solid Color]를 선택합니다. ❸ [Color Picker] 창이 열리면 '#223e92'를 입력하고 ❹ [OK] 버튼을 클릭하여 ❺ 조정 레이어를 만듭니다.

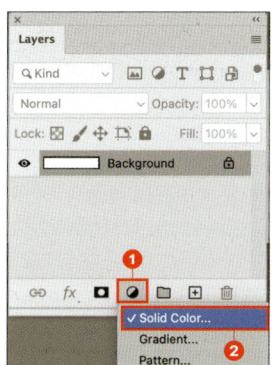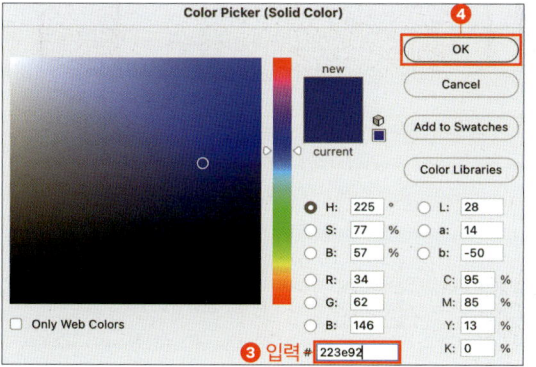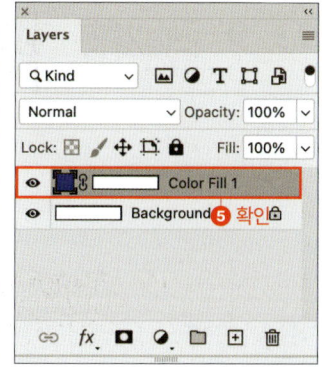

❻ 배경에 파란색을 입혔습니다.

03

❶ [Layers] 패널에서 [새 레이어 추가] 아이콘( )을 클릭해서 ❷ [Layer 1] 레이어를 생성합니다. ❸ [Tools] 패널의 '사각 선택' 툴( )로 사각형 아래쪽을 클릭 & 드래그하여 선택 영역으로 지정합니다.

❹ 전경색을 노란색(#fff200)으로 지정하고 ❺ Alt + Delete 를 눌러 색을 입힌 후 Ctrl + D 를 눌러 선택 영역을 해제합니다.

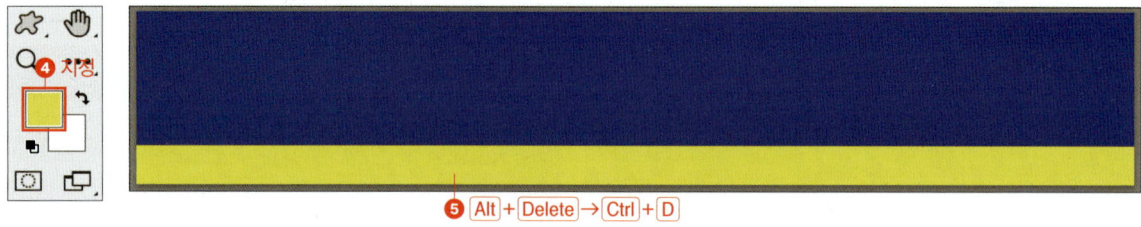

STEP 2 홍보 문구 입력하고 모양 패스로 변환하기

01 ❶ [Tools] 패널에서 '문자' 툴(T)을 선택하고 '영어자신감'을 입력합니다. ❷ [Character] 패널에서 글꼴은 '여기어때 잘난체 고딕', 크기는 '644pt', 자간은 '40'으로 지정합니다.

❸ 크기를 '880pt'로 변경하고 ❹ 'UP'을 입력합니다. ❺ 문구 전체를 선택하고 ❻ [Character] 패널에서 [기울임] 아이콘(T)을 클릭하여 글자를 비스듬하게 눕혀줍니다.

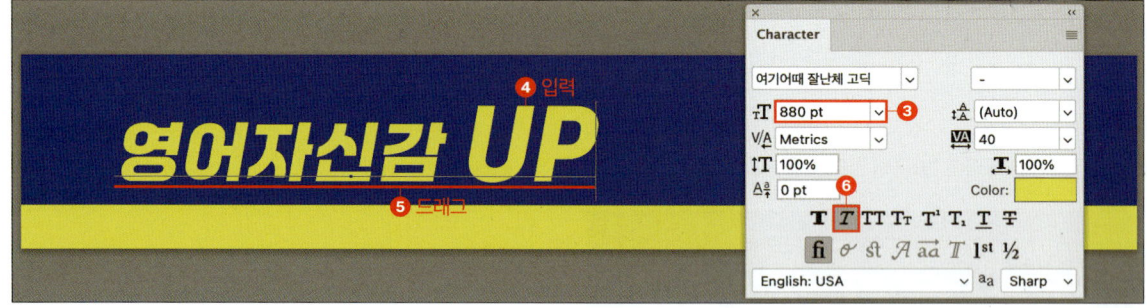

213

02 ❶ Ctrl+T를 눌러 자유 변형 박스를 씌우고 ❷ 마우스 오른쪽 버튼을 클릭한 후 ❸ 바로 가기 메뉴에서 [Skew]를 선택합니다.

❹ 1개의 조절점을 클릭한 상태에서 옆으로 드래그하여 평행사변형 형태를 만들면서 글자가 더 기울어지게 합니다.

03 ❶ [Layers] 패널에서 [영어자신감 UP] 문자 레이어를 [새 레이어 추가] 아이콘(□)으로 드래그해서 복제하여 ❷ [영어자신감 UP copy] 레이어를 만듭니다.

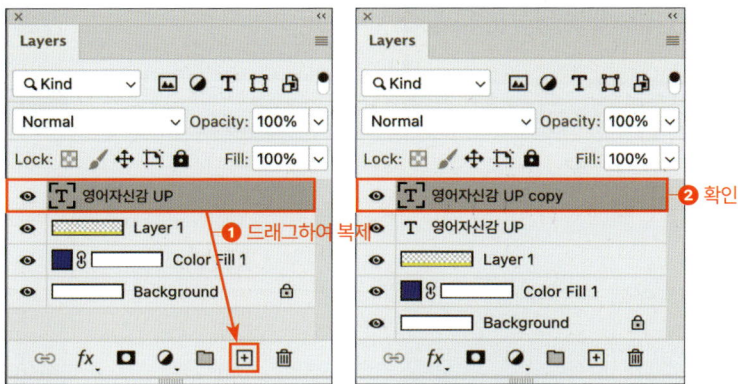

❸ 글자 크기를 줄이고 '말문이 트이는 즐거움'을 입력합니다.

214

04 ❶ [Layers] 패널의 [영어자신감 UP] 문자 레이어를 선택하고 ❷ 마우스 오른쪽 버튼을 클릭한 후 ❸ 바로 가기 메뉴에서 [Convert to Shape]를 선택하여 모양 패스(셰이프)로 변경합니다.

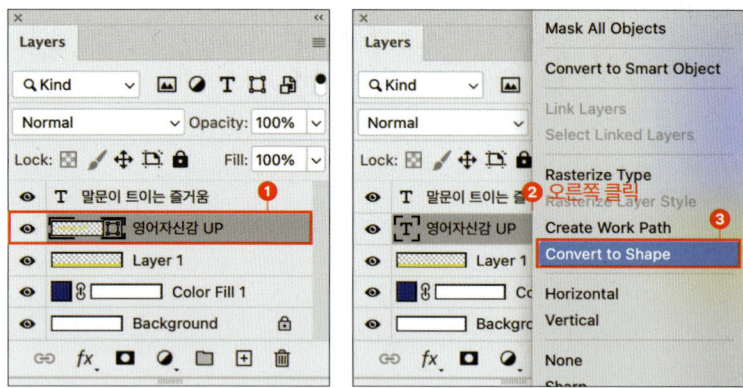

❹ [Tools] 패널의 '직접 선택' 툴( )로 ❺ 'U'를 선택하고 ❻ 사각형 형태로 드래그하여 위쪽에 있는 2개의 기준점을 선택합니다. ❼ 점을 클릭한 상태에서 위쪽으로 드래그하여 모양을 늘려줍니다.

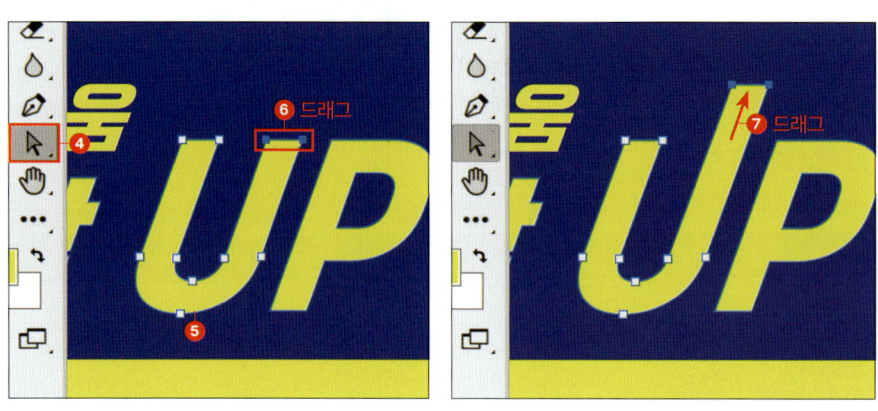

STEP 3 | 레거시 모양 패스 불러와서 사용하기

01 ❶ [Window]-[Shapes] 메뉴를 선택하여 [Shapes] 패널을 열고 오른쪽 위에 있는 [더 보기] 버튼(≡)을 클릭한 후 ❷ [Legacy Shapes and More]를 선택합니다. ❸~❺ 다음 화면과 같이 'Legacy Shapes and More 〉 All Legacy Default Shapes 〉 Symbols' 폴더를 열어 ❻ 역삼각형 모양인 'Sign 3'을 선택합니다.

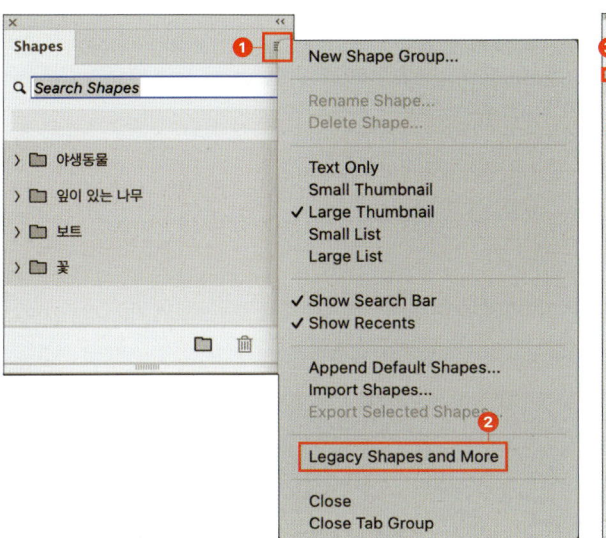
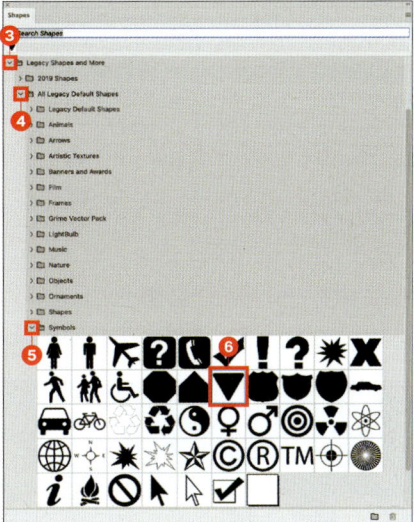

02 [Tools] 패널에서 ❶ '사용자 정의 모양' 툴(⚁)을 선택하고 옵션바에서 모드는 'Shape', 'Fill'은 '노란색'으로 지정한 후 ❷ 화면에서 클릭 & 드래그하여 역삼각형 모양 패스를 만듭니다.

❸ Ctrl + T 를 눌러 자유 변형 박스를 씌우고 ❹ 각도와 기울기를 조절합니다.

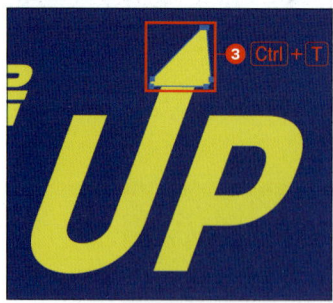

> **Tip** ▶ 종횡비 유지하면서 그리기
> - Alt + 드래그 : 개체 중심에서 방사형으로 모양 패스를 그릴 수 있습니다.
> - Shift + 드래그 : 가로, 세로 비율을 유지하면서 모양 패스를 그릴 수 있습니다.

03 ❶~❷ [Character] 패널에서 글꼴은 'Noto Sans CJK KR', 크기는 '202pt', 자간은 '-15'로 지정하고 ❸ [Tools] 패널의 '문자' 툴(T)로 ❹ 다음 화면과 같이 텍스트를 입력합니다.

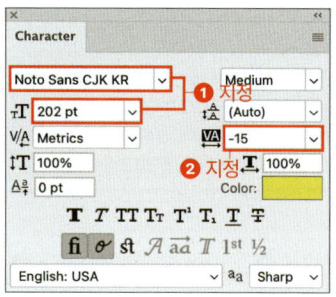

❺ [Tools] 패널에서 '사각형' 툴(□)을 선택하고 옵션바에서 모드는 'Shape', 'Stroke'은 '노란색'으로 지정한 후 ❻ 화면에서 클릭 & 드래그하여 노란색 박스를 만듭니다.

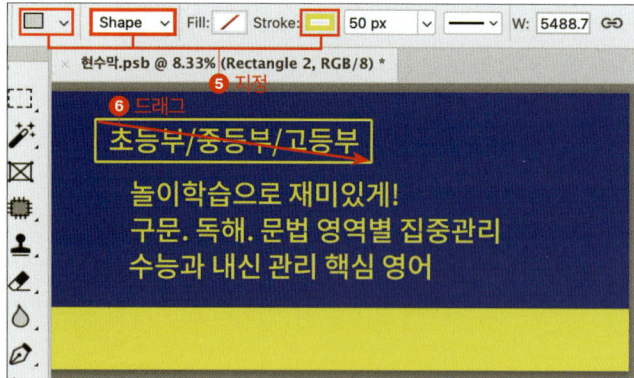

217

04 ❶~❷ [Shapes] 패널에서 'Symbols' 폴더의 'Checkmark'를 선택합니다. ❸ [Tools] 패널에서 '사용자 정의 모양' 툴( )을 선택하고 옵션바에서 모드는 'Shape', 'Fill'은 '노란색'으로 지정하고 ❹ 화면에서 클릭 & 드래그하여 체크 마크를 3개 만듭니다.

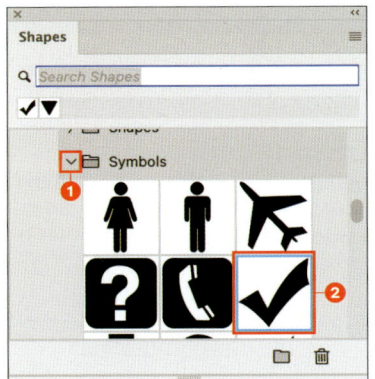 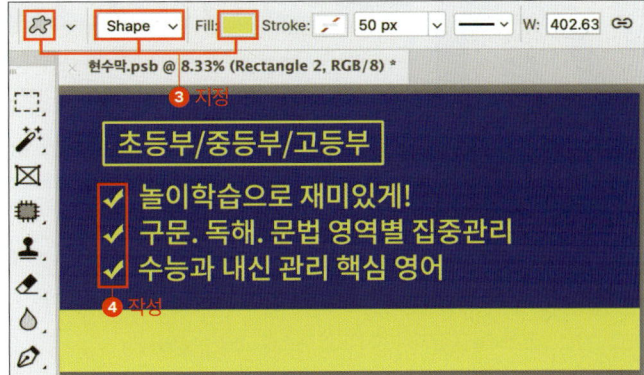

05 ❶ 아래쪽에 있는 노란색 막대에 다음 화면과 같이 텍스트를 입력합니다.

❷ '상담전화' 텍스트 옆에 전화기 아이콘을 넣기 위해 [Shapes] 패널의 'Symbols' 폴더에서 ❸ 'Phone 3'을 선택하고 ❹ 화면에서 클릭 & 드래그하여 전화기를 생성합니다.

 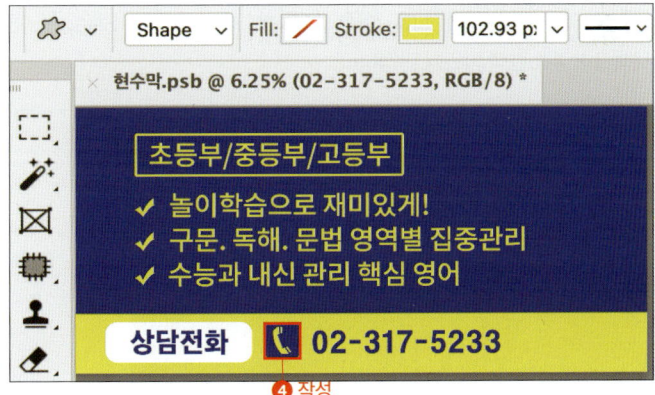

❺ [Tools] 패널에서 '펜' 툴( )을 선택하고 옵션바에서 모드는 'Shape', 'Fill'은 '주황색'으로 지정한 후 ❻ 왼쪽에서 오른쪽으로 내려오는 사선 패스를 만들어 그림자를 완성합니다.

> **Tip ▶ 과거 포토샵 라이브러리의 Legacy 소스 이용하기**
>
> - **모양 패스 라이브러리 이용 방법**: [Window]-[Shapes] 메뉴를 선택하여 [Shapes] 패널을 열고 오른쪽 위에 있는 [더 보기] 버튼( )을 클릭한 후 [Legacy Shapes and More]를 선택합니다.
> - **브러시 라이브러리 이용 방법**: [Window]-[Brushes] 메뉴를 선택하여 [Brushes] 패널을 열고 오른쪽 위에 있는 [더 보기] 버튼( )을 클릭한 후 [Legacy Brushes]를 선택합니다.

STEP 4 | 조정 레이어로 디자인 시안 만들기

01 ❶ 컬러 조합이 다른 디자인 시안을 만들어보겠습니다. 조정 레이어를 만들기 위해 [Layers] 패널에서 [새 조정 레이어] 아이콘( )을 클릭하고 [Hue/Saturation 1]을 선택합니다. ❷ [Hue/Saturation] 레이어가 생성되면 ❸ [Properties] 패널에서 'Hue'를 '-47'로 지정합니다.

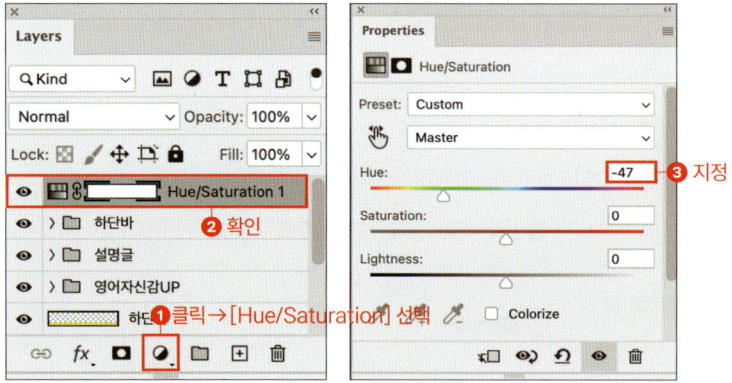

❹ 이미지의 색조가 변경되었는지 확인합니다.

❹ 확인

02 ❶ 색상 대비를 줄이기 위해 [Layers] 패널에서 [Hue/Saturation 1] 레이어의 'Opacity'를 '45%'로 변경합니다.

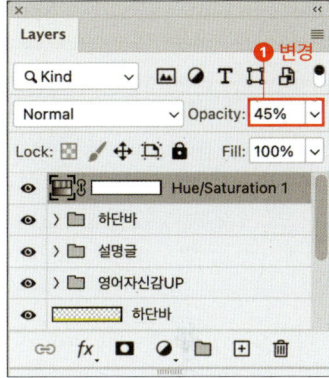

❷ 현수막 문구는 주황색, 배경은 짙은 파란색 배경으로 변경된 컬러 시안을 완성했습니다.

❷ 확인

> **Tip ▶ 캔바 사이트에서 현수막 제작하기**
>
> 캔바 사이트에서 현수막을 제작한 후 텍스트를 아웃라인 처리하여 현수막 제작 업체에 맡기는 방법을 알아보겠습니다.
>
> ❶ 캔바 사이트(https://www.canva.com)에 접속한 후 검색 창에 '현수막'을 입력하고 Enter 를 누릅니다.
>
> ❷ 현수막 템플릿 샘플이 표시되면 마음에 드는 템플릿을 선택합니다.
>
>

❸ [이 템플릿 맞춤 편집하기] 버튼을 클릭하고 ❹ 글자 및 색상을 수정합니다.

❺ 화면의 오른쪽 위에 있는 [공유] 버튼을 클릭하고 ❻ 파일 형식을 'PDF 인쇄' 버전으로 저장합니다.

❼ 현수막을 출력해야 하는 경우에는 반드시 텍스트를 아웃라인 처리해야 합니다. 'https://pdf-editor-free.com/PDF-TEXT-To-Outlines' 사이트에 접속한 후 'Drop PDF files here'에 PDF 파일을 드래그하거나 [or CHOOSE FILES] 버튼을 클릭해서 파일을 첨부하고 ❽ [Text To Outlines] 버튼을 클릭합니다.

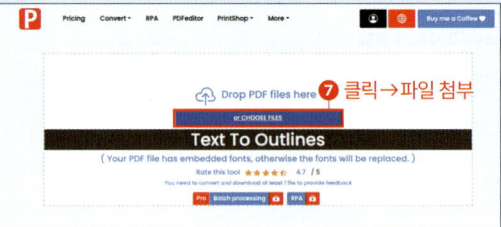 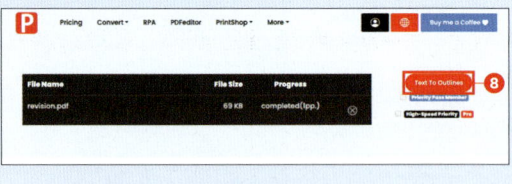

❾ [download] 버튼으로 바뀌면 클릭하고 ❿ 팝업 창이 열리면 [download] 버튼을 한 번 더 클릭합니다.

 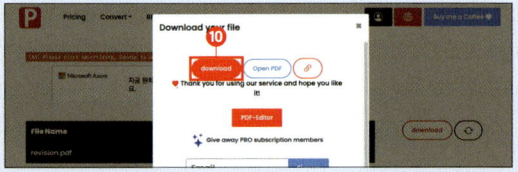

⓫ 사용중인 컴퓨터의 '다운로드' 폴더에 현수막 파일이 저장되면 현수막 제작 업체에 보냅니다.

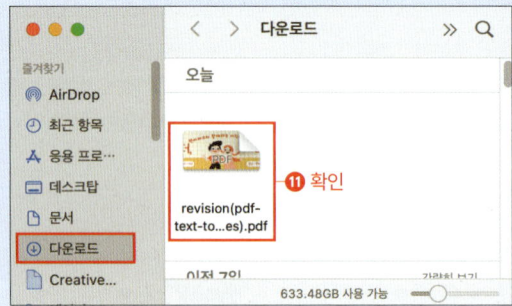

3단 접지 리플렛

완성파일 leaflet_inside.jpg, leaflet_outside.jpg

예제파일 나비.jpg, 메뚜기.png, 사마귀.png, 장수풍뎅이.png, 하늘소.png

BI · Business Card · Placard · Leaflet

Point skill 전경색과 배경색 지정하기, [Color Picker] 창, '페인트통' 툴(), 눈금자와 안내선

How to 리플릿은 제품과 서비스, 그리고 전시회 이벤트 등을 홍보하기 위해 만듭니다. 리플릿은 6면을 통해 정보를 간결하고 효과적으로 전달하므로 중요한 안내 사항을 알리는 데 매우 유용합니다. 리플릿을 디자인할 때는 적절한 글꼴과 이미지, 색상, 스타일을 선택하여 독자의 주의를 집중시키는 것이 중요합니다. 또한 리플릿의 겉지와 내지의 구조를 파악하고 수치도 정확하게 입력해야 합니다. 포토샵에서는 눈금자와 스냅 기능을 이용하여 안내선을 만들어서 3단으로 접히는 부분을 표시할 수 있습니다. 안내선은 출력물의 여백을 지정하고 오브젝트를 규칙적으로 정렬하는 데 도움을 줍니다. 그리고 '페인트통' 툴을 이용하면 특정 영역에 색과 패턴을 빠르게 채울 수 있습니다.

Step 내지와 겉지 판형 만들기 ➡ 겉지에 글자와 이미지 배치하기 ➡ 내지에 글자와 이미지 배치하기 ➡ '페인트통' 툴로 색과 패턴 입히기

레이아웃 디자인에서 **강약 조절**하고 **율동감** 부여하기

▶ 크기 변화와 반복 배치로 정보의 우선순위를 명확히 하고 생생한 율동감을 연출할 수 있습니다.

① **크기와 비율**: 내용이 많아졌을 때 소제목을 추가하면 단락의 전체 내용을 쉽게 파악할 수 있습니다. 세세하게 읽지 않고 단락의 전체 내용을 이해할 수 있습니다. 소제목은 본문보다 약 120~150% 정도, 제목은 본문보다 약 180~220% 정도 커져야 제목으로 인식될 수 있습니다.

② **색상 변화, 두께 조절, 밑줄**: 디자인의 강약을 주려면 변화를 주는 것이 필요합니다. 글자에 바탕색을 적용한 후 글자의 색을 반전시키거나, 중요한 키워드에 포인트 컬러를 입히고 굵기의 변화를 주거나 밑줄을 넣으면 돋보이게 만들 수 있습니다. 덜 중요한 요소는 작게 배치하고 두께를 가늘게 지정합니다. 이렇게 강조한 부분은 정보에서 우선순위를 차지합니다.

③ **반복 배치하기**: 음악에서 '리듬'이 청각적 흐름을 제공하듯이 디자인에서도 반복된 요소가 시각적 리듬을 형성합니다. 특정 요소를 패턴으로 반복 배치할 때 강하고 약한 부분을 섞어주면 더욱 매력적으로 디자인할 수 있습니다.

(디자인 작업 Point)

» **표지와 본문에 들어간 글의 강약**

제목 '곤충을 만나요'의 서체인 산세리프체로 굵고 깔끔하고 현대적인 모양이 특징이며 멀리서도 쉽게 읽을 수 있습니다. 제목과 소제목, 설명글의 폰트 크기에 차이를 두어 시각적 계층 구조를 형성했으며 독자가 중요한 정보를 쉽게 찾을 수 있도록 구성했습니다.

» **반복해서 등장하는 곡선 모양 테두리**

곡선 모양 테두리를 반복적으로 사용하여 율동감을 형성했습니다. 율동은 규칙적으로 연속되는 운동을 의미하는데, 곤충 리플렛에서는 곤충 일러스트에 곡선 테두리를 넣어 위아래로 배치해서 방향성과 운동감을 느낄 수 있게 했습니다.

• **곡선 모양 테두리**: 형태 자체로 디자인적 요소가 가미되어 심미성을 높입니다.
• **직선 모양 테두리**: 내용을 명확하게 구분하고, 플랫하며 모던한 느낌을 줍니다.

» **페이퍼아트 곤충 일러스트레이션 사용**

곤충과 함께 꽃과 잎사귀 등 장식 요소를 포함한 일러스트레이션은 시각적으로 풍부하고 생동감 있는 분위기를 만듭니다. 페이퍼아트 스타일로 입체감을 살린 일러스트레이션은 겹침과 음영 효과를 통해 자연의 복잡성과 아름다움을 반영합니다. 표지에서 '곤충을 만나요'라는 전면 타이틀이 눈에 띄도록 특정 대상이 두드러지지 않는 배경 이미지를 선택했습니다. 꽃과 나비가 함께 있는 배경 이미지는 꽃밭을 연상시키며 자연의 생동감을 잘 반영합니다.

01 | 전경색과 배경색 지정하기 – [Color Picker] 창

전경색(Foreground Color)은 주로 '브러시' 툴( )을 이용해 채색하거나 배경색을 입힐 때, 배경색(Background Color)은 배경을 입히거나 색상을 지울 때 사용합니다.

✔ [Color] 패널과 [Tools] 패널에서 전경색과 배경색 지정하기

전경색과 배경색은 [Color] 패널 또는 [Tools] 패널의 아래쪽에서 지정할 수 있습니다.

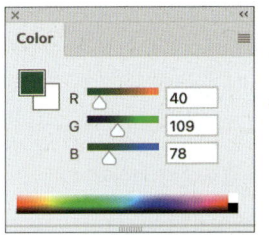
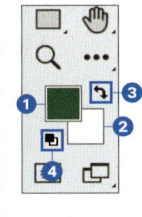

❶ 전경색(Foreground Color) : 색을 채울 때 사용합니다.
❷ 배경색(Background Color) : 배경에 색을 채우거나 지울 때 사용합니다.
❸ 색상 교체(Switch Color,) : 전경색과 배경색을 맞바꿉니다.
❹ 기본 색상(Default Color,) : 전경색은 '검은색', 배경색은 '흰색'으로 지정합니다. 포토샵을 처음 열면 기본 색상으로 지정되어 있습니다.

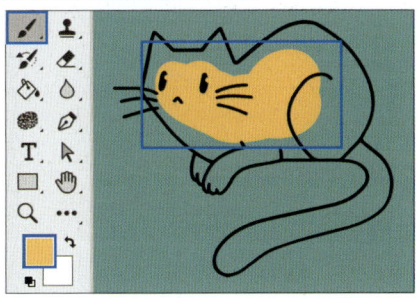

▲ '브러시' 툴( )로 주황색 전경색을 칠한 경우   ▲ '지우개' 툴( )로 배경을 지울 경우 – 흰색 배경으로 채워짐

✔ [Color Picker] 창에서 색상 지정하기

[Tools] 패널에서 전경색이나 배경색을 클릭하여 [Color Picker] 창을 열고 색상 샘플에서 원하는 색상을 클릭하거나 색상값을 입력하여 원하는 색상을 지정할 수 있습니다.

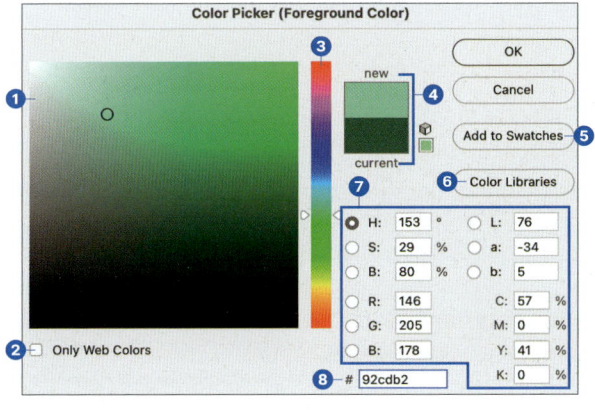

> **Tip ▶ Color Picker 컬러 모드**
>
> ❶ **HSB** : 색상(Hue), 채도(Saturation), 명도(Brightness)를 이용하여 색상을 표현합니다.
> ❷ **RGB** : 빛의 3원색인 빨간색(Red)과 녹색(Green), 파란색(Blue)을 혼합하여 색상을 표현합니다.
> ❸ **Lab** : L은 밝기(Lightness)를, a는 Red와 Green의 색상 정보를, b는 Blue와 Yellow의 색상 정보를 나타냅니다.
> ❹ **CMYK** : 청록색(Cyan), 자주색(Magenta), 노란색(Yellow), 검은색(Black)의 네 가지 채널로, 인쇄할 때 사용하는 색상 모드를 나타냅니다.

❶ **색상 샘플**: 클릭하여 원하는 색상을 지정합니다.

❷ **Only Web Colors**: 체크 표시하면 웹에서 사용할 수 있는 색상이 표시됩니다.

❸ **스펙트럼바**: 슬라이드바를 드래그하여 색상을 선택합니다.

❹ **new, current**: 위쪽(New)에는 새로 지정하는 색상을, 아래쪽(Current)에는 현재 지정한 색상을 표시합니다.

❺ **Add to Swatches**: 지정한 색상을 추가합니다

❻ **Color Libraries**: 색상 차트별로 원하는 색상을 선택할 수 있습니다.

❼ **Color Pickers 컬러 모드**: 컬러 모드별 색상값이 표시되고 직접 숫자를 입력해 색상을 지정할 수 있습니다.

❽ **웹 색상 코드**: RGB 가산 혼합으로 나타나는 16진수 여섯 자리로 이루어진 웹의 색상 코드를 입력합니다.

> 핵심 기능

02 | '페인트통' 툴

'페인트통' 툴( )은 특정 영역에 빠르게 색을 채우거나 패턴을 적용할 때 사용하는 툴로, 막힌 면이나 클릭한 픽셀과 유사한 색상의 영역까지 색을 지정할 수 있습니다.

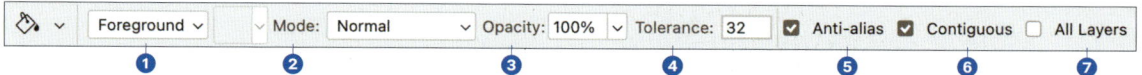

❶ **Fill Source**: 전경색(Foreground)으로 색을 채울지, 패턴(Pattern)으로 색을 채울지 선택합니다.

▲ 전경색(Foreground)으로 채우기

▲ 패턴(Pattern)으로 채우기

❷ **Mode**: 혼합 모드를 지정하는 옵션으로, 색상이나 패턴 이미지를 새울 때 원본 이미지와의 혼합 형태를 지정합니다.

❸ **Opacity**: 색상이나 패턴의 불투명도를 지정하는 옵션으로, 값이 작을수록 투명하게 적용됩니다.

❹ **Tolerance**: 0~255 색상 범위의 허용치를 선택합니다. 값이 클수록 비슷한 색상까지 선택되어 범위를 넓게 선택할 수 있습니다.

▲ Tolerance: 10

▲ Tolerance: 40

❺ **Anti-alias**: 체크 표시하면 들쭉날쭉한 가장자리를 부드럽게 칠하는데, 체크 표시하는 것이 좋습니다.
❻ **Contiguous**: 체크 표시하면 클릭한 곳과 인접한 유사한 색상의 픽셀에만 색을 칠합니다.
❼ **All Layers**: 체크 표시하면 모든 레이어를 인식합니다.

03 '페인트통' 툴로 색상과 패턴 입히기

예제파일	camel.jpg
완성파일	camel_finish.jpg

❶ 'camel.jpg'를 열고 ❷ [Layers] 패널에서 [새 레이어 추가] 아이콘(🞣)을 클릭해서 ❸ 새로운 [Layer 1] 레이어를 만듭니다. ❹ [Tools] 패널에서 '페인트통' 툴(🖌)을 선택하고 ❺ 전경색을 노란색으로 지정합니다. ❻ 옵션바에서 'Tolerance'를 '45'로 지정하고 ❼ 'All Layers'에 체크 표시한 후 ❽ 주황색 돌맹이를 클릭하면 클릭한 주황색을 기준으로 이미지에 있는 모든 주황색 영역이 노란색으로 채워집니다.

> **Tip ▶ 'All Layers'에 체크 표시하는 이유**
>
> 옵션바에서 'All Layers'에 체크 표시하면 원본 이미지를 보호하면서 새 레이어에 '페인트통' 툴(🖌)로 색 입히기 효과를 적용할 수 있습니다. 작업한 후 수정한 이미지가 마음에 들지 않으면 새 레이어를 삭제할 수도 있고 지우고 싶은 부분을 '지우개' 툴(🧽)로 지울 수도 있습니다.

❾ 전경색을 보라색으로 지정하고 ❿ '해'를 클릭하면 '해'의 밝은 갈색을 기준으로 이미지에 있는 모든 갈색 영역이 보라색으로 채워집니다. ⓫ 옵션바에서 'Fill Source'를 'Pattern'으로 지정하고 마음에 드는 패턴을 고른 후 ⓬ 'Contiguous'에 체크 표시합니다. ⓭ 맨 밑에 있는 갈색 땅을 클릭하여 클릭한 부분과 연결되어 있는 갈색 부분에만 선택한 패턴을 입힙니다.

> **Tip ▶ 'Contiguous'에 체크 표시하는 이유**
> 옵션바에서 'Contiguous'에 체크 표시하면 클릭한 부분의 유사한 색과 연결된 부분에만 색을 입힐 수 있습니다. 반면 떨어져 있는 유사한 색에는 색이 채워지지 않습니다.

227

04 | 눈금자와 안내선

✓ 눈금자 표시하고 측정 단위 변경하기

❶ 눈금자 표시하기

[View]-[Rulers](Ctrl+R) 메뉴를 선택하면 작업 창의 왼쪽과 위쪽에 눈금자와 단위가 표시됩니다. Ctrl+R을 한 번 더 누르면 눈금자를 숨길 수 있습니다.

❷ 측정 단위 변경하기

[방법 1] 눈금자에서 마우스 오른쪽 버튼을 클릭하고 바로 가기 메뉴에서 원하는 측정 단위를 선택합니다.

[방법2] 눈금자를 2번 클릭하여 [Preferences] 창을 열고 'Unit & Rulers' 범주의 'Units'에서 'Rulers' 단위를 변경합니다.

[방법 3] [Window]-[Properties] 메뉴를 선택하여 [Properties] 패널을 열고 'Rulers & Grids'에서 측정 단위를 변경합니다.

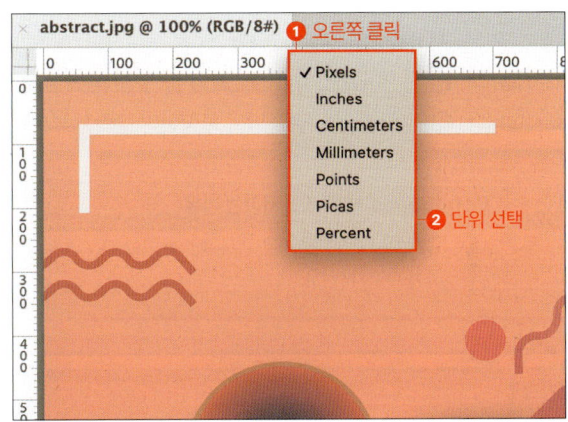

▲ 방법 1

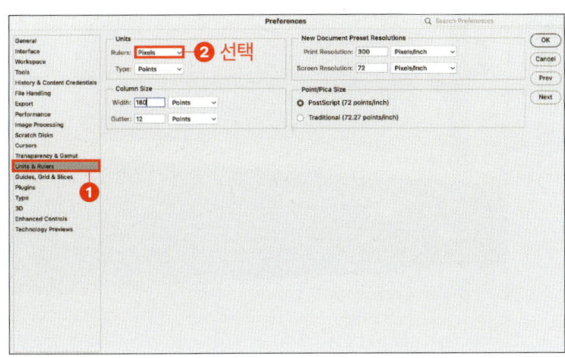

▲ 방법 2   ▲ 방법 3

✓ 눈금자에서 안내선 만들고 스냅 사용하기

❶ 안내선 만들기

[View]-[Rulers](Ctrl+R) 메뉴를 선택해서 눈금자를 표시합니다. 눈금자 부분을 클릭한 후 작업 창으로 드래그하면 안내선을 만들 수 있습니다.

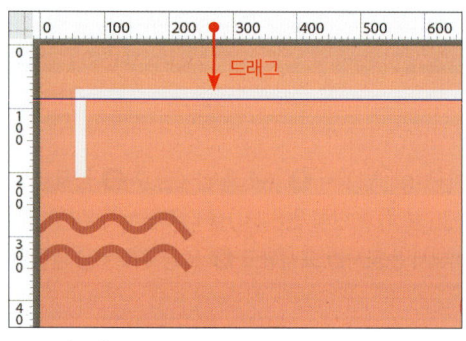 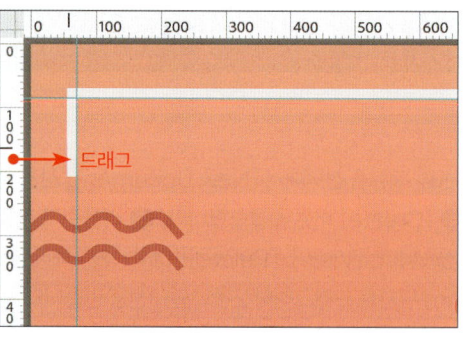

▲ 가로(수평) 안내선을 만든 경우   ▲ 가로(수평) 안내선과 세로(수직) 안내선을 만든 경우

❷ **스냅 사용하기**

[View]-[Snap]([Shift]+[Ctrl]+[;]) 메뉴를 선택하면 스냅 기능을 이용할 수 있습니다. 스냅은 작업할 때 자석에 붙듯이 안내선에 마우스 포인터가 붙는 기능입니다.

> Tip ▸ **안내선의 색상과 선 형태 변경하기**
>
> [Edit]-[Preferences]-[Guides, Grid & Slices] 메뉴를 선택하여 [Preferences] 창을 열고 안내선 색상과 선 형태를 변경할 수 있습니다.

✓ 새 안내선 레이아웃(New Guide Layout)

[View]-[New Guide Layout] 메뉴를 선택하여 [New guide layout] 창을 열고 열과 행 개수를 지정해서 빠르게 안내선을 만들 수 있습니다. 'Clear Existing Guides'에 체크 표시하면 기존 안내선을 지울 수 있습니다.

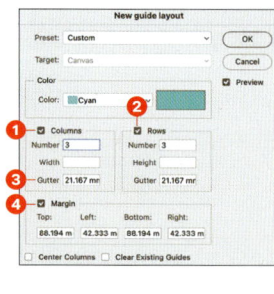 

▲ 여러 개의 안내선

 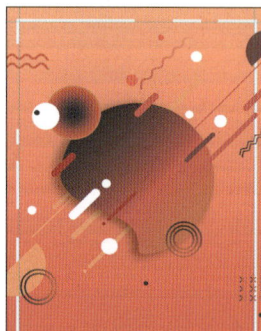

▲ 4개의 안내선

❶ **Columns**(열) : 3

❷ **Rows**(행) : 3

❸ **Gutter**(간격) : 21mm

❹ **Margin**(여백) : 위쪽 88mm, 왼쪽 42mm, 아래쪽 88mm, 오른쪽 42mm

❶ **Margin**(여백) : 위쪽 30mm, 왼쪽 25mm, 아래쪽 30mm, 오른쪽 25mm

> Tip ▸ **안내선 나타내기/숨기기**
>
> [Ctrl]+[;]을 눌러 안내선을 나타내거나 숨길 수 있습니다.

STEP 1 | 내지와 겉지 판형 만들기

01 겉지 판형

❶ [File]-[New] 메뉴를 선택해서 [New Document] 창을 열고 [Print] 탭에서 ❷ 'A4'를 선택한 후 ❸ 용지 방향을 '가로'로 지정하고 ❹ [Create] 버튼을 클릭합니다. ❺ 리플릿의 바깥쪽 면(겉지)과 안쪽 면(내지)을 디자인하기 위해 판형에 안내선을 만들어 보겠습니다. [View]-[Rulers]([Ctrl]+[R]) 메뉴를 선택해서 눈금자를 표시하고 ❻ 눈금자 부분을 클릭한 후 97mm, ❼ 197mm 위치로 드래그하여 2개의 안내선을 만듭니다.

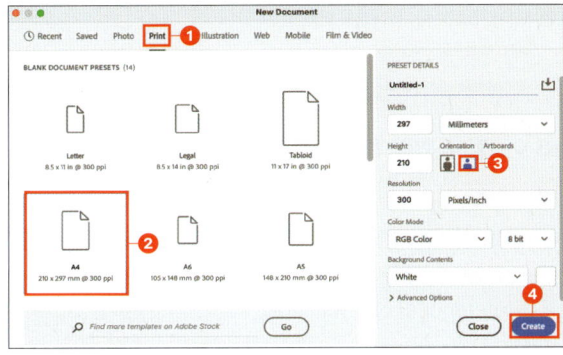 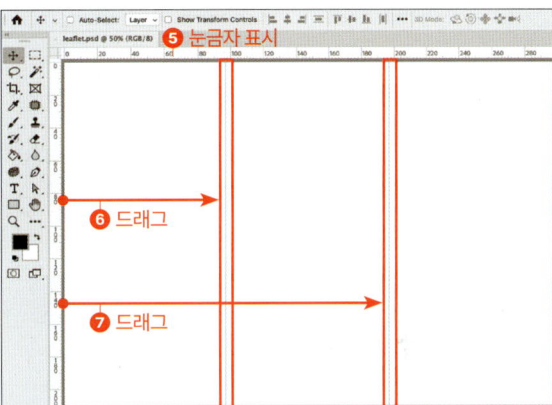

> **Tip ▶ 3단 접지 리플릿의 구조 살펴보기**
>
> A4 가로형을 3단으로 접은 리플릿을 만들 때 다음 화면과 같은 너비로 캔버스 크기를 지정합니다. 제일 안쪽으로 접혀 들어가는 페이지는 다른 페이지보다 3mm 작게 지정하고 전체 판형 크기는 재단 크기보다 사방으로 3mm 크게 만듭니다. 도련(재단선과 여유분 사이의 여백)을 사방 3mm씩 지정하는 이유는 재단 오차 때문입니다. 인쇄물을 기계로 자를 때 오차가 발생하는 것을 감안하여 상하좌우 3mm씩 여백을 두고 작업해야 합니다.
>
>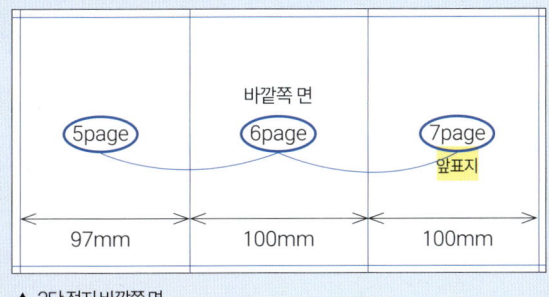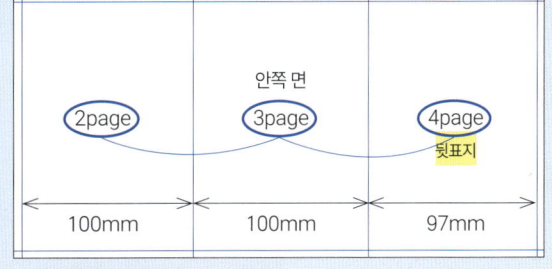
>
> ▲ 3단 접지 바깥쪽 면 ▲ 3단 접지 안쪽 면

02

❶ 사방으로 3mm씩 도련(여백)을 표시하는 안내선을 만들어보겠습니다. 눈금자에서부터 캔버스의 네 모서리 쪽으로 드래그하여 4개의 안내선을 만들고 ❷ 판형을 키우기 위해 [Image]-[Canvas Size](Alt + Ctrl + C) 메뉴를 선택합니다. [Canvas Size] 창이 열리면 'Width'는 '303mm', 'Height'는 '216mm'로 지정하고 ❸ [OK] 버튼을 클릭합니다.

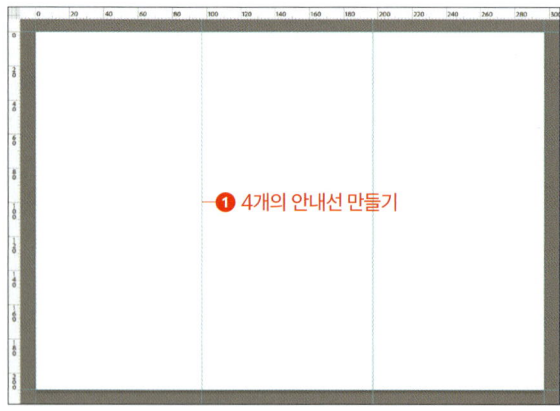
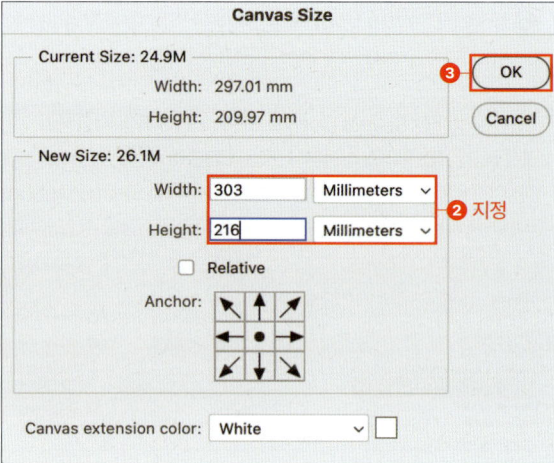

❹ A4 판형에 사방 3mm 여백을 추가했으면 ❺~❻ [File]-[Save As](Shift + Ctrl + S) 메뉴를 선택하여 'leaflet_outside.psd'로 저장합니다.

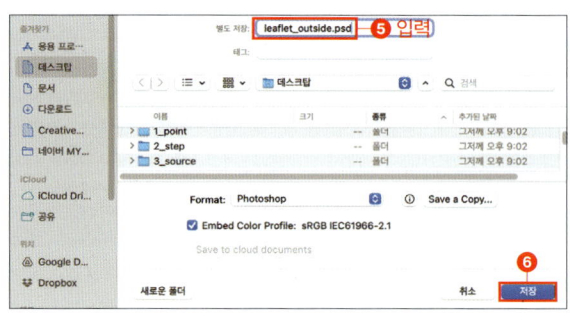

❼~❽ [File]-[Save a Copy](Alt + Ctrl + S) 메뉴를 선택하여 'leaflet_inside.psd'로 사본 저장합니다.

Tip ▶ **Save As 저장하기와 Save a Copy 저장하기**

❶ [File]-[Save As]((Shift)+(Ctrl)+(S)) : 현재 작업하는 파일을 다른 이름으로 저장합니다. 저장할 수 있는 파일 형식은 PSD, PSB, PDF, TIFF입니다.

❷ [File]-[Save a Copy]((Ctrl)+(Alt)+(S)) : 현재 작업하는 파일과 똑같은 복사본을 저장하고 현재 작업하는 파일은 저장하지 않습니다. 선택할 수 있는 파일 형식이 다양합니다.

Save As 대신 Save a Copy로 JPG, PNG 파일 저장하기

포토샵 22.4.2 릴리스 버전부터 JPG, PNG 파일 등은 [Save As]가 아닌 [Save a Copy]를 이용해 저장할 수 있습니다. [Preferences] 창((Ctrl)+(K))의 'File Handling' 범주에서 'File Saving Options'의 'Enable legacy "Save As"'에 체크 표시하면 포토샵 22.3 이전 버전에서 사용할 수 있었던 [Save As]로 파일을 저장할 수 있습니다.

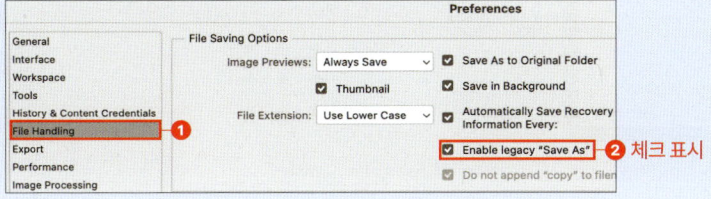

03 내지 판형 만들기

❶ 내지 판형을 만들기 위해 포토샵으로 'leaflet_inside.psd'를 드래그하여 불러옵니다. ❷ 내지는 겉지를 뒤집은 구조이므로 [Image]-[Image Rotation]-[Flip Canvas Horizontal] 메뉴를 선택하여 캔버스를 좌우로 반전시키고 ❸ (Ctrl)+(S)를 눌러 저장합니다.

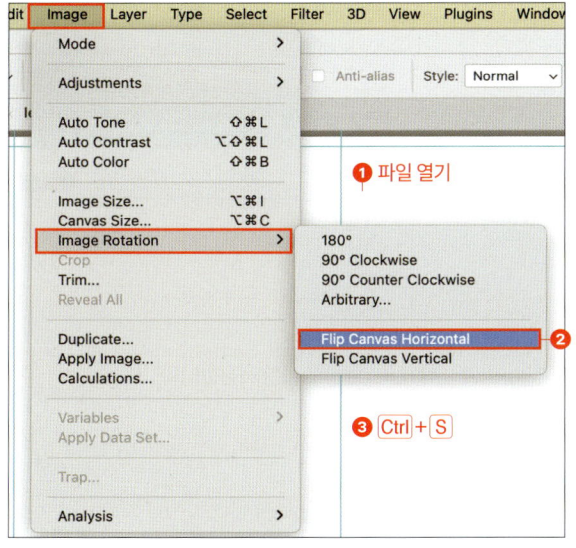

Tip ▶ **캔버스의 좌우 반전과 상하 반전**

• 캔버스 좌우 반전: [Image]-[Image Rotation]-[Flip Canvas Horizontal]
• 캔버스 상하 반전: [Image]-[Image Rotation]-[Flip Canvas Vertical]

STEP 2 | 겉지에 글자와 이미지 배치하기

01 ❶ 'leaflet_outside.psd'에서 작업해 보겠습니다. [File]-[Place Embedded] 메뉴를 선택하여 [Place Embedded] 창을 열고 '나비.jpg'를 선택한 후 ❷ [Place] 버튼을 클릭합니다.

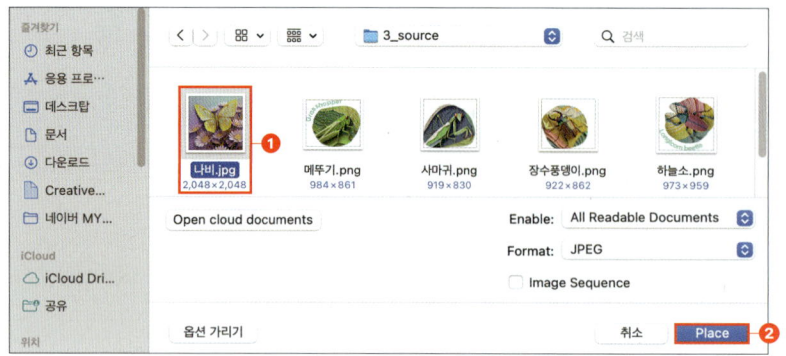

❸ × 표시와 함께 이미지가 열리면 Enter 를 눌러 고정합니다.

> **Tip ▶ 'Place Embedded'와 'Place Linked' 명령 비교하기**
> 'Place Embedded' 명령을 이용하여 파일을 불러오면 이미지 안에 원본 이미지를 포함해서 불러올 수 있습니다. 반면 'Place Linked' 명령은 미리 보기처럼 외부 파일과 연결만 된 상태입니다. 'Place Embedded' 명령으로 불러온 이미지는 변형해도 원본 이미지가 그대로 유지됩니다. 이미지에 나타나는 × 표시는 스마트 오브젝트 이미지를 나타냅니다.

02 ❶ 나비 그림과 연결된 배경을 생성해 보겠습니다. [Tools] 패널의 '사각 선택' 툴(▭)로 다음 화면과 같이 선택 영역을 지정하고 ❷ 상황별 작업 표시줄에 있는 [Generative Fill] 버튼을 클릭합니다. ❸ 프롬프트 입력 창이 표시되면 [Generate] 버튼을 클릭해서 ❹ 주변 배경을 채웁니다.

❺~❻ [Layers] 패널에서 Ctrl 을 누른 상태에서 [나비] 레이어와 [Generative Fill] 레이어를 차례대로 클릭해서 함께 선택하고 ❼ Ctrl + E 를 눌러 선택한 레이어를 합칩니다.

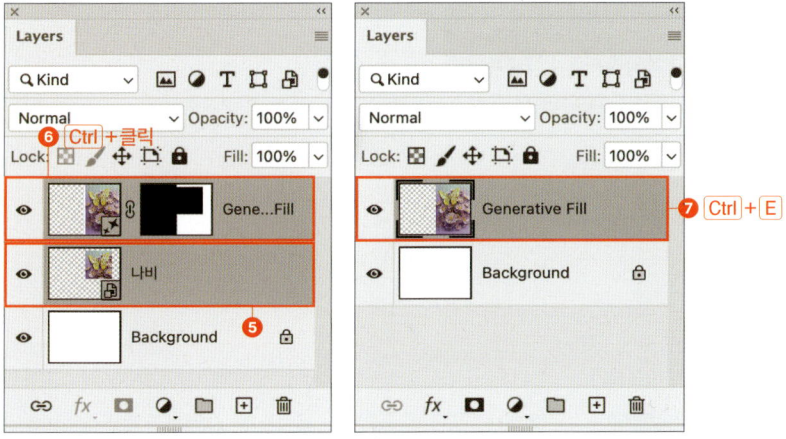

03 ① [Image]-[Adjustments]-[Color Balance]([Ctrl]+[B]) 메뉴를 선택합니다. [Color Balance] 창이 열리면 'Color Levels'를 '-45', '+58', '-38'로 지정한 후 ② [OK] 버튼을 클릭하여 ③ 나비 그림을 녹색 계열의 톤으로 변경합니다.

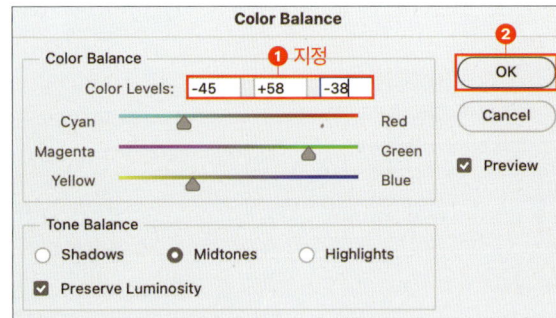

> **Tip ▸ Color Balance([Ctrl]+[B])로 색상 균형 조절하기**
> Color Balance는 주로 사진에 색감을 추가하거나 색다르게 변화시킬 때 사용합니다. Cyan의 보색 관계인 'Red', Magenta의 보색 관계인 'Green', Yellow의 보색 관계인 'Blue'로 구성되어 있는 슬라이드바를 조절하여 색상 톤의 균형을 맞출 수 있습니다.

04 ① [Layers] 패널에서 [새 레이어 추가] 아이콘(□)을 클릭해서 ② 새로운 레이어를 생성하고 새 레이어 이름을 [5page배경]으로 변경합니다. ③ [Tools] 패널의 '사각 선택' 툴(□)로 ④ 5page 영역을 드래그하여 선택 영역을 지정하고 ⑤ [Tools] 패널의 아래쪽에 있는 전경색을 클릭하여 녹색을 지정합니다.

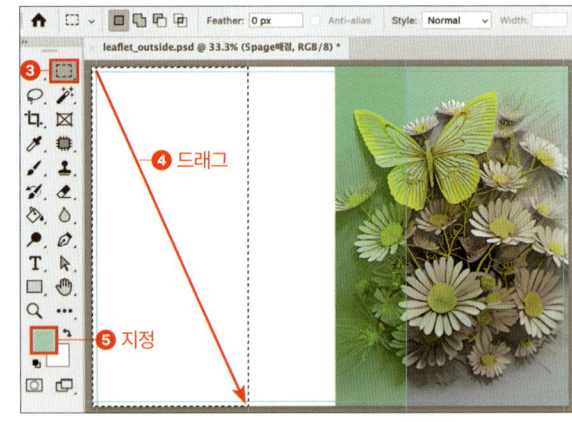

❻ Alt + Delete 를 눌러 녹색을 선택 영역에 입힙니다.

05 ❶ [Layers] 패널에서 [새 레이어 추가] 아이콘(□)을 클릭해서 ❷ 새로운 레이어를 생성하고 레이어 이름을 '6page 배경'으로 변경한 후 ❸ [Tools] 패널의 '사각 선택' 툴(□)로 ❹ 6page 영역을 드래그하여 선택 영역을 지정합니다. ❺ [Tools] 패널의 아래쪽에 있는 [색상 교체] 아이콘(↺)을 클릭하여 전경색과 배경색을 바꾸어서 ❻ 전경색을 흰색으로 지정합니다.

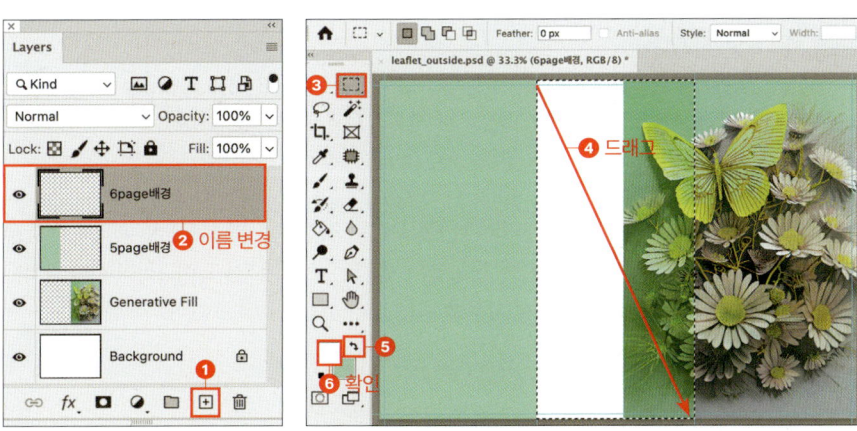

❼ Alt + Delete 를 눌러 선택 영역에 흰색을 입힙니다.

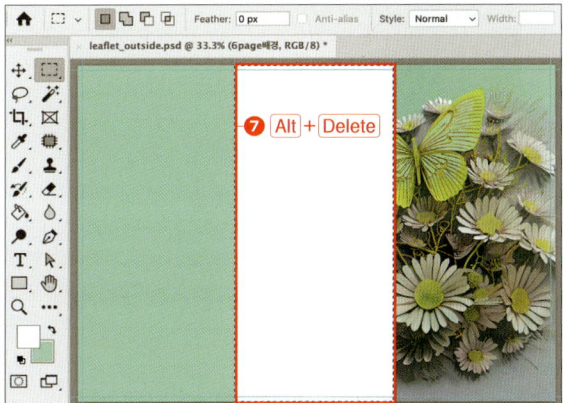

06 ❶ 1page 영역에서 작업해 보겠습니다. [Layers] 패널에서 [새 레이어 추가] 아이콘(⊞)을 클릭해서 ❷ 새로운 레이어를 생성하고 레이어 이름을 [타이틀상자]로 변경합니다. ❸ [Tool] 패널의 '사각 선택' 툴(▭)로 선택 영역을 지정하고 Alt + Delete 를 눌러 흰색을 입힌 후 ❹ Ctrl + D 를 눌러 선택 영역을 해제합니다.

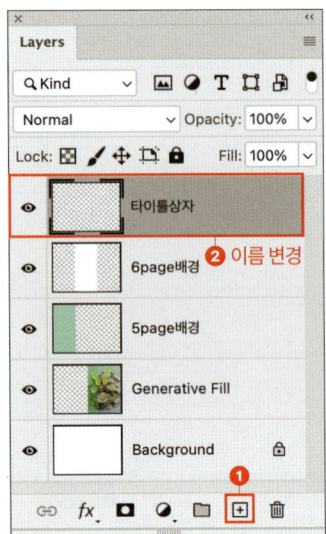

❺ [Tools] 패널에서 '사각형' 툴(▭)을 선택하고 ❻ 옵션바에서 'Mode'는 'Shape', 'Fill'은 '검은색', 'Stroke'는 '없음'으로 지정한 후 ❼~❽ 오른쪽 화면과 같이 짧고 폭이 좁은 세로형 사각형 2개와 ❾ 가로형 사각형 1개를 그립니다.

07 ❶ [Tools] 패널에서 '문자' 툴(T)을 선택하고 ❷~❸ [Character] 패널에서 글꼴은 '롯데리아 딱붙어체', 색상은 '검은색', 행간은 '50pt', 가로 비율은 '97%'로 지정합니다. ❹ 타이틀 상자 위를 한 번 클릭해서 커서를 올려놓고 '곤충을 만나요'를 입력한 후 ❺ [Character] 패널에서 글꼴은 'Noto Sans CJK KR', 크기는 '15pt', 글꼴 스타일은 'Medium', 행간은 '20pt', 자간은 '-15', 가로 비율은 '100%'로 지정합니다. ❻ 제목 아래에 '국립농업박물관 곤충 특화전시 NEW OPEN'을 입력하고 ❼ 글꼴은 'Noto Sans CJK KR', 크기는 '8pt', 행간은 '12pt'로 지정한 후 ❽ 기관과 시간, 장소를 입력합니다.

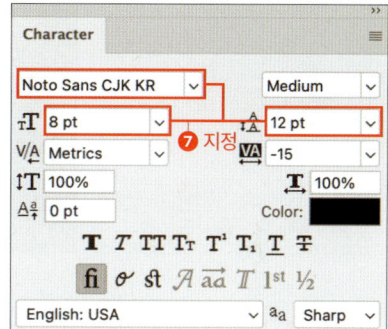

08 ❶ 이번에는 6page 영역에서 작업해 보겠습니다. [Character] 패널에서 글꼴은 '강원교육튼튼', 크기는 '20pt', 행간은 '20pt', 자간은 '-15'로 지정합니다. ❷ [Tools] 패널의 '문자' 툴(T)로 다음 화면과 같이 'ABOUT US'와 'CONTACT US'를 입력합니다.

09

❶ [Character] 패널에서 글꼴은 'Noto Sans CJK KR', 크기는 '9pt', 글꼴 스타일은 'Medium', 행간은 (Auto), 자간은 '-15'로 지정합니다. ❷ 화면을 드래그하여 글자가 들어갈 글상자를 만들고 국립농업박물관을 소개하는 내용과 대표번호 및 팩스 번호를 입력합니다.

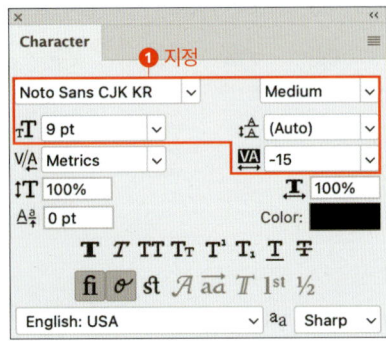
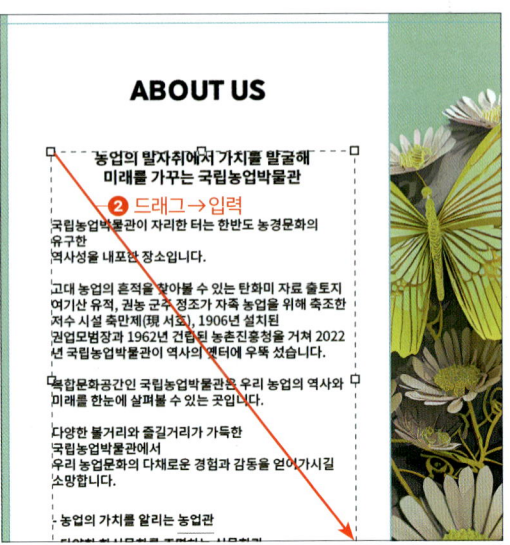

10

❶ 이번에는 소제목에 밑줄 효과를 넣어보겠습니다. [Layers] 패널에서 [새 레이어 추가] 아이콘(□)을 클릭해서 ❷ [밑줄] 레이어를 추가한 후 ❸ 합성 모드를 'Multiply'로 지정합니다. ❹ [Tools] 패널에서 '브러시' 툴(✏)을 선택하고 ❺ 전경색을 녹색으로 지정한 후 ❻ 옵션바에서 'Hard Round' 브러시로 ❼~❽ 'ABOUT US'와 'CONTACT US'의 아래쪽에 녹색 줄을 그려넣습니다.

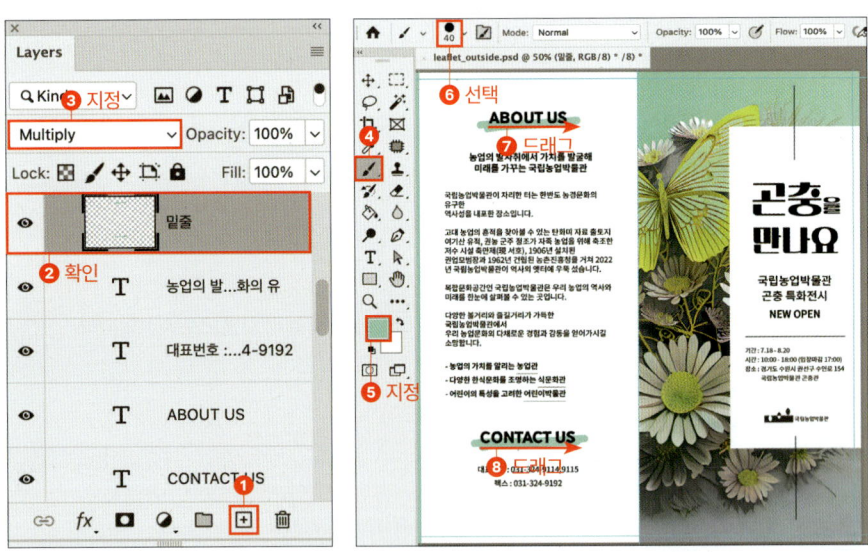

> **Tip ▶ Multiply 합성 모드**
> Multiply 합성 모드는 흰색을 제외한 모든 색과 합쳐져서 더욱 진하게 표현됩니다. 이때 검은색은 변화가 없고 흰색은 투명해집니다.

11 ❶ 이와 같은 방법으로 5page 영역에도 내용을 입력합니다. ❷ [File]-[Place Embedded] 메뉴를 선택해서 [Place Embedded] 창을 열고 '장수풍뎅이.png'를 선택한 후 ❸ [Place] 버튼을 클릭합니다.

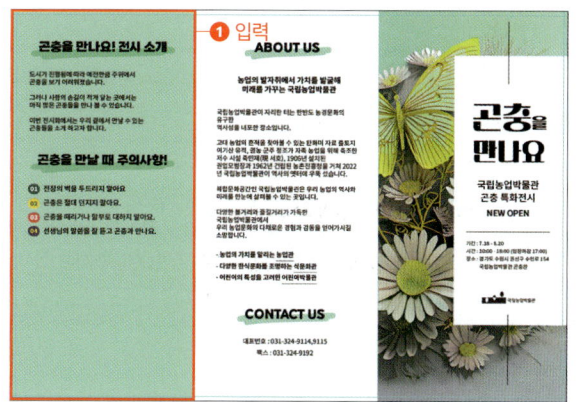 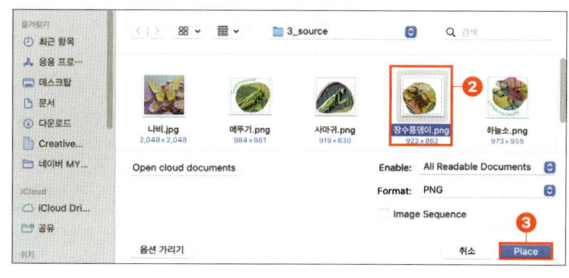

❹ 이미지를 불러왔으면 Enter 를 눌러 고정합니다.

❺ 겉지 디자인을 완성했으면 [Layers] 패널에서 해당 레이어들을 모두 선택하고 Ctrl + G 를 눌러 그룹으로 지정합니다.

❻~❼ [File]-[Save a Copy](Ctrl+Alt+S) 메뉴를 선택하고 'leaflet_outside.jpg'로 사본 저장합니다.

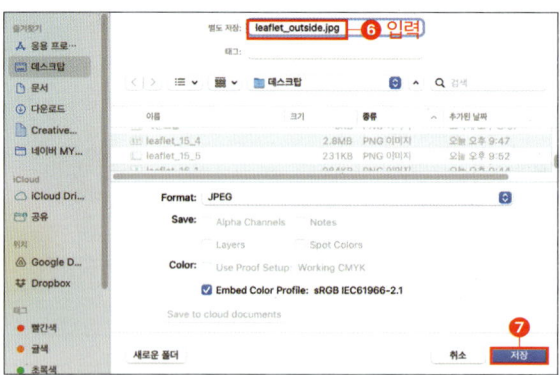

STEP 3 | 내지에 글자와 이미지 배치하기

01 ❶ 포토샵으로 'leaflet_inside.psd'를 드래그하여 불러온 후 [Layers] 패널에서 [새 레이어 추가] 아이콘(□)을 클릭해서 ❷ 새로운 레이어를 생성합니다. ❸ [Tools] 패널의 '사각 선택' 툴(□)로 ❹ 3page 영역을 드래그하여 선택 영역을 지정합니다. ❺ [Tools] 패널에서 전경색을 클릭하여 녹색을 지정하고 ❻ Alt+Delete 를 눌러 선택 영역에 녹색을 입힙니다.

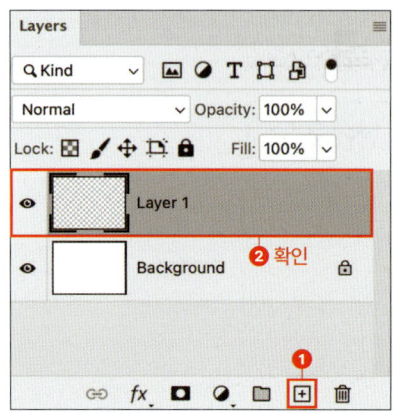
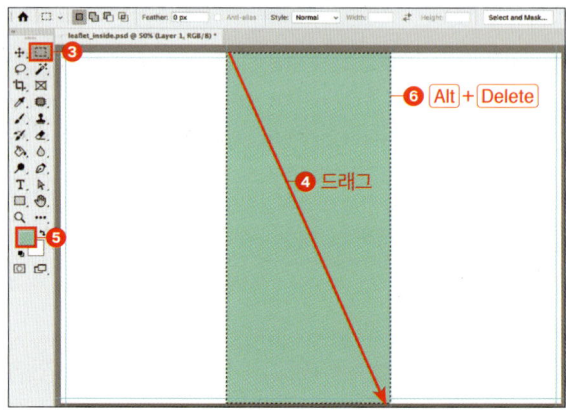

❼ [Tools] 패널의 '문자' 툴(T)로 ❽ 다음 화면과 같이 내용을 입력하고 ❾ '브러시' 툴(/)로 ❿~⓬ 소제목 밑에 녹색 줄을 그려넣습니다.

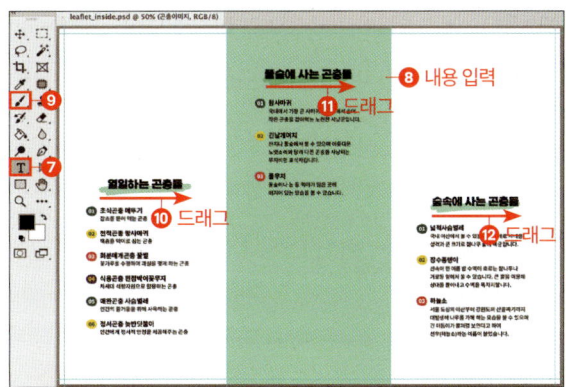

02 ❶ 2page 영역에 사마귀 그림을 삽입해 보겠습니다. [File]-[Place Embedded] 메뉴를 선택하여 '메뚜기.png'를 선택하고 ❷ [Place] 버튼을 클릭합니다.

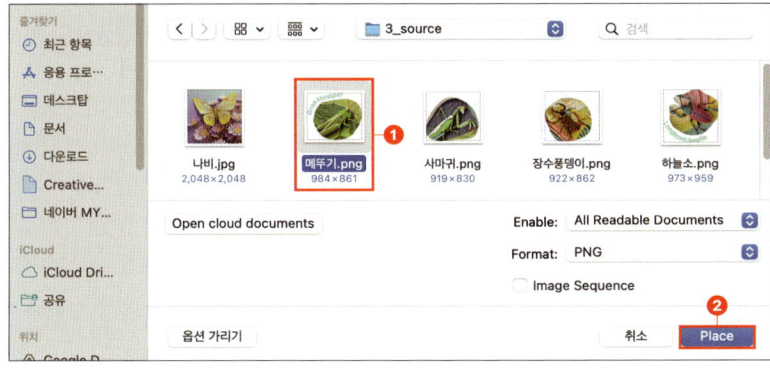

❸ 이미지를 불러왔으면 Enter 를 눌러 고정합니다.

❹~❺ 이와 같은 방법으로 3page 영역에 '사마귀.png'와 4page 영역에 '하늘소.png'를 각각 배치합니다.

Tip ▶ 어도비 파이어플라이(Adobe Firefly) 사이트에서 곤충 이미지 생성하기

본문에서 사용한 곤충 이미지는 어도비 파이어플라이(Adobe Firefly) 사이트에서 만들었습니다.
어도비 파이어플라이 사이트는 카툰, 코믹북, 겹겹이 쌓인 종이, 극사실주의, 콜라주, 신스웨이브, 그래픽, 플랫 디자인, 콘셉트 아트, 점묘법 등 다양한 형태로 이미지를 생성할 수 있어서 스타일에 맞는 소스를 찾는 데 유용합니다.

• 어도비 파이어플라이 사이트 : https://firefly.adobe.com

❶ 메인 화면의 위쪽에 있는 검색 창에 검색어를 입력하고 ❷ [생성하기] 버튼을 클릭합니다. 이때 프롬프트 명령을 자세하게 입력할수록 원하는 이미지를 쉽게 얻을 수 있으며, 한글보다 영어로 검색해야 더욱 정확합니다. ❸ 오른쪽 옵션에서 시각 강도 및 효과를 선택합니다.

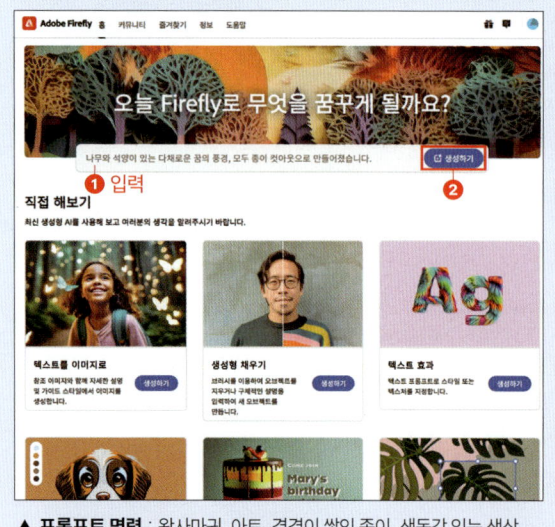
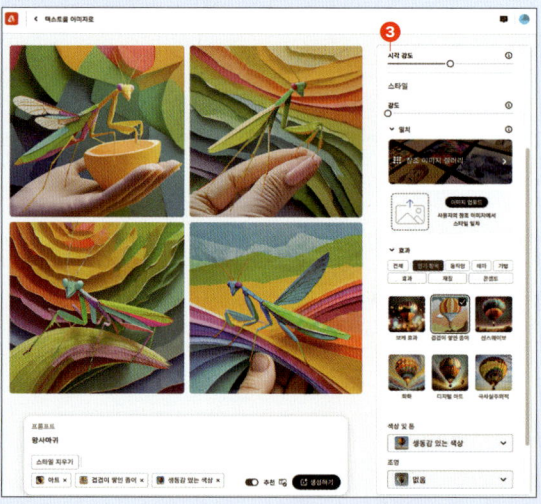

▲ 프롬프트 명령 : 왕사마귀, 아트, 겹겹이 쌓인 종이, 생동감 있는 색상

STEP 4 '페인트통' 툴로 색과 패턴 입히기

01 ❶ 리플릿 아래쪽에 언덕을 그려보겠습니다. [Layers] 패널에서 [새 레이어 추가] 아이콘(⊞)을 클릭해서 ❷ 새로운 레이어를 생성합니다.

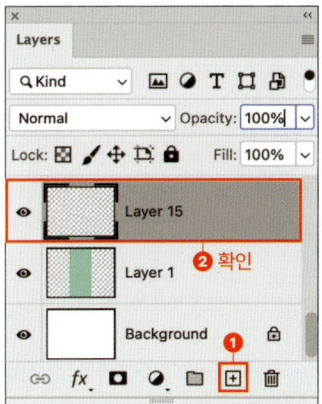

❸ [Tools] 패널의 '올가미' 툴(⌒)로 ❹ 오른쪽 화면과 같이 드래그하여 선택 영역을 지정한 후 ❺ 전경색을 적갈색으로 지정합니다.

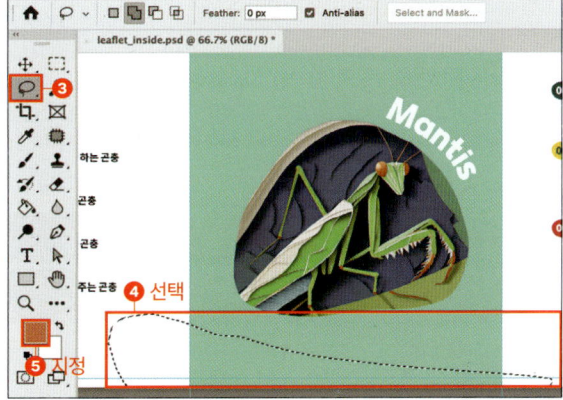

❻ [Tools] 패널에서 '페인트통' 툴(⬕)을 선택하고 ❼ 선택 영역 안을 클릭하여 색을 입힙니다.

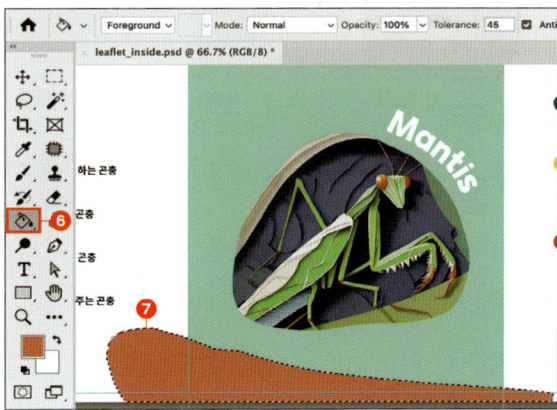

02 ❶ [Layers] 패널에서 [새 레이어 추가] 아이콘(　)을 클릭해서 ❷ 새로운 레이어를 생성합니다.

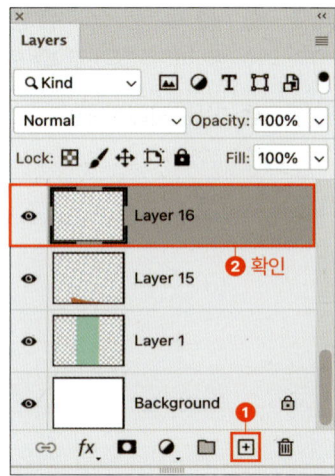

❸ [Tools] 패널의 '올가미' 툴(　)로 ❹ 오른쪽 화면과 같이 드래그하여 선택 영역을 지정합니다.

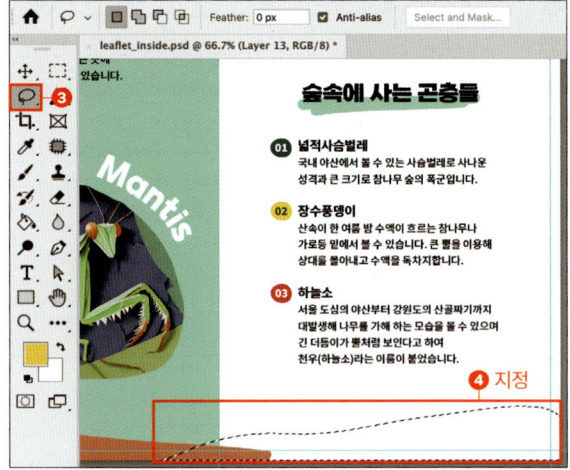

❺ 전경색을 노란색으로 지정하고 ❻ '페인트통' 툴(　)을 선택한 후 ❼ 선택 영역 안을 클릭하여 색을 입힙니다.

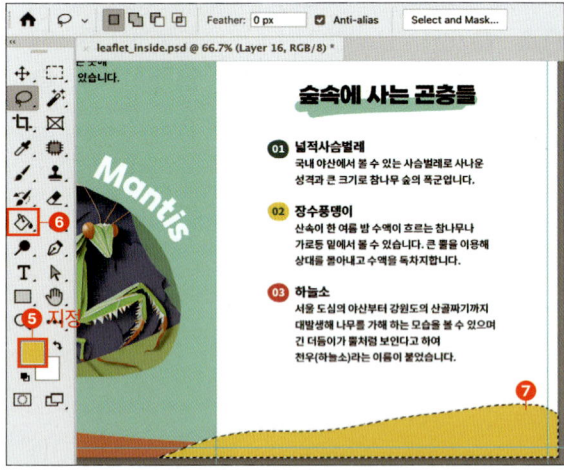

03 ❶~❷ 새로운 레이어를 만들고 ❸ [Tools] 패널의 '올가미' 툴(○)로 ❹ 오른쪽 화면과 같이 드래그하여 선택 영역을 만듭니다.

❺ [Tools] 패널에서 '페인트통' 툴(◇)을 선택하고 ❻ 옵션바에서 'Fill Source'를 'Pattern'으로 지정합니다. ❼~❽ '풀' 패턴을 선택하고 ❾ 선택 영역 안을 클릭하여 패턴을 입힙니다.

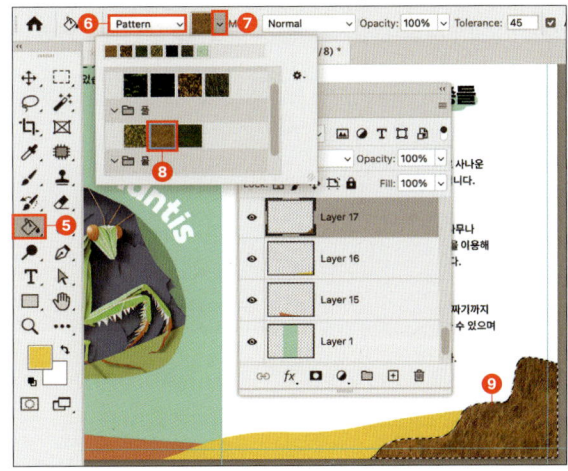

04 ❶ 이와 같은 방법으로 '올가미' 툴(○)로 ❷ 선택 영역을 지정하고 ❸ '페인트통' 툴(◇)로 ❹~❻ '나무' 패턴을 입힙니다.

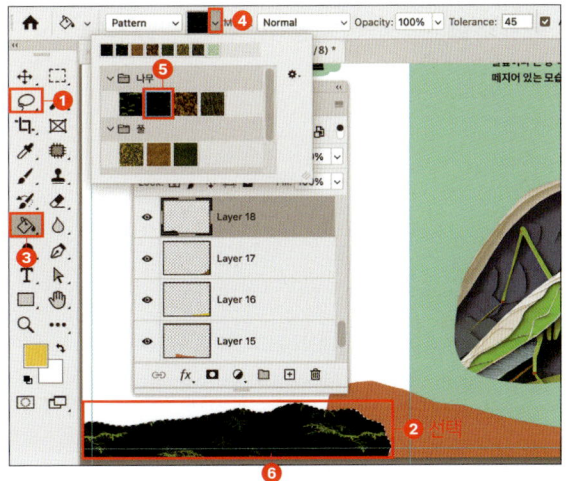

❼ 내지 디자인을 완성했으면 해당 레이어를 모두 선택하고 Ctrl+G를 눌러 그룹으로 지정합니다.

❽~❾ [File]-[Save a Copy](Ctrl+Alt+S) 메뉴를 선택하여 'leaflet_inside.jpg'로 사본 저장합니다.

THE
PHOTOSHOP

PART 4

패키지 디자인

Illust | Box | Can | Pattern

일러스트가 돋보이는 초콜릿 패키지 디자인

예제파일   choco_start.psd
완성파일   choco_finish.jpg

패키지

Illust · Box · Can · Pattern

Point skill
'브러시' 툴(🖊), '연필' 툴(✏️), [Brushes] 패널, [Brush Settings] 패널, 브러시 불러오기, 새 브러시로 등록하기, 브러시 파일로 저장하기

How to
다른 브랜드와 차별화하려면 소비자의 시선을 끄는 시각적 요소를 도입해야 합니다. 그리고 어떤 색상으로 디자인할지 계획을 세워서 문자와 로고, 일러스트에 색을 일관성 있게 사용하는 것이 좋습니다. 이번에 디자인하는 초콜릿 패키지는 어린이를 타깃으로 삼아 밝고 생동감 있는 컬러를 사용했고, 친근감 있는 일러스트로 밝은 분위기를 연출했으며, 배경색에 초록색을 입혀 친환경적인 느낌을 살렸습니다. 지금부터 포토샵에서 기본적으로 제공하는 브러시를 이용해 일러스트를 그려보겠습니다.

Step
선택 영역에 색을 입혀 사각형 박스 만들기 ➡ 사각형 박스에 잔물결 효과 주기 ➡ [Brush Settings] 창에서 수정한 브러시로 일러스트 그리기

일러스트로 따뜻한 인상 표현하기

▶ **일러스트는 사진보다 다채롭고 독특한 표현 방식으로 이목을 집중시킬 수 있습니다.**

① **감성 마케팅 디자인 요소**: 일러스트는 사진이 주는 현실적인 느낌과는 달리 대상에 대한 공간과 시간의 제약을 받지 않고, 비현실적인 형태를 표현할 수 있으며, 감정과 스토리를 전달할 수 있습니다. 이러한 특성을 잘 살리면 소비자가 일러스트를 통해 상상의 날개를 펼칠 수 있을 뿐만 아니라 감정적으로 더욱 강하게 연결할 수 있습니다.

② **친근하고 따뜻한 느낌**: 부드럽고 친근한 느낌을 주어 긍정적 인상을 심어줄 수 있고 특정 고객층의 취향에 맞춘 디자인을 쉽게 적용할 수 있습니다. 고개를 좌우로 돌리거나 손을 위아래로 움직이는 모습 등 연속된 동작을 그려 일러스트로만 표현할 수 있는 독특함으로 시선을 끌 수 있습니다.

③ **타이포그래피와의 조화**: 사진을 그래픽 요소로 삼은 디자인은 가벼운 서체와 캡션을 사용할 때 사진에 더욱 집중할 수 있습니다. 반면 일러스트를 그래픽 요소로 사용하는 디자인은 장식성이 가미된 타이포그래피와 함께 사용해도 잘 어울립니다.

디자인 작업 Point

» **일러스트로 얻을 수 있는 효과와 표현**

하늘로 뻗은 손에 카카오 열매를 그려서 시선의 흐름이 자연스럽게 위쪽으로 이동하여 초콜릿 제품명이 잘 보이도록 했습니다. 초콜릿을 소비하는 주요 타깃층과 비슷한 연령대의 아이를 그려 공감대를 형성하고 미소 띤 표정을 통해 친근하고 부드러운 인상을 주었습니다.

» **그리드를 활용한 레이아웃**

프레임으로 지면을 구획하여 초콜릿 제품명, 성분, 중량, 획득한 마크 등의 정보를 전달하도록 배치했습니다.

» **무채색과 유채색의 조합**

유채색 사이에 무채색을 배치하여 유채색이 더 돋보이도록 했습니다. 초콜릿의 짙은 갈색과 비슷한 검은색을 프레임 배경색으로 사용하여 차분한 느낌을 연출하고 유채색으로 일러스트를 강조하여 초콜릿과의 연관성을 높였습니다.

01 '브러시' 툴과 '연필' 툴

그림을 그릴 때 기본이 되는 툴은 '브러시' 툴(🖌)과 '연필' 툴(✏)입니다. '브러시' 툴(🖌)은 붓으로 그린 느낌을, '연필' 툴(✏)은 연필로 쓴 느낌을 줍니다. Shift 를 누른 상태에서 드래그하면 수직, 수평, 45도로 획을 그릴 수 있습니다.

✓ '브러시' 툴의 옵션바

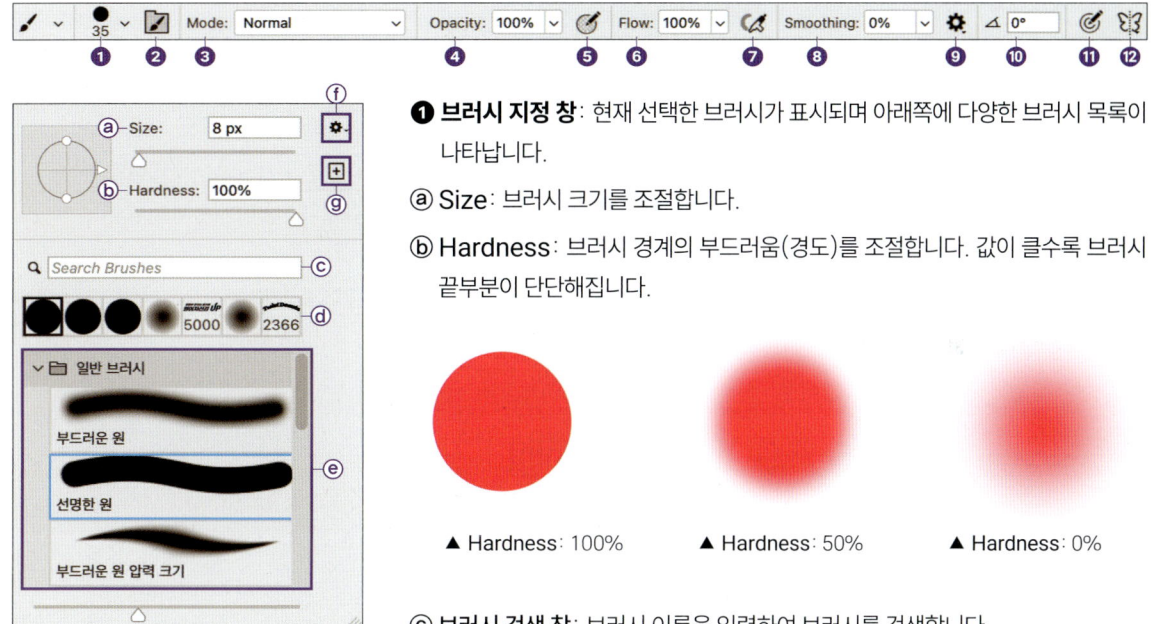

❶ 브러시 지정 창: 현재 선택한 브러시가 표시되며 아래쪽에 다양한 브러시 목록이 나타납니다.

ⓐ Size: 브러시 크기를 조절합니다.

ⓑ Hardness: 브러시 경계의 부드러움(경도)를 조절합니다. 값이 클수록 브러시 끝부분이 단단해집니다.

▲ Hardness: 100%   ▲ Hardness: 50%   ▲ Hardness: 0%

ⓒ 브러시 검색 창: 브러시 이름을 입력하여 브러시를 검색합니다.

ⓓ 최근 사용: 최근에 사용한 순서대로 브러시 종류가 나타납니다.

ⓔ 프리셋: 포토샵에서 제공하는 브러시 목록이 나타납니다.

ⓕ 브러시 지정(⚙): 브러시를 불러오거나 브러시 표시 방법을 변경합니다.

ⓖ 브러시를 프리셋에 등록하기(⊞): 옵션을 지정해 새롭게 만든 브러시 모양과 크기를 프리셋에 등록합니다.

❷ **Brush settings panel[브러시 설정 패널]**(🎨): [Brush Settings] 패널을 엽니다.

❸ **Mode[합성 모드]**: 브러시를 겹쳐 칠할 때 합성 방식을 지정합니다.

❹ **Opacity[불투명도]**: 불투명도를 조절합니다. Opacity를 50%로 지정한 후 겹쳐 칠하면 명암을 넣을 수 있습니다.

▲ 'Opacity 100%'로 채색하기

▲ 'Opacity 50%'로 채색하기

❺ **Pressure Opacity[불투명도 필압 사용]**(　): 태블릿을 연결하면 펜 압력에 따라 브러시의 불투명도를 조절할 수 있습니다.

❻ **Flow[흐름]**: 브러시 점 하나하나의 불투명도를 조절합니다. 값이 작을수록 브러시 흐름의 양이 적어집니다.

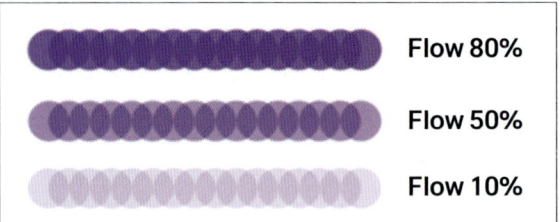

▲ Opacity와 Flow의 차이

❼ **Airbrush[에어브러시 사용]**(　): 브러시로 클릭한 지점을 기준으로 번지게 만들 수 있습니다.

❽ **Smoothing[손떨림 보정]**: 손떨림을 보정합니다.

❾ **Smoothing Option[보정 옵션]**(　): 브러시 추가 옵션을 지정합니다.

❿ **Angle[각도]**(　): 브러시 각도를 조절합니다.

⓫ **Pressure Size[크기 필압 사용]**(　): 태블릿을 연결하면 펜 압력에 따라 브러시 크기를 조절할 수 있습니다.

⓬ **Symmetry Option[대칭 그리기]**(　): 대칭 축을 기준으로 다양한 이미지를 그릴 수 있습니다.

[대칭 유형]

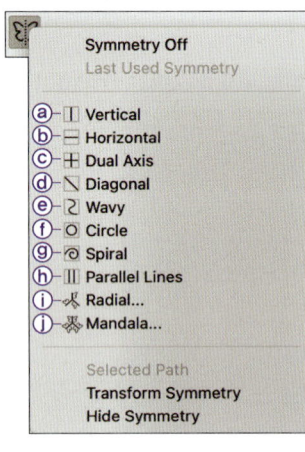

ⓐ **Vertical**: 세로 축을 중심으로 대칭 축을 만듭니다.

ⓑ **Horizontal**: 가로 축을 중심으로 대칭 축을 만듭니다.

ⓒ **Dual Axis**: 십자 형태의 대칭 축을 만듭니다.

ⓓ **Diagonal**: 사선 형태의 대칭 축을 만듭니다.

ⓔ **Wavy**: 물결 형태의 대칭 축을 만듭니다.

ⓕ **Circle**: 원 형태의 대칭 축을 만듭니다.

ⓖ **Spiral**: 나선 형태의 대칭 축을 만듭니다.

ⓗ **Parallel Lines**: 평행선 형태의 대칭 축을 만듭니다.

ⓘ **Radial**: 방사 형태의 대칭 축을 만듭니다.

ⓙ **Mandala**: 만다라 형태의 대칭 그림을 그릴 수 있는 대칭 축을 만듭니다.

✓ '연필' 툴의 옵션바

'연필' 툴(✏️)은 '브러시' 툴(🖌)과 사용 방법이 비슷하지만, 'Hardness'가 조절되지 않고 가는 선을 그리거나 좁은 영역을 색칠할 때 이용합니다. 옵션바에 있는 'Auto Erase'에 체크 표시하고 겹쳐 칠하면 겹쳐진 부분을 배경색으로 칠할 수 있고 이어서 다시 겹쳐 칠하면 전경색으로 칠할 수 있습니다.

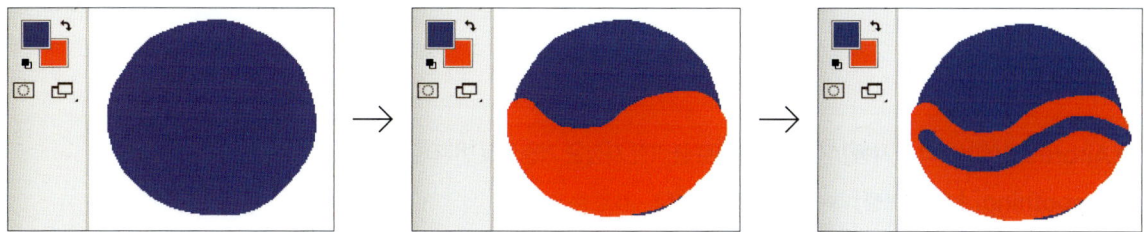

▲ 'Auto Erase'에 체크 표시하고 겹쳐 칠해서 전경색과 배경색을 번갈아가며 칠한 경우

간단 실습

02 | 브러시 툴의 대칭 옵션으로 꽃 그리기

완성파일   symmetry.psd

❶ [File]-[New]([Ctrl]+[N]) 메뉴를 선택해서 [New Document] 창을 열고 'Width'는 '490Pixels', 'Height'는 '260Pixels'인 작업 창을 만듭니다. ❷ [Tools] 패널에서 '브러시' 툴(🖌)을 선택하고 ❸ '브러시' 툴(🖌)의 옵션바에 있는 [대칭 그리기] 아이콘(🦋)을 클릭한 후 ❹ [Radial]을 선택합니다.

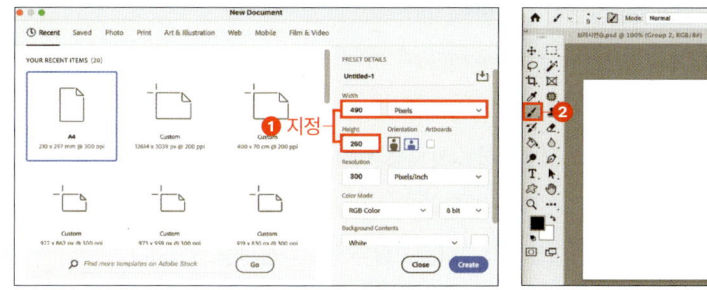 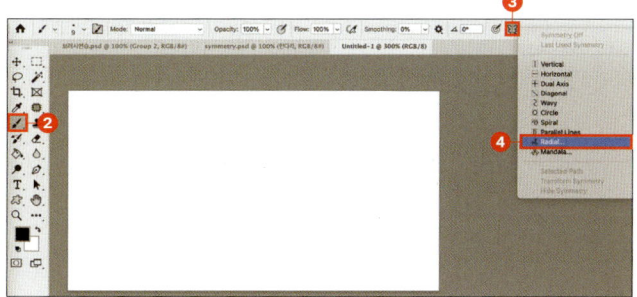

❺ [Radial Symmetry] 창이 열리면 'Segment Count'에 '6'을 지정하고 ❻ [OK] 버튼을 클릭합니다.

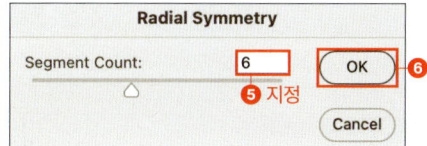

254

❼ 파란색 방사형 축이 6개 나타나면 마음에 드는 브러시를 이용해서 중앙에서부터 바깥쪽 방향으로 선을 그립니다. 선을 1개만 그려도 나머지 5개의 선이 대칭을 이루면서 모두 똑같이 그릴 수 있습니다.

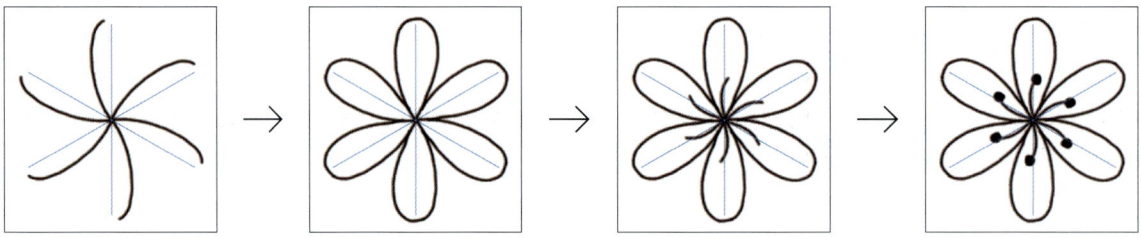

▲ 방사형 대칭으로 그린 꽃

❽ [대칭 그리기] 아이콘(🔳)을 클릭하고 [Mandala]를 선택합니다. [Mandala Symmetry] 창이 열리면 'Segment Count'에 '6'을 지정하고 ❾ [OK] 버튼을 클릭합니다.

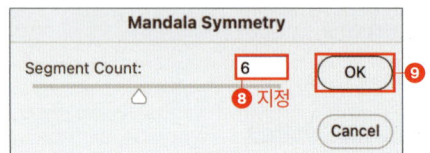

❿ 파란색 방사형 축이 6개 나타나면 마음에 드는 브러시를 이용해서 축을 기준으로 가깝고 먼 선을 그립니다. 선을 1개만 그려도 나머지 5개의 선이 대칭을 이루면서 똑같이 그릴 수 있습니다.

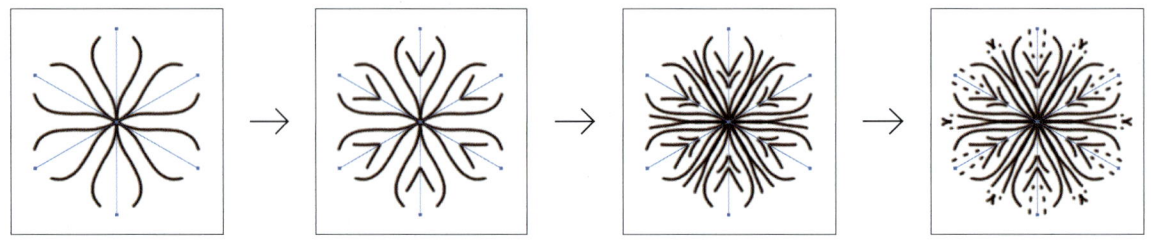

▲ 만다라 대칭으로 그린 꽃

> Tip ▶ **방사형 대칭(Radial Symmetry)과 만다라 대칭(Mandala Symmetry)의 차이점**
> 방사형 대칭으로 그림을 그리면 방사형 축을 중심으로 그림이 반복해서 나타납니다. 반면 만다라 대칭으로 그림을 그리면 방사형 축 주위에서 대칭되는 그림이 반복해서 나타납니다.

03 | 브러시 불러오기

예제파일 과수원.abr

❶ [File]-[New](Ctrl + N) 메뉴를 선택해서 새 작업 창을 만들고 [Window]-[Brushes] 메뉴를 선택합니다. ❷ 브러시 목록을 보여주는 [Brushes] 패널이 열리면 오른쪽 위에 있는 [더 보기] 버튼(≡)을 클릭하고 ❸ [Import Brushes]를 선택합니다.

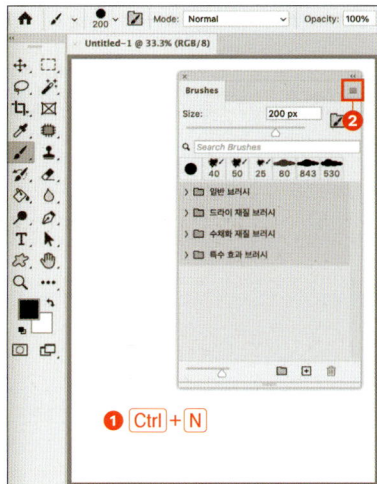
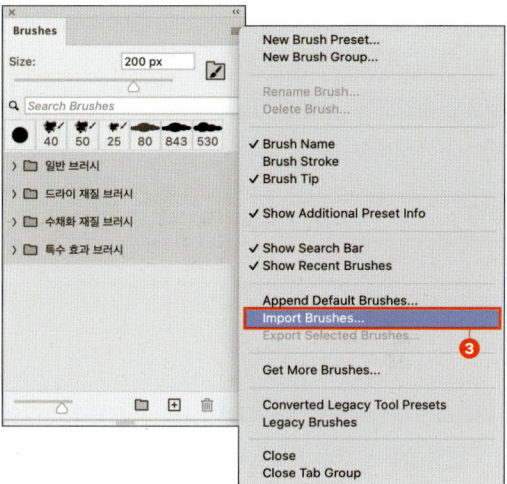

❹~❺ [Brushes] 패널에 '과수원' 폴더가 생성되면 폴더를 열어 추가된 브러시 목록을 확인합니다.

> **Tip** ▶ 브러시 파일(*.abr)을 더블클릭해 자동으로 브러시 목록에 추가하기
>
> 무료로 다운로드한 브러시 파일이나 자신이 만든 브러시 파일을 더블클릭하면 자동으로 [Brushes] 패널의 브러시 목록에 추가됩니다.

❻ [Tools] 패널에서 '브러시' 툴( )을 선택한 후 ❼ [Brushes] 패널에서 '과수원' 폴더의 '구름1' 브러시를 선택합니다. ❽ 전경색을 파란색으로 지정하고 ❾ 'Opacity'를 '100%'로 지정한 후 ❿ 작업 화면을 클릭하여 구름을 표현합니다. ⓫ [Brushes] 패널에서 '과수원' 폴더의 '구름2' 브러시를 선택하고 ⓬ 작업 화면을 클릭하여 구름을 표현하면 '구름1' 브러시에 비해 '구름2' 브러시가 투명하게 찍히는 것을 확인할 수 있습니다.

 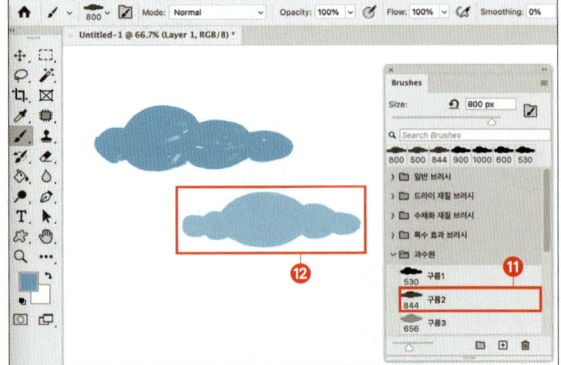

Tip ▶ 브러시는 불투명하게, 또는 투명하게 모두 등록 가능!

포토샵 브러시는 무채색(그레이 톤)으로 투명도를 표시합니다. [Brushes] 패널에서 섬네일이 검은색으로 보이면 Opacity는 100%, 중간 회색으로 보이면 Opacity는 50%, 연한 회색으로 보이면 Opacity는 30% 정도의 각각 다른 투명도로 등록된 것입니다.

▲ 브러시를 등록할 때 명암이 투명도(Opacity) 결정

⓭ ~ ⓮ '구름3' 브러시로 찍었을 때는 더 투명하게 찍히는 것을 확인할 수 있습니다.

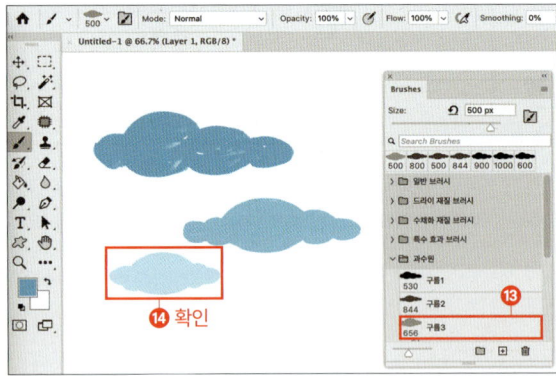

04 | 모양 패스를 브러시로 등록한 후 브러시 파일로 저장하기

예제파일 Australia_start.jpg
완성파일 Australia_finish.jpg

❶ 'Australia_start.jpg'를 열고 ❷ [Tools] 패널에서 '사용자 정의 모양' 툴(🔲)을 선택합니다. ❸ 옵션바에서 'Shape'의 목록 버튼을 클릭하고 ❹ '야생동물' 폴더에서 ❺ 캥거루를 선택합니다.

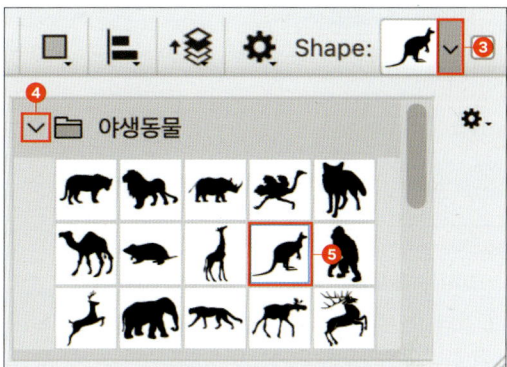

❻ [Layers] 패널에서 [Layer 0] 레이어의 눈 아이콘(👁)을 끄고 ❼ ~ ❽ [새 레이어 추가] 아이콘(🔲)을 클릭해서 ❽ 새로운 레이어를 추가합니다. ❾ 새로운 레이어 이름을 '캥거루 1'로 바꾸고 ❿ 옵션바에서 모양 패스의 'Fill'을 검은색으로 지정한 후 ⓫ 화면에서 드래그하여 캥거루를 만듭니다.

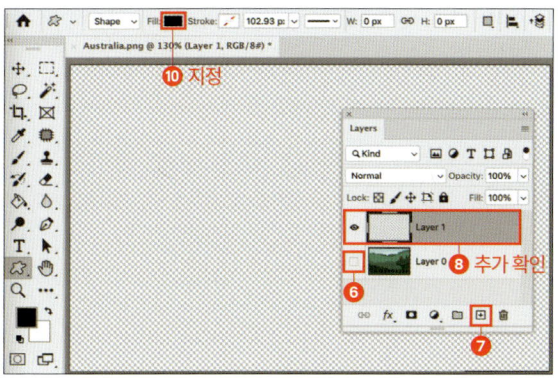
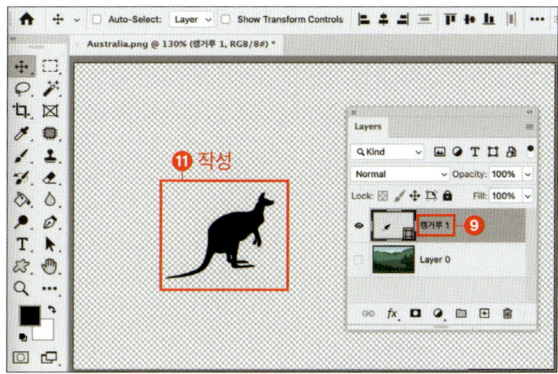

⓬ 이번에는 브러시를 등록해 보겠습니다. [Edit]-[Define Brush Preset] 메뉴를 선택해서 [Brush Name] 창을 열고 'Name'에 '캥거루'를 입력한 후 ⓭ [OK] 버튼을 클릭합니다.

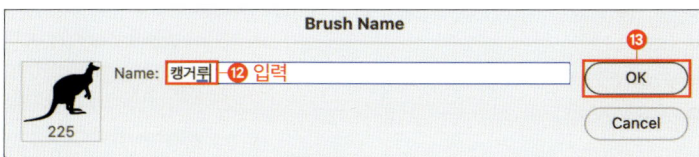

⓮ [Window]-[Brushes] 메뉴를 선택해서 [Brushes] 패널을 열고 새로운 '캥거루' 브러시가 등록되었는지 확인합니다.

⓯ [Tools] 패널에서 '브러시' 툴(🖌)을 선택하고 ⓰ 전경색을 노란색으로 지정한 후 ⓱ '캥거루' 브러시의 크기를 조절하여 ⓲ 다음 화면과 같이 찍어서 캥거루를 그립니다.

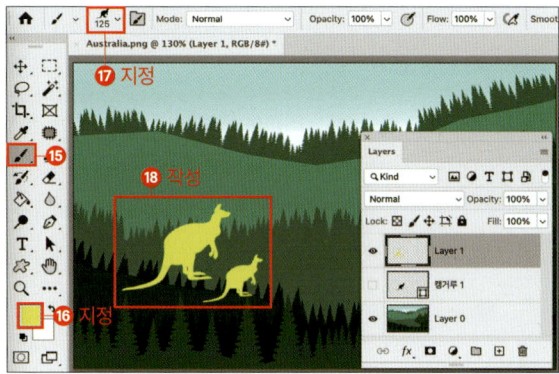

⓳ '브러시' 툴(🖌)의 옵션바에서 각도를 '-40°'로 변경합니다. ⓴ 브러시가 오른쪽으로 기울어지면 브러시 크기를 줄인 후 원경에 캥거루를 찍어줍니다. ㉑ 각도를 '20'으로 변경해서 브러시가 왼쪽으로 기울어지면 집 부근에 캥거루를 찍어 완성합니다.

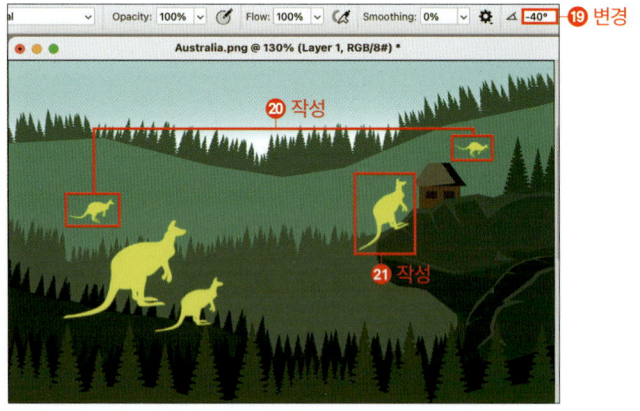

㉒ 브러시를 파일 형태로 저장해 보겠습니다. '캥거루' 브러시를 선택한 상태에서 ㉓ [Brushes] 패널의 오른쪽 위에 있는 [더 보기] 버튼(≡)을 클릭하고 ㉔ [Export Selected Brushes]를 선택합니다.

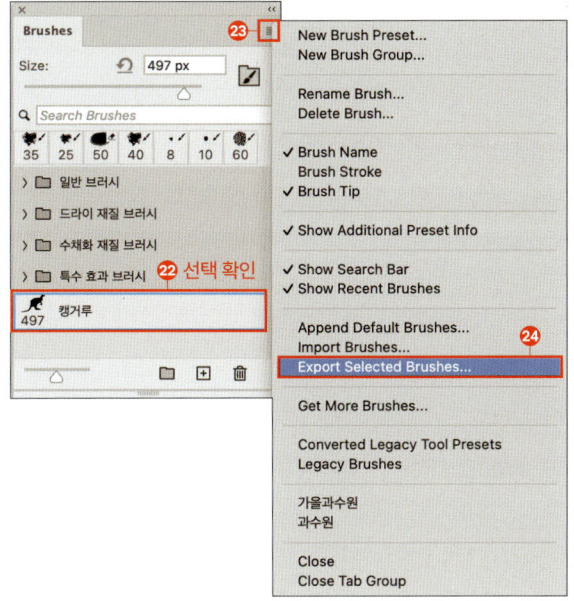

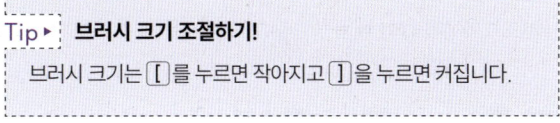

㉕ 저장 경로를 '데스크탑'으로 지정하고 ㉖ 파일 이름을 '캥거루.abr'로 입력한 후 ㉗ [저장] 버튼을 클릭합니다.

㉘ 데스크톱에 저장된 브러시 파일 '캥거루.abr'을 확인합니다.

05 | [Brush Settings] 패널

[Brush Settings] 패널은 [Window]-[Brush Settings]([F5]) 메뉴를 선택하거나 '브러시' 툴( )의 옵션바에 있는 [Brush settings panel] 아이콘( )을 클릭하면 표시할 수 있습니다. [Brush Settings] 패널의 왼쪽에는 총 13개의 메뉴가 있고 속성값을 조정해 사용하거나 새로운 브러시를 만들어 저장할 수 있습니다.

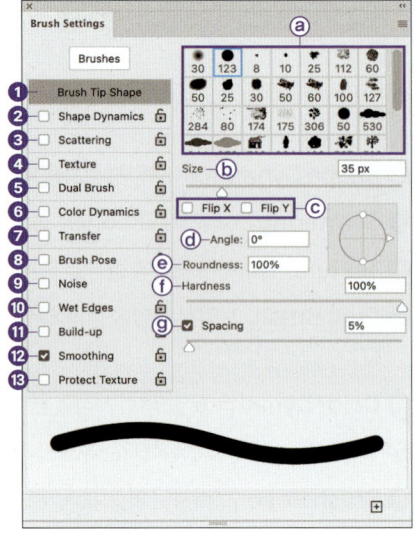

❶ **Brush Tip Shape**: 브러시 모양을 선택하고, 크기, 각도, 폭, 간격 등을 조절할 수 있습니다.

ⓐ **브러시 목록**: 원하는 브러시를 선택합니다.

ⓑ **Size**: 브러시의 크기를 조절할 수 있습니다.

ⓒ **Flip X**: 브러시 좌우 대칭, **Flip Y**: 브러시 상하 대칭

▲ 원본　　　　　　▲ Flip X　　　　　　▲ Flip Y

ⓓ **Angle**: 브러시의 각도를 변경합니다. 오른쪽에 있는 원 그림에서 화살표 모양을 움직여도 각도를 조절할 수 있습니다.

ⓔ **Roundness**: 브러시의 납작한 정도를 조절할 수 있습니다.

▲ Roundness: 100%　　　　　　▲ Roundness: 50%

ⓕ **Hardness**: 브러시의 단단한 정도를 조절할 수 있습니다.

⑨ **Spacing**: 브러시의 간격을 조절할 수 있습니다.

▲ Spacing: 200%

▲ Spacing: 400%

❷ **Shape Dynamics**: 브러시 모양을 다양하게 바꿀 수 있습니다.

❸ **Scattering**: 브러시가 흩뿌려지는 정도를 조절합니다.

❹ **Texture**: 브러시에 패턴과 질감을 추가합니다.

❺ **Dual Brush**: 브러시 모양을 중복해서 지정할 수 있고 서로 다른 브러시의 속성을 혼합하여 새로운 브러시를 만들 수 있습니다.

❻ **Color Dynamics**: 브러시 색상을 좀 더 다양하게 지정할 수 있습니다.

❼ **Transfer**: 브러시가 칠해지는 투명도와 자체 질감의 투명도를 조절합니다.

❽ **Brush Pose**: 브러시의 가로 획과 세로 획의 지정된 기울기, 회전, 필압 등을 기본값으로 둘지, 값을 바꿀지 정합니다.

❾ **Noise**: 브러시 경계 부분에 미세한 노이즈를 추가합니다.

❿ **Wet Edges**: 물에 젖은 브러시 효과를 내어 수채화 느낌에 가깝게 표현합니다.

⓫ **Build-up**: 에어브러시 스타일에 Build-up 효과를 줍니다. 마우스 왼쪽 버튼을 누른 상태에서 마우스를 움직이지 않아도 색상이 흩뿌려지는 효과가 나타납니다.

⓬ **Smoothing**: 부드러운 느낌을 추가합니다. 브러시의 성질에는 별다른 영향을 주지 않습니다.

⓭ **Protect Texture**: 브러시에 적용된 패턴을 보호하고 브러시의 성질에는 별다른 영향을 주지 않습니다.

06 태블릿 필압을 지정해 인물 일러스트 그리기

| 예제파일 | balletillust.psd |
| 완성파일 | balletillust_finish.jpg |

❶ 'balletillust.psd'를 열고 ❷ [Layers] 패널에서 [새 레이어 추가] 아이콘(🔲)을 클릭해서 ❸ [Layer 1] 레이어를 추가합니다. ❹ [Window]-[Brushes] 메뉴를 선택해서 [Brushes] 패널을 열고 '드라이 재질 브러시' 폴더를 연 후 'KYLE 궁극의 목탄색 연필 25픽셀 중간 2' 브러시를 선택합니다. (이 브러시는 처음부터 필압이 지정되어 있습니다.) ❺ 전경색을 검은색으로 지정한 후 ❻ 밑그림을 따라 선을 그립니다.

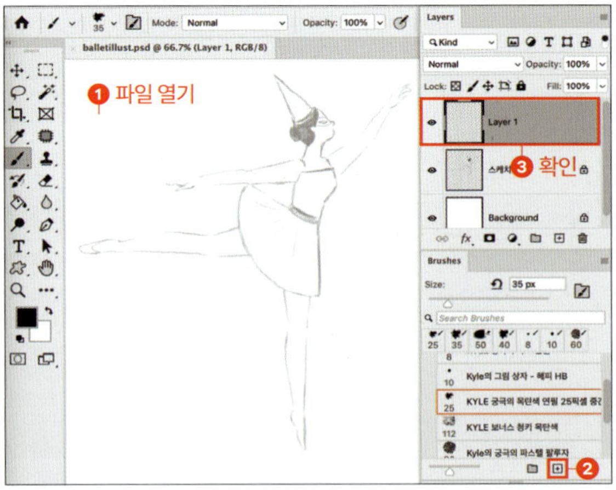

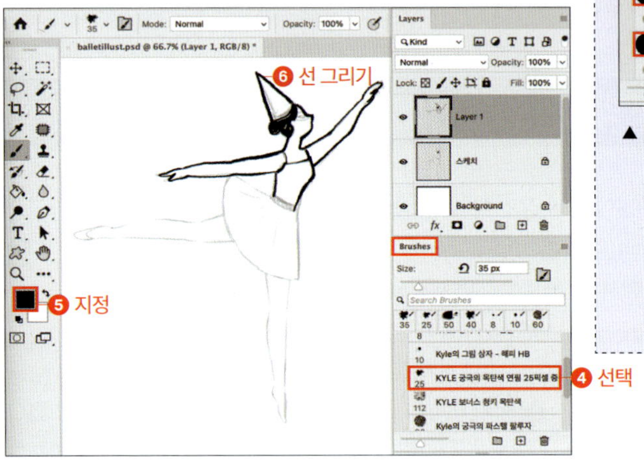

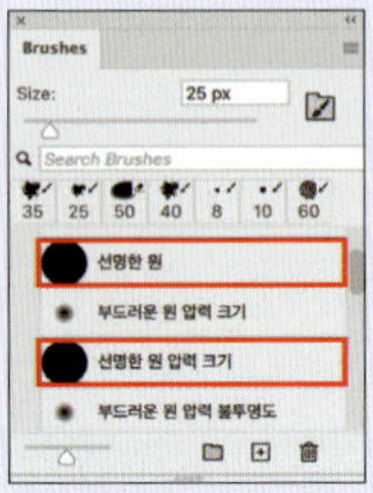

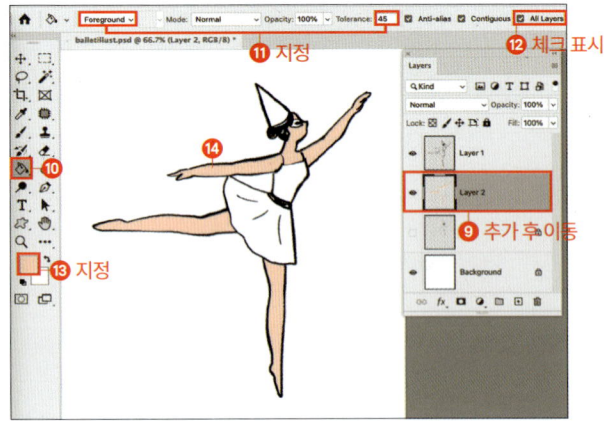

▲ 필압 지정 브러시 유무

▲ [Brush Settings] 창에서 필압 지정하기

Tip ▶ 태블릿 필압 지정하기

태블릿 필압이 처음부터 지정된 브러시와 지정되지 않은 브러시가 있습니다. 예를 들어, '선명한 원'과 '선명한 원 압력 크기' 브러시 중에서 '선명한 원 압력 크기' 브러시만 태블릿 필압이 지정되어 있습니다. 필압 지정을 원한다면 브러시 옵션바의 [Pressure Option] 아이콘(📋)을 클릭하거나 F5 를 눌러 [Brush Settings] 패널을 열고 'Shape Dynamics' 범주의 'Control'을 'Pen Pressure'로 지정합니다.

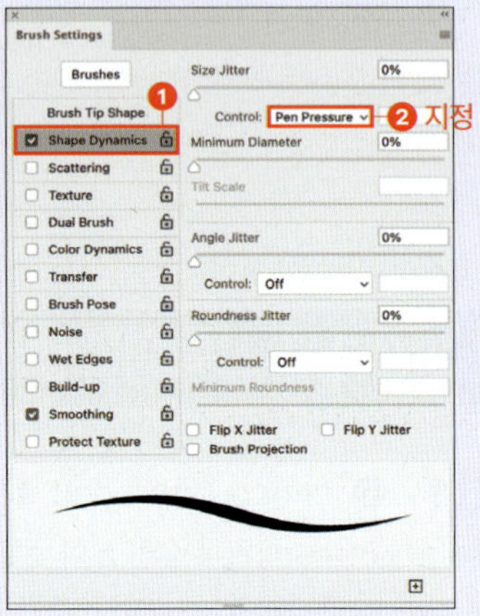

❼ 나머지 부분을 드로잉하여 선을 완성합니다. ❽ [Layers] 패널에서 [새 레이어 추가] 아이콘(🔲)을 클릭해서 ❾ [Layer 2] 레이어를 추가하고 [Layer 1] 레이어의 아래쪽으로 이동합니다. ❿ [Tools] 패널에서 '페인트통' 툴(🪣)을 선택하고 ⓫ 옵션바에서 모드는 'Foreground', 'Tolerance'는 '45'로 지정한 후 ⓬ 'All Layers'에 체크 표시합니다. ⓭ 전경색을 살구색으로 지정하고 ⓮ 발레리나의 몸을 클릭해 색을 입힙니다.

263

⑮ 나머지 부분도 '페인트통' 툴(🪣)을 이용해 ⑯~⑱ 색을 입혀 완성합니다.

STEP 1 | 선택 영역에 색을 입혀 사각형 박스 만들기

01 ❶ 'choco_start.psd'를 열고 ❷ [Tools] 패널에서 '사각 선택' 툴(▭)을 선택합니다. ❸ 안내선 위에서 드래그하여 다음 화면과 같이 선택 영역을 지정하고 ❹ Shift 를 누른 상태에서 드래그하여 두 곳을 선택 영역으로 만듭니다. ❺ [Layers] 패널에서 [새 레이어 추가] 아이콘(⊞)을 클릭해서 ❻ 새로운 레이어를 생성합니다.

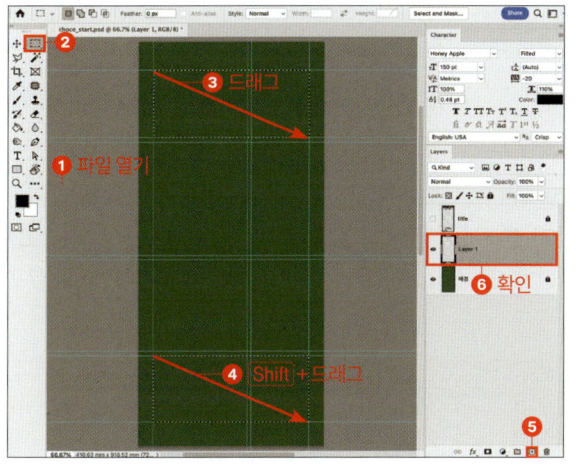

> **Tip ▶ 스냅 기능 켜기 & 안내선 보이기**
>
> ❶ 안내선에 마우스 포인터가 자석처럼 달라붙지 않는다면 스냅 기능을 켜주세요. [View]-[Snap](Shift + Ctrl + ;) 메뉴를 선택하면 스냅 기능을 이용할 수 있고 한 번 더 선택하면 스냅 기능이 꺼집니다.
>
> ❷ 안내선이 안 보이면 [View]-[Show]-[Guides](Ctrl + ;) 메뉴를 선택하세요.

❼ 전경색을 주황색으로 지정하고 ❽ Alt + Delete 를 눌러 색을 입힌 후 Ctrl + D 를 눌러 선택 영역을 해제합니다.

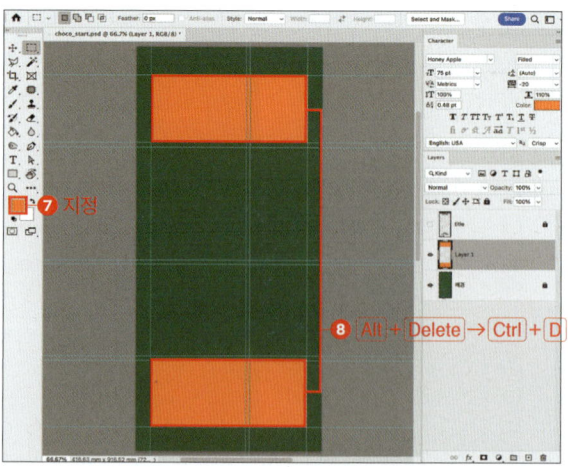

02 ❶ [Layers] 패널에서 [새 레이어 추가] 아이콘(□)을 클릭해서 ❷ 새로운 레이어를 만듭니다. ❸ 안내선을 따라 [Tools] 패널의 '사각 선택' 툴(□)로 ❹ 선택 영역을 지정하고 ❺ Shift 를 누른 상태에서 드래그하여 두 곳을 선택 영역으로 만듭니다. ❻ 전경색을 검은색으로 지정하고 ❼ Alt + Delete 를 눌러 색을 입힌 후 Ctrl + D 를 눌러 선택 영역을 해제합니다.

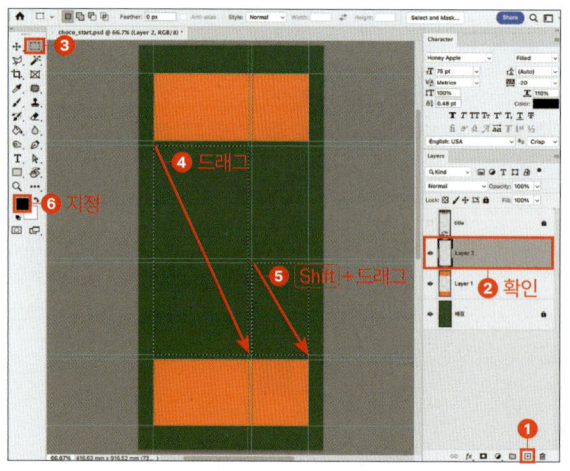 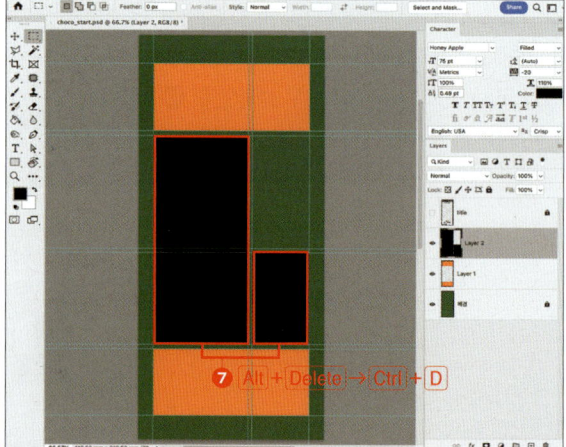

> **Tip ▸ 선택 영역 더하고 빼기**
> 선택 영역 관련 툴을 선택하고 Shift 를 누른 상태에서 드래그하면 드래그한 부분까지 추가할 수 있습니다. 그리고 Alt 를 누른 상태에서 드래그하면 드래그한 부분을 제외할 수 있습니다.

03 ❶ [Layers] 패널에서 [새 레이어 추가] 아이콘(□)을 클릭해서 ❷ 새로운 레이어를 만듭니다. ❸ 안내선을 따라 [Tools] 패널의 '사각 선택' 툴(□)로 ❹ 선택 영역을 지정하고 ❺ Ctrl + ; 을 눌러 안내선을 감춥니다. ❻ 전경색을 분홍색으로 지정하고 ❼ Alt + Delete 를 눌러 색을 입힙니다.

265

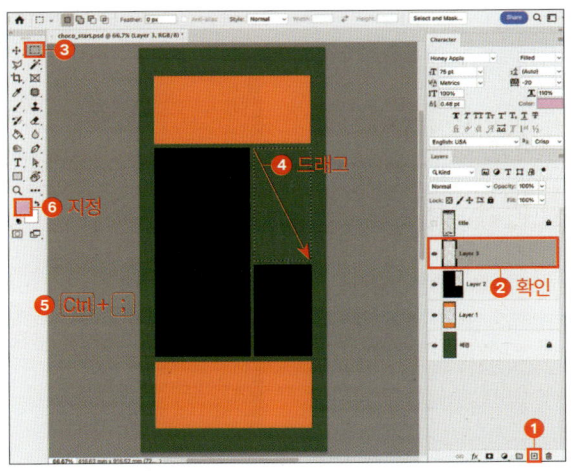 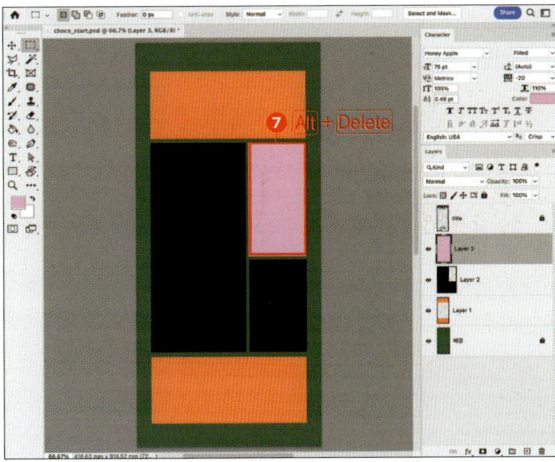

> **Tip ▶ 전경색/배경색으로 채우기**
>
> Alt + Delete 를 누르면 전경색으로, Ctrl + Delete 를 누르면 배경색으로 채울 수 있습니다.

❽~❾ [Layrers] 패널에서 Shift 를 누른 채 [Layer 1] 레이어와 [Layer 3] 레이어를 차례대로 클릭하여 이들 레이어 사이에 있는 [Layer 2] 레이어까지 모두 선택한 후 ❿ Ctrl + E 를 눌러 레이어를 합칩니다.

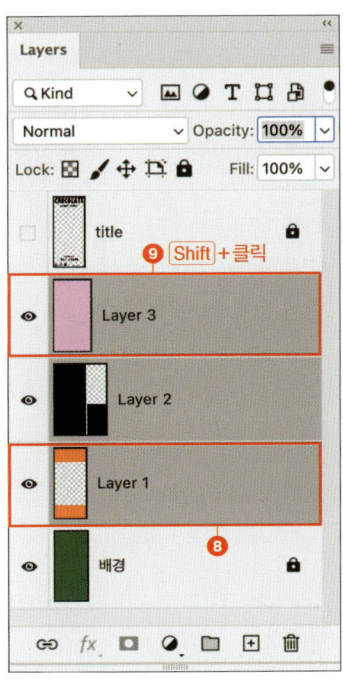 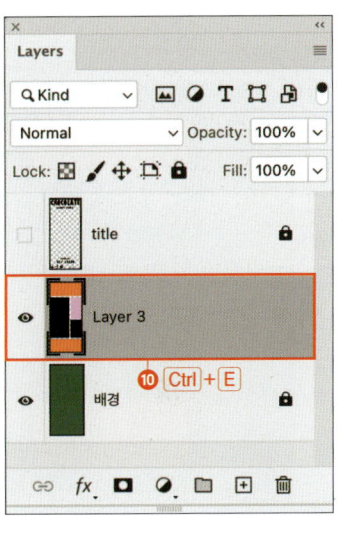

STEP 2 | 사각형 박스에 잔물결 효과 주기

01 ❶ [Layers] 패널에서 [Layer 3] 레이어를 선택하고 [Filter]-[Distort]-[Ripple] 메뉴를 선택합니다. [Ripple] 창이 열리면 'Amount'는 '60%', 'Size'는 'Medium'으로 지정하고 ❷ [OK] 버튼을 클릭해서 ❸ 테두리에 잔잔한 물결 모양을 추가합니다.

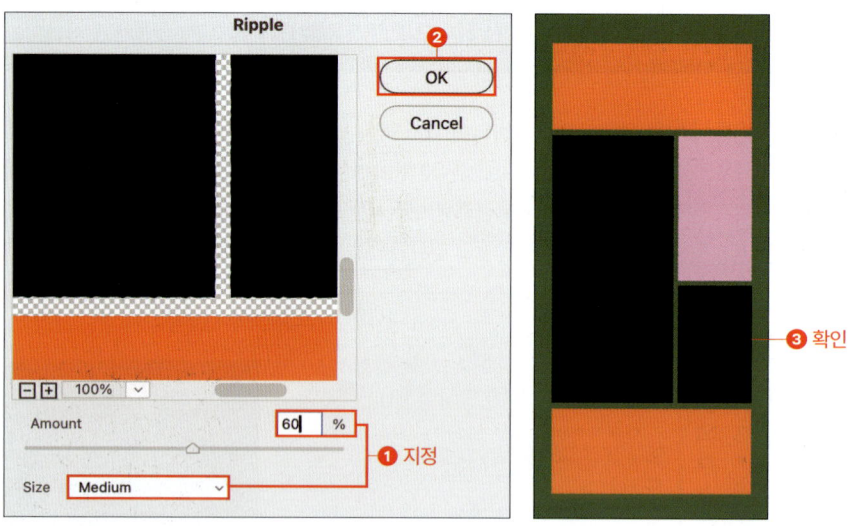

Tip ▶ 잔물결(Ripple) 필터

잔물결(Ripple) 필터는 자잘한 물결 형태를 만드는 필터로, 물결 크기를 'Small', 'Medium', 'Large'로 지정할 수 있습니다.

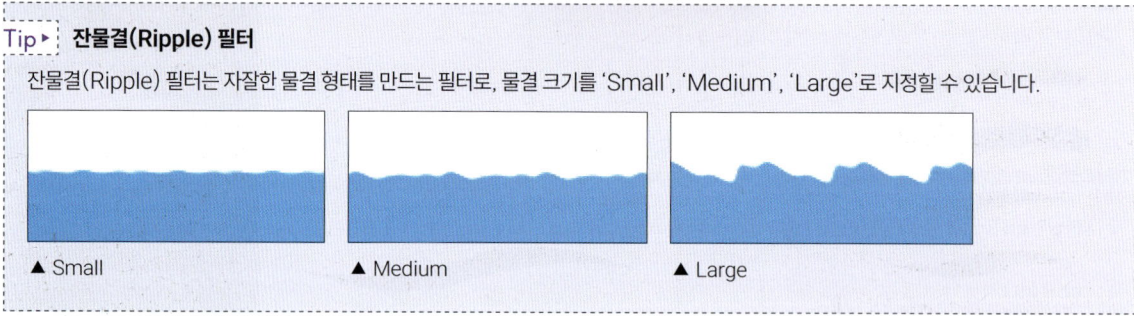

▲ Small　　　　　▲ Medium　　　　　▲ Large

02 ❶ [Layers] 패널에서 [새 폴더 추가] 아이콘(▢)을 클릭해서 ❷ 새로운 폴더를 추가하고 폴더 이름을 'illust'로 바꿉니다. ❸ [새 레이어 추가] 아이콘(▢)을 클릭해서 ❹ 새로운 레이어를 추가합니다.

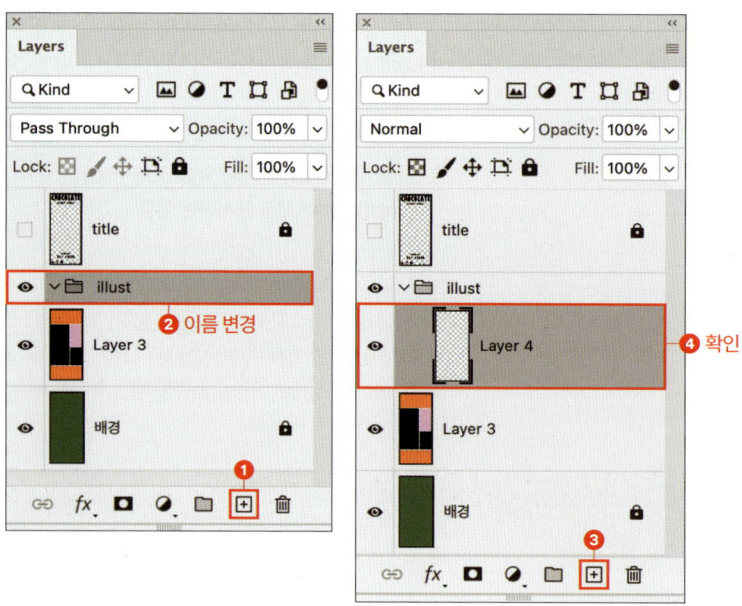

STEP 3 | [Brush Settings] 창에서 수정한 브러시로 일러스트 그리기

01 ❶~❷ [Tools] 패널에서 '브러시' 툴(🖌)을 선택하고 옵션바의 브러시 목록 보기에서 '일반 브러시' 폴더의 '선명한 원'을 선택한 후 브러시를 수정하기 위해 F5 를 누릅니다. ❸ [Brush Settings] 창이 열리면 'Shape Dynamics'에 체크 표시하고 ❹ 'Size Jitter'를 '45%'로 지정합니다. ❺ 획이 울퉁불퉁한 브러시를 만들었으면 전경색을 분홍색으로 지정하고 ❻ 제작한 브러시로 사람 얼굴을 그립니다. 획을 더 울퉁불퉁하게 만들고 싶으면 'Size Jitter' 값을 크게 조절합니다.

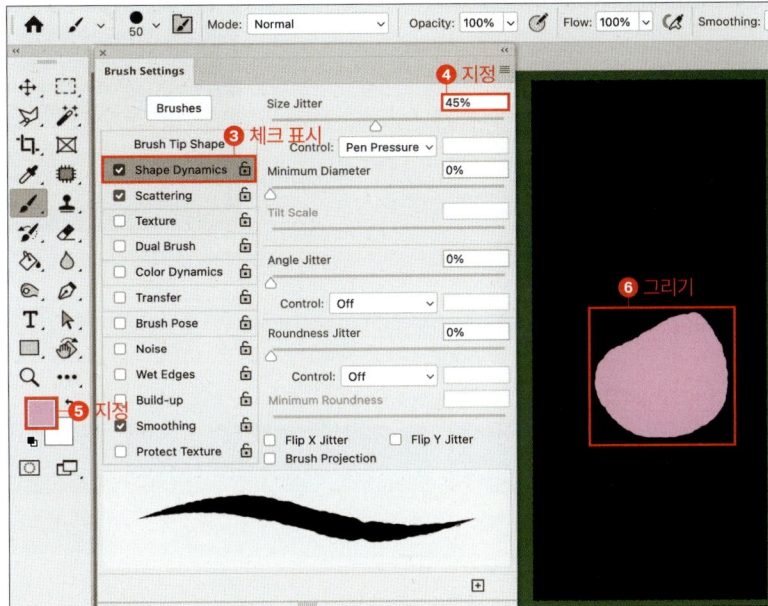

02 ❶ 제작한 브러시를 브러시 목록에 추가해 보겠습니다. [Brush Settings] 창에서 [새 브러시 추가] 아이콘(🔲)을 클릭해서 ❷ [New Brush] 창을 열고 'Name'에 '울퉁불퉁'을 입력한 후 ❸ 'Include Tool Settings'에는 체크 표시를, ❹ 'Include Color'에는 체크 표시를 해제하고 ❺ [OK] 버튼을 클릭합니다. 컬러 지정을 포함하는 'Include Color'의 체크 표시를 해제해야만 전경색을 다양하게 지정할 수 있습니다.

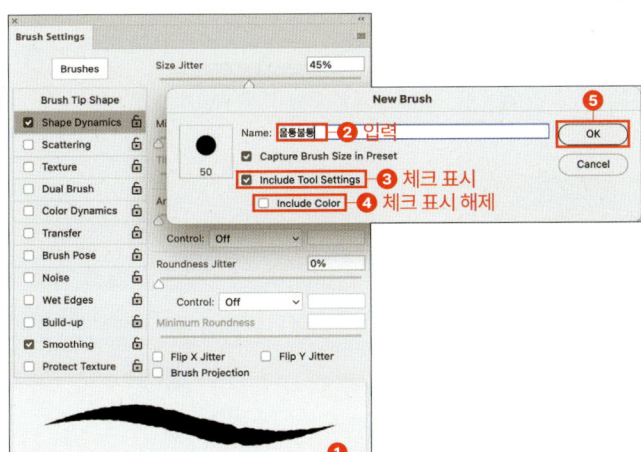

> **Tip ▶ [New Brush] 창에서 'Include Tool Settings'에 체크 표시하는 이유**
>
> 예제에서 'Include Tool Settings'에 체크 표시한 이유는 툴 지정을 기억하여 '브러시' 툴(🖌)로만 사용하기 위해서입니다. '지우개' 툴(🧽), '닷지' 툴(🔆), '번' 툴(✋), '혼합 브러시' 툴(🖌) 등 다른 툴도 활용하려면 'Include Tool Settings'의 체크 표시를 해제하세요.

❻ [Window]-[Brushes] 메뉴를 선택하여 [Brushes] 패널을 열고 '울퉁불퉁' 브러시가 생성되었는지 확인합니다. 여기에서 '울퉁불퉁' 브러시는 '브러시' 툴로만 사용할 수 있어요.

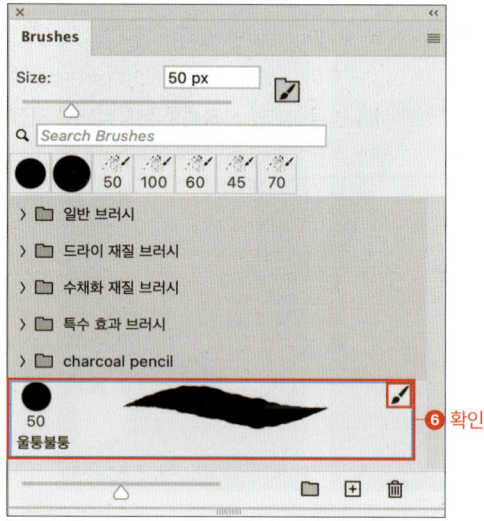

03 ❶ [Layers] 패널에서 새로운 레이어를 생성하고 전경색을 주황색으로 지정한 후 ❷ 머리를 그립니다. ❸ '울퉁불퉁' 브러시를 지우개로 사용하기 위해 [Brushes] 패널에서 [새 브러시 추가] 아이콘(	)을 클릭해서 ❹ [New Brush] 창을 열고 'Include Tool Settings'의 체크 표시를 해제한 후 ❺ [OK] 버튼을 클릭합니다. ❻ 브러시 목록에 '울퉁불퉁2' 브러시가 추가되었는지 확인합니다.

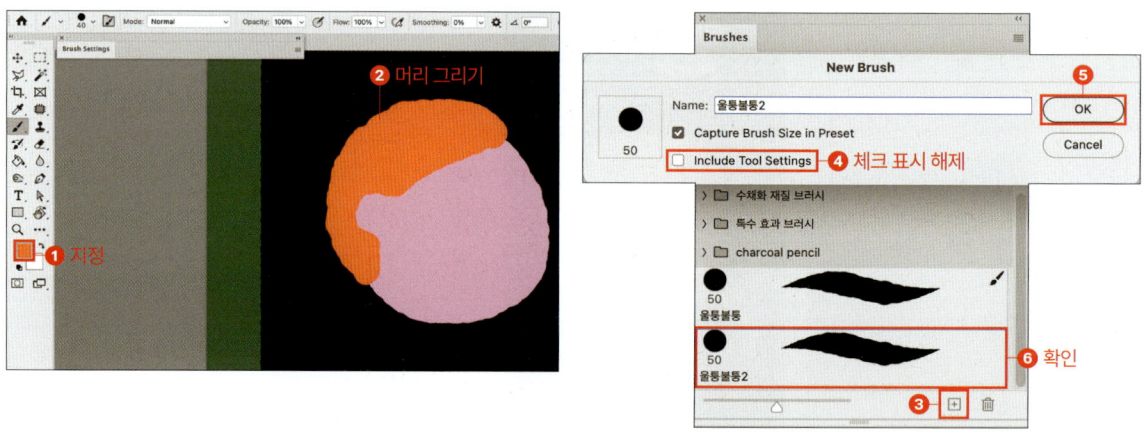

❼~❽ [Tools] 패널의 '지우개' 툴( )로 형태를 지워 다듬어줍니다.

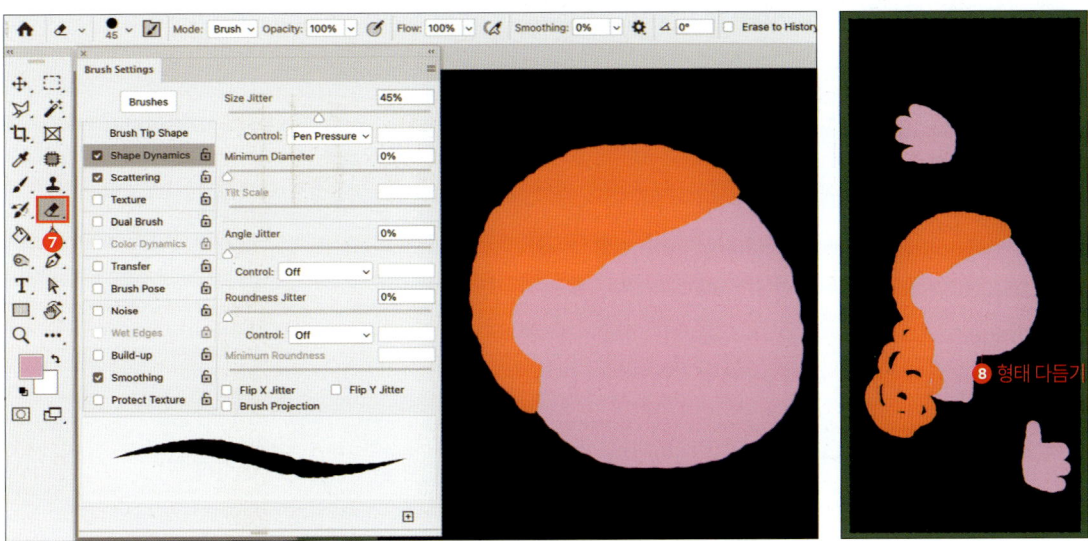

04 ❶~❷ [Layers] 패널에서 새로운 레이어를 생성하고 ❸ 전경색을 초록색으로 지정한 후 팔을 그립니다. ❹~❺ 가려진 팔을 그리기 위해 아래쪽에 새로운 레이어를 생성하고 ❻ 위쪽으로 뻗은 긴 팔을 그립니다.

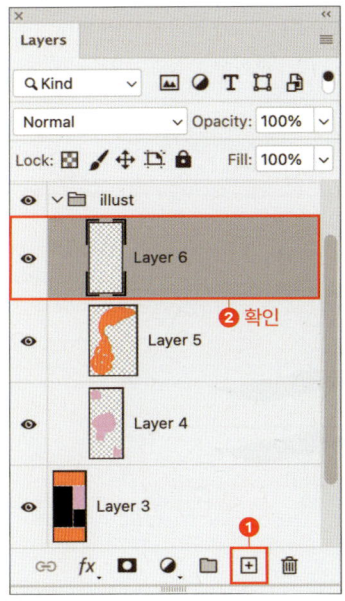  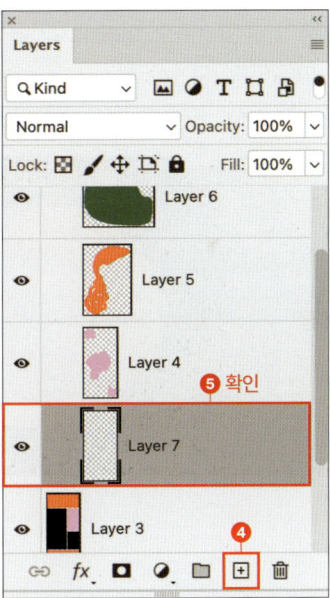

05 ❶ 얼굴을 그린 레이어로 되돌아간 후 흰색과 검은색을 이용해 눈과 입을 그립니다. ❷~❸ [Layers] 패널에서 새로운 레이어를 생성하고 ❹ 검은색으로 소매와 팔의 경계 부분을 그린 후 ❺ 머리카락 라인을 그립니다. ❻ 오른손에는 주황색 카카오 열매를, ❼ 티셔츠에는 가로 세로 줄무늬를 그립니다.

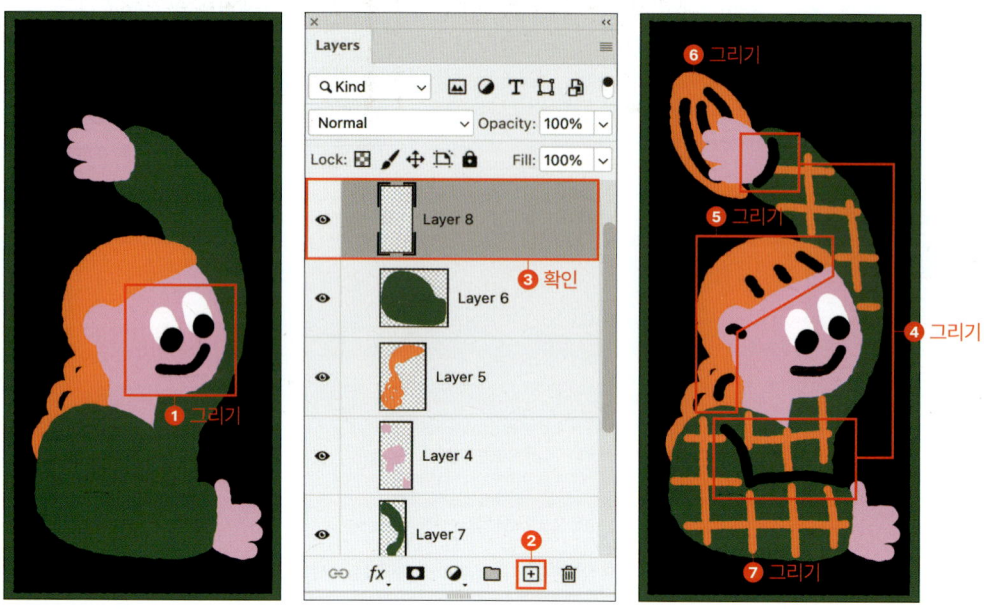

06 ❶~❷ [Layers] 패널에서 새로운 레이어를 생성하고 ❸ 오른쪽 위와 아래에 있는 박스에 카카오 열매와 꽃, 곡선 모양의 장식을 그립니다.

❹~❺ 'illust' 폴더 위에 [검은색 질감] 레이어를 만들고 Ctrl + Alt + G 를 눌러 클리핑 마스크를 씌웁니다.

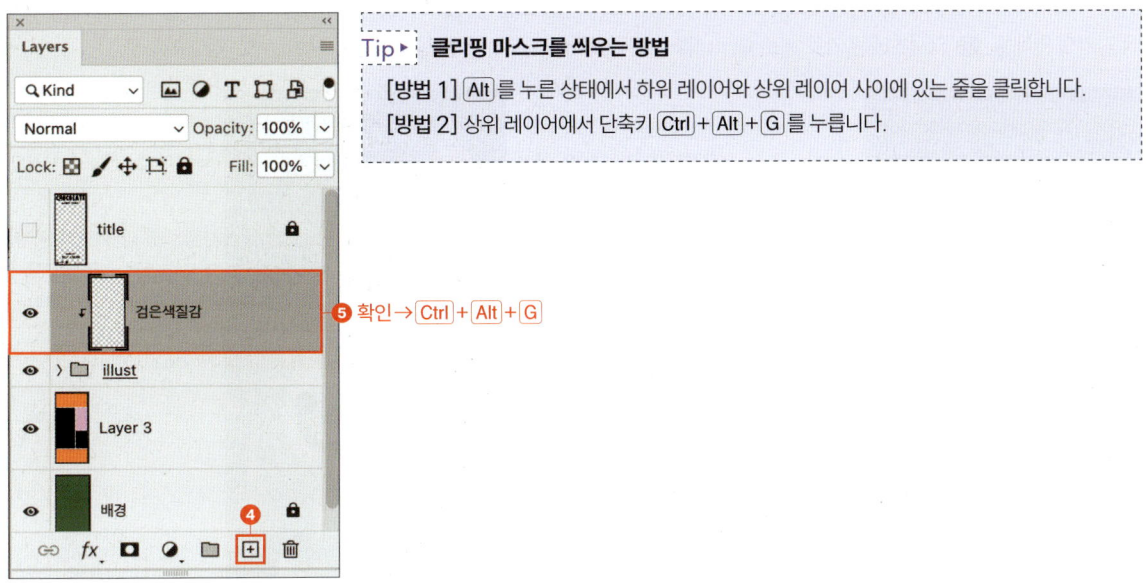

Tip ▸ 클리핑 마스크를 씌우는 방법

[방법 1] Alt 를 누른 상태에서 하위 레이어와 상위 레이어 사이에 있는 줄을 클릭합니다.
[방법 2] 상위 레이어에서 단축키 Ctrl + Alt + G 를 누릅니다.

07 ❶ [Brushes] 패널에서 '특수 효과 브러시' 폴더를 열고 ❷ 'Kyle의 스패터 브러시 - 최고의 스패터 및 텍스쳐' 브러시를 선택한 후 브러시를 수정하기 위해 F5 를 누릅니다. ❸ [Brush Settings] 창이 열리면 'Spacing'에 체크 표시하고 ❹ '6%'로 지정합니다.

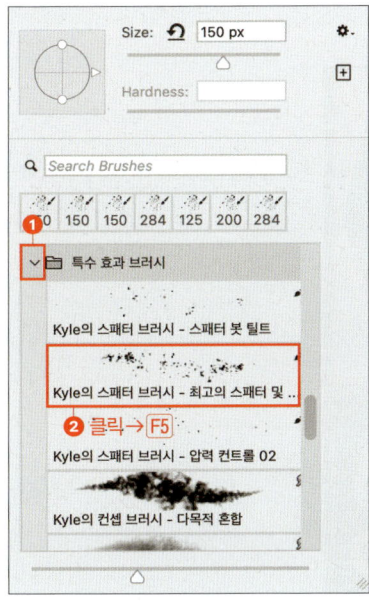
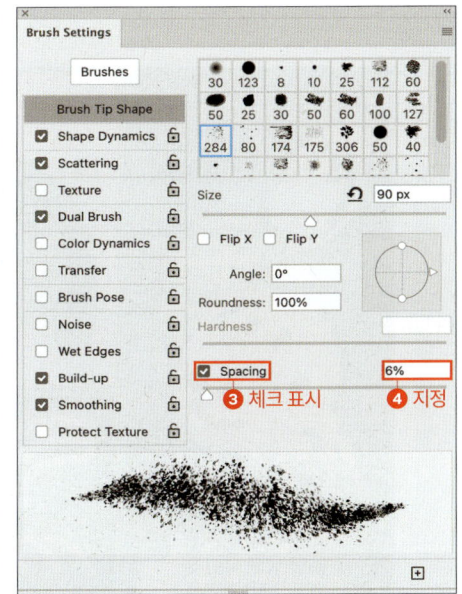

08

❶ 전경색을 검은색으로 지정하고 수정한 브러시로 일러스트 가장자리 부분을 드래그하여 거친 텍스트를 입힙니다. ❷ 브러시 크기를 [[ ]를 눌러 줄이고 [ ]]를 눌러 키우면서 적당한 크기로 칠한 후 ❸ [Layers] 패널에서 [title] 레이어의 눈 아이콘(◉)을 끕니다.

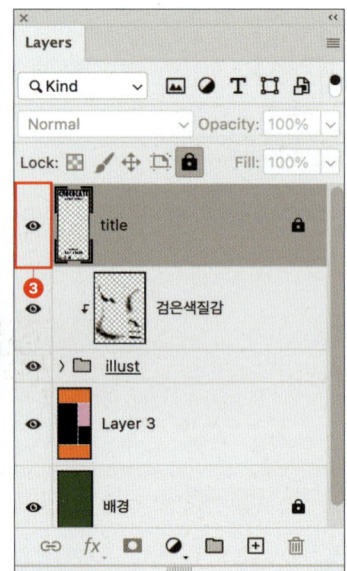

> **Tip ▶ 브러시 관련 단축키**
>
> - [[ ], [ ]]: 브러시의 크기를 점점 작게 하거나 점점 크게 할 수 있습니다.
> - [Shift]+[[ ], [ ]]: 'Hardness' 값을 점점 작게 하거나 크게 할 수 있습니다.
> - [Alt]: '스포이트' 툴(✏)로 변합니다.
> - [Shift]+드래그: 직선을 그릴 수 있습니다.
> - 숫자키: Opacity 값을 조절합니다([0]=100%, [1]=10%, [55]=55%).

❹ 글자와 일러스트 간의 조화를 확인한 후 초콜릿 패키지를 완성합니다.

크리스마스 상자 패키지 디자인

예제파일 **boxlayout.ai**

완성파일 **boxlayout_finish.jpg, box_Mockup.jpg**

Point skill

'패스 도형' 툴, '사각형' 툴(▭), '원형' 툴(◯), '삼각형' 툴(△), '다각형' 툴(◯), '선' 툴(╱), '사용자 정의 모양' 툴(✦), '패스 선택' 툴(▶), '직접 선택' 툴(▷)

How to

이번에는 지기 구조(전개도)를 이용해 크리스마스 상자 패키지를 제작해 보겠습니다. 크리스마스를 상징하는 컬러는 무엇일까요? 예제에서는 빨간색과 초록색, 은색을 사용하여 사랑과 기쁨, 자연적인 분위기, 희망의 메시지를 담으려고 했습니다. 상자에 크리스마스와 관련된 일러스트나 도형, 'Happy Christmas'와 같은 문구를 추가하면 분위기를 더욱 잘 전달할 수 있습니다. 포토샵의 '패스 도형' 툴과 '사용자 정의 모양' 툴은 벡터 도형을 만들 수 있는 툴로, 눈사람, 크리스마스 트리, 선물 상자, 별과 같은 장식을 쉽게 만들 수 있습니다. [Shapes] 패널에서 무료로 제공하는 벡터 소스 중에서 마음에 드는 소스를 골라 일러스트에 활용해도 좋습니다.

Step

박스 전개도 파일 불러오기 ➡ 패키지 앞면 디자인하기 ➡ 패키지 옆면 디자인하기 ➡ 상자 덮개 디자인하기

특별한 인상을 만드는 **배색 방법**

▶ **보색 배색으로 시선을 사로잡고 감정적 반응을 이끌어낼 수 있습니다.**

① **색상 대비 사용**: 배경과 개체 사이에 대조적인 색상을 사용하여 주목도를 높일 수 있습니다. 색상환에서 서로 반대 위치에 있는 색상을 사용하면 강렬하고 생동감 있는 인상을 줍니다. 하지만 과도한 색상 대비는 시각적 피로를 유발할 수 있으므로 적절한 균형을 유지하는 것이 중요합니다.

② **감정을 움직이는 색상**: 색상은 감정에 영향을 미치고 특정한 분위기를 조성하는 데 중요한 요소입니다. 예를 들어, 빨간색은 에너지와 열정을, 파란색은 평온함과 신뢰를, 노란색은 활력과 행복을 상징합니다. 디자인에서 이러한 색상의 심리적 효과를 고려하면 의도한 감정적 반응을 이끌어낼 수 있습니다.

③ **계절에 맞는 배색**: 봄은 생동감을 강조하기 위해 밝고 따뜻한 색상을, 여름은 시원함을 나타내기 위해 파란색 계열의 색상을 사용합니다. 가을에는 풍요로움을 표현하기 위해 주황색과 브라운 계열을 활용하고, 겨울에는 흰색, 실버, 딥 레드를 통해 차가운 겨울의 아름다움을 나타낼 수 있습니다. 계절과 색상의 밀접한 관계를 활용하면 각 계절에 맞는 감정과 분위기를 전달할 수 있습니다.

(디자인 작업 Point)

» **전통적인 크리스마스 색상 조합**

빨간색과 초록색 조합은 전통적인 크리스마스 분위기를 효과적으로 표현할 수 있습니다. 그리고 박스에 골드나 실버 색상의 리본 장식을 추가하면 고급스러움을 강조할 수 있습니다. 이 색상 조합을 시즌 프로모션이나 특별 이벤트 페이지를 만들 때 이용하면 통일감을 줄 수 있습니다.

» **보색 대비와 강조 색상**

빨간색과 초록색은 보색 관계로, 서로 대비되어 디자인 가독성을 높이고 균형감을 줍니다. 이 배경 위에 흰색 텍스트를 사용하면 더욱 효과적으로 강조할 수 있습니다.

» **크리스마스 관련 일러스트레이션**

눈송이, 크리스마스트리, 눈, 선물 박스 등의 일러스트레이션을 추가하여 겨울과 크리스마스를 연상시키는 효과를 주었습니다.

01 '패스 도형' 툴

포토샵에서 '패스 도형' 툴과 '펜' 툴(⌀)을 이용하면 벡터 도형을 만들 수 있습니다. '패스 도형' 툴은 패스를 만들어서 면과 선에 색을 쉽게 입히고 언제든지 형태를 수정할 수 있습니다. '패스 도형' 툴에는 '사각형' 툴(▢), '원형' 툴(◯), '삼각형' 툴(△), '다각형' 툴(◯), '선' 툴(╱), '사용자 정의 모양' 툴(✿)이 있습니다.

✓ '패스 도형' 툴의 종류

❶ '사각형' 툴(▢)

정사각형, 직사각형을 만듭니다. 라운드 코너 위젯을 드래그하여 라운드 사각형을 만들 수 있습니다.

❷ '원형' 툴(◯)

정원, 타원형을 만듭니다.

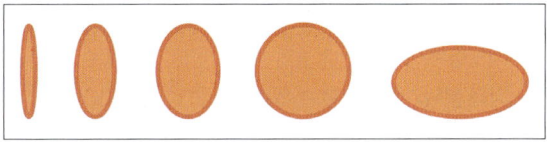

❸ '삼각형' 툴(△)

정삼각형, 직삼각형을 만듭니다. 라운드 코너 위젯을 드래그하여 라운드 삼각형을 만들 수 있습니다.

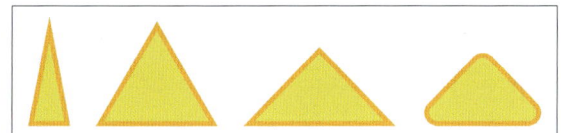

❹ '다각형' 툴(◯)

삼각형, 사각형, 오각형, 마름모, 별 등 다양한 형태를 만듭니다. 3부터 100까지 각의 개수를 지정할 수 있습니다.

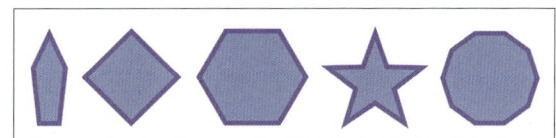

❺ '선' 툴(╱)

옵션바의 'stroke width' 항목에서 선의 두께를 조절합니다. Shift 를 누르면서 위에서 아래로 드래그하면 45도 기울어진 사선을 그릴 수 있습니다.

❻ '사용자 정의 모양' 툴(✿)

포토샵에서 제공하는 여러 가지 모양을 골라서 화면에 클릭 & 드래그하여 만듭니다.

✓ [Properties] 패널에서 패스 도형 수정하기

'패스 도형' 툴로 도형을 만들고 [Window]-[Properties] 메뉴를 선택하여 [Properties] 패널을 연 후 변형(Transform), 모양(Appearance), 패스파인더(Pathfinder) 값을 조절하여 형태를 수정할 수 있습니다.

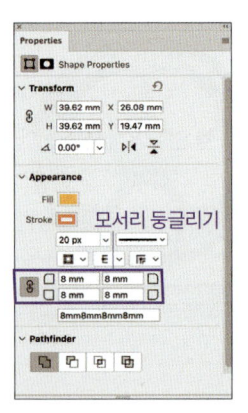

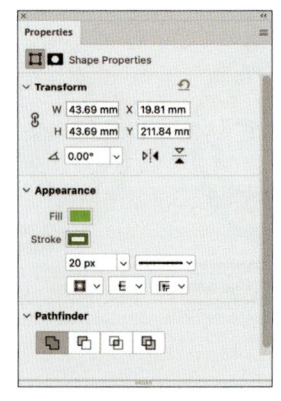
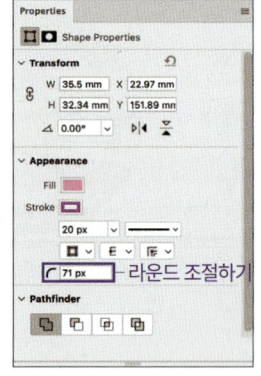

▲ '사각형' 툴 속성 – 라운드 사각형 만들기　　▲ '원형' 툴 속성　　▲ '삼각형' 툴 속성 – 라운드 삼각형 만들기

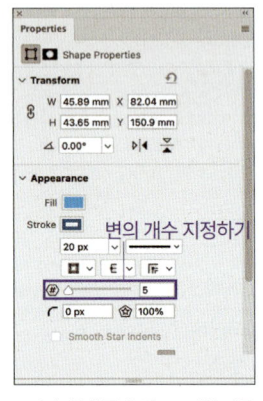

▲ '다각형' 툴 속성 – 오각형 만들기　　▲ '다각형' 툴 속성 – 라운드 별 만들기

✓ '패스 도형' 툴의 옵션바

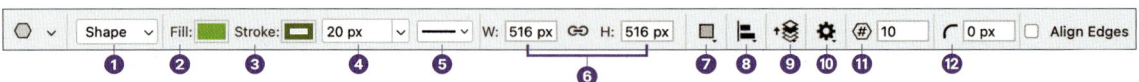

❶ Mode[모드]

ⓐ **Shape**: 면 색과 선 색을 지정할 수 있습니다. [Layers] 패널에는 'Shape Layer'를 만들고 [Path] 패널에는 'Shape Path'를 표시합니다.

ⓑ **Path**: 면 색과 선 색을 지정할 수 없습니다. [Path] 패널에는 저장되지 않은 가상의 'Work Path'를 만듭니다.

ⓒ **Pixels**: 패스가 생기지 않고 전경색 색상을 기준으로 도형의 영역을 채웁니다.

❷ Fill[면 색]: 면 색을 지정합니다.

ⓐ **No Color**: 색상을 없앱니다.

ⓑ **Solid Color**: 단일 색상을 채웁니다.

ⓒ **Gradient**: 그레이디언트 색상을 채웁니다.

ⓓ **Pattern**: 패턴을 채웁니다.

❸ Stroke[선 색]: 선 색을 지정합니다. 'Fill'과 같이 네 가지 방식으로 색을 지정할 수 있습니다.

277

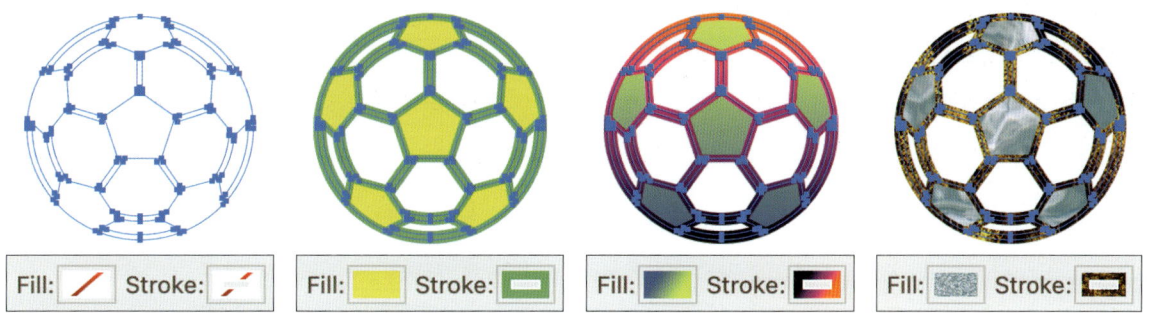

❹ **Stroke width[선 두께]** : 선 두께를 지정합니다.
❺ **Stroke type[선 모양]** : 실선과 점선의 모양을 지정합니다.

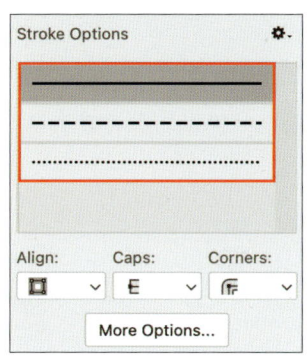 

❻ **W, H[폭과 높이]** : 패스 도형의 가로와 세로 길이를 조절합니다.
❼ **Path operations[패스 작업]**(􀀀) : 병합 옵션을 지정합니다.
ⓐ **Combine Shapes[합치기]** : 패스를 합칩니다.
ⓑ **Subtract Front Shape[앞 빼기]** : 앞쪽 패스와 겹쳐진 부분을 뺍니다.
ⓒ **Intersect Shape Areas[교차 부분 남기기]** : 교차된 부분만 남깁니다.
ⓓ **Exclude Over Lapping Shapes[교차되지 않은 부분 남기기]** : 교차되지 않은 부분만 남깁니다.

▲ 패스 도형 원본   ▲ Combine Shapes (합치기)   ▲ Subtract Front Shape(앞 빼기)   ▲ Intersect Shape Areas(교차 부분 남기기)   ▲ Exclude Over(교차되지 않은 부분 남기기)

❽ **Path alignment[패스 정렬]**(): 만들어진 패스 도형을 정렬합니다.
❾ **Path arrangement[패스 순서]**(): 패스 도형의 순서를 지정합니다.
❿ **Path options[패스 옵션]**(): 비율, 크기 등을 지정합니다. 도형에 따라 지정할 수 있는 옵션이 다릅니다.
⓫ **Set number of sides[변의 수]**(# 10): 변의 개수를 지정합니다.
⓬ **Set radius of rounded corners[모서리 변경]**(0 px): 모서리의 둥근 정도를 지정합니다.

02 │ '패스 도형' 툴로 에펠탑 포스터 제작하기

예제파일	eiffel_start.psd, france.csh
완성파일	eiffel_finish.jpg

❶ 'eiffel_start.psd'를 열고 ❷ [Window]-[Shapes] 메뉴를 선택하여 [Shapes] 패널을 연 후 ❸ 소스 폴더에 있는 'france.csh'를 더블클릭합니다.

 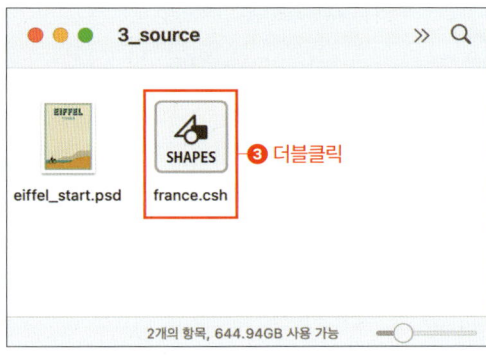

❹ [Shapes] 패널에 'france' 폴더가 표시되면 ❺ [Tools] 패널에서 '사용자 모양 패스' 툴()을 선택한 후 ❻ 옵션바에서 'Fill'을 검은색으로 지정합니다. ❼ [Shapes] 패널의 'france' 폴더에서 '에펠탑'을 선택하고 화면에서 클릭 & 드래그하여 에펠탑을 만듭니다.

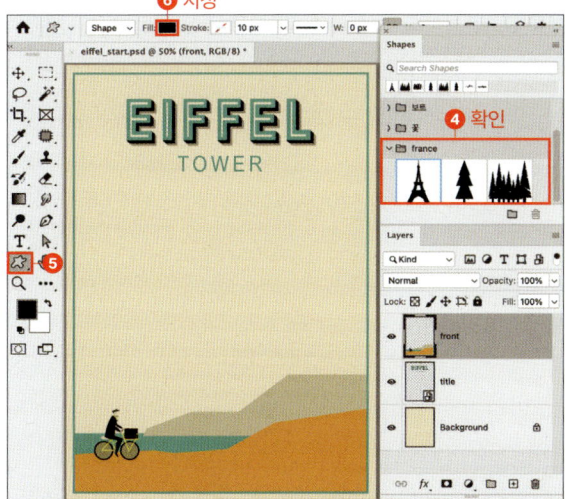
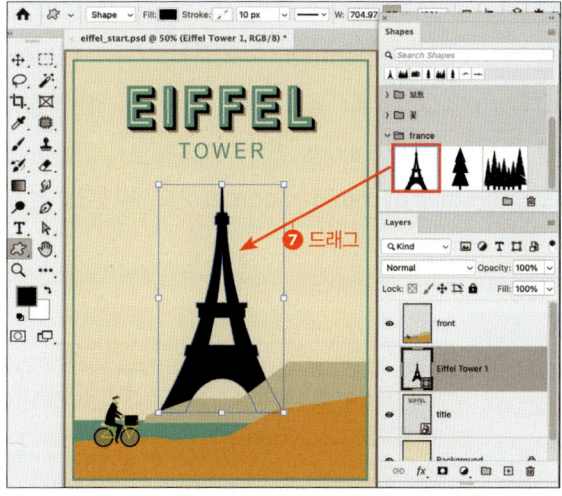

Tip ▶ 이전의 셰이프 라이브러리 소스 열기 – Legacy Shapes and More

[Shapes] 패널에서 [더 보기] 버튼(≡)을 클릭한 후 [Legacy Shapes and More]를 선택하면 이전의 라이브러리 소스 폴더를 불러올 수 있습니다.

❽ [Shapes] 패널의 'france' 폴더에서 '나무들' 패스를 선택하고 ❾ 옵션바에서 'Fill'을 연녹색으로 지정한 후 ❿ 화면에서 두 곳을 드래그하여 나무를 생성합니다. ⓫ [Shapes] 패널의 'france' 폴더에서 '한그루 나무' 패스를 선택하고 ⓬ 옵션바에서 'Fill'을 주황색으로 지정한 후 ⓭ 화면에서 세 곳을 드래그하여 나무를 생성합니다.

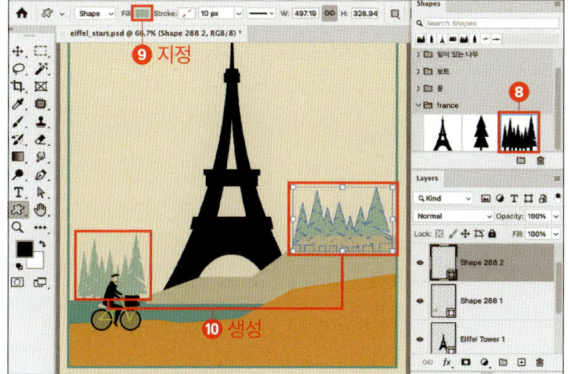

⑭ [Tools] 패널에서 '원형' 툴(◯)을 선택하고 ⑮ 옵션바에서 'Fill'을 노란색으로 지정한 후 ⑯ 화면 중앙에서 Shift + Alt 를 누른 채 드래그하여 원을 그립니다. ⑰ 원을 캔버스의 가로 중앙에 맞추기 위해 옵션바에서 [왼쪽 가장자리 맞춤] 아이콘()을 클릭하고 ⑱ 'Align To'를 'Canvas'로 지정한 후 ⑲ 'Align'에서 [가로 중앙 맞춤] 아이콘()을 클릭합니다.

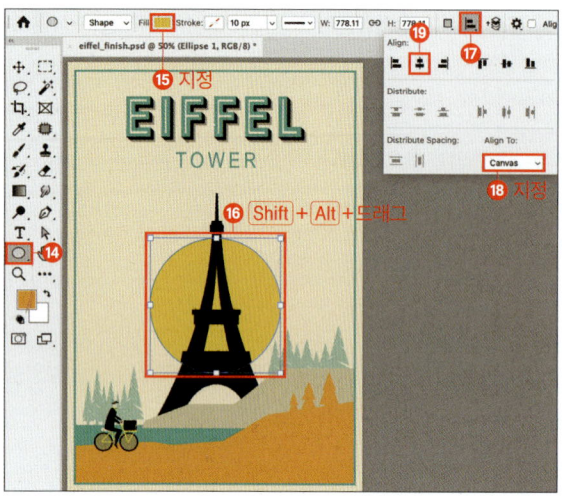

> **Tip ▶** 정렬 기준을 정하는 'Align To' 옵션
> ❶ **Selection**: 선택한 개체들끼리 왼쪽, 중앙, 오른쪽을 찾아 정렬합니다.
> ❷ **Canvas**: 캔버스를 기준으로 왼쪽, 중앙, 오른쪽을 찾아 정렬합니다.

✓ 핵심 기능

03 | '패스 선택' 툴과 '직접 선택' 툴

패스는 기준점과 선분으로 구성됩니다. 직선은 방향선과 방향점이 없지만 곡선은 핸들(방향선과 방향점)이 나타납니다. 방향선과 방향점의 위치에 따라 곡선의 크기와 모양이 정해지므로 이 요소를 이동하여 곡선 모양을 변경할 수 있습니다. '패스 선택' 툴()은 패스를 선택할 때, '직접 선택' 툴()은 패스의 구성 요소인 기준점과 방향점을 선택하여 수정할 때 사용합니다.

✓ 패스의 구성 요소

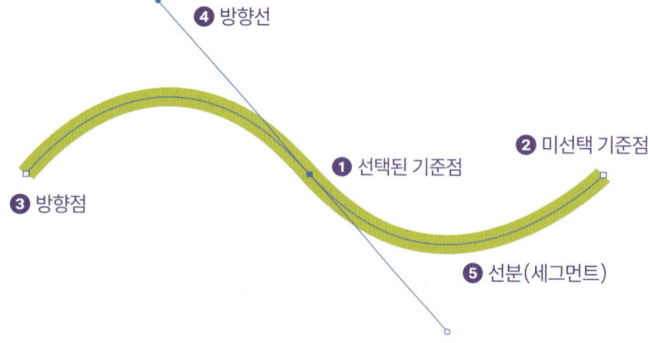

❶ **선택된 기준점**: 선택된 기준점은 점에 색이 채워져 있습니다. 오브젝트의 형태를 부분적으로 수정하고 싶을 때 '직접 선택' 툴(▶)로 해당 기준점만 선택하여 이동합니다.

❷ **미선택 기준점**: 선택되지 않은 점으로, 흰색입니다.

❸ **방향점**: 방향선의 끝에 있는 점으로, '직접 선택' 툴(▶)로 점을 잡고 움직이면 방향선이 조절되어 곡선의 형태를 수정할 수 있습니다.

❹ **방향선**: 곡선을 만들 때 곡선의 방향과 길이를 지정합니다.

❺ **선분(세그먼트)**: 기준점과 기준점을 연결하는 선으로, 곡선과 직선으로 만들 수 있습니다.

✓ '패스 선택' 툴과 '직접 선택' 툴의 차이

❶ **'패스 선택' 툴**

'패스 선택' 툴(▶)로 하나의 패스를 클릭하여 선택합니다. 여러 개의 패스를 한꺼번에 선택하려면 여러 개의 패스가 있는 영역을 드래그하거나 Shift 를 누른 상태에서 클릭합니다.

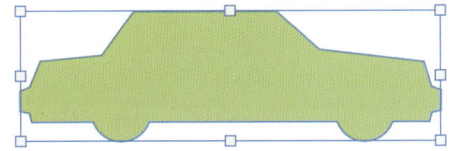
▲ '직접 선택' 툴로 도형을 클릭하는 경우(기준점이 나타남)

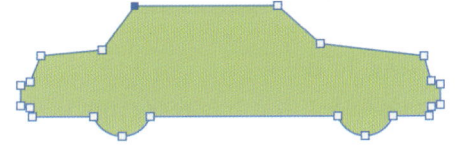
▲ '패스 선택' 툴로 도형을 클릭하는 경우

❷ **'직접 선택' 툴**

'직접 선택' 툴(▶)로 방향점을 선택해 이동하면 방향선의 길이를 바꿀 수 있습니다. 이 경우 방향선이 조절되면서 곡선의 모양이 바뀌는데, 기준점을 선택해 이동하면 위치가 바뀌면서 곡선의 모양이 바뀝니다. 패스를 그리는 게 어려우면 '펜' 툴(✎)로 한 번에 정확하게 그리는 것보다 패스를 그린 후 '직접 선택' 툴(▶)로 수정하는 방법을 추천합니다.

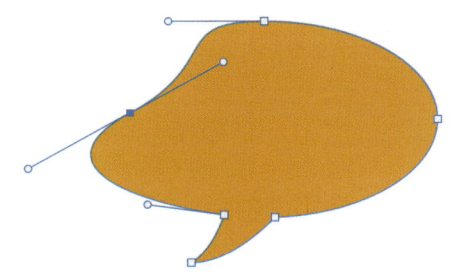
▲ 방향선이 같이 이동하는 경우

▲ 방향선이 한쪽만 이동하는 경우

> **Tip ▶ '패스 선택' 툴과 '직접 선택' 툴 교대로 바꾸기**
> - '패스 선택' 툴(▶)인 상태에서 Ctrl 을 누른 채 패스를 클릭하면 '직접 선택' 툴(▶)로 바뀝니다. 그리고 '직접 선택' 툴(▶)인 상태에서 Ctrl 을 누른 채 패스를 클릭하면 '패스 선택' 툴(▶)로 바뀝니다.
> - '펜' 툴(✎)을 선택한 상태에서 Ctrl 을 누르면 '직접 선택' 툴(▶)로, Alt 를 누르면 '기준점 변환' 툴(▶)로 바뀝니다.

STEP 1 　 박스 전개도 파일 불러오기

01 ❶ 'boxlayout.ai'를 열고 [Import PDF] 창이 열리면 [OK] 버튼을 클릭합니다. ❷ 그러면 배경을 포함하지 않은 박스 전개도가 열립니다.

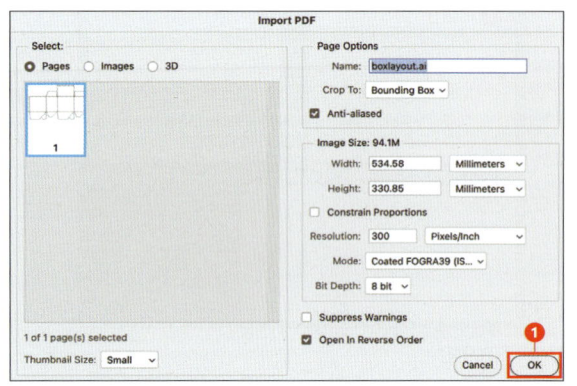 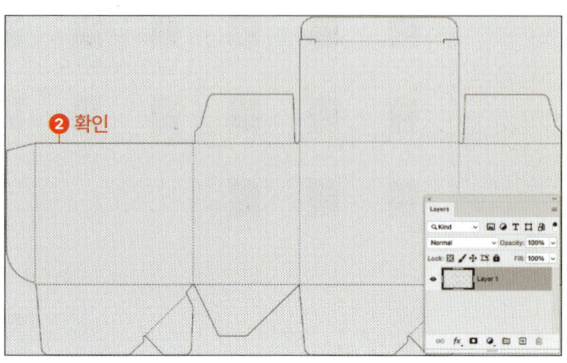

> **Tip ▶ 지기 구조란?**
>
> '지기 구조'는 원하는 형태의 박스를 만들 수 있도록 평면으로 만든 전개도를 말합니다. 지기 구조를 설계할 때는 포장할 내용물의 형태, 크기, 중량을 고려하여 종이 두께를 지정해야 하고 정확한 치수로 변의 길이를 지정해야 하는데, 이때 오차가 있으면 상자가 제대로 조립되지 않을 수 있습니다. 지기 구조는 벡터 프로그램으로 제작하고 절개선과 절취선을 구분하여 표시합니다.

02 ❶ [Layers] 패널에서 [새 레이어 추가] 아이콘(▣)을 클릭해서 ❷ 새로운 레이어를 추가하고 레이어 이름을 '지기구조'로 변경한 후 ❸ [지기 구조] 레이어에 그림을 그리거나 위치를 이동할 수 없게 'Lock'에서 자물쇠 아이콘(🔒)을 클릭합니다. ❹ [Layer 1] 레이어 이름을 '배경'으로 변경하고 전경색을 흰색으로 지정한 후 Alt + Delete 를 눌러 배경에 흰색을 입힙니다. ❺ [새 레이어 추가] 아이콘(▣)을 클릭해서 ❻ [지기 구조] 레이어의 아래쪽에 새로운 레이어를 추가하고 이름을 '상자색상'으로 변경합니다.

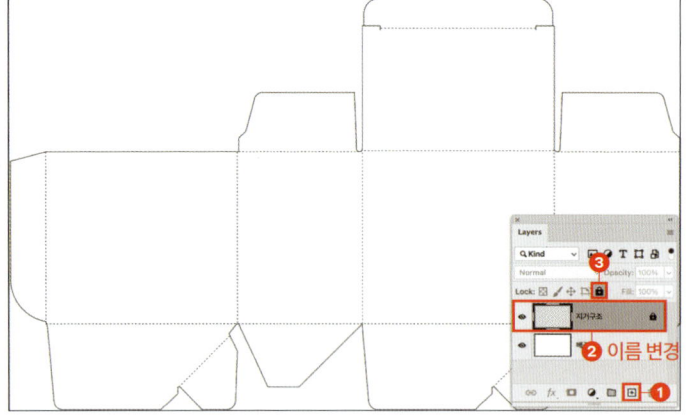 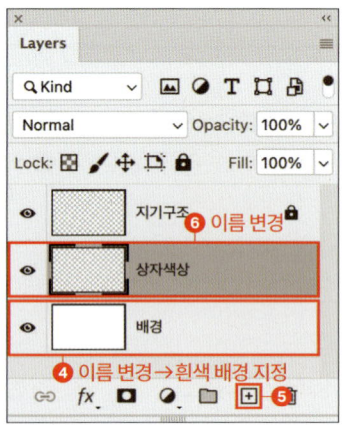

Tip ▶ **일러스트레이터에서 제공하는 지기 구조를 포토샵으로 가져오기**

일러스트레이터 프로그램에서 [File]-[Open as Template] 메뉴를 선택해 무료로 제공하는 '상자.ait' 템플릿을 엽니다. 마음에 드는 지기 구조를 선택하고 Ctrl+C를 눌러 복사한 후 포토샵 작업 창에서 Ctrl+V를 눌러 붙여넣기합니다.

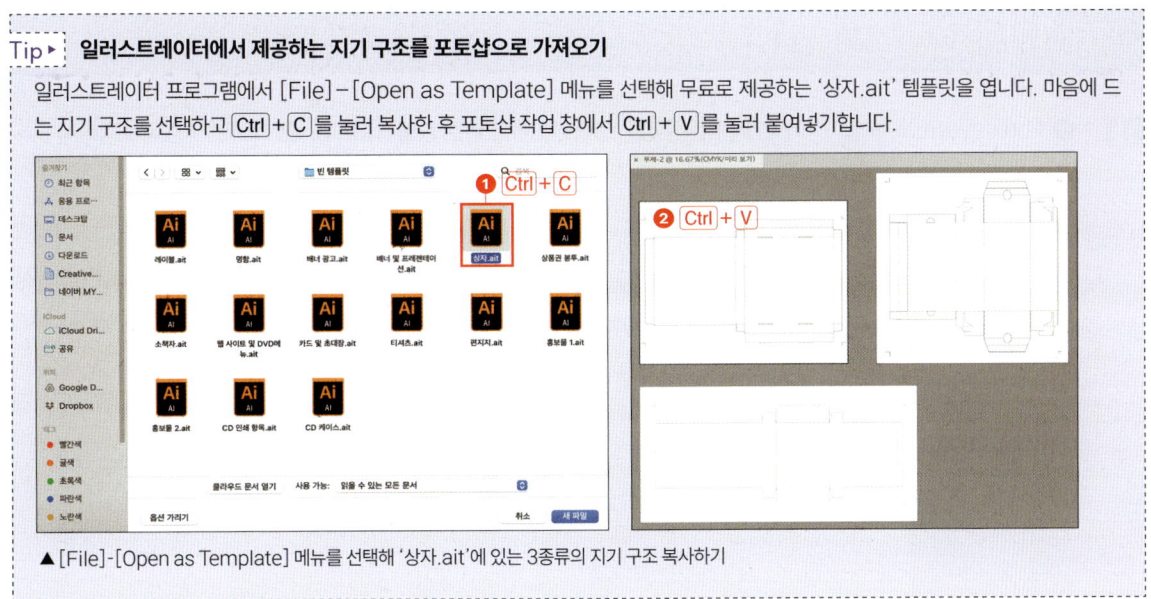

▲ [File]-[Open as Template] 메뉴를 선택해 '상자.ait'에 있는 3종류의 지기 구조 복사하기

❼ [Tools] 패널에서 '마술봉' 툴( )을 선택하고 ❽ 지기 구조 바깥쪽의 흰색 배경을 클릭하여 선택 영역을 만듭니다. ❾ [Select]-[Inverse](Shift+Ctrl+I) 메뉴를 선택하여 선택 영역을 반전합니다.

03 ❶ 전경색을 빨간색으로 지정하고 ❷ Alt+Delete를 눌러 선택 영역에 색을 입힙니다. ❸ [Layers] 패널에서 [새 레이어 추가] 아이콘( )을 클릭해서 ❹ [앞옆면색상] 레이어를 만듭니다.

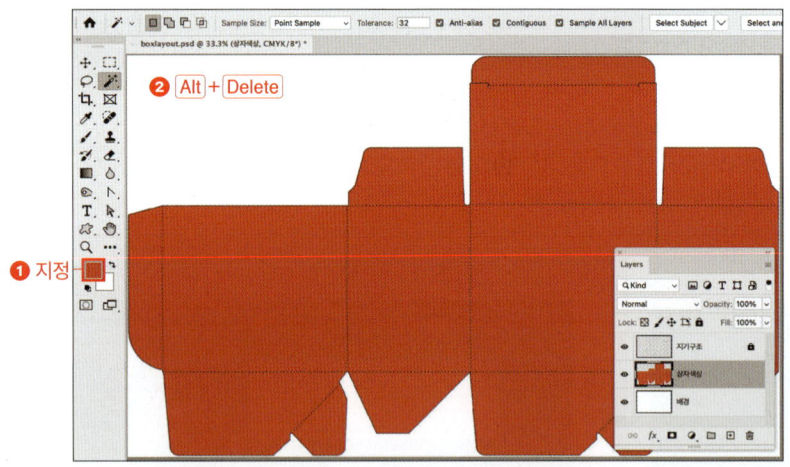
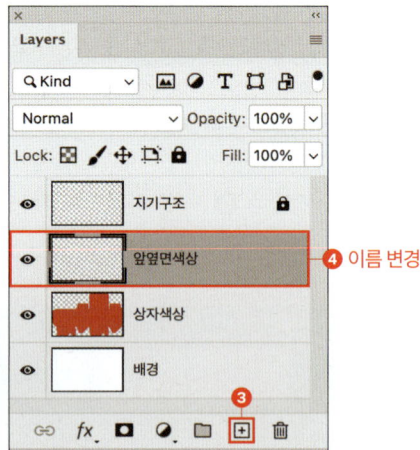

❺ [Tools] 패널의 '사각 선택' 툴( )로 ❻ 앞 옆면을 드래그해 선택 영역으로 지정합니다.

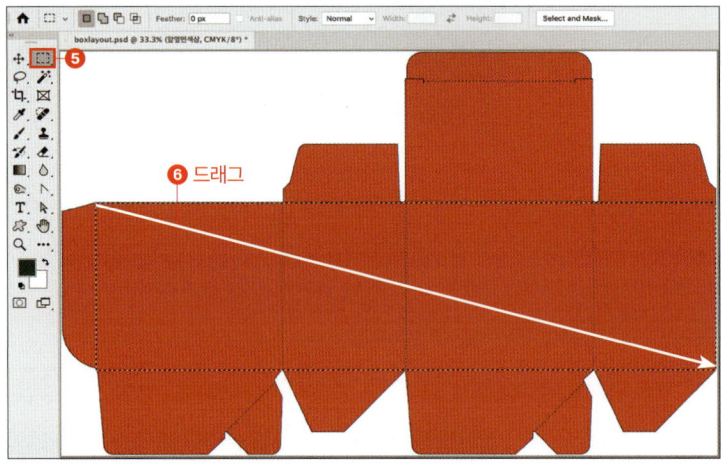

❼ 전경색을 진녹색으로 지정한 후 ❽ Alt + Delete 를 눌러 색을 입힙니다.

STEP 2 | 패키지 앞면 디자인하기

01 ❶ [Tools] 패널에서 '사각형' 툴(□)을 선택하고 ❷ 옵션바에서 모드는 'Shape', 'Fill'은 베이지색으로 지정합니다. ❸ 지기 구조에서 앞면 윗부분을 드래그하여 직사각형 면을 만듭니다. ❹ 'Fill'은 'None', 'Stroke'는 '빨간색', 두께는 '5px'로 지정한 후 ❺ 드래그하여 직사각형 모양의 빨간색 테두리를 만듭니다.

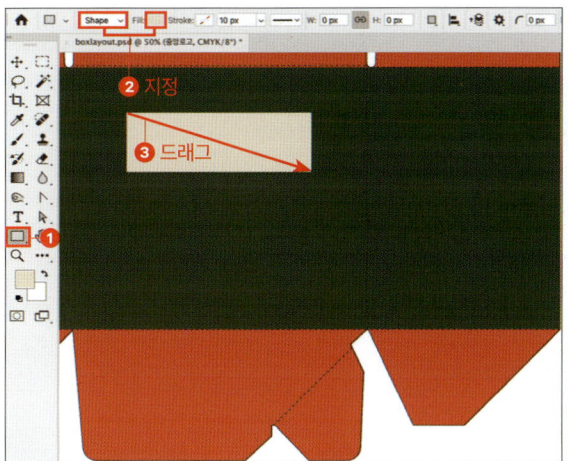 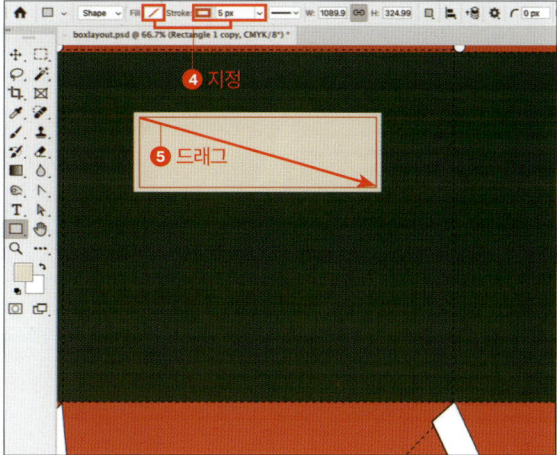

02 ❶ 이번에는 박스 패키지의 타이틀을 적어보겠습니다. [Tools] 패널에서 '문자' 툴(T)을 선택하고 ❷ 'HAPPY CHRISTMAS'를 입력합니다. ❸ [Character] 패널에서 글꼴은 '여기어때 잘난체 고딕', 크기는 '23pt', 자간은 '0', 가로 비율은 '95%'로 지정합니다. ❹ '문자' 툴(T)로 'WINTER MOISTURE MASK'를 입력하고 ❺ [Character] 패널에서 글꼴은 'AppleGothic', 크기는 '14.6pt', 자간은 '50', 가로 비율은 '96%'로 지정합니다.

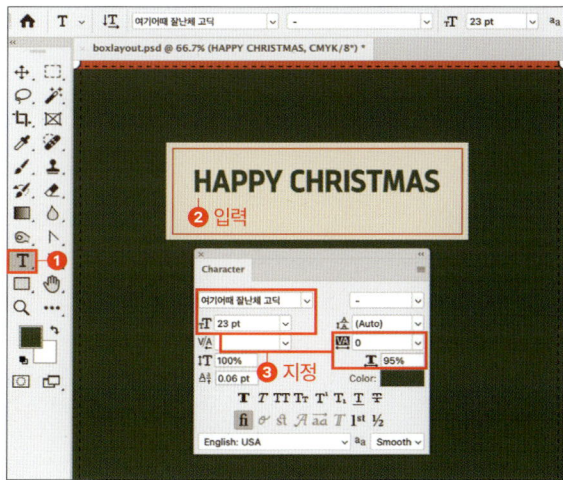 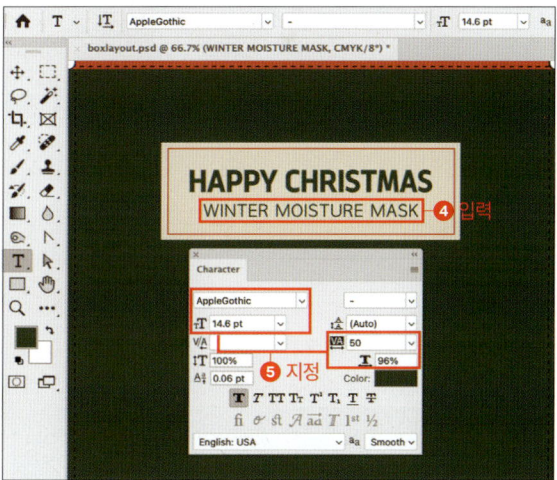

03 ❶ [Shapes] 패널에서 [더 보기] 버튼(☰)을 클릭한 후 [Legacy Shapes and More]를 선택합니다. ❷ [Shapes] 패널에 과거 라이브러리 소스가 열리면 'Legacy Shapes and More' 폴더를 열고 ❸~❹ '2019 Shapes〉Playing Cards Suits'에서 ❺ 'Diamonds'를 선택합니다. ❻ [Tools] 패널에서 '사용자 정의 모양' 툴(⚑)을 선택하고 ❼ 옵션바에서 모드는 'Shape', 'Fill'은 베이지 색으로 지정합니다. ❽~❾ 직사각형 박스 주변을 드래그하여 여러 개의 다이아몬드를 만듭니다.

04 ❶ [Tools] 패널에서 '원형' 툴(◯)을 선택하고 ❷ 옵션바에서 'Fill'을 초록색으로 지정한 후 ❸ 지기 구조의 아랫부분에서 드래그하여 타원형을 만듭니다. ❹ [Layers] 패널에서 [Ellipse 2] 레이어를 [새 레이어 추가] 아이콘(⊞)으로 드래그해서 ❺ [Ellipse 2 copy] 레이어를 만듭니다.

> **Tip ▶ 개체를 복제하는 방법**
> [방법 1] 개체가 있는 레이어를 선택하고 Ctrl + J 를 눌러 복제합니다.
> [방법 2] [Tool] 패널에서 '이동' 툴(⊕)을 선택하고 Alt 를 누른 상태에서 개체를 드래그하여 복제합니다.

05 ❶~❷ 복제한 타원형에 패턴을 입혀보겠습니다. '원형' 툴(○)의 옵션바에서 'Fill'을 'Pattern'으로 지정합니다. ❸ [Patterns] 패널의 [더 보기] 버튼(≡)을 클릭한 후 ❹ [Legacy Patterns and More] 메뉴를 선택합니다. ❺ Legacy Patterns〉Web Patterns'에서 ❻ 'Vertical Line 1' 패턴을 선택하고 ❼ 'Scale'은 '800%', 'Angle'은 '45도'로 지정합니다.

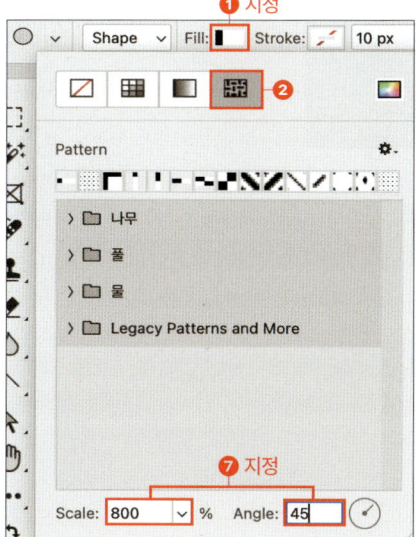 

06

❶ [Layers] 패널에서 [Ellipse 2 copy] 레이어의 합성 모드를 'Multiply'로 지정합니다. ❷~❸ 흰색이 투명해져서 검은색 패턴만 보이면 Ctrl 을 누른 채 [Ellipse 2] 레이어와 [Ellipse 2 copy] 레이어를 함께 선택하고 ❹ 마우스 오른쪽 버튼을 클릭한 후 ❺ 바로 가기 메뉴에서 [Rasterize Layers]를 선택하여 [Shape] 레이어를 일반 레이어로 바꿉니다.

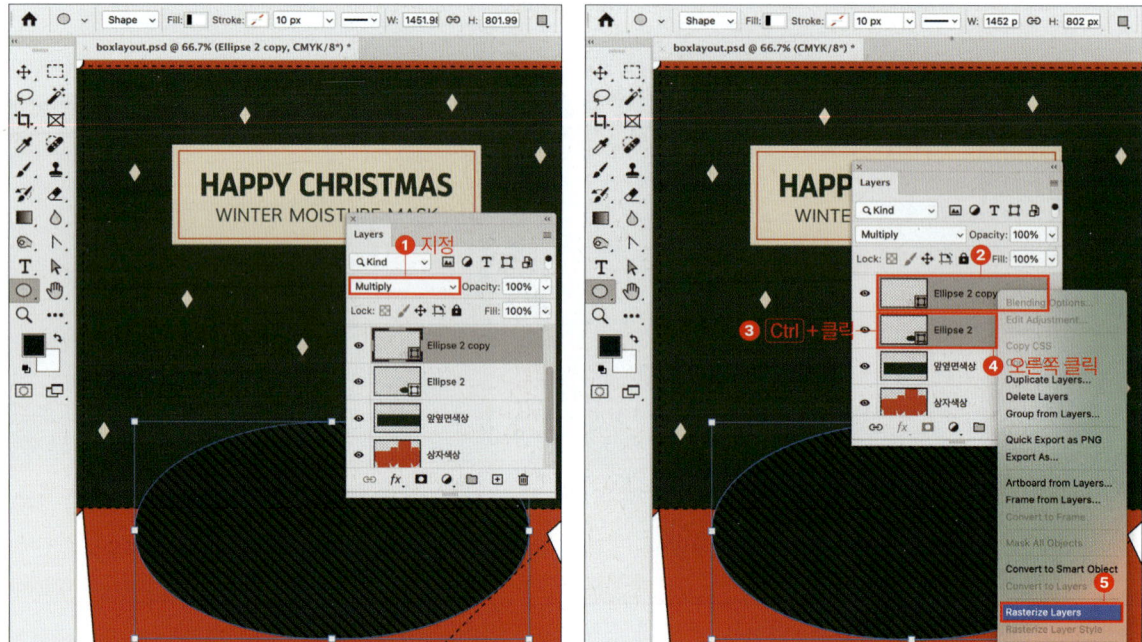

Tip ▶ Shape 레이어를 래스터화해야 하는 이유

'브러시' 툴( ), '지우개' 툴( ), '페인트통' 툴( )은 래스터화된 레이어에서만 사용할 수 있습니다. 이러한 툴 중 하나를 Shape 레이어에서 사용하려면 픽셀로 변환해야 합니다. 래스터화를 진행하기 전에 벡터 레이어를 복제한 후 사본을 래스터화하면 이후에 벡터를 수정할 경우를 대비할 수 있습니다.

07 ❶ Ctrl+E를 눌러 [Ellipse 2] 레이어와 [Ellipse 2 copy] 레이어를 하나로 합칩니다. ❷ [Tools] 패널의 '사각 선택' 툴( )로 ❸ 점선의 아랫부분을 드래그하여 선택 영역으로 지정하고 Delete 를 눌러 삭제합니다.

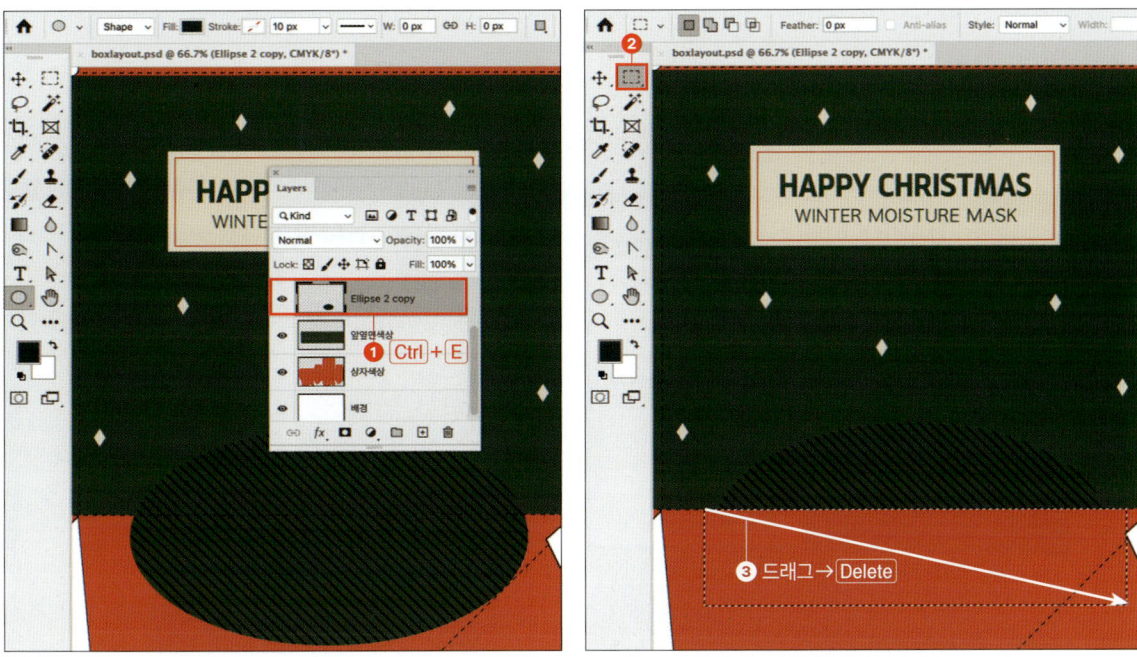

08 ❶~❷ [Shapes] 패널에서 '2019 Shapes〉Conifer Trees'를 선택하고 ❸ 'Tree Icon'을 선택합니다. ❹ [Tools] 패널에서 '사용자 정의 모양' 툴( )을 선택하고 ❺ 'Fill'을 검은색으로 지정한 후 ❻ 언덕 주변을 드래그하여 여러 개의 나무를 만듭니다.

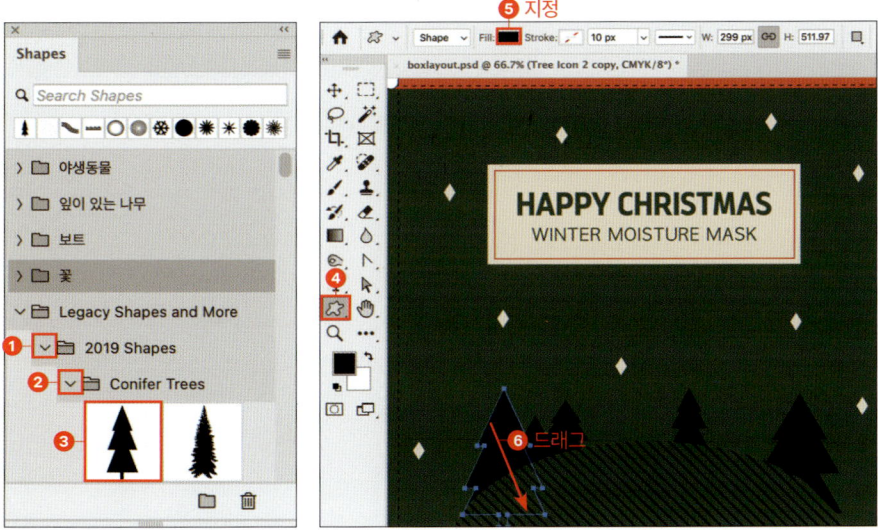

❼ [Tools] 패널의 '사각형' 툴(▢), '원형' 툴(◯), '삼각형' 툴(△)을 이용해 다음 화면과 같이 눈사람을 만듭니다.

09 ❶ [Tools] 패널에서 '원형' 툴(◯)을 선택하고 ❷ Alt + Shift 를 누른 상태에서 드래그하여 눈사람 주변에 아이보리색 정원을 그립니다. ❸ '이동' 툴(✢)을 선택하고 ❹ Alt 를 누른 상태에서 아이보리색 정원을 클릭한 후 옆으로 드래그하여 복제합니다. ❺~❻ [Patterns] 패널에서 'Web Patterns' 폴더의 ❻ 'Dots 1' 패턴을 선택하여 원형 패턴을 입히고 레이어 합성 모드를 'Multiply'로 변경합니다.

❼ Ctrl+J 를 눌러 레이어를 복제하고 ❽ 복제한 원의 'Fill'을 빨간색으로 변경합니다. ❾~❿ 빨간색 원이 들어있는 [빨간원] 레이어와 원형 패턴 원이 들어있는 [패턴원] 레이어(이해하기 쉽게 레이어 이름을 바꿨음)를 하나로 합치기 위해 Ctrl 을 누른 상태에서 [빨간원] 레이어와 [패턴원] 레이어를 동시에 선택한 후 Ctrl+E 를 누릅니다.

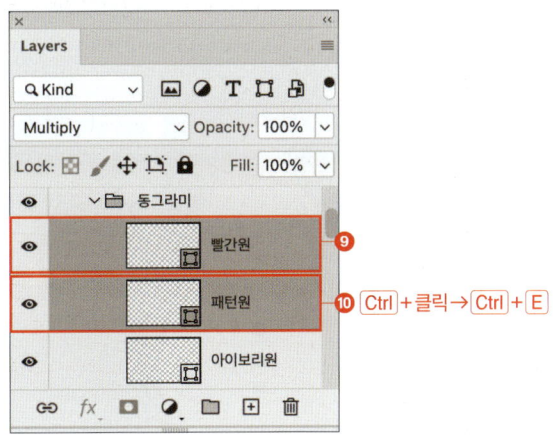

10 ❶ 이와 같은 방법으로 여러 개의 원을 만듭니다. ❷ [Shapes] 패널의 셰이프 소스를 이용하여 선물 상자와 크리스마스 트리도 그립니다.

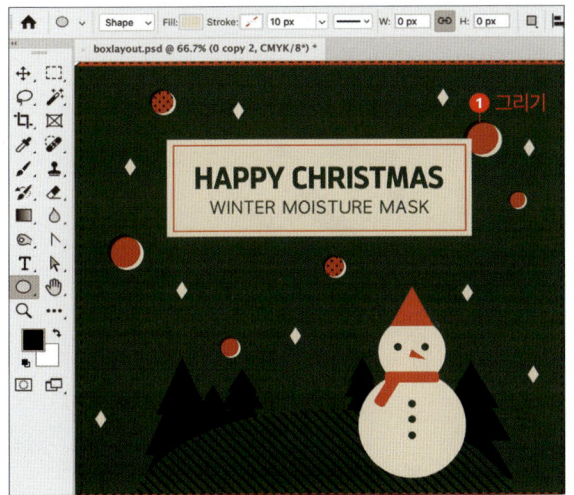
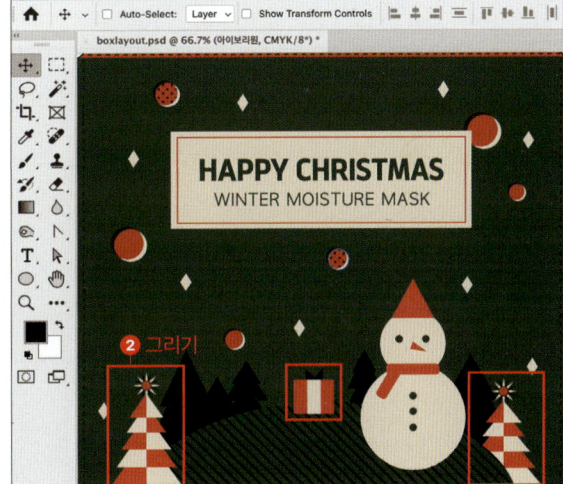

292

STEP 3 | 패키지 옆면 디자인하기

01 ❶ 브랜드 로고를 적어보겠습니다. [Tools] 패널에서 '문자' 툴(T)을 선택하고 ❷ 'Sally'를 입력한 후 ❸ [Character] 패널에서 글꼴은 'Battlefin', 스타일은 'Black Italic', 크기는 '40pt', 자간은 '-25', 가로 비율은 '96%', 색상을 베이지색으로 지정합니다.

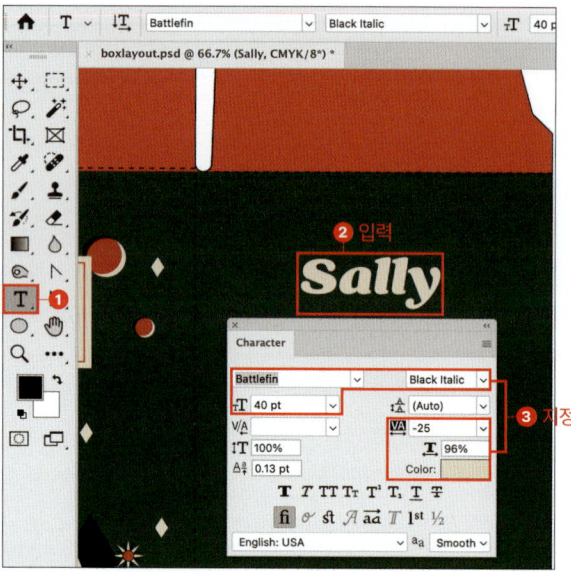

❹ 브랜드 네임 아래에 슬로건을 쓰기 위해 [Character] 패널에서 글꼴은 '나눔스퀘어OTF', 크기는 '18pt', 자간은 '-25', 가로 비율은 '96%'로 지정하고 ❺ 다음 화면과 같이 입력합니다.

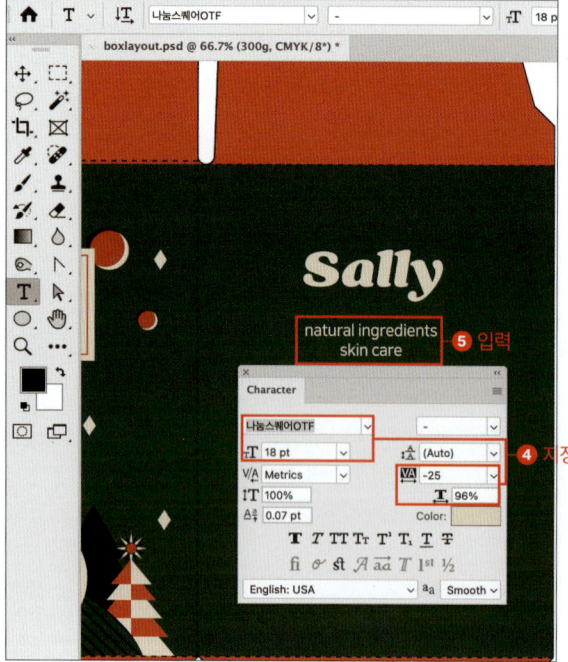

02 ❶ [Tools] 패널에서 '사각형' 툴(▢)을 선택하고 ❷ 옵션바에서 'Fill'은 'None', 'Stroke'는 베이지색, 두께는 '2px'로 지정합니다.

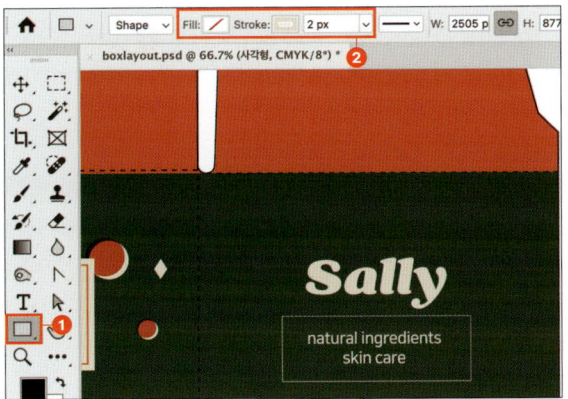

❸ 드래그하여 직사각형 테두리를 만듭니다. ❹ [Layers] 패널에서 [사각형] 레이어를 선택하고 마우스 오른쪽 버튼을 클릭한 후 ❺ 바로 가기 메뉴에서 [Rasterize Layers]를 선택합니다.

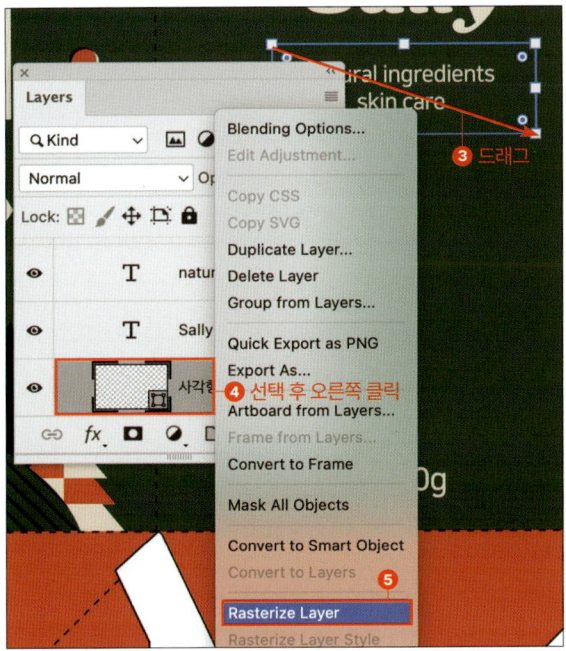

❻ 일반 레이어로 변경되었는지 확인합니다.

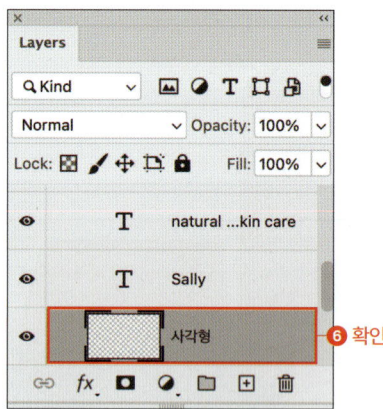

03 ❶ [Tools] 패널의 '사각 선택' 툴(□)로 ❷ 직사각형의 중앙 부분을 드래그하여 선택 영역으로 지정하고 Delete 를 눌러 삭제한 후 ❸ 확인합니다. ❹ 아래쪽에 '300g'을 입력합니다.

 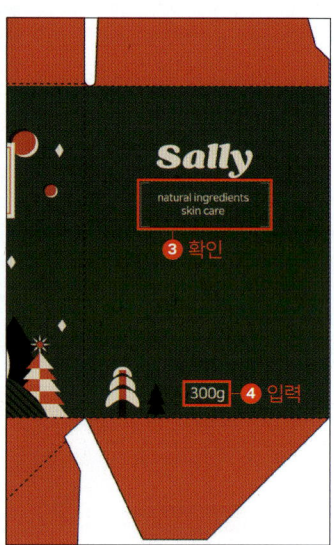

STEP 4 | 상자 덮개 디자인하기

01 ① [Character] 패널에서 글꼴은 'Battlefin', 스타일은 'Black Italic', 크기는 '68.04pt', 자간은 '-25', 가로 비율은 '96%', 색상은 베이지색으로 지정합니다. ② 'Sally'를 입력한 후 ③ 바로 아래쪽에 '나눔스퀘어' 글꼴로 'skin care'를 입력합니다.

02 ① [Layers] 패널에서 옆면과 관련된 레이어들을 모두 선택하고 Ctrl+G를 눌러 그룹화한 후 그룹 폴더의 이름을 '옆면'이라고 지정합니다. ② Ctrl+J를 눌러 '옆면' 폴더를 복제해 '옆면 copy' 폴더를 만듭니다. ③ 앞면 관련 레이어들도 그룹화한 후 이름을 '앞면'으로 지정하고 ④ 폴더를 복제해 '앞면 copy' 폴더를 만듭니다.

03 ① [Layers] 패널에서 '옆면 copy' 폴더를 선택하고 [Tools] 패널에서 '이동' 툴(⊕)을 선택한 후 Shift를 누른 상태에서 옆으로 이동합니다.

❷ [Layers] 패널에서 '앞면 copy' 폴더를 선택하고 ❸ Shift 를 누른 상태에서 옆으로 이동하여 크리스마스 상자 패키지 디자인을 완성합니다.

Tip ▶ 패키지 박스 지기 구조(전개도)를 얻을 수 있는 방법

❶ 온라인 템플릿 사이트 : 'https://packative.com'에서 박스 전개도를 다운로드하고 박스도 주문 제작할 수 있습니다.
❷ 어도비 일러스트레이터와 포토샵에서는 패키지 디자인을 위한 지기 구조 템플릿을 제공하므로 템플릿으로 열어서 사용합니다.
❸ 패키지 제조 업체 : 패키지 제조 업체에 문의하여 패키지 박스의 지기 구조 자료를 요청할 수 있습니다. 일부 업체는 자체적으로 디자인된 템플릿을 공유하는 경우도 있습니다.

레트로 스타일의 캔 패키지 디자인

예제파일	retro_start.psd
소스파일	큰망점.abr
완성파일	retro_finish.jpg

Illust · Box · Can · Pattern

패키지

Point skill 필터 종류 및 사용 방법, 색상 하프톤(Color Halftone) 필터

How to 레트로(retro)는 과거의 것을 본보기 삼아 따라하려는 방식을 말합니다. 과거 저품질 인쇄물에 있던 동그란 망점을 이용하여 레트로 스타일을 연출할 수 있습니다. 망점 효과는 포토샵의 색상 하프톤(Color Halftone) 필터로 쉽게 만들 수 있습니다. [Color Halftone] 창에서 원하는 망점의 크기와 각도를 지정하고 레이어 합성 모드를 'Soft Light'로 지정하면 이미지와 망점이 자연스럽게 혼합됩니다. 그리고 망점 패턴이 들어간 스크린톤 브러시를 이용하면 명암을 표현할 수 있습니다.

Step 배경에 망점 효과 주기 ➡ 스크린톤 브러시로 이미지에 망점 입히기 ➡ 'Warp Text' 기능으로 문자 변형하기

과거의 추억에 잠길 수 있게 만드는 **레트로의 매력**

▶ 사진은 그래픽보다 현장감과 신뢰성이 높으며 정보를 빠르게 전달할 수 있습니다.

① **과거에 대한 향수**: 소비자들은 과거에 유행했던 디자인을 보며 어린 시절이나 젊은 시절을 떠올립니다. 빠르게 변화하는 현대 사회에서 레트로 디자인은 안정감과 친숙함을 제공하여 소비자들을 감정적으로 위로합니다.

② **복고문화 재해석**: 삼양라면은 과거 패키지 디자인을 재현한 레트로 에디션을 출시하여 큰 인기를 얻었으며, 롯데칠성음료는 '칠성사이다'의 1950년대 패키지 디자인을 리뉴얼하여 호응을 얻었습니다. 레트로 문화를 처음 접하는 젊은 세대에게는 이러한 디자인이 신선하게 다가올 수 있습니다.

③ **브랜드 인지도 강화와 차별화**: 레트로 디자인은 브랜드의 오랜 역사를 강조하여 인지도를 높일 수 있습니다. 또한 현대적인 미니멀리즘과는 차별화된 독특한 시각적 매력을 지니고 있어 흔히 볼 수 없는 색상 팔레트와 패턴을 통해 차별화된 이미지를 전달합니다.

디자인 작업 Point

» **클래식한 세리프체 사용**

'BERTIE'라는 제품명은 클래식한 세리프체를 사용하여 과거의 향수를 불러일으킵니다. 이 서체는 1950~1960년대 포스터나 간판에서 자주 보이는 스타일로, 곡선과 장식적인 요소가 레트로 감성을 잘 살리고 있습니다.

» **체커보드 패턴과 망점 패턴**

아래쪽의 체커보드 패턴은 1950년대의 레트로한 분위기를 연상시킵니다. 또한 배경에 사용한 도트 패턴도 레트로 디자인에서 흔히 사용하는 요소로, 시각적 깊이와 흥미를 더해줍니다. 도트 패턴은 1960년대 만화나 광고에서 자주 보이던 스타일이고 'STRAWBERRY' 텍스트는 리본 배너 스타일로 강조해서 눈에 띕니다.

» **딸기 일러스트와 충분한 여백**

패키지 중앙에 위치한 딸기 일러스트는 신선함과 달콤함을 시각적으로 표현하며 딸기 주변의 집중선과 반짝이는 효과는 경쾌한 분위기를 연출합니다. 배경의 핑크 그레이디언트는 부드럽고 따뜻한 느낌을 주며 충분한 여백을 통해 디자인 요소를 복잡하지 않게 배치해서 주요 요소들이 잘 보입니다.

01 필터의 종류와 사용 방법

✓ 필터 메뉴와 종류

필터(filter)는 이미지를 구성하는 픽셀을 재배치해 새로운 형태의 이미지를 만드는 기능입니다. [Filter] 메뉴를 선택하면 포토샵에서 제공하는 필터 종류가 나타나는데, 가장 최근에 사용한 필터가 메뉴의 위쪽에 표시됩니다. 회화적인 터치를 가미하는 필터부터 이미지를 선명하게 하거나 흐리게 만드는 필터, 조명 효과 필터, 렌즈 교정 필터까지 종류가 매우 다양합니다. CMYK 모드나 Lab Color 모드에서는 일부 필터를 적용할 수 없으므로 모든 필터를 사용하고 싶다면 RGB Color 모드로 변경해야 합니다.

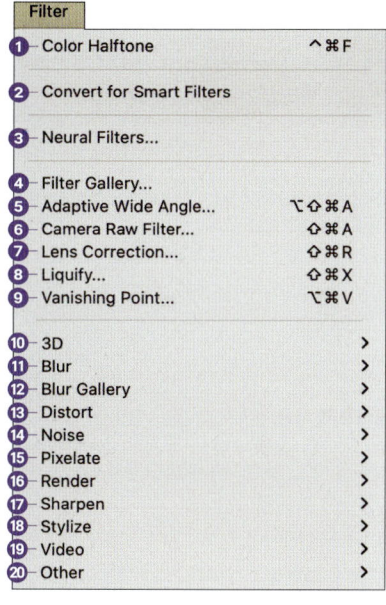

❶ **마지막 필터**: 최근에 사용한 필터를 표시합니다(앞에서 실행한 필터 재적용: Alt+Ctrl+F).

❷ **Convert for Smart Filters**: 일반 레이어를 스마트 오브젝트 레이어로 전환합니다.

❸ **Neural Filters**: 어도비 인공지능 기능으로, 합성의 여러 단계를 줄일 수 있습니다. 인물, 풍경 등의 이미지를 자연스럽게 합성하거나 전혀 다른 이미지로 만듭니다.

❹ **Filter Gallery**: 적용 효과를 보면서 필터를 선택하고 옵션값을 조정합니다.

❺ **Adaptive Wide Angle**: 어안 렌즈나 광각 렌즈로 촬영한 이미지의 왜곡 현상을 교정할 수 있습니다.

 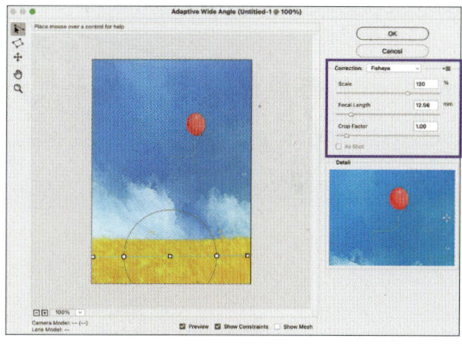

▲ 교정 전 – 어안 렌즈 곡선 사진   ▲ 교정 후 – 수평선으로 변함

❻ **Camera Raw Filter**: DSLR로 촬영한 RAW 파일을 편집하기 위해 만들었지만 JPEG, PNG, TIFF와 같은 이미지 파일도 편집할 수 있습니다. 노출 보정, 화이트밸런스 맞추기, 색상 보정, 렌즈 보정, 노이즈 감소 등의 기능을 적용합니다.

❼ **Lens Correction**: 오목 렌즈와 볼록 렌즈로 찍은 이미지를 편집하고 원근 때문에 생긴 왜곡을 보정합니다. 그리고 이미지 외각에 비네팅(Vignetting) 효과를 만들 수 있습니다.

▲ 교정 전 – 아래에서 위로 찍은 사진

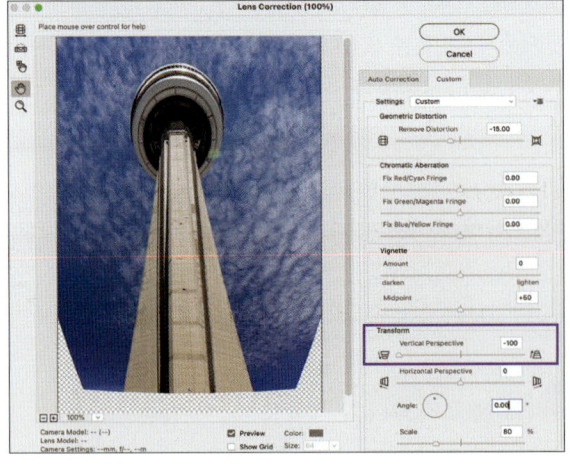
▲ 교정 후 – 건물 기울기가 수직선에 가까워진 사진

❽ **Liquify** : 이미지 변형 때문에 발생하는 품질 저하를 최소화할 수 있어서 사진을 왜곡할 때 주로 사용합니다. 인물 사진에 Liquify 필터를 사용하면 눈, 코, 입, 얼굴형을 쉽게 바꿀 수 있습니다(134쪽 참고).

❾ **Vanishing Point** : 입체적인 건물과 계단 등에 이미지를 손쉽게 매핑할 수 있습니다.

❿ **3D** : 이미지나 텍스트를 3차원으로 만드는 기능으로, 입체감을 표현할 수 있습니다.

⓫ **Blur** : 이미지에 흐림 효과를 만듭니다.

⓬ **Blur Gallery** : Blur 필터처럼 이미지의 초점과 경계를 흐리게 만듭니다.

⓭ **Distort** : 이미지를 늘리거나 줄이고, 뒤틀고, 휘게 만들 수 있습니다. 불규칙한 왜곡과 깨진 거울과 같은 특별한 형태의 왜곡을 만듭니다.

⓮ **Noise** : 픽셀을 더하거나 제거하여 혼합합니다.

⓯ **Pixelate** : 비슷한 색상값의 픽셀을 묶어 다양한 모양으로 변형합니다.

⓰ **Render** : 구름 효과, 직물 효과, 카메라 렌즈로 빛을 비출 때 생기는 굴절 효과 등을 만들고 3D 개체(불꽃, 액자, 나무)를 생성할 수 있습니다.

⓱ **Sharpen** : 희미한 이미지의 초점을 또렷하고 선명하게 만듭니다.

⓲ **Stylize** : 스타일리시한 효과를 적용합니다.

⓳ **Video** : 비디오에 색상 보정 효과를 주고 편집할 수 있습니다.

⓴ **Other** : 이미지의 밝은 부분을 확대하거나 어두운 부분을 확대하는 효과, 수평 수직으로 픽셀을 이동하는 효과 등 기타 효과를 지정할 수 있습니다.

✓ 스마트 필터 사용하기

[Filter]-[Convert for Smart Filters] 메뉴를 선택하면 일반 레이어가 스마트 오브젝트 레이어로 바뀝니다. 일반 레이어에 필터를 사용하면 원본 이미지에 바로 효과가 적용되어 수정할 수 없지만, 스마트 오브젝트 레이어에 필터를 입히면 원본 이미지를 손상시키지 않고 필터를 수정할 수 있어 매우 유용합니다.

스마트 오브젝트 레이어에 필터 효과를 적용하면 필터 이름(● Ripple)과 블랜딩 옵션 아이콘(≈)이 나타납니다. 필터 이름을 더블클릭하면 옵션 창이 열려서 언제든지 수정할 수 있습니다. 필터 이름 옆에 있는 눈 아이콘(●)을 클릭하여 필터를 해제할 수도 있고 필터를 휴지통으로 드래그하여 삭제할 수도 있습니다.

✓ 필터 갤러리 사용하기

[Filter]-[Filter Gallery] 메뉴를 선택하면 필터 갤러리 창이 열리는데, 왼쪽의 미리 보기 화면을 통해 적용 효과를 보면서 필터를 선택하고 옵션값을 조정할 수 있습니다. [새 필터 추가] 아이콘(⊞)을 클릭해서 여러 개의 필터 레이어를 만들어 함께 적용하거나 눈 아이콘(●)을 클릭하여 필터를 해제할 수 있습니다. 또한 필터를 드래그하여 적용 순서를 바꿀 수도 있고 휴지통 아이콘(🗑)을 클릭하여 필터를 제거할 수도 있습니다.

❶ 미리 보기 창
❷ 필터 효과 카테고리
❸ 선택한 필터 세부 옵션
❹ 필터 효과 감추기/보이기
❺ 생성된 필터 레이어
❻ 새 필터 추가
❼ 휴지통: 필터 레이어 삭제

ⓐ **Artistic**: 예술적인 효과. 회화적인 효과를 적용합니다.

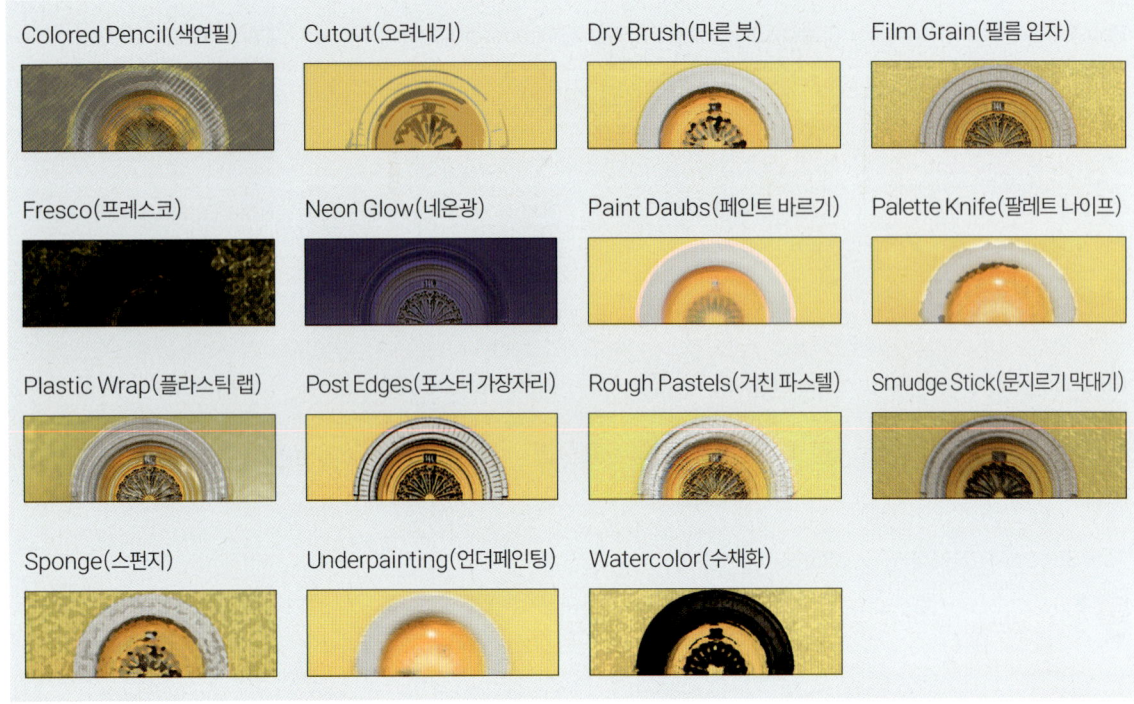

ⓑ **Brush Strokes**: 붓 테두리 효과. Artistic 필터처럼 다양한 브러시 획을 적용하여 회화적인 효과를 줍니다.

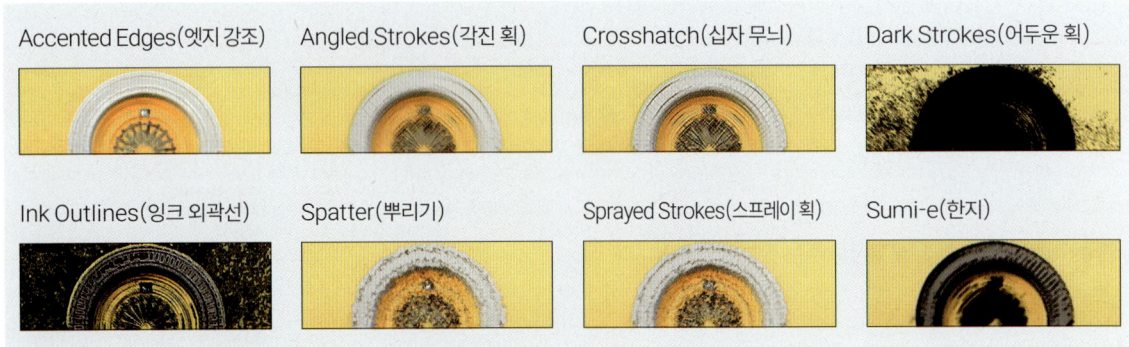

ⓒ **Distort**: 왜곡 효과. 이미지를 비틀고 기타 모양으로 재구성합니다.

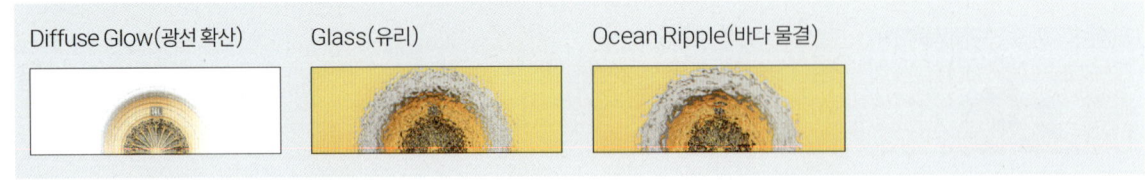

ⓓ **Sketch**: 스케치 효과. 손으로 그린 것 같은 스케치 효과를 주고 전경색과 배경색을 사용합니다.

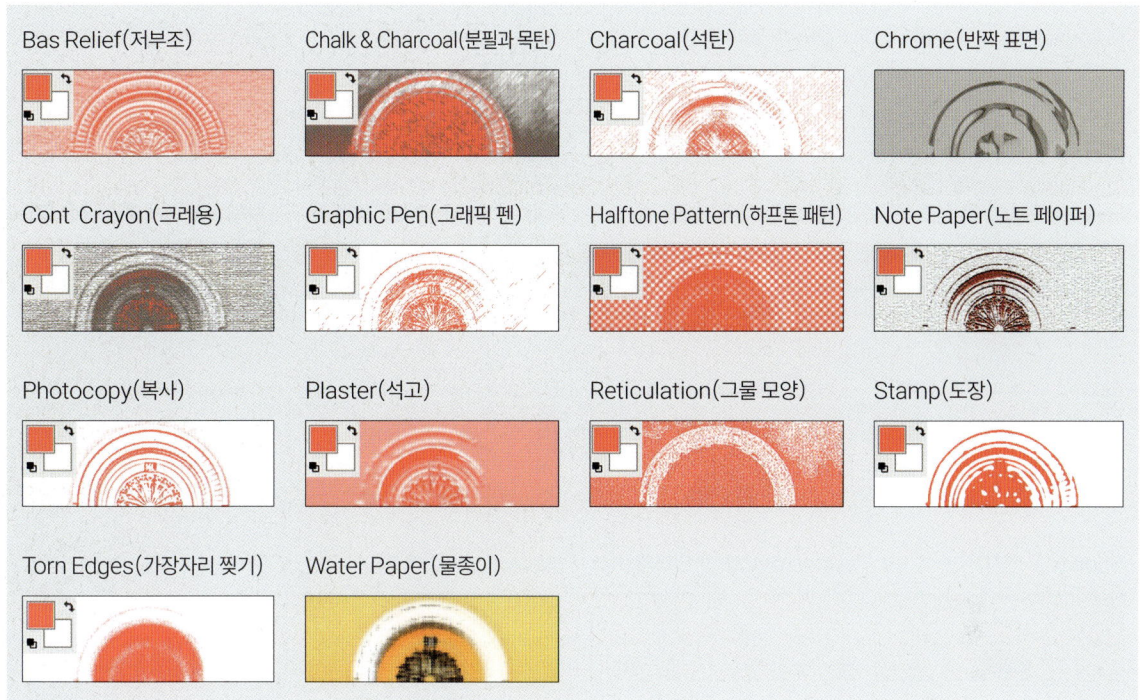

ⓔ **Stylize**: 스타일화 효과. 대비를 찾아 강조하여 인상주의 효과를 줍니다.

ⓕ **Texture**: 질감 효과. 실제감을 주는 질감을 추가합니다.

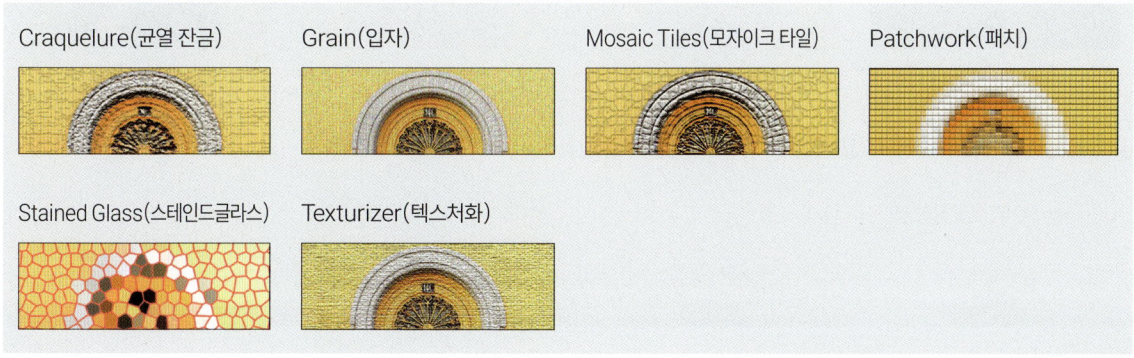

> **Tip ▶ 필터 120% 활용하기**
>
> ① 필터 효과가 적용된 여러 레이어의 불투명도(Opacity) 값을 줄이면 효과를 겹쳐 표현할 수 있습니다.
> ② 스케치 필터는 전경색과 배경색에 영향을 받으니 미리 지정한 후 필터를 적용합니다.
> ③ 필터 결과물이 궁금할 때는 '스마트 오브젝트 레이어'를 만들어 이용합니다.
> ④ 단축키 Alt+Ctrl+F를 누르면 최근에 사용했던 필터를 반복 실행할 수 있습니다.
> ⑤ 이미지에서 원하는 부분만 자르거나 선택 영역을 지정해 필요한 부분에만 필터를 적용합니다.

✔ 핵심 기능

02 색상 하프톤 필터

[Filter]-[Pixelate]-[Color Halftone] 메뉴를 선택하여 [Color Halftone] 창을 열고 색상 하프톤(Color Halftone) 필터를 이용하면 각 채널을 망점 이미지 형태로 바꿀 수 있습니다. 이때 원본 이미지의 색상에 따라 컬러 망점과 흑백 망점을 만듭니다. 인쇄 기술이 발달하지 못했던 과거에는 하프톤을 색상과 음영 모양을 만드는 방법으로 사용했지만, 오늘날에는 색상 하프톤 효과를 레트로 스타일을 재현하는 방법으로 사용하고 있습니다.

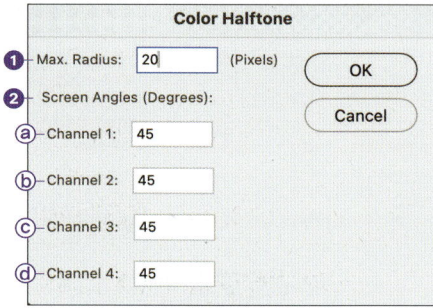

❶ Max. Radius

검은색에 가까울수록 최대 반경의 망점을 생성하고 흰색에 가까울수록 작은 크기의 망점을 생성합니다.

• **최소 최대 반경 수치**: 4~127px

▲ Max. Radius: 5픽셀

▲ Max. Radius: 10픽셀

▲ Max. Radius: 20픽셀

❷ Screen Angles (Degrees)

• 채널에 입력하는 숫자는 각도 지정을 포함합니다(-360°~360°).

• Channel에 '0, 90, 180, 360'을 입력하면 수평 수직 배열로 나타나고 '45'를 입력하면 사선 배열이 나타납니다.

• 'Channerl 1'과 'Channerl 2'에 수치값을 입력하면 파란색과 노란색이 나타나고 'Channerl 1'과 'Channerl 3'에 수치값을 입력하면 초록색과 분홍색이 나타납니다.

• 'Channerl 1'부터 'Channerl 4'에 같은 수치값을 입력하면 검은색이 나타나고 다른 수치값을 입력하면 모든 채널이 섞여 나타납니다.

ⓐ **Channel 1**: 'Channerl 1'에만 수치값을 입력하면 빨간색과 하늘색이 나타납니다.
ⓑ **Channel 2**: 'Channerl 2'에만 수치값을 입력하면 초록색과 분홍색이 나타납니다.
ⓒ **Channel 3**: 'Channerl 1'에만 수치값을 입력하면 파란색과 노란색이 나타납니다.
ⓓ **Channel 4**: RGB 모드의 이미지에서는 'Channerl 4'가 아무런 영향을 미치지 않습니다.

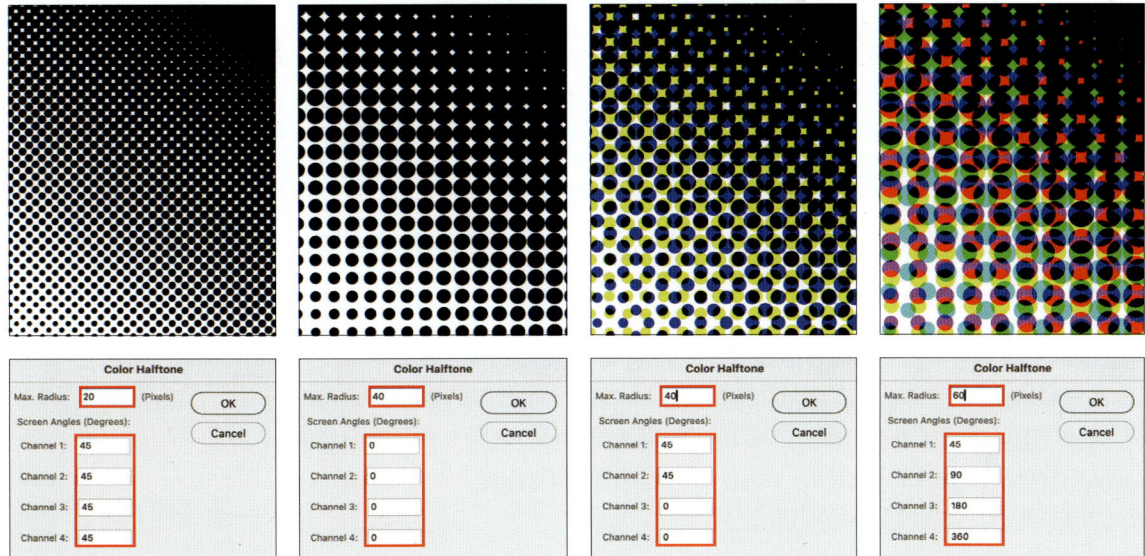

> 간단 실습

03 | 오버프린트 효과 주기

| 예제파일 | overprint_start.psd |
| 완성파일 | overprint_finish.jpg |

❶ 'overprint_start.psd'를 열고 ❷~❸ 겹치는 효과를 만들기 위해 [Layers] 패널에서 [OVER PRINT] 레이어의 합성 모드를 'Multiply'로 변경합니다. ❹ [OVER PRINT] 레이어에서 마우스 오른쪽 버튼을 클릭하고 ❺ 바로 가기 메뉴에서 [Blending Options]를 선택합니다.

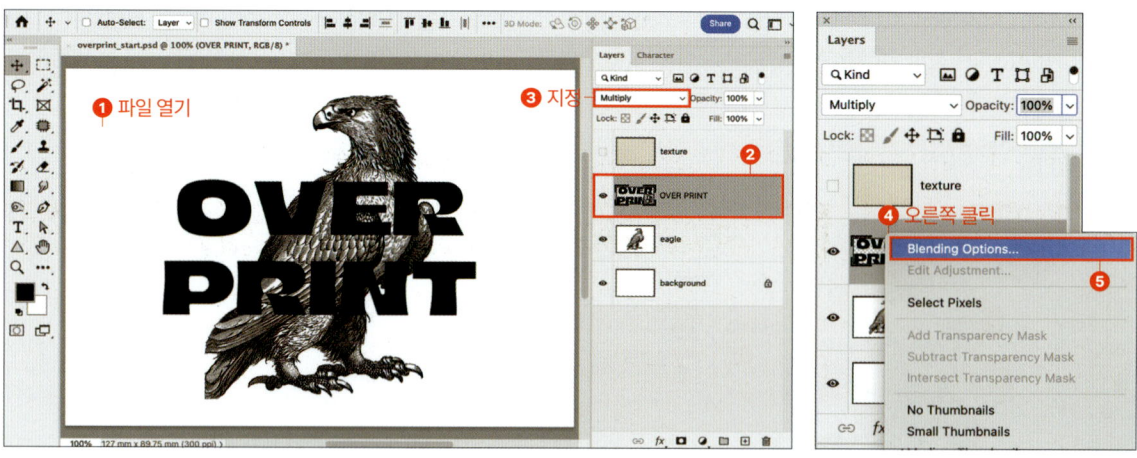

❻ [Layer Style] 창이 열리면 'Blending Options' 범주에서 ❼ 'Advenced Blending'의 'Channels'에서 'R'의 체크 표시만 해제하고 ❽ [OK] 버튼을 클릭한 후 ❾ 적용한 효과를 확인합니다.

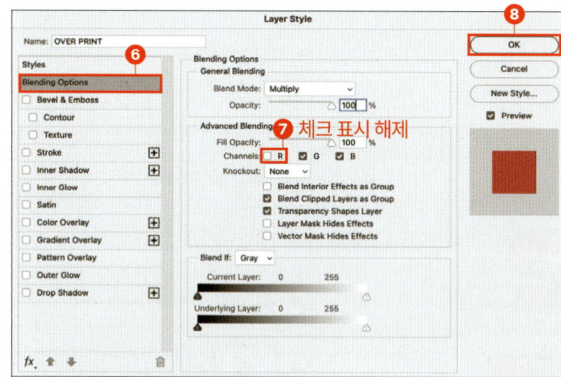

Tip ▶ 레이어 스타일 – 블렌딩 옵션에서 채널 지정하기

블렌딩 옵션을 이용하면 이미지의 전체 채널이 아닌 일부 채널을 선택해 합성할 수 있습니다. [Layer Style] 창의 'Blending Options' 범주에서 'Advanced Blending'의 'Channels'에는 'R', 'G', 'B'가 있습니다. 검은색 배경 위에 흰색 이미지를 합성할 때 R 채널을 끄면 G 채널과 B 채널만 합성되어 청록색으로 나타나고 흰색 배경 위에 검은색 이미지를 합성할 때 R 채널을 끄면 반대로 빨간색으로 나타납니다.

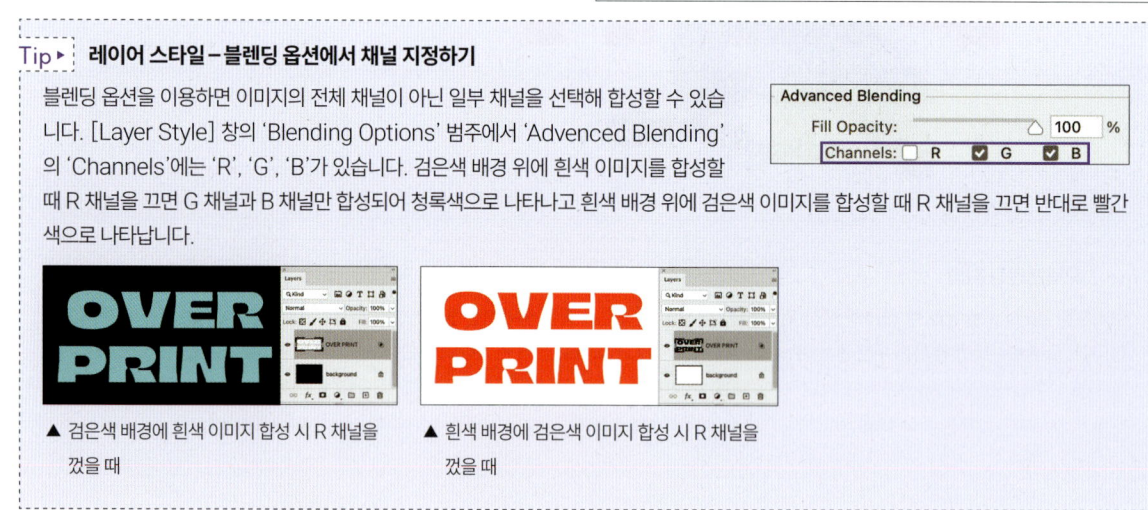

▲ 검은색 배경에 흰색 이미지 합성 시 R 채널을 껐을 때

▲ 흰색 배경에 검은색 이미지 합성 시 R 채널을 껐을 때

307

❿ [Layers] 패널에서 [eagle] 레이어를 선택하고 ⓫ [Filter]-[Pixelate]-[Color Halftone] 메뉴를 선택합니다. ⓬ [Color Halftone] 창이 열리면 'Max. Radius'에 '4'를 입력하고 'Channel 1'부터 'Channel 4'까지 '45'를 입력한 후 ⓭ [OK] 버튼을 클릭합니다.

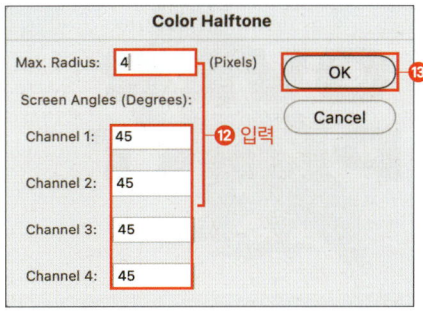

⓮ 독수리에 검은색 망점 효과를 적용했으면 ⓯ [Layers] 패널의 [eagle] 레이어에서 마우스 오른쪽 버튼을 클릭하고 ⓰ 바로 가기 메뉴에서 [Blending Options]를 선택합니다.

Tip ▶ **오버프린팅 기법**

오버프린트(over print)는 하나의 색상 위에 다른 색상을 덧입혀서 중복 인쇄하는 방식으로, '겹쳐 찍기', '덧칠하기', '올려찍기'라고도 합니다. 오버프린트는 겹쳐진 부분에서 어느 한 쪽을 비우지 않고 그대로 겹쳐 인쇄하므로 실제보다 진하고 탁하게 인쇄할 수 있습니다.

⓱ [Layer Style] 창이 열리면 'Blending Options' 범주의 ⓲ 'Advenced Blending'에 있는 'Channels' 중에서 'B'의 체크 표시만 해제하고 ⓳ [OK] 버튼을 클릭합니다. ⓴ 독수리가 파란색으로 변했으면 ㉑ [Layers] 패널에서 [texture] 레이어의 눈 아이콘(◉)을 클릭하여 질감을 표시해서 오버프린트 이미지를 완성합니다.

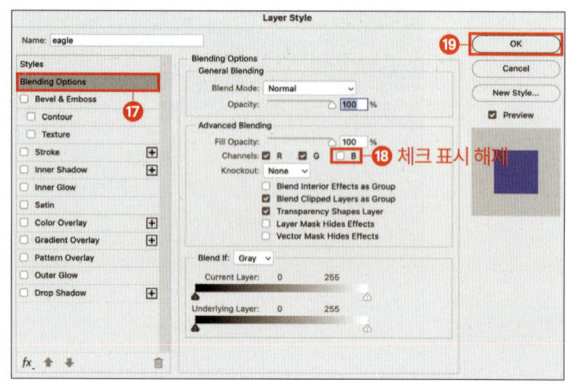

Tip▶ **일러스트레이터 프로그램에서 오버프린트 적용하고 해제하기**

일러스트레이터 프로그램에서 오버프린팅을 원하지 않으면 '중복 인쇄'를 해제할 수 있습니다.

❶ 오버프린트 미리 보기
 [View]-[Overprint Preview] 메뉴를 선택합니다.
❷ 오버프린트 적용 및 해제하기
[Window]-[Attributes] 메뉴를 선택합니다. 특성 패널이 열리면 '칠 중복 인쇄'와 '선 중복 인쇄'의 체크 표시를 모두 해제합니다.

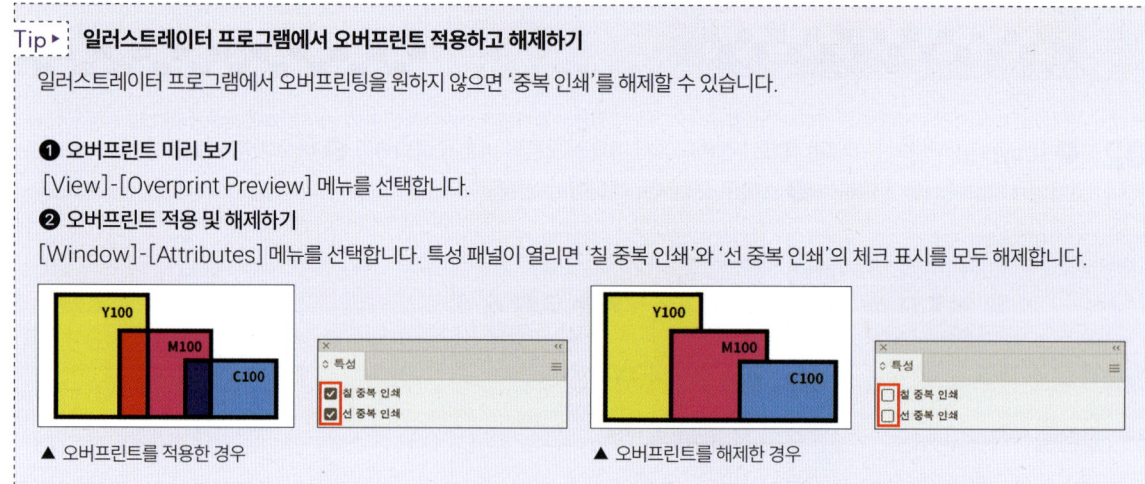

▲ 오버프린트를 적용한 경우   ▲ 오버프린트를 해제한 경우

STEP 1 배경에 망점 효과 주기

01 ❶ 'retro_start.psd'를 열고 ❷ [Layers] 패널에서 [새 레이어 추가] 아이콘(▣)을 클릭하여 ❸ 새로운 레이어를 만든 후 레이어 이름을 '그레이디언트'로 바꿉니다. ❹ [Tools] 패널에서 '그레이디어트' 툴(■)을 선택하고 ❺ 옵션바에서 [선형 그레이디언트] 아이콘(■)을 클릭합니다. ❻ 작업 화면으로 되돌아온 후 위에서부터 아래로 드래그하여 회색 그레이디언트를 입힙니다.

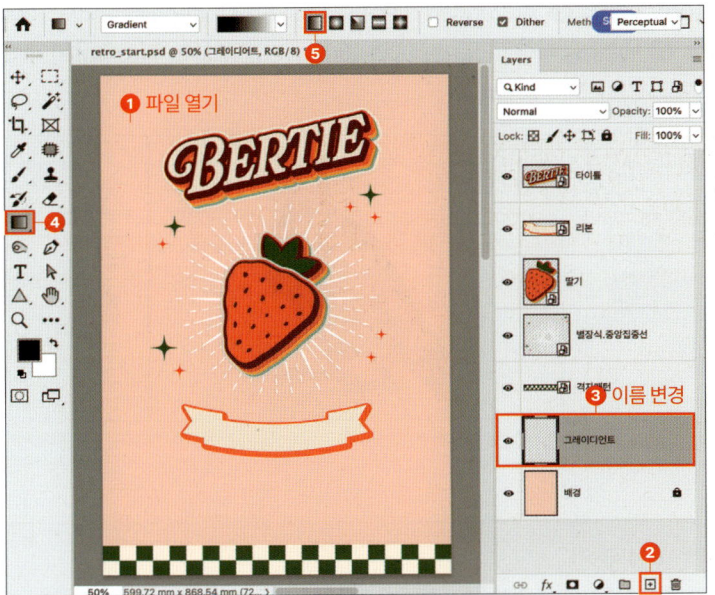

02 ❶ [Layers] 패널의 [그레이디언트] 레이어에서 마우스 오른쪽 버튼을 클릭하고 ❷ 바로 가기 메뉴에서 [Convert to Smart Object]를 선택하여 ❸ 스마트 오브젝트 레이어로 변경합니다.

03 ❶ [Filter]-[Pixelate]-[Color Halftone] 메뉴를 선택합니다. [Color Halftone] 창이 열리면 'Max. Radius'에 '40'을 입력하고 'Channel 1'부터 'Channel 4'까지 '45'를 입력한 후 ❷ [OK] 버튼을 클릭합니다. ❸ 검은색에 가까울수록 큰 망점이, 흰색에 가까울수록 작은 망점이 생성됩니다.

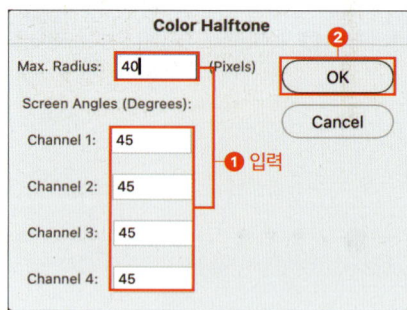
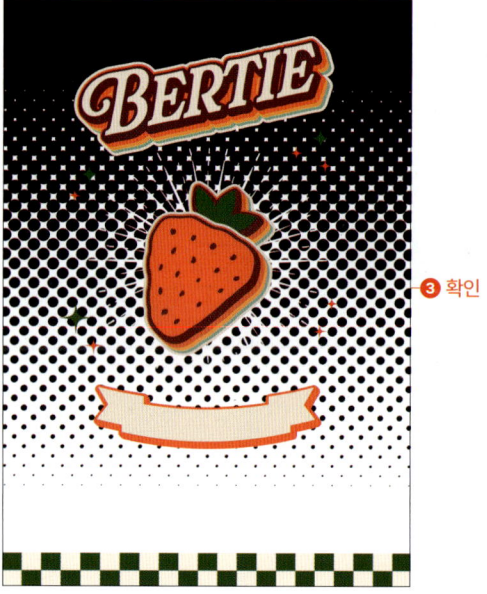

04 ❶ [Layers] 패널에서 [그레이디언트] 레이어의 합성 모드를 'Soft Light'로 변경하고 'Opacity'를 '40%'로 낮춥니다. ❷ 그러면 검은색 망점이 분홍색 배경에 흡수되어 진한 분홍색 망점으로 변합니다.

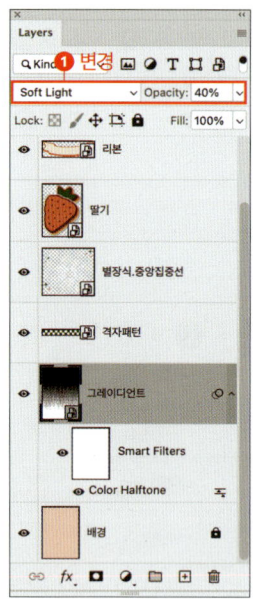

STEP 2 | 스크린톤 브러시로 이미지에 망점 입히기

01 ① [Layers] 패널에서 [새 레이어 추가] 아이콘(□)을 클릭해서 ② [망점브러시] 레이어를 만듭니다. ③ [Window]-[Brushes] 메뉴를 선택하여 [Brushes] 패널을 열고 '특수 효과 브러시' 폴더에서 ④ 'Kyle의 스크린톤 38' 브러시를 선택합니다.

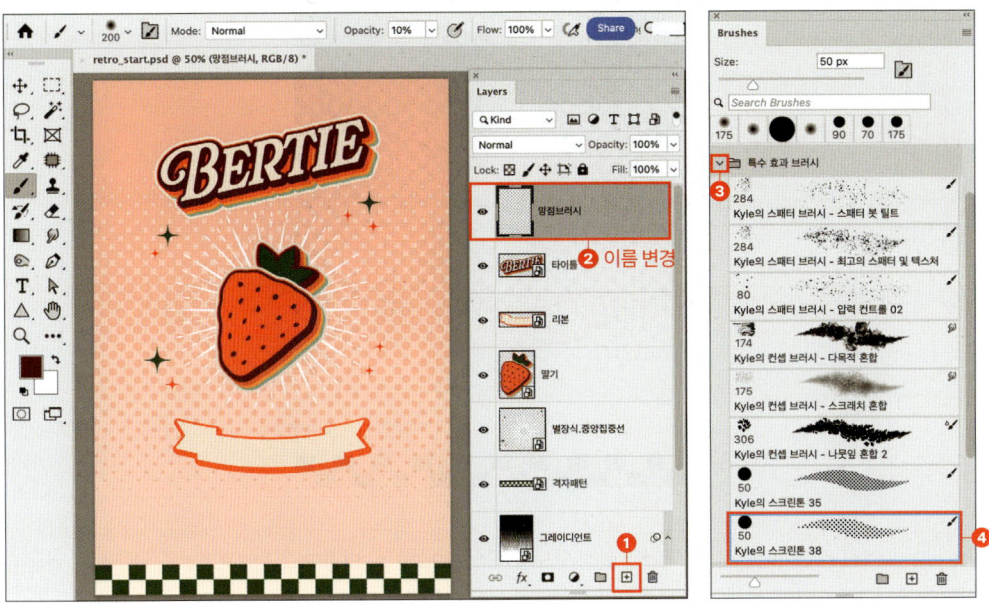

02 ① 브러시를 수정하기 위해 F5 를 눌러 [Brush Settings] 창을 열고 'Texture'에 체크 표시한 후 ② 'Scale'을 '350%'로 지정합니다. ③ 망점 크기가 큰 브러시를 완성했으면 [Brush Settings] 창의 아래쪽에 있는 [새 브러시 추가] 아이콘(□)을 클릭합니다. ④ [New Brush] 창이 열리면 'Name'에 '큰망점'을 입력하고 ⑤ [OK] 버튼을 클릭해서 ⑥ [Brushes] 패널의 브러시 목록에 '큰망점' 브러시를 추가합니다.

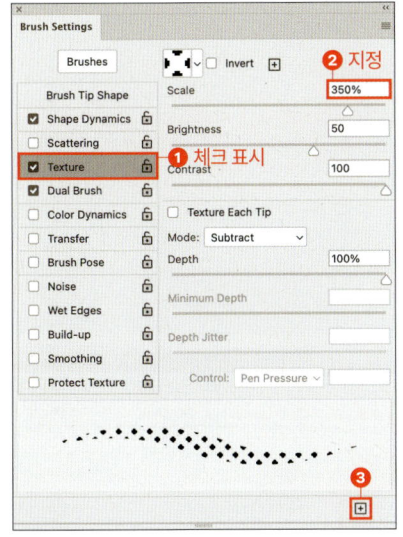
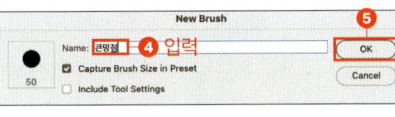
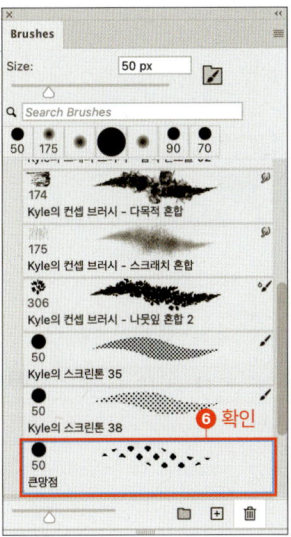

> **Tip** ▶ 브러시 파일(*.abr)을 더블클릭해 [Brushes] 패널에 불러오기
>
> 컴퓨터 폴더에 다운로드하여 저장해 둔 무료 브러시 파일이나 자신이 만든 브러시 파일을 더블클릭하면 자동으로 포토샵 브러시 목록에 브러시를 추가할 수 있습니다.

03 ❶ [Tools] 패널에서 '브러시' 툴( )을 선택하고 ❷ 전경색을 진한 갈색으로 지정한 후 ❸~❹ '큰망점' 브러시로 'BERTIE' 타이틀과 딸기의 왼쪽 아랫부분을 드래그하여 그림자 효과를 줍니다.

STEP 3 | 'Warp Text' 기능으로 문자 변형하기

01 ❶ 리본 위에 글자를 써보겠습니다. [Tools] 패널의 '문자' 툴(T)로 ❷ 'strawberry'를 입력하고 ❸ [Window]-[Character] 메뉴를 선택합니다. [Character] 패널이 열리면 글꼴은 'Roca', 크기는 '92pt', 자간은 '25', 가로 폭은 '95%', 색상은 주황색으로 지정하고 ❹ [모두 대문자] 아이콘(TT)을 클릭하여 영어 대문자 'STRAWBERRY'로 바꿉니다.

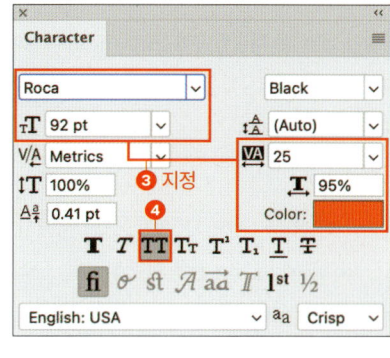

> **Tip ▶ 어도비 폰트 사이트에서 [동기화] 아이콘(◎)을 클릭해 Roca 글꼴 사용하기**
>
> Roca 글꼴은 어도비 프로그램을 구독하면 무료로 사용할 수 있는데, 예제에서 사용한 글꼴과 똑같은 글꼴이 없으면 스타일이 비슷한 다른 글꼴을 이용하세요. 'Creative Cloud' 앱에서 추가된 글꼴을 확인하고 동기화를 해제하여 글꼴을 제거할 수 있습니다.
>
>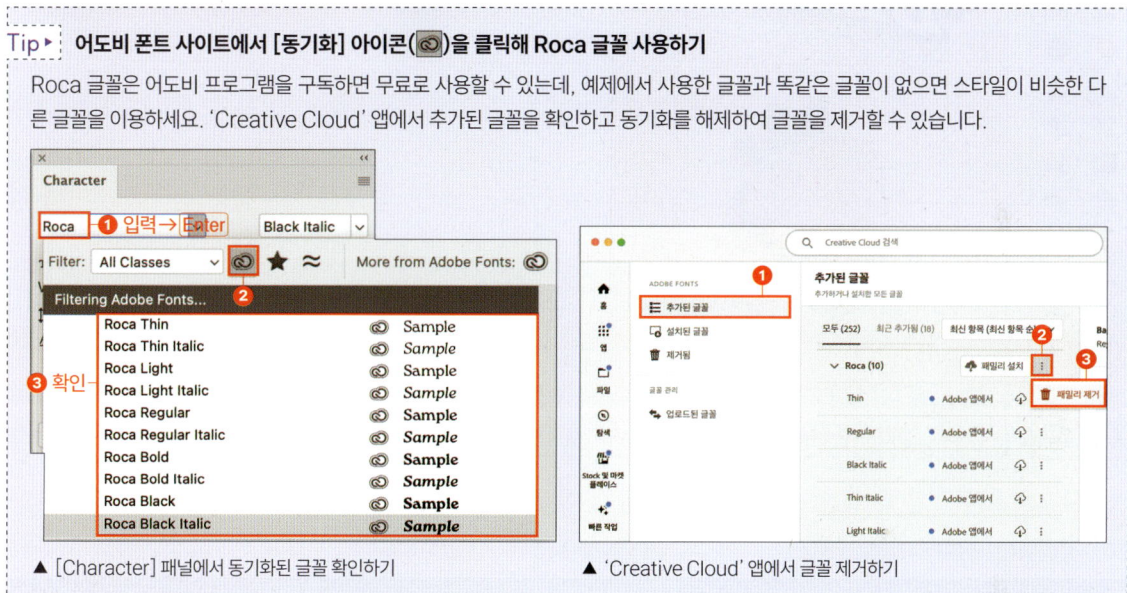
>
> ▲ [Character] 패널에서 동기화된 글꼴 확인하기 　　　▲ 'Creative Cloud' 앱에서 글꼴 제거하기

02 ❶ 문자 옵션바에서 [Create Warped Text] 아이콘(⏉)을 클릭하거나 [Type]-[Warp Text] 메뉴를 선택합니다. [Warp Text] 창이 열리면 'Style'은 'Arc', 'Bend'는 '-15%'로 지정하고 ❷ [OK] 버튼을 클릭합니다. ❸ 그러면 'STRAWBERRY'가 아래쪽 방향으로 구부러집니다.

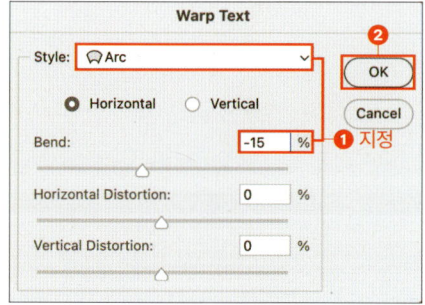

314

03 ❶ [Character] 패널에서 다음 화면과 같이 지정하고 ❷ [모두 대문자] 아이콘(TT)을 클릭한 후 'Sparkling Water'와 'Cold-Pressed Juice'를 입력합니다. ❸ [모두 대문자] 아이콘(TT)을 클릭했으므로 입력과 동시에 영어 대문자로 바뀝니다.

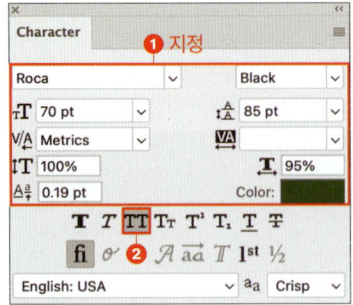

❹ 이와 같은 방법으로 [Character] 패널에서 다음 화면과 같이 지정하고 ❺ 용량을 나타내는 '12FL OZ (355ML)'를 입력합니다.

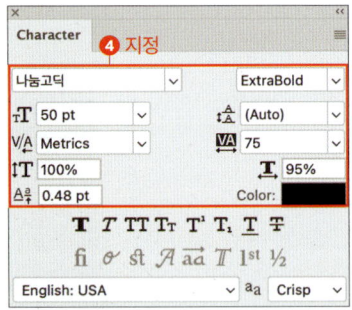

❻ 레트로 스타일의 딸기 탄산수 패키지를 완성했습니다.

비누 패턴 박스 패키지 디자인

예제파일 lemonbox_start.psd, lemonpattern_start.psd
완성파일 lemonbox_finish.jpg

패키지

Illust · Box · Can · Pattern

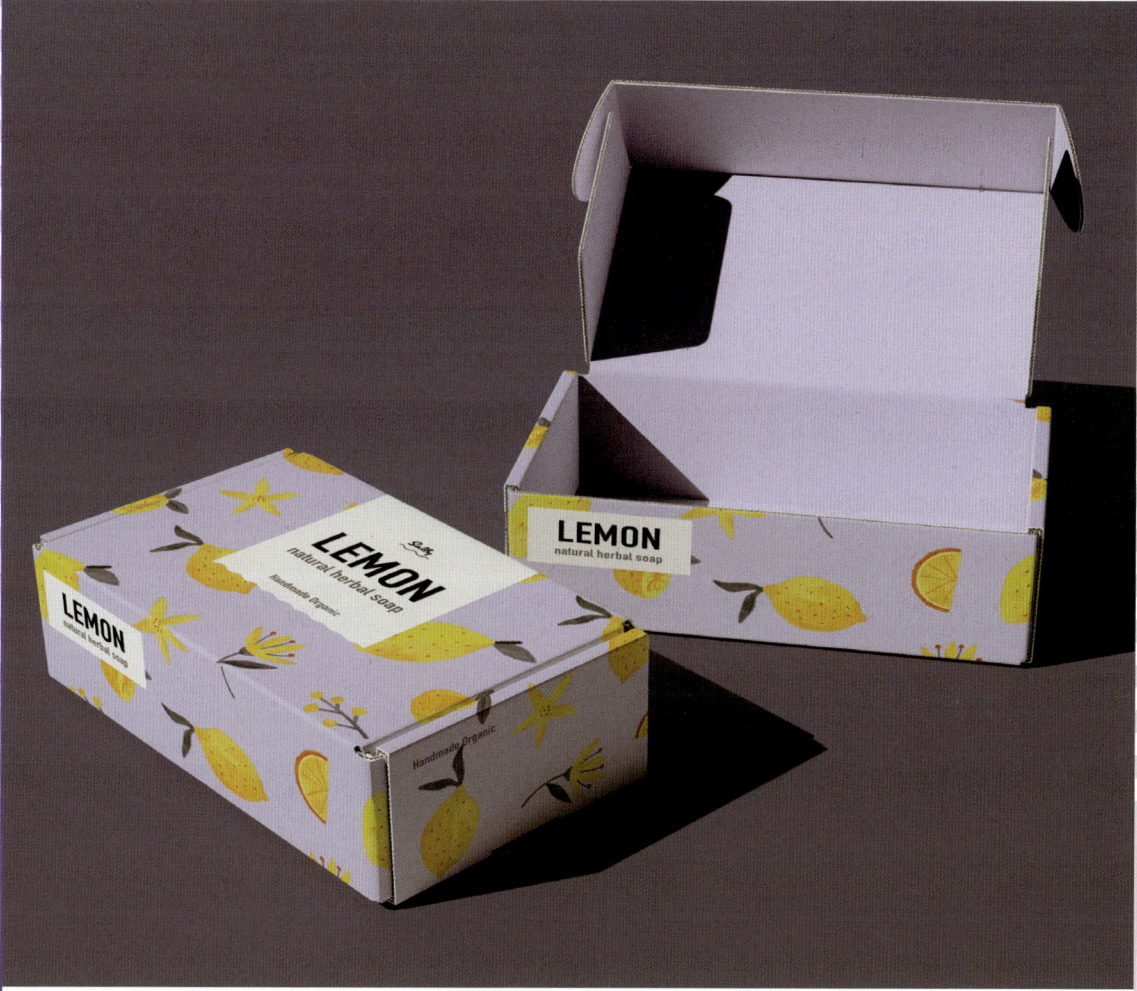

Point skill [Patterns] 패널, 패턴 미리 보기, 패턴 제작하기, 패턴 입히는 방법

How to 비누 패턴 패키지 박스를 제작할 때는 패턴보다 제품명이 눈에 잘 띄는 것이 중요합니다. 따라서 제품명과 패턴에 사용할 색상 계획을 세운 후 색을 입히는 것이 좋습니다. 패턴에 '레몬 비누'라는 제품 특성이 드러날 수 있도록 레몬꽃, 슬라이스 레몬, 잎 등을 넣어 배치해 보겠습니다. 레몬의 형상을 모티브로 사용하면 비누의 특징을 강조하면서 상쾌한 느낌을 전달할 수 있습니다. 포토샵의 패턴 미리 보기 기능을 이용하면 패턴을 적용하기 전에 패턴이 어떻게 보일지 미리 확인할 수 있어 편리합니다. 따라서 패턴 미리 보기 기능을 이용해 패턴 소스를 제작한 후 패키지 박스 전개도에 패턴을 입혀보겠습니다.

Step 패턴 소스 제작하고 등록하기 ➡ 박스에 패턴 입히기 ➡ Wave 필터로 물결 효과 주기

패턴 활용해 패키지 디자인하기

▶ **패턴을 이용하면 빈 공간을 효과적으로 채우고 안정된 시각적 흐름을 만들 수 있습니다.**

① **적당양의 패턴 사용**: 동일한 모양이 너무 많이 반복되면 혼잡하거나 답답해 보일 수 있습니다. 또한 너무 강한 색상을 사용할 경우 패턴이 디자인의 주요 요소를 방해할 수 있습니다. 따라서 패턴을 사용할 때는 크기와 색상을 적절히 조절하여 주요 디자인 요소를 방해하지 않는 것이 중요합니다.

② **독특한 패턴으로 차별화**: 독특한 패턴은 경쟁 제품과의 차별화를 이룰 수 있는 중요한 요소입니다. 예를 들어, 로고 모양을 패턴화하면 소비자가 제품을 쉽게 식별하고 기억할 수 있습니다.

③ **안정된 시각적 흐름**: 패턴은 패키지 디자인에서 빈 공간을 채우며 서로 조화롭게 어우러져서 깔끔하고 정돈된 느낌을 줍니다. 패턴을 적절히 활용하면 시각적인 디자인 흐름을 제공하고 디자인 요소들이 비슷한 무게감을 갖도록 하여 안정감을 줍니다. 단조로운 느낌을 없애기 위해 패턴을 배경으로 사용하는 경우가 많습니다.

(디자인 작업 Point)

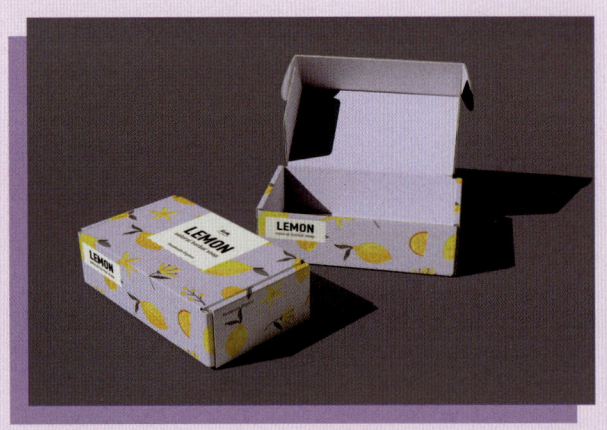

» 보라색 메인 컬러

보라색은 전통적으로 우아함과 고급스러움을 상징합니다. 비누 패키지에 보라색을 사용할 경우 소비자에게 고품질 제품이라는 인식을 심어줄 수 있습니다. 그리고 보라색은 비누 패키지에서 흔히 사용하지 않는 색상으로, 진열대에서 다른 제품보다 돋보일 수 있습니다.

» 레몬과 꽃, 잎 패턴

레몬, 꽃, 잎을 패턴으로 사용하여 비누 제품이 친환경적이고 자연 친화적인 특성을 가지고 있음을 시각적으로 전달합니다. 레몬 패턴은 제품에 레몬 성분이 포함되었다는 특징을 직관적으로 나타내고 소비자는 패키지를 보는 즉시 주요 성분을 인식할 수 있습니다.

» 사각 박스에 정보 배치

브랜드명, 제품명, 제품 설명 등의 주요 정보를 흰색 사각형 박스 안에 배치하여 정보가 한눈에 들어올 수 있게 만들었습니다.

01 | [Patterns] 패널과 패턴 미리 보기

✓ [Patterns] 패널

[Patterns] 패널은 패턴 라이브러리 소스를 보여주는 패널로, [Window]-[Patterns] 메뉴를 선택하여 열 수 있습니다. [Patterns] 패널에서는 포토샵에서 무료로 제공하는 패턴을 선택해서 사용할 수도 있고 직접 패턴을 등록할 수도 있습니다.

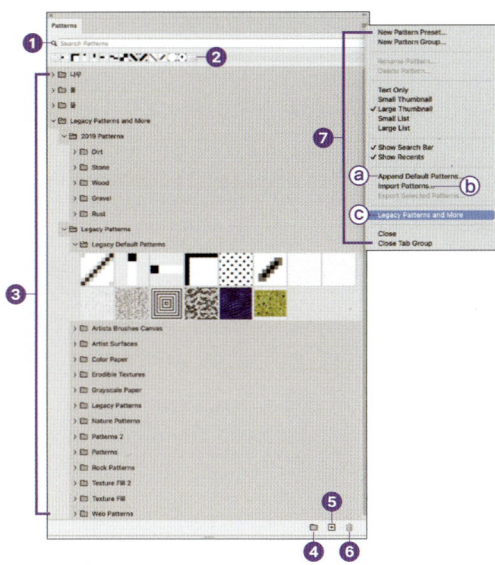

❶ 패턴 검색 창: 패턴 이름을 검색해 찾을 수 있습니다.

❷ 이전에 사용한 패턴 목록

❸ 프리셋: 포토샵에서 제공하는 패턴 견본의 이름과 모양을 표시합니다.

❹ 패턴 폴더(□): 패턴 폴더를 생성합니다.

❺ 새 패턴 추가(⊞): 새로운 패턴을 등록합니다.

❻ 휴지통(🗑): 패턴을 삭제합니다.

❼ 패턴 설정 메뉴: 패턴을 불러오거나 패턴 표시 방법을 지정할 수 있습니다.

ⓐ Append Default Patterns: 패턴의 기본값을 프리셋 목록에 첨부합니다.

ⓑ Import Patterns: 컴퓨터에 저장된 패턴 파일(*.pat) 소스를 [Patterns] 패널에 불러옵니다.

ⓒ Legacy Patterns and More: 과거 패턴 소스를 [Patterns] 패널에 불러옵니다.

02 | 패턴 미리 보기를 이용해 패턴 쉽게 제작하기

❶ A4 가로형 새 작업 창을 만든 후 [View]-[Pattern Preview] 메뉴를 선택하여 패턴 미리 보기를 활성화하면 회색 배경이 흰색으로 바뀝니다.

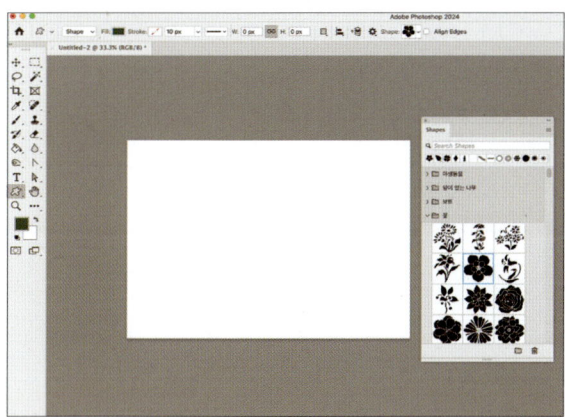

▲ 배경색이 회색인 작업 창

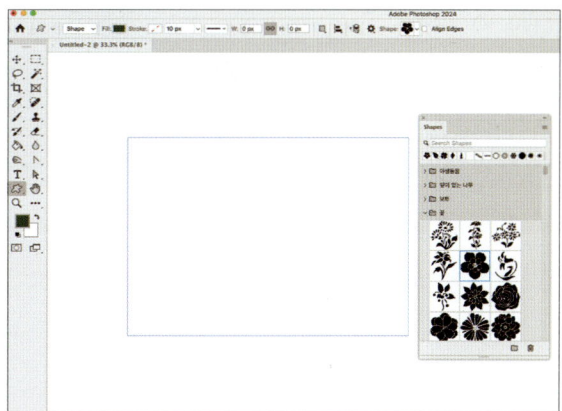

▲ 배경색이 흰색인 작업 창

❷ [Window]-[Shapes] 메뉴를 선택하여 [Shapes] 패널을 열고 'Legacy Shapes and More>2019 Shapes> Leaves'에 있는 ❸ 'Chesthut Leaf' 셰이프를 선택한 후 ❹ [Tools] 패널의 '사용자 정의 모양' 툴(🎨)로 ❺ 화면에 드래그하여 모양을 만듭니다. ❻ 이와 같은 방법으로 셰이프를 찾아 화면에서 드래그하여 다음 화면과 같이 모양을 만듭니다. ❼ A4 영역 안에 크기가 각기 다른 여러 종류의 셰이프를 만들면 작업 바깥 영역에서도 패턴이 반복해서 나타납니다. ❽ '사용자 정의 모양' 툴(🎨)로 셰이프를 선택하면 모서리 조절점이 나타나서 크기와 회전, 위치를 변경할 수 있습니다.

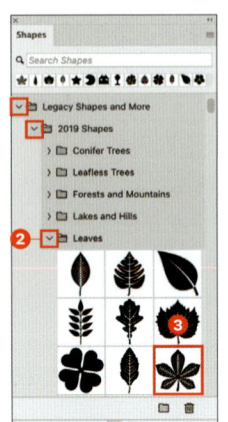 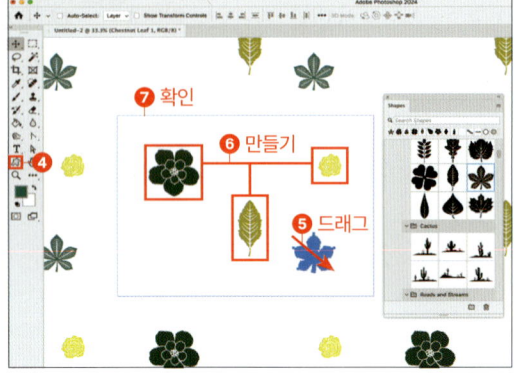 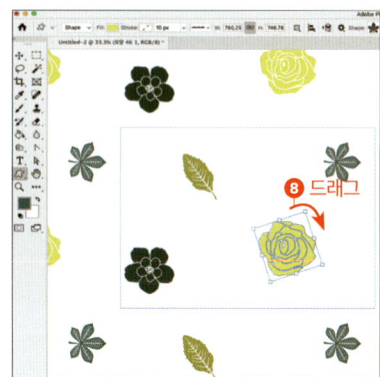

> **Tip ▶ 패턴 미리 보기 기능으로 모서리가 잘린 패턴 만들기**
>
> 패턴 이미지가 경계선 모서리에 잘리거나 겹쳐져도 간격과 배열을 자동으로 인식하여 재정렬되므로 상관없습니다. 경계선 안쪽 패턴 이미지의 크기와 회전, 위치 등을 바꾸면 경계선 바깥쪽에 있는 패턴도 함께 변합니다.
>
>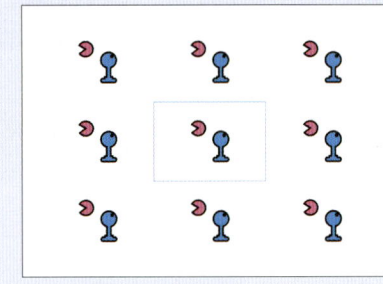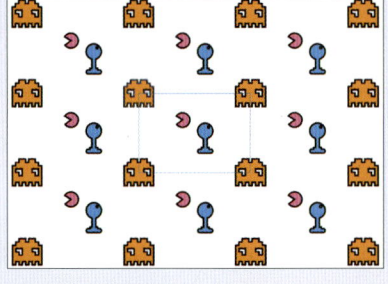
>
> ▲ 경계선을 피해 배치한 경우   ▲ 경계선에 겹쳐 배치한 경우

❾ Ctrl + - 를 눌러 화면을 축소하면 패턴의 모습이 한눈에 들어옵니다. ❿ [Window]-[Patterns] 메뉴를 선택하여 [Patterns] 패널을 열고 [새 패턴 추가] 아이콘(➕)을 클릭하여⓫ 패턴 소스로 등록합니다.

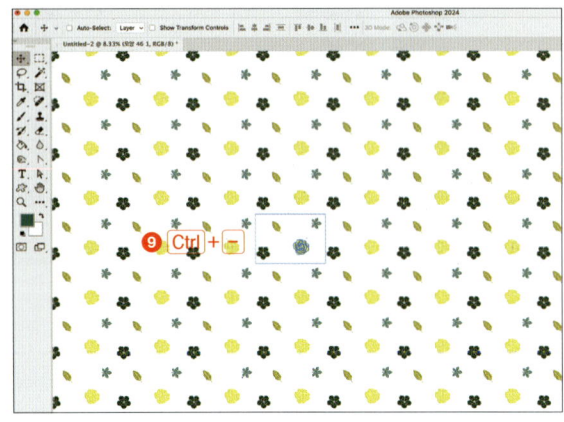 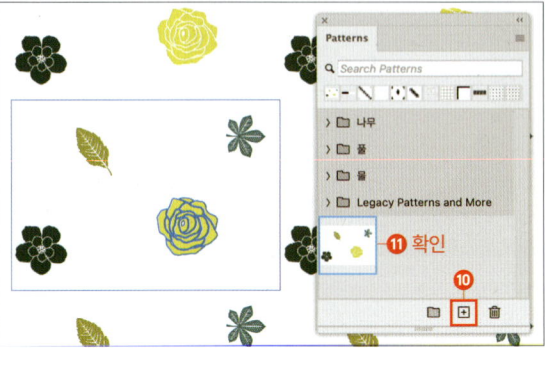

319

> Tip ▶ **패턴 파일(*.pat)로 저장하기**
>
> ❶~❷ [Patterns] 패널에서 저장하고 싶은 패턴을 Ctrl 을 누른 상태에서 모두 선택합니다. ❸ 그런 다음 [Patterns] 패널의 오른쪽 위에 있는 [더 보기] 버튼(☰)을 클릭한 후 ❹ [Export Selected Patterns]를 선택합니다.

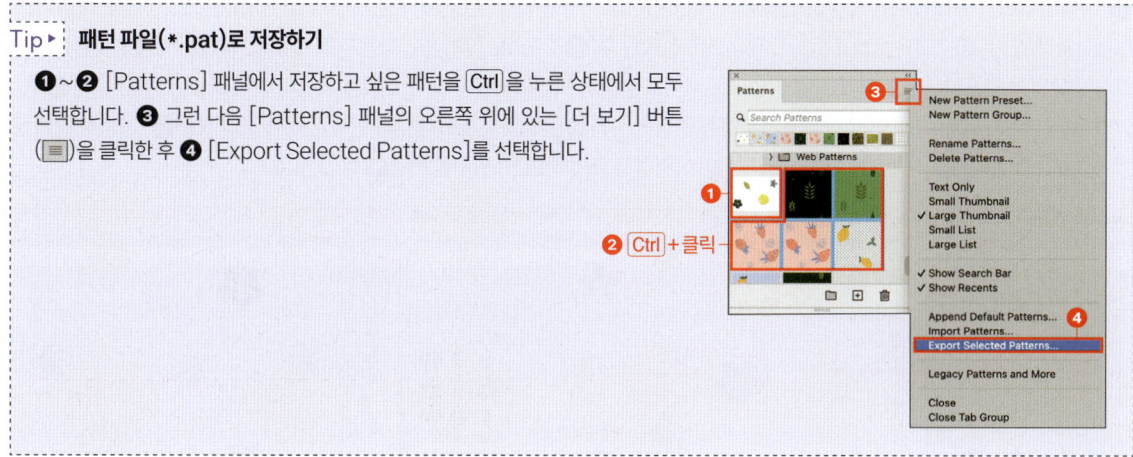

✅ 핵심 기능

03 | 패턴을 입히는 방법

✔ '페인트통' 툴로 패턴 입히기

'페인트통' 툴(🪣)의 옵션바에서 'Fill Source'를 'Pattern'으로 지정하고 패턴 종류를 선택한 후 입히고 싶은 영역을 클릭하면 패턴으로 채울 수 있습니다. 'Tolerance'는 값이 클수록 색상을 넓게 선택할 수 있고 'Mode'는 원본 이미지와 패턴의 혼합 방법을 지정할 수 있습니다.

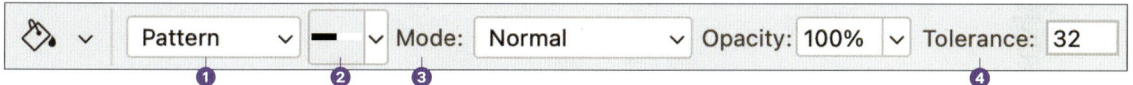

❶ **Fill Source**: 'Foreground', 'Background', 'Pattern' 중에서 선택합니다.
❷ 패턴 소스를 선택합니다.
❸ **Mode**: 혼합 모드를 지정합니다.

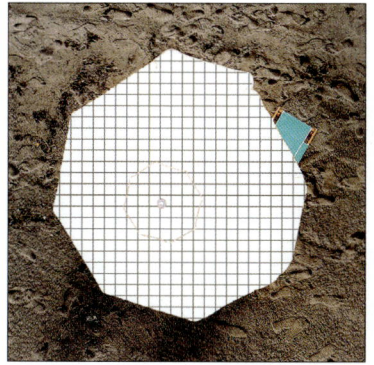 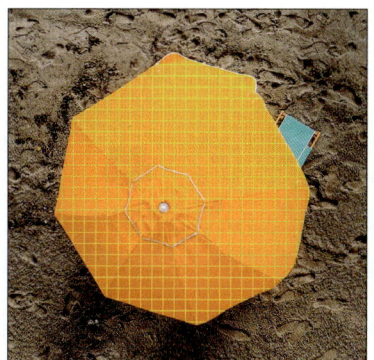 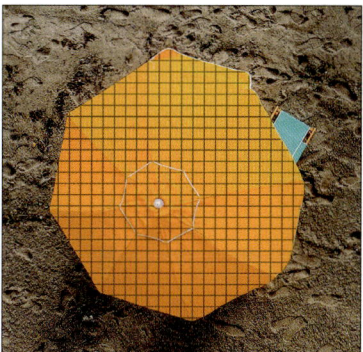

▲ Normal 모드　　　　　　　　　▲ Divide 모드　　　　　　　　　▲ Multiply 모드

❹ **Tolerance**: 색상의 적용 범위를 지정합니다. 값이 클수록 비슷한 색상까지 선택해서 넓게 선택할 수 있습니다.

▲ Tolerance : 20   ▲ Tolerance : 100

✓ [Edit]-[Fill] 메뉴

선택 영역을 지정하고 [Edit]-[Fill] 메뉴를 선택합니다. [Fill] 창이 열리면 'Contents'에서 'Pattern'을 선택하고 'Options'의 'Custom Pattern'에서 패턴 소스를 선택합니다.

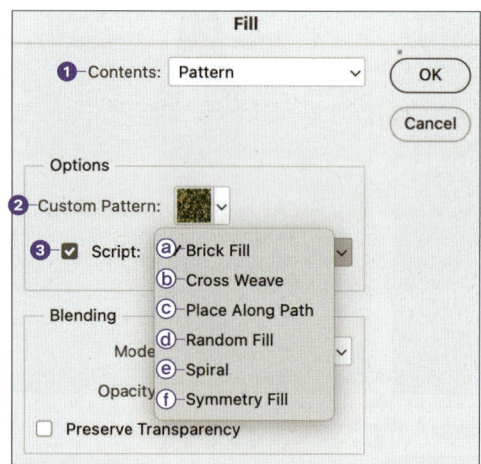

❶ **Contents**: 'Foreground Color', 'Background Color', 'Content - Aware', 'Pattern' 등 패턴을 채우는 방법을 선택합니다.

❷ **Custom Pattern**: 패턴 소스를 선택합니다.

❸ **Script**: 블록 형태로 반복되는 패턴 배열 방식과 크기와 색상을 조절할 수 있습니다. 'Script'에 체크 표시하지 않으면 원본 패턴의 크기를 그대로 입힐 수 있습니다.

ⓐ **Brick Fill**: 벽돌 모양으로 배열합니다.

ⓑ **Cross Weave**: 그물 직물 모양으로 배열합니다.

ⓒ **Place Along Path**: 패스를 따라 배열합니다.

ⓓ **Random Fill**: 임의로 배열합니다.

ⓔ **Spiral**: 나선형으로 배열합니다.

ⓕ **Symmetry Fill**: 대칭으로 배열합니다. 대칭 타입이 다양합니다.

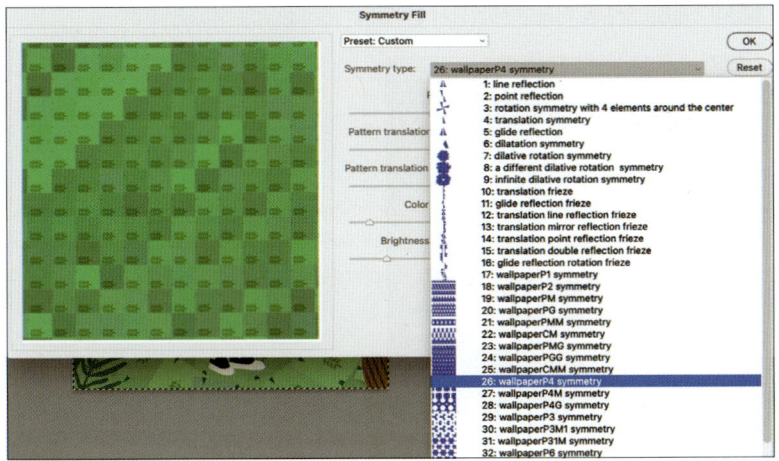

▲ [Symmentry Fill]의 다양한 대칭 목록

[Script-패턴 배열 방식]

▲ 패턴 원본을 그대로 입혔을 때

▲ Script-Brick Fill

▲ Script-Cross Weave

▲ Script-Spiral

▲ Script-Symmetry Fill

✓ 레이어 스타일 – Pattern Overlay

❶ [Layers] 패널에서 [레이어 스타일] 아이콘(fx)을 클릭하고 ❷ [Pattern Overlay]를 선택합니다. ❸ [Layer Style] 창이 열리면 'Pattern Overlay'에 체크 표시하고 ❹ 오른쪽 영역에서 패턴 소스를 지정한 후 합성 모드, 불투명도, 각도, 크기 등을 변경할 수 있습니다.

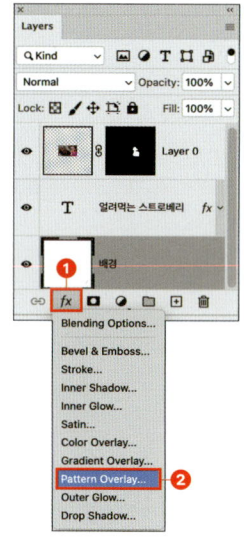
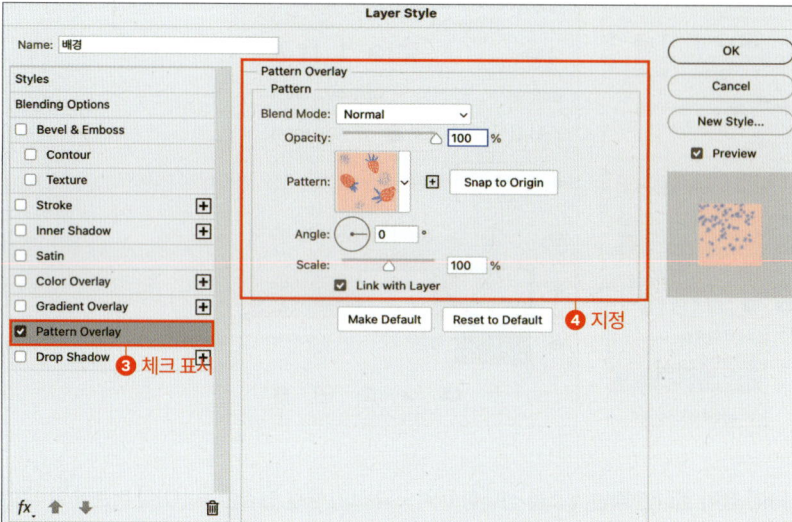

▲ Scale: 100%, Angle: 0도

▲ Scale: 35%, Angle: 45도

✓ 조정 레이어 – Pattern Fill

❶ 조정 레이어의 Pattern Fill 생성하기

[Layers] 패널에서 [조정 레이어] 아이콘(◐)을 클릭하고 [Pattern Fill]을 선택합니다.

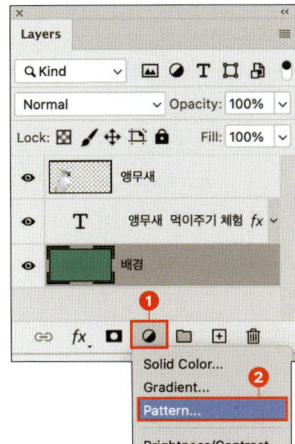 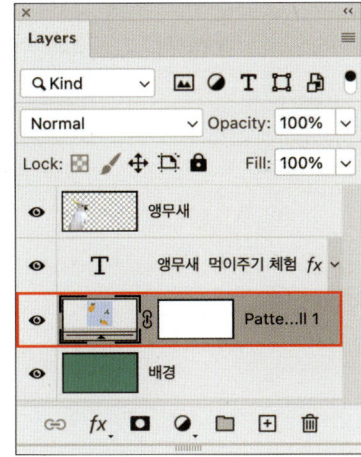

[Pattern Fill] 창이 열리면 패턴 소스를 선택하고 각도와 크기 등을 변경한 후 [OK] 버튼을 클릭합니다. 그러면 [Layers] 패널에 패턴 칠 조정 레이어가 생성됩니다.

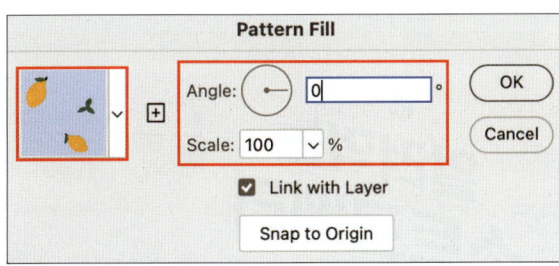 

▲ Scale: 100%, Angle: 0도

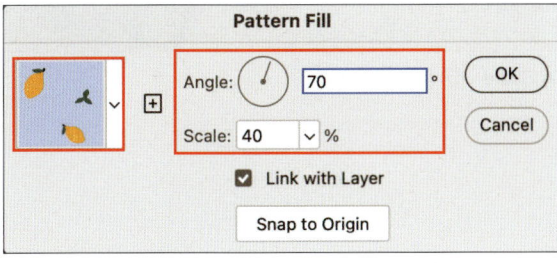

▲ Scale: 40%, Angle: 70도

❷ 조정 레이어에서 패턴 소스 변경하기

패턴 칠 조정 레이어의 앞부분에 있는 섬네일을 더블클릭하여 [Pattern Fill] 창을 열거나 [Patterns] 패널에서 패턴 소스를 선택하여 패턴 소스를 변경할 수 있습니다.

  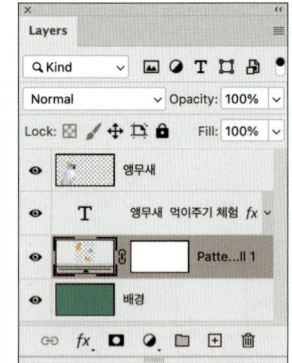

> **Tip** ▶ 배경색이 없는 패턴 소스를 사용할 경우 따로 배경색 입히기
> 패턴 소스 중 배경색이 없는 경우에는 배경 레이어를 추가하여 원하는 색을 입힙니다.

04 | 'Pattern Fill' 기능으로 티셔츠에 패턴 입히기

예제파일	Tshirt.psd, nature.pat
완성파일	Tshirt.jpg

❶ 'Tshirt.psd'를 열고 ❷ 소스 폴더에 있는 'nature.pat'를 더블클릭합니다. ❸ [Window]-[Patterns] 메뉴를 선택하여 [Patterns] 패널을 열고 목록에 자연물 패턴 소스가 추가되었는지 확인합니다.

  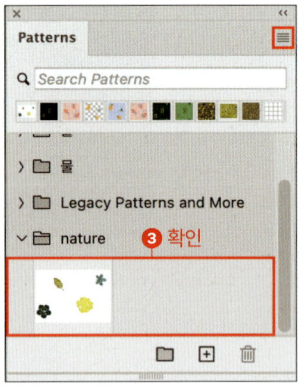

> **Tip** ▶ [Import Patterns]로 패턴 파일(*.pat) 불러오기
> [Patterns] 패널의 오른쪽 위에 있는 [더 보기] 버튼(☰)을 클릭하고 [Import Patterns]를 선택하면 패턴 파일을 불러올 수 있습니다.

❹ [Layers] 패널에서 [조정 레이어] 아이콘( )을 클릭하고 ❺ [Pattern Fill]을 선택합니다. ❻ [Pattern Fill] 창이 열리면 자연물 패턴 소스를 선택하고 'Angle'은 '45도', 'Scale'은 '5%'로 변경한 후 ❼ [OK] 버튼을 클릭합니다.

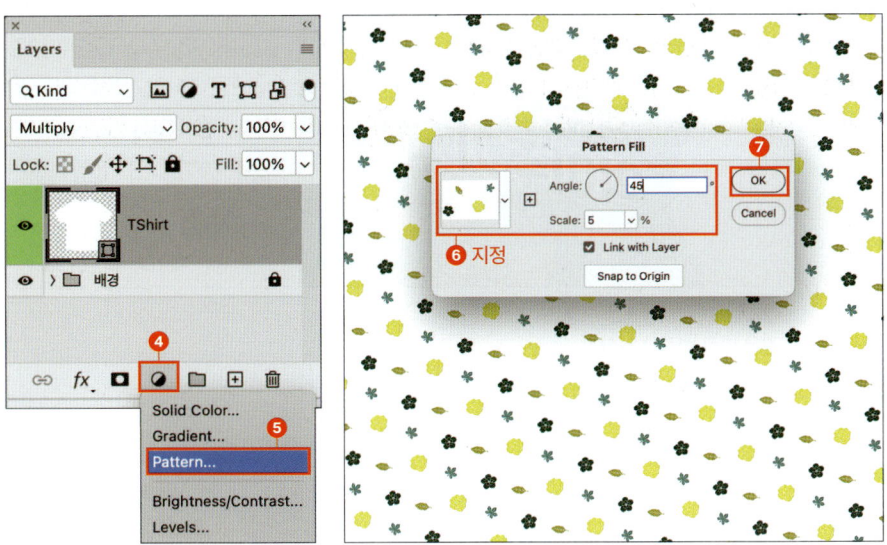

❽ [Layers] 패널에 패턴 칠 조정 레이어가 생성되었는지 확인한 후 ❾ Alt 를 누른 상태에서 [TShirt] 레이어와 [Pattern Fill] 레이어 경계를 클릭하여 클리핑 마스크를 씌웁니다. ❿ 자연물 패턴이 들어간 티셔츠를 완성했습니다.

STEP 1 패턴 소스 제작하고 등록하기

01 ❶ 'lemonpattern_start.psd'를 열면 레이어별로 레몬 일러스트가 1개씩 들어있는 파일이 열립니다. ❷ 레이어를 테두리 형태로 보기 위해 [Layers] 패널에서 [더 보기] 버튼(☰)을 클릭하고 ❸ [Panel Options]를 선택합니다. ❹ [Layers Panel Options] 창이 열리면 'Thumbnail Contents'의 'Layer Bounds'를 선택하고 ❺ [OK] 버튼을 클릭합니다.

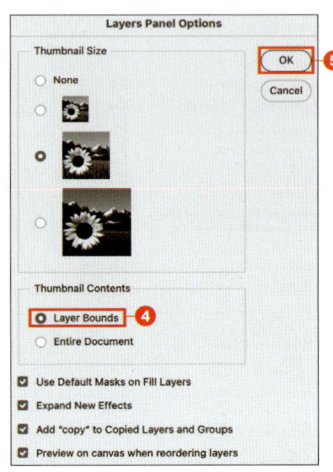

❻ 레몬 일러스트 테두리에 맞춰 레이어 섬네일이 크게 나타납니다.

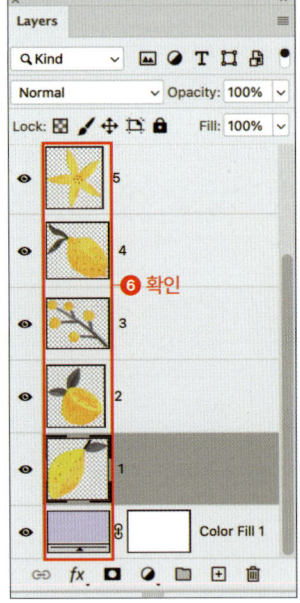

Tip ▶ 레이어 섬네일 보는 방법

[Layers Panel Option] 창의 'Thumbnail Contents'에서 레이어 보는 방법을 선택할 수 있습니다.

❶ **Layer Bounds**: 레이어 테두리에 맞춰 크게 보입니다.
❷ **Entire Document**: 문서 전체를 기준으로 어떤 곳에 위치하는지, 어떤 크기인지 알 수 있습니다.

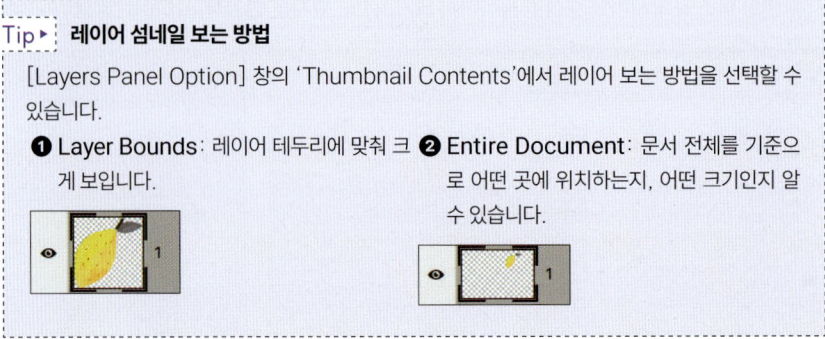

02 ❶ [Layers] 패널에서 [1] 레이어를 선택하고 ❷ 마우스 오른쪽 버튼을 클릭한 후 ❸ 바로 가기 메뉴에서 [Convert to Smart Object]를 선택하여 일반 레이어를 스마트 오브젝트 레이어로 바꿉니다. ❹ 이와 같은 방법으로 [2]~[7] 레이어도 스마트 오브젝트 레이어로 변경합니다.

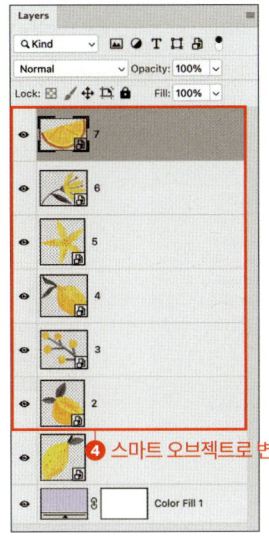

> Tip ▶ **스마트 오브젝트 레이어(Convert to Smart Object)로 변경하는 이유**
>
> 스마트 오브젝트 레이어로 변경하면 원본 이미지의 크기를 변경할 때 해상도가 깨지지 않아 선명하게 표현할 수 있습니다.

03 ❶ 패턴에 들어가는 요소를 편집해 보겠습니다. [View]-[Pattern Preview] 메뉴를 선택하여 패턴 미리 보기를 활성화하면 회색 배경이 보라색 배경으로 바뀝니다. ❷ [Layers] 패널에서 [1] 레이어와 [Color Fill 1] 레이어를 제외한 나머지 레이어의 눈 아이콘(◉)을 클릭하여 끄고 ❸ [1] 레이어를 선택한 후 Ctrl + T 를 눌러 자유 변형 박스를 씌웁니다. ❹ 자유 변형 박스의 모서리 조절점을 움직여서 크기, 각도, 위치를 변경하고 Enter 를 눌러 고정합니다.

❺ [2] 레이어의 눈 아이콘(👁)을 켠 후 ❻ 자유 변형 박스를 씌워 ❼ 크기, 각도, 위치를 조절합니다. ❽ [3]~[7] 레이어도 적절한 비율로 조정합니다.

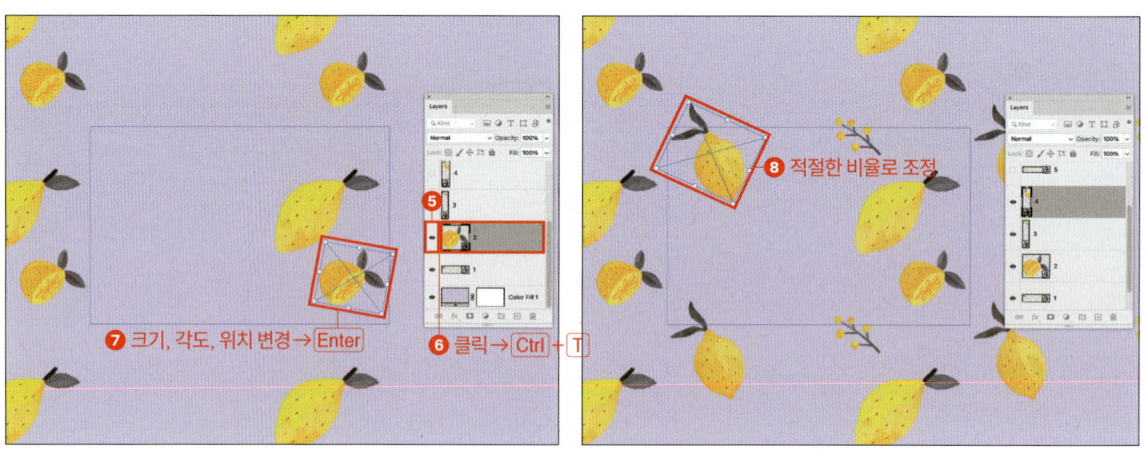

❾ 패턴 이미지가 경계선 모서리에 잘리거나 겹쳐지게 배치해도 간격과 배열을 자동으로 인식하여 재정렬되므로 상관없습니다. 패턴 요소 간에 크기와 각도가 다양하고 여백이 균일해야 보기 좋습니다.

Tip ▶ 패턴에 포함될 요소의 크기와 여백, 비율 고려하기

❶ **크기**: 패턴이 입혀질 공간의 크기에 따라 요소를 작게 넣을지, 크게 넣을지 정합니다.
❷ **여백**: 요소들끼리 서로 겹치거나 밀집되어 있으면 혼잡해 보이므로 사이의 공간을 비슷하게 유지하여 균형 있게 만듭니다.
❸ **비율, 각도**: 너무 큰 요소들끼리 있으면 무거워질 수 있으므로 요소들을 대, 중, 소 비율로 적절하게 섞어주는 것이 좋습니다. 크기가 비슷한 요소들은 다른 각도로 배치해 줍니다.

04 ❶ [Window]-[Patterns] 메뉴를 선택하여 [Patterns] 패널을 열고 [새 패턴 추가] 아이콘(⊞)을 클릭합니다. ❷ [Pattern Name] 창이 열리면 'Name'에 '레몬패턴'을 입력하고 ❸ [OK] 버튼을 클릭합니다.

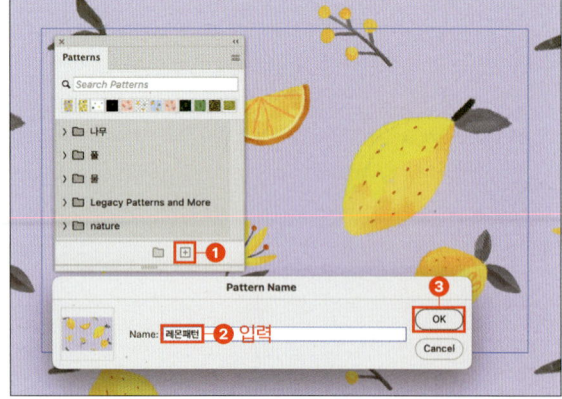

❹ [Patterns] 패널에 패턴 소스가 등록되었는지 확인합니다.

STEP 2 | 박스에 패턴 입히기

01 ❶ 'lemonbox_start.psd'를 열고 ❷ [Layers] 패널에서 [Backgraound] 레이어를 선택합니다. ❸ [조정 레이어] 아이콘(⬤)을 클릭하고 ❹ [Pattern Fill]을 선택합니다.

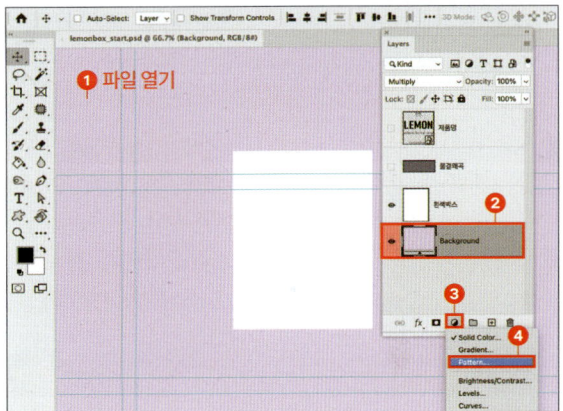

❺ [Pattern Fill] 창이 열리면 패턴 목록에서 '레몬패턴' 소스를 선택하고 ❻ 'Angle'은 '30도', 'Scale'은 '110%'로 지정하고 ❼ [OK] 버튼을 클릭합니다.

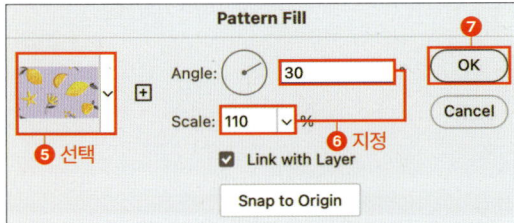

❽ 캔버스에 적용된 레몬 패턴을 확인합니다. 다른 사이즈의 캔버스에 해당 패턴을 적용하여 포장지, 엽서, 노트, 표지 등을 만들 수 있습니다.

Tip ▶ **파란색 안내선 감추기**
Ctrl + ; 을 누르면 안내선(guide)을 감추고 표시할 수 있습니다.

STEP 3 | Wave 필터로 물결 효과 주기

01 ❶ [Layers] 패널에서 [물결왜곡] 레이어의 눈 아이콘(👁)을 클릭하여 켜고 [Filter]-[Distort]-[Wave] 메뉴를 선택합니다. ❷ [Wave] 창이 열리면 'Number of Generators'는 '6', 파장인 'Wavelength'의 'Min.'과 'Max.'는 각각 '39', '40', 진폭인 'Amplitude'의 'Min.'과 'Max.'는 각각 '1', '35'로 지정하고 ❸ [OK] 버튼을 클릭합니다.

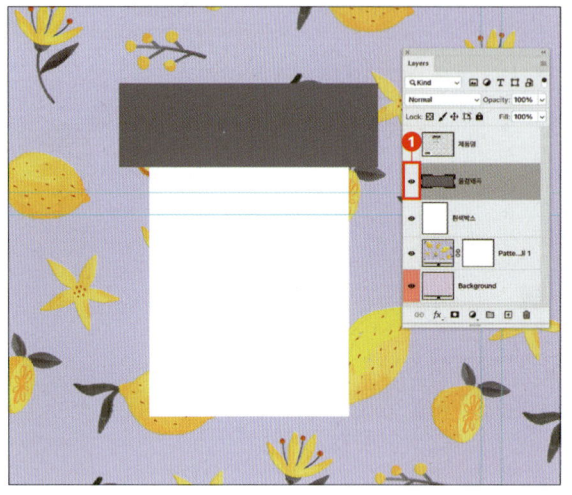 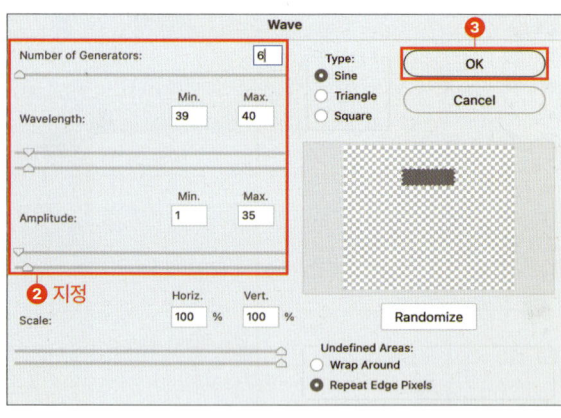

331

02

❶ 회색 사각형의 모서리가 구불구불하게 물결처럼 변경되었습니다. ❷ 물결 형태를 흰색 사각형에 적용하기 위해 선택 영역을 지정하고 사각형과 겹치는 부분을 삭제해 보겠습니다. Ctrl을 누른 상태에서 [Layers] 패널의 [물결왜곡] 레이어의 섬네일을 클릭하여 선택 영역을 지정합니다. ❸ [물결왜곡] 레이어의 눈 아이콘(◉)을 클릭하여 끄고 ❹ [흰색박스] 레이어를 선택한 후 Delete를 눌러 선택 영역에 있는 흰색 영역을 없앱니다.

03

❶ 선택 영역을 이동해 보겠습니다. [Tools] 패널에서 '사각 선택' 툴(▭)을 선택하고 ❷ 선택 영역의 안쪽 부분을 클릭한 후 Shift를 누른 상태에서 아래쪽으로 이동합니다. ❸ Delete를 눌러 선택 영역과 겹쳐진 흰색 부분을 삭제하여 물결 형태의 박스를 완성합니다.

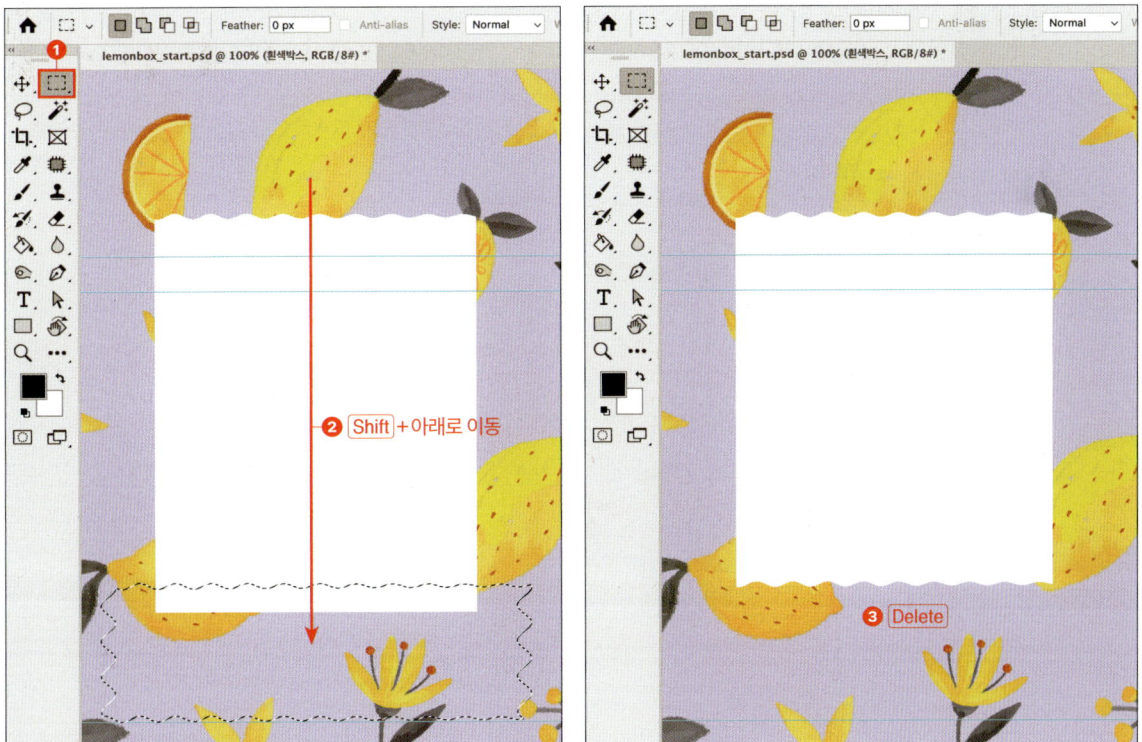

04

❶ [Layers] 패널에서 [제품명] 레이어의 눈 아이콘(◉)을 클릭하여 켭니다. ❷ 미리 디자인해 놓은 로고와 제품 이름과 슬로건이 표시되면 해당 이미지를 저장해서 비누 패키지 박스 제작에 활용합니다.

Tip ▶ 비누 패키지 박스를 디자인할 때 Top Side, Front Side, Right Side 고려하기

❶ Top Side ❷ Front Side ❸ Right Side

THE
PHOTOSHOP

PART 5

웹 &
모바일 디자인

SNS | SNS Event Page | Thumbnail | Advertise | GIF Poster

SNS 카드 뉴스

예제파일	sns_news_start.psd, dog_start.psd
소스파일	wave.pat, engrave.grd
완성파일	sns_news_finish.psd

SNS · SNS Event Page · Thumbnail · Advertise · GIF Poster

Point skill   '문자' 툴, [Character] 패널, [Paragraph] 패널, 어도비 폰트 사용하기, Distort 필터

How to   SNS 카드 뉴스는 간결한 디자인과 읽기 쉬운 글을 통해 정보를 빠르게 전달하는 데 최적화된 콘텐츠입니다. 포토샵의 '문자' 툴과 [Character] 패널을 이용해 카드 뉴스의 제목과 내용을 입력할 수 있고, 문자의 자간과 행간, 적당한 색상을 선택해 중요도를 시각적으로 구분할 수 있습니다. [Paragraph] 패널을 이용해 왼쪽 정렬과 오른쪽 정렬, 중앙 정렬 등을 할 수 있습니다. 글상자를 이용하면 문장이 자동으로 줄 바꿈되어 가독성을 높일 수 있습니다. 어도비 폰트에서 제공하는 수천 개의 글꼴 중 마음에 드는 글꼴을 동기화하면 따로 다운로드하여 설치할 필요 없이 바로 이용할 수 있습니다. 이번에는 '문자' 툴과 관련된 포토샵 기능과 효과적으로 카드 뉴스를 만드는 방법에 대해 학습하겠습니다.

Step   물결 패턴과 Twirl 필터로 지폐 효과 연출하기 ➡ '문자' 툴로 제목과 내용 입력하기 ➡ 아트보드를 JPG 파일로 내보내기

콘텐츠에 **계급** 매기기

▶ **콘텐츠의 중요도에 따라 정보를 분류하고 배치하여 보기 좋게 만들 수 있습니다.**

① **많이 중요한 정보는 맨 위에 배치**: 제목은 일반적으로 위쪽에 배치하고 제목을 한눈에 파악할 수 있도록 큰 글씨와 강렬한 색상으로 강조해야 합니다. 사용자는 웹 페이지나 모바일에서 주로 F-패턴(왼쪽 위에서 오른쪽으로 이동한 후 아래로 내려가는 형태) 또는 Z-패턴(왼쪽 위에서 오른쪽으로 이동한 후 대각선으로 왼쪽 아래로 이동하는 형태)으로 읽으므로 위쪽에 중요한 정보를 배치하면 가장 먼저 그 내용을 접할 수 있습니다.

② **소제목과 번호 표시, 목록 형식**: 소제목은 각 섹션의 시작 부분에 배치해 해당 섹션의 핵심 내용을 미리 알려줍니다. 정보에 번호를 매기면 사용자가 순서대로 내용을 쉽게 이해하고 기억할 수 있습니다. 목록 형식은 여러 정보를 한눈에 파악할 수 있도록 돕습니다.

③ **이미지 곁들이기**: 이미지를 곁들이면 텍스트를 더욱 흥미롭게 읽을 수 있으며 심미성과 시각적 흥미를 높입니다. 그러나 모든 콘텐츠에 이미지를 추가하면 너무 복잡해 보일 수 있으므로 콘텐츠의 중요도에 따라 이미지를 추가할지의 여부를 결정해야 합니다.

디자인 작업 Point

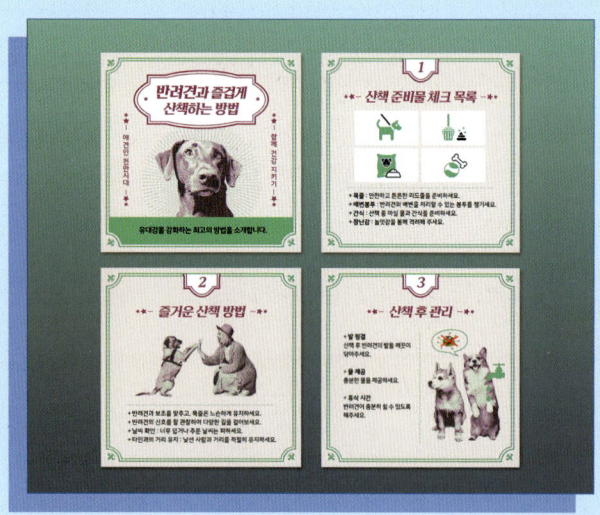

» 이중 장식 프레임과 색상 조합

각 카드에는 스타일이 같은 이중 프레임을 적용했고 녹색, 자주색, 흰색의 색상 조합을 사용하여 시각적 일관성과 통일성을 유지했습니다. 이렇게 색상을 조합하면 깔끔하고 정돈된 느낌으로 디자인할 수 있습니다.

» 가운데 위쪽에 배치한 번호와 제목

각 카드의 가운데 위쪽에는 번호와 제목을 배치해서 정보의 순서를 명확히 전달하고 있습니다. 번호와 제목은 자주색과 굵은 서체로 강조하여 사용자가 즉시 핵심 정보를 파악할 수 있도록 도움을 줍니다. 설명 텍스트는 아래쪽에 배치하여 시각적 혼란을 줄이고 정보를 명확하게 전달했습니다.

» 목록 형식으로 정보에 빠르게 접근

산책 준비물 체크 목록 카드, 즐거운 산책 방법 카드, 산책 후 관리 카드는 모두 목록 형식으로 정리했습니다. 카드의 각 항목을 독립적으로 나열해서 사용자가 필요한 정보를 빠르게 찾아볼 수 있습니다.

01 '문자' 툴로 문자 입력하기

작업 창에서 [Tools] 패널의 '문자' 툴(T)로 문자를 입력하면 레이어가 자동으로 생성되고 Shift + T 를 누르면 '가로 문자' 툴(T) 외에 다른 '문자' 툴을 선택할 수 있습니다. '세로 문자 마스크' 툴(IT)과 '가로 문자 마스크' 툴(T)을 이용하면 문자 모양대로 선택 영역을 만들 수 있습니다. 즉 실제로 문자가 입력되지 않고 문자 형태의 선택 영역이 만들어집니다.

✓ '문자' 툴의 종류

❶ '가로 문자' 툴(T)

가로 방향으로 문자를 입력합니다.

❷ '세로 문자' 툴(IT)

세로 방향으로 문자를 입력합니다.

❸ '세로 문자 마스크' 툴(IT)

입력한 세로 문자 형태대로 선택 영역을 만듭니다.

❹ '가로 문자 마스크' 툴(T)

입력한 가로 문자 형태대로 선택 영역을 만듭니다.

✓ 문자를 입력하는 방법

화면을 한 번 클릭하여 커서를 올려놓고 문자를 입력하거나 화면을 드래그하여 글상자를 만든 후 문자를 입력합니다. 입력을 종료하려면 Ctrl + Enter 를 누릅니다.

▲ 커서를 올려놓은 후 문자를 입력한 경우

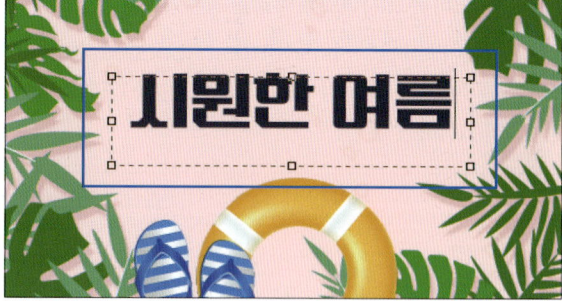
▲ 글상자를 만든 후 문자를 입력한 경우

✓ 패스를 따라 흐르는 문자 만들기

'펜' 툴( )을 이용해 곡선 패스를 만들고 '문자' 툴(T)로 곡선 패스를 클릭하면 패스가 투명해집니다. 이 상태에서 문자를 입력하면 곡선을 따라 흘러갑니다.

▲ 곡선 패스 만들기

▲ 곡선 패스를 따라 입력되는 문자

간단 실습
02 | 어도비에서 제공하는 글꼴 사용하기

| 완성파일 | newtro.jpg |

어도비(Adobe)는 Creative Cloud 구독자에게 다양한 글꼴을 제공합니다. 포토샵을 포함한 다른 어도비 소프트웨어에서도 글꼴을 사용할 수 있습니다.

01 어도비 폰트 사이트에서 글꼴 동기화하기

❶ 어도비 폰트 사이트(https://fonts.adobe.com)에 접속한 후 왼쪽 필터 기능을 이용해 스타일, 두께 등 원하는 글꼴 특징을 선택해 글꼴을 검색합니다. ❷ 오른쪽 화면에 섬네일 형태로 글꼴이 필터링되면 자세히 보기 위해 섬네일 또는 글꼴 이름을 클릭합니다.

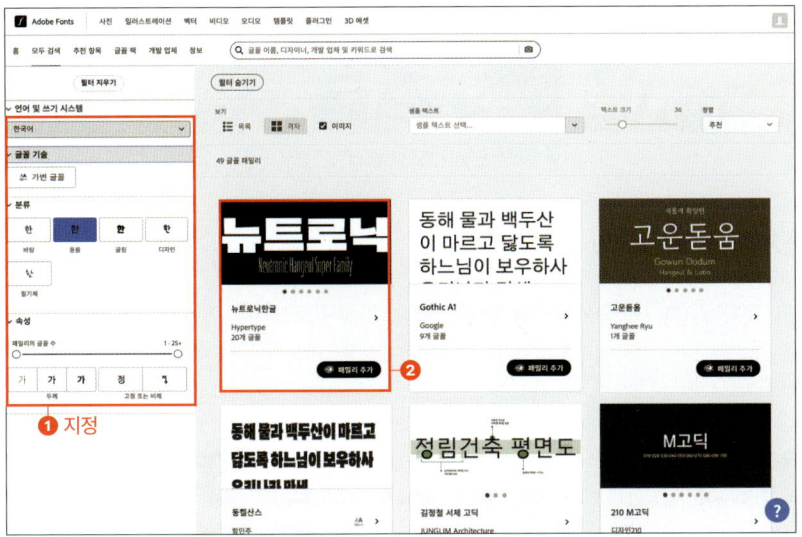

❸ 굵기가 다른 패밀리 서체 목록에서 개별적으로 동기화하려면 [글꼴 추가] 버튼을, ❹ 전체를 동기화하려면 [패밀리 추가] 버튼을 클릭합니다. 예제에서는 '뉴트로닉 한글' 패밀리 서체를 동기화했습니다.

❺~❼ 포토샵을 실행한 후 [Window]-[Character] 메뉴를 선택하여 [Character] 패널을 열고 방금 동기화한 '뉴트로닉 한글 Bold'를 글꼴로 지정합니다. ❽ 문자를 입력한 후 선택한 글꼴로 문자가 입력되는지 확인합니다.

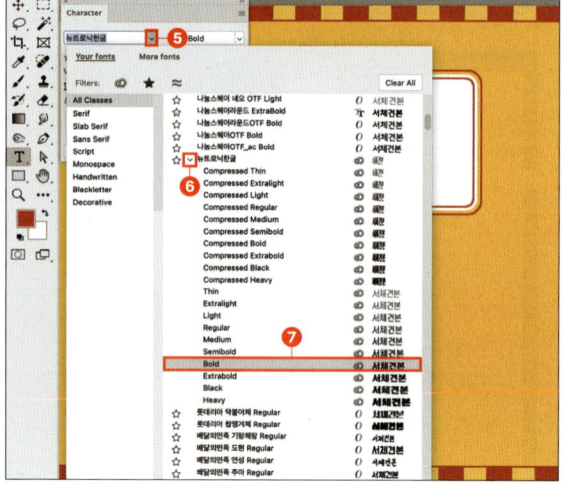 

02 'Adobe Creative Cloud' 앱에서 글꼴 관리하기

❶ 'Adobe Create Cloud' 앱을 실행하고 왼쪽 바에서 [앱] 아이콘(▦)을 클릭한 후 ❷ '글꼴'에서 '글꼴 관리'를 선택합니다. 글꼴 관리 화면이 열리면 설치한 글꼴과 제거한 글꼴을 확인하고 편집할 수 있습니다.

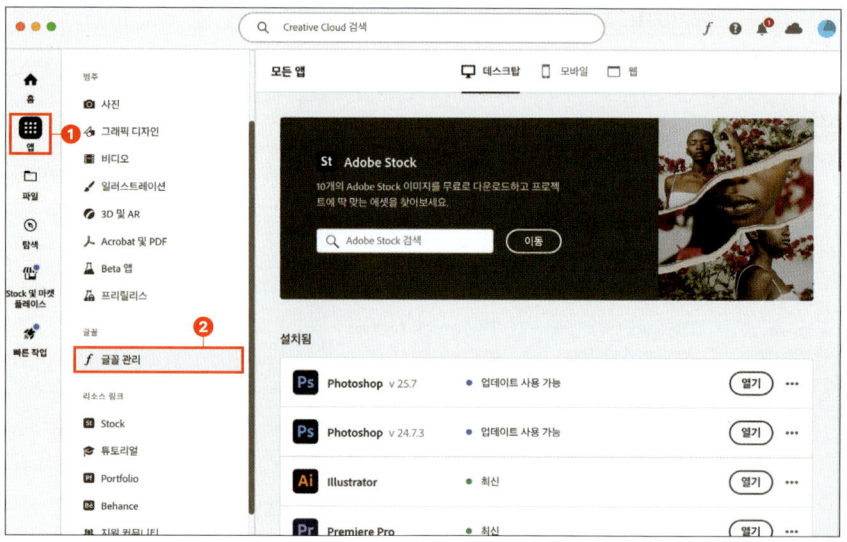

341

❸ 글꼴을 삭제하려면 [옵션 보기] 버튼( )을 클릭하고 ❹ [패밀리 제거]를 클릭합니다. ❺ 여기에서는 더 많은 글꼴을 검색하기 위해 오른쪽 위에 있는 [추가 글꼴 검색] 버튼을 클릭합니다.

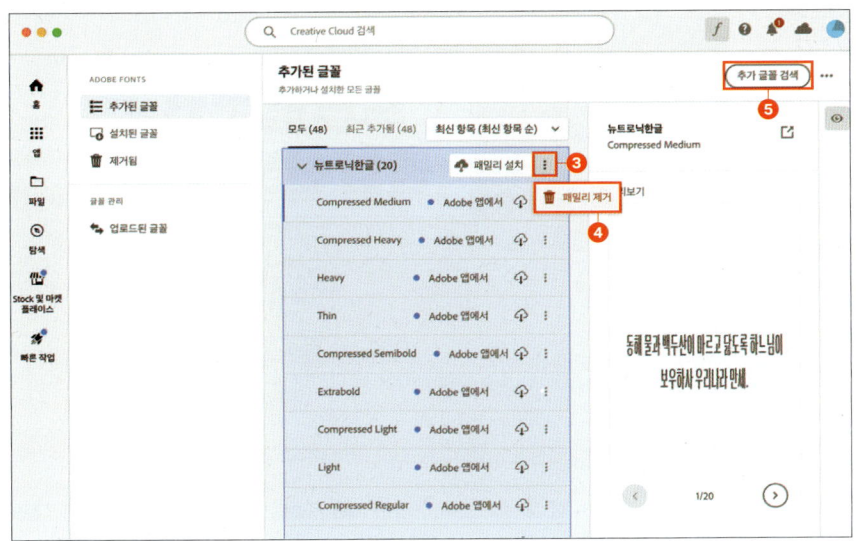

❻ 어도비 폰트 사이트(https://fonts.adobe.com)가 열리면 왼쪽 필터 기능을 이용해 원하는 글꼴을 검색하고 ❼ 마음에 드는 글꼴의 [패밀리 추가] 버튼을 클릭해 동기화합니다.

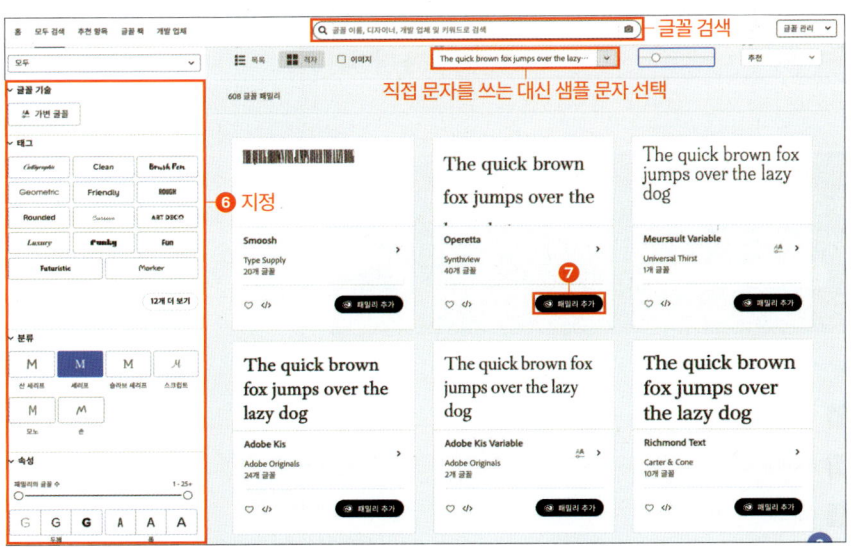

> **Tip ▶ Adobe Fonts**
> ❶ **수천 개의 글꼴 제공**: 상업적으로 사용할 수 있는 3만 이상의 글꼴을 제공하고 글꼴 검색 및 필터를 이용해 필요한 글꼴을 추가할 수 있습니다.
> ❷ **추가 요금 없음**: 구독 중인 Creative Cloud 멤버십에 글꼴 사용이 포함되어 있습니다.
> ❸ **라이선스 부여**: 모든 글꼴은 개인 및 상업적 용도로 사용할 수 있습니다.

✅ 핵심 기능

02 │ '문자' 툴과 [Character] 패널

✓ '문자' 툴의 옵션바 살펴보기

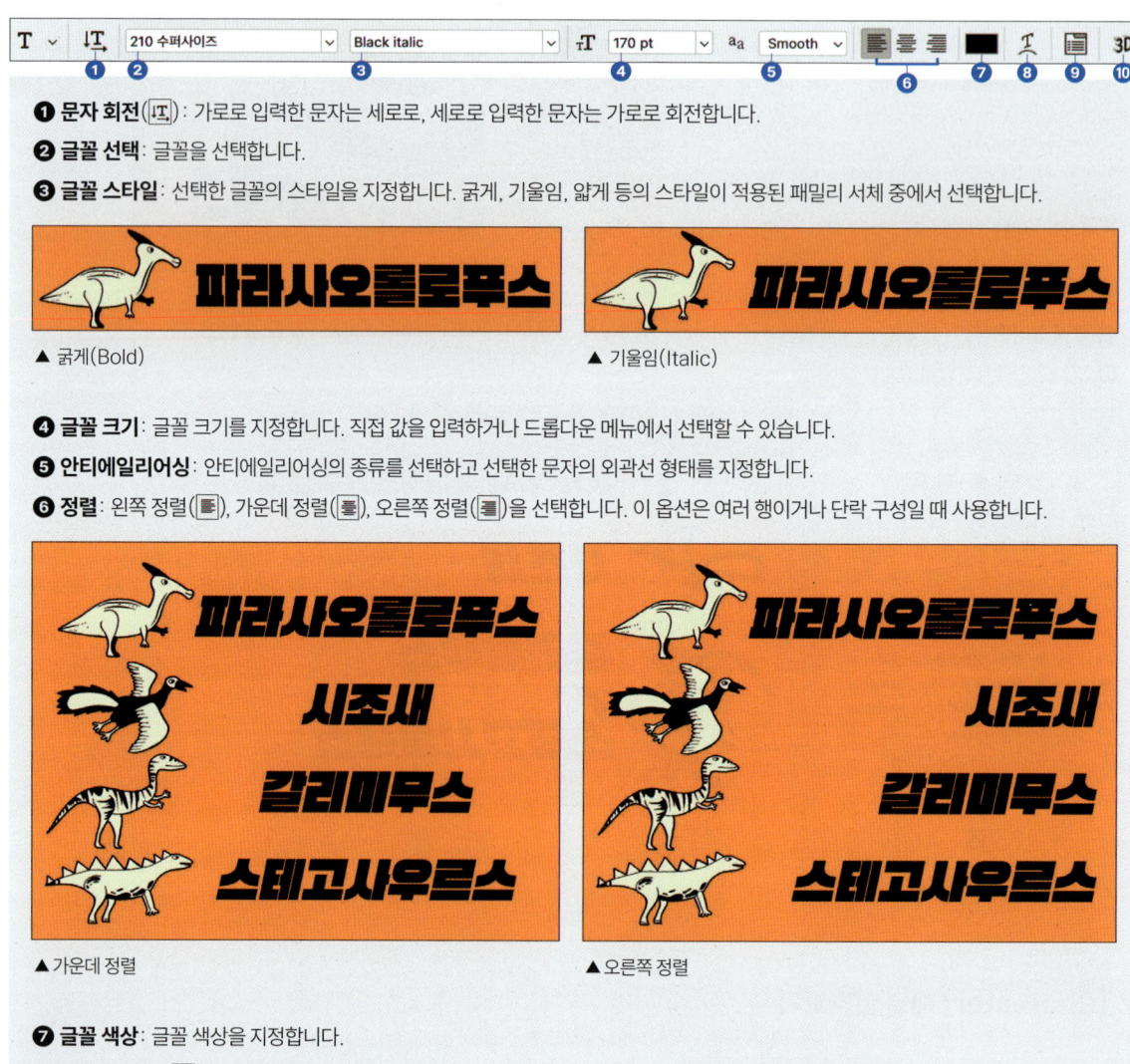

❶ 문자 회전 : 가로로 입력한 문자는 세로로, 세로로 입력한 문자는 가로로 회전합니다.

❷ 글꼴 선택 : 글꼴을 선택합니다.

❸ 글꼴 스타일 : 선택한 글꼴의 스타일을 지정합니다. 굵게, 기울임, 얇게 등의 스타일이 적용된 패밀리 서체 중에서 선택합니다.

▲ 굵게(Bold)   ▲ 기울임(Italic)

❹ 글꼴 크기 : 글꼴 크기를 지정합니다. 직접 값을 입력하거나 드롭다운 메뉴에서 선택할 수 있습니다.

❺ 안티에일리어싱 : 안티에일리어싱의 종류를 선택하고 선택한 문자의 외곽선 형태를 지정합니다.

❻ 정렬 : 왼쪽 정렬, 가운데 정렬, 오른쪽 정렬을 선택합니다. 이 옵션은 여러 행이거나 단락 구성일 때 사용합니다.

▲ 가운데 정렬   ▲ 오른쪽 정렬

❼ 글꼴 색상 : 글꼴 색상을 지정합니다.

❽ Warp Text : 다양한 변형 스타일을 선택하고 각 스타일의 세부 옵션을 조정하여 왜곡 효과를 줍니다.

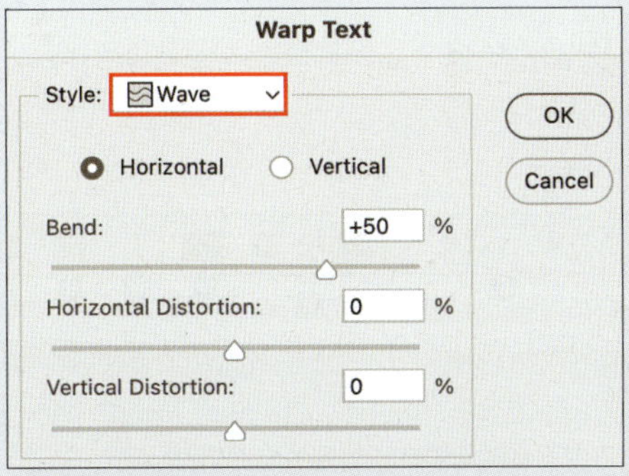

▲ Style: Wave

❾ **패널 아이콘( )**: [Character] 패널과 [Paragraph] 패널을 표시하여 문자와 관련된 속성을 수정할 수 있습니다.
❿ **3D**: 문자에 3D 입체 효과를 줍니다.

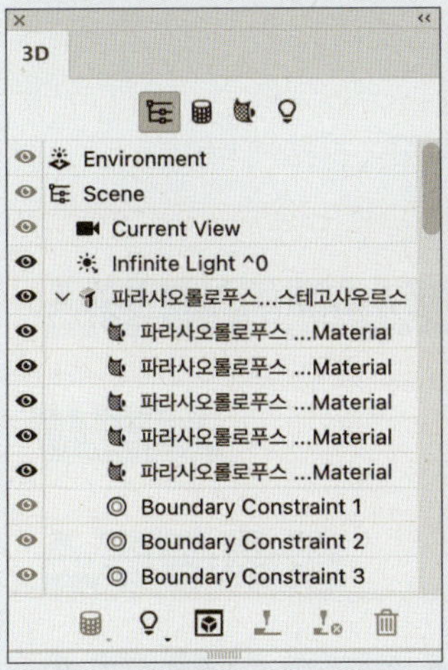

▲ 문자 3D 효과 목록

✓ [Character] 패널 살펴보기

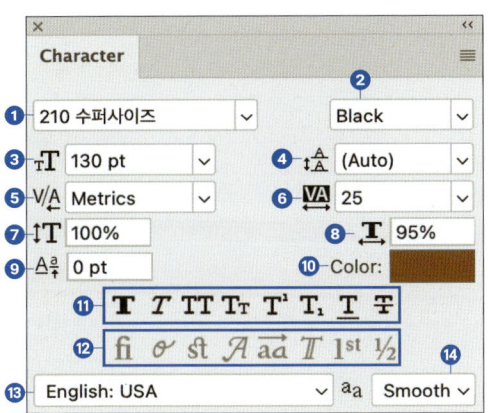

[Window]-[Character] 메뉴를 선택하여 [Character] 패널을 열고 글꼴, 크기, 행간, 자간, 색상 등의 다양한 속성을 조절할 수 있습니다.

❶ **글꼴(Font)**: 글꼴을 선택합니다.
❷ **글꼴 스타일(Font Style)**: 선택한 글꼴의 스타일을 지정합니다. 굵게, 기울임, 얇게 등의 스타일이 적용된 패밀리 서체 중에서 선택합니다.
❸ **글꼴 크기(Size,)**: 글꼴 크기를 지정합니다. 직접 값을 입력하거나 드롭다운 메뉴에서 선택합니다.
❹ **행간(Leading,)**: 입력한 문자의 행과 행 사이 간격을 조절합니다. 줄 간격을 조절하여 가독성을 최적화합니다.

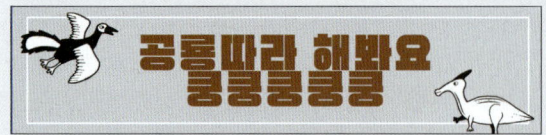
▲ 행간: 100

▲ 행간: 200

❺ **커닝(Kerning,)**: 안티에일리어싱의 종류를 선택합니다. 글꼴 경계선을 주변 색상과 혼합하여 계단 현상을 없애 부드럽게 처리합니다.
❻ **자간(Tracking,)**: 왼쪽 정렬, 가운데 정렬, 오른쪽 정렬을 선택하는 기능으로, 여러 개의 행이나 단락으로 구성할 때 유용합니다.

▲ 자간: -50

▲ 자간: 150

❼ **높이 조절(Vertically Scale,)**: 문자의 세로 길이를 지정합니다.
❽ **장평(Horizontally Scale,)**: 문자의 너비를 조절하고 100%가 기본 너비입니다.

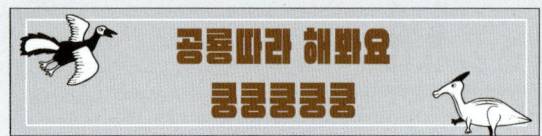
▲ 장평: 70

▲ 장평: 120

❾ **기준선 설정(Baseline Shift,)**: 선택한 문자의 기본 높이를 설정하는 옵션으로, 첨자 문자를 만들 때 이용합니다.
❿ **글꼴 색상(Color)**: 글꼴 색상을 지정합니다.
⓫ **문자 속성**: 선택한 문자의 속성을 조절하는 기능으로, 기울이기, 영어 대문자, 밑줄 추가하기, 취소선 넣기 등의 옵션이 있습니다.

▲ [All caps] 아이콘()을 클릭해서 영어 소문자를 대문자로 바꾼 경우

⓬ **오픈타입**: OpenType 표시()가 있는 글꼴을 작업할 때 합자, 작은 대문자, 분수 같은 대체 글리프를 이용할 수 있습니다.
⓭ **언어 설정**: 영어권 언어인 프랑스어, 독일어, 이탈리아어 등의 특정 언어의 속성을 설정합니다. 하이픈으로 처리하고 문법을 검사할 수 있습니다.
⓮ **안티에일리어싱**: 안티에일리어싱의 종류를 선택하고 선택한 문자의 외곽선 형태를 지정할 수 있습니다.

03 문자 스타일 한 번에 적용하기

예제파일 fontstyle_start.psd
완성파일 fontstyle_finish.jpg

① 'fontstyle_start.psd'를 열고 [Layers] 패널의 '1' 그룹에서 [상대방과 눈을 마주친다] 문자 레이어의 'T' 부분을 더블클릭하여 ② 블록으로 지정합니다. ③ 문자 스타일을 등록하기 위해 [Window]-[Character Style] 메뉴를 선택하여 [Character Styles] 패널을 열고 [새 문자 추가] 아이콘(⊞)을 클릭합니다. ④ 'Character Style 1+'가 표시되면 더블클릭합니다.

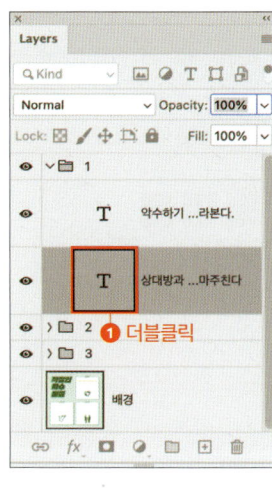 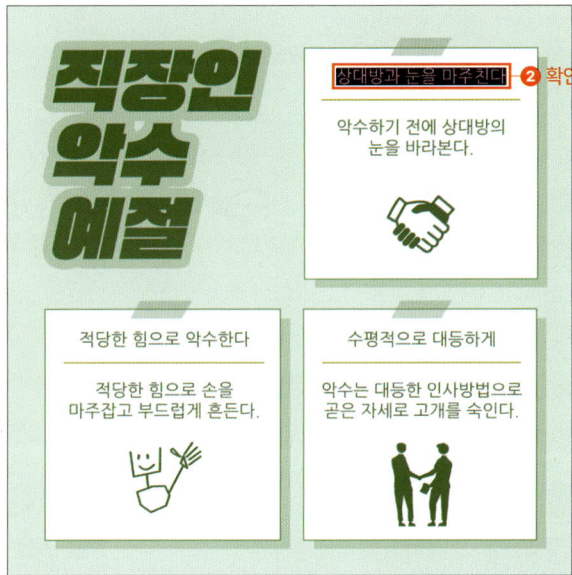 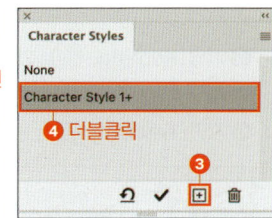

> **Tip ▶ 문자 블록으로 지정하기**
> [Tools] 패널에서 '문자' 툴(T)을 선택하고 문자를 드래그하거나 문자 레이어의 'T' 부분을 더블클릭합니다.

⑤ [Character Style Options] 창이 열리면 'Style Name'에 '제목'을 입력하고 ⑥ 다음 화면과 같이 문자 옵션을 지정한 후 ⑦ [OK] 버튼을 클릭합니다. ⑧ 블록으로 지정한 문자가 '제목' 스타일로 변경되었는지 확인합니다.

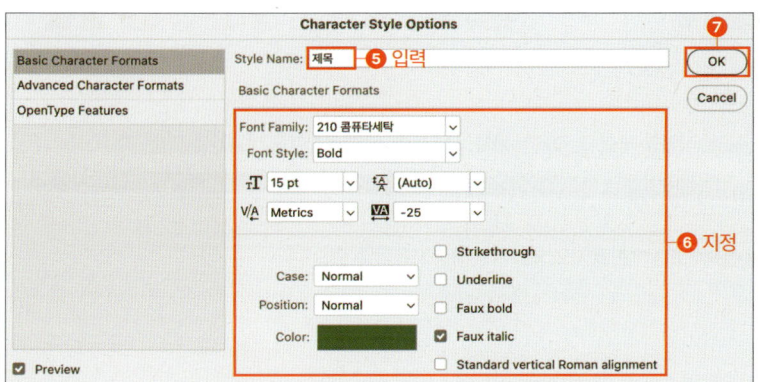 

❾ 내용에 적용할 문자 스타일을 등록하기 위해 내용 부분을 블록으로 지정합니다. ❿ [Character Styles] 패널에서 [새 문자 추가] 아이콘(□)을 클릭하고 ⓫ 'Character Style 1 +'가 표시되면 더블클릭합니다.

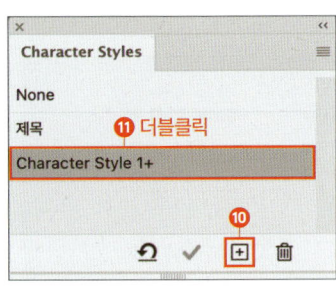

⓬ [Character Style Options] 창에서 'Style Name'에 '내용'을 입력하고 ⓭ 다음 화면과 같이 옵션값을 지정한 후 ⓮ [OK] 버튼을 클릭합니다.

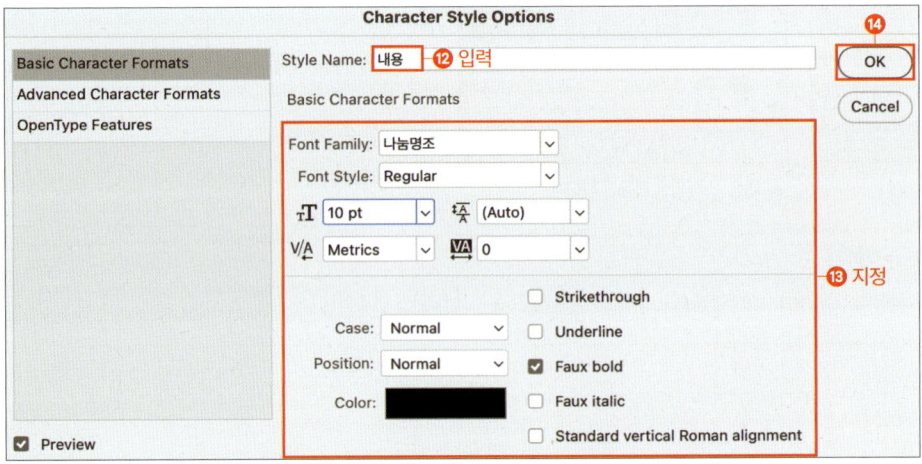

⓯ 블록으로 지정한 문자가 '내용' 스타일로 변경되고 ⓰ [Character Styles] 패널에 스타일명이 나타납니다.

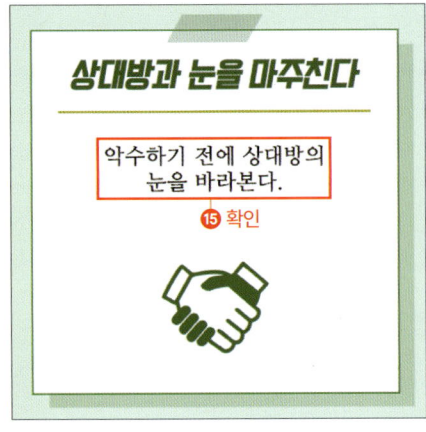
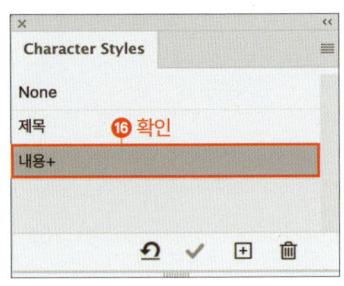

❼~❽ [Layers] 패널에서 Ctrl을 누른 채 2개의 제목 레이어를 차례대로 클릭하여 동시에 선택하고 [Character Styles] 패널에서 '제목'을 클릭하여 제목 스타일을 적용합니다. ❾~❿ [Layers] 패널에서 Ctrl을 이용해 2개의 내용 레이어를 동시에 선택하고 [Character Styles] 패널에서 '내용'을 클릭하여 제목 스타일을 적용한 후 ⓫ 스타일을 확인합니다.

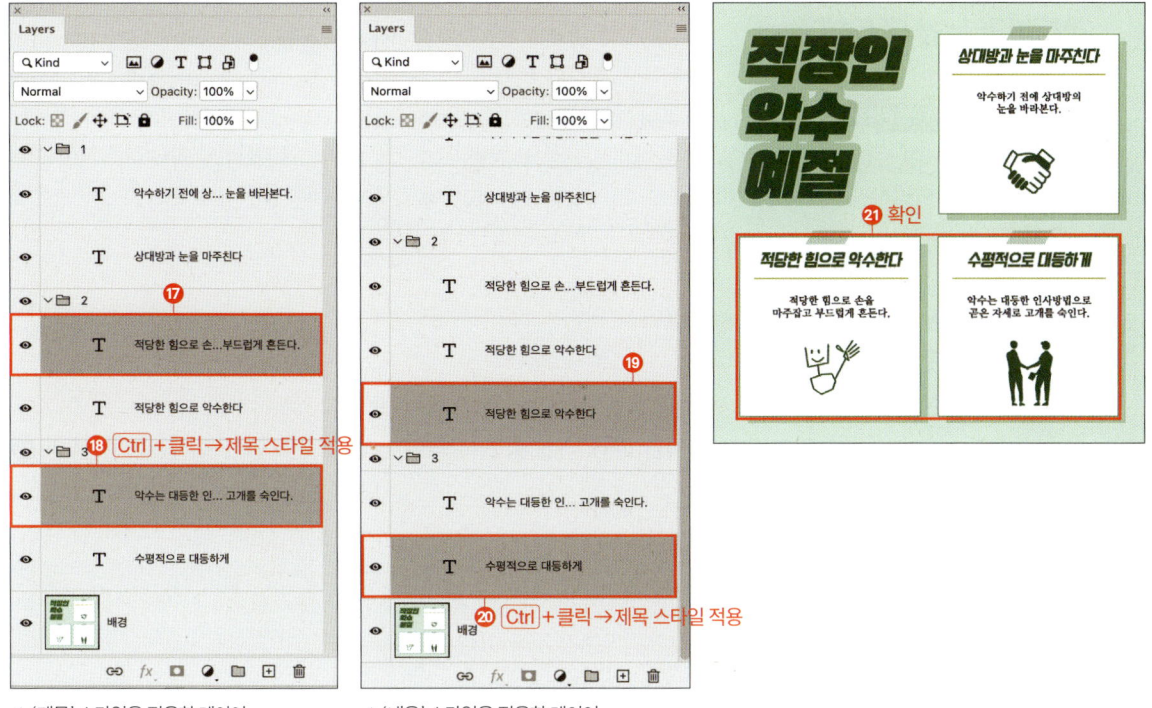

▲ '제목' 스타일을 적용한 레이어   ▲ '내용' 스타일을 적용한 레이어

> **Tip ▶ Character Style 수정하기**
> 등록한 스타일명을 더블클릭하여 [Character Style Options] 창을 열고 문자 스타일을 변경합니다.

04 | 가변 글꼴을 프레임으로 변경하고 질감 합성하기

예제파일	fontframe_start.psd
소스파일	marble.jpg
완성파일	fontframe_finish.jpg

❶ 어도비 폰트 사이트(https://fonts.adobe.com)에서 'DSA 엉뚱상상 Variable' 글꼴을 검색하여 동기화합니다. [Tools] 패널에서 '문자' 툴(T)을 선택하고 [Window]-[Properties] 메뉴를 선택합니다. [Properties] 패널이 열리면 'Character' 항목에서 글꼴을 'DSA 엉뚱상상 Variable'로 지정한 후 ❷ 글자를 입력합니다.

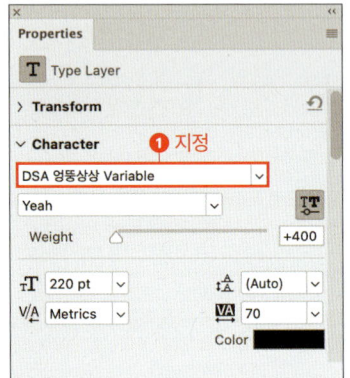 

❸ [Properties] 패널에서 글꼴 크기는 '220pt', 자간은 '70'으로 지정하고 ❹ 'Weight'를 '750'에 맞춥니다. ❺ 그러면 '엉'과 '상상' 글자의 두께는 얇아지고 '뚱' 글자가 두꺼워집니다.

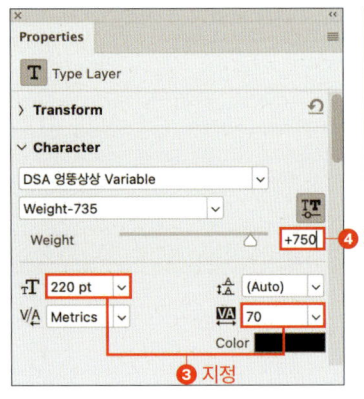 

❻ [Layers] 패널에서 [엉뚱상상] 문자 레이어를 선택하고 ❼ 마우스 오른쪽 버튼을 클릭한 후 ❽ 바로 가기 메뉴에서 [Convert to Frame]을 선택합니다. ❾ [New Frame] 창이 열리면 [OK] 버튼을 클릭합니다.

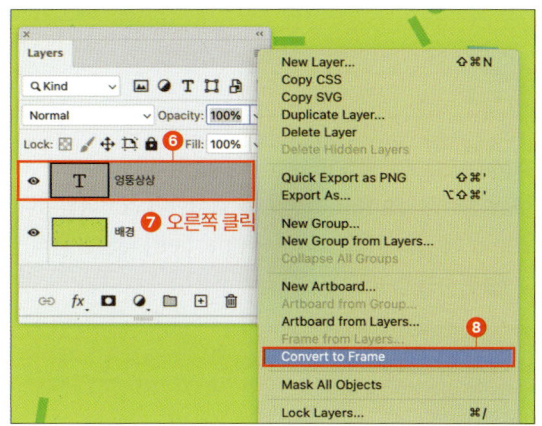
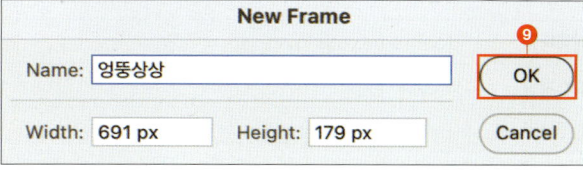

Tip ▶ **프레임과 클리핑 마스크의 차이**

❶ **프레임(frame)** : 이미지나 글자를 프레임으로 만들고 프레임 안에 어떤 이미지를 드래그하면 자동으로 프레임 크기에 맞추어 이미지가 잘려나갑니다. 즉 드래그한 이미지가 프레임 크기와 형태에 맞춰 나타납니다.

❷ **클리핑 마스크(clipping mask)** : 2개 이상의 레이어가 필요합니다. 상위 레이어가 하위 레이어의 형태에 맞춰 하위 레이어의 영역만큼만 표시됩니다.

---

❿ 입력한 문자가 문자 프레임 형태로 변경되었는지 확인합니다.

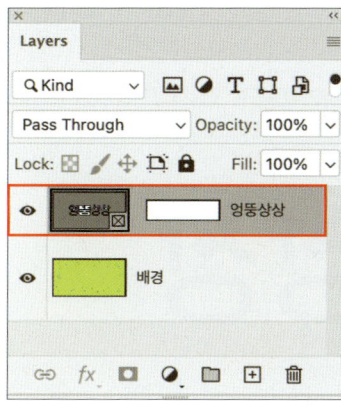

⓫ 소스 파일 'marble.jpg'를 문자 프레임으로 드래그하여 ⓬ 문자 프레임에 이미지를 삽입하고 Ctrl + T 를 누릅니다. ⓭ 자유 변형 박스가 생기면 적절한 크기로 조절한 후 Enter 를 눌러 질감이 들어간 타이포그래피를 완성합니다.

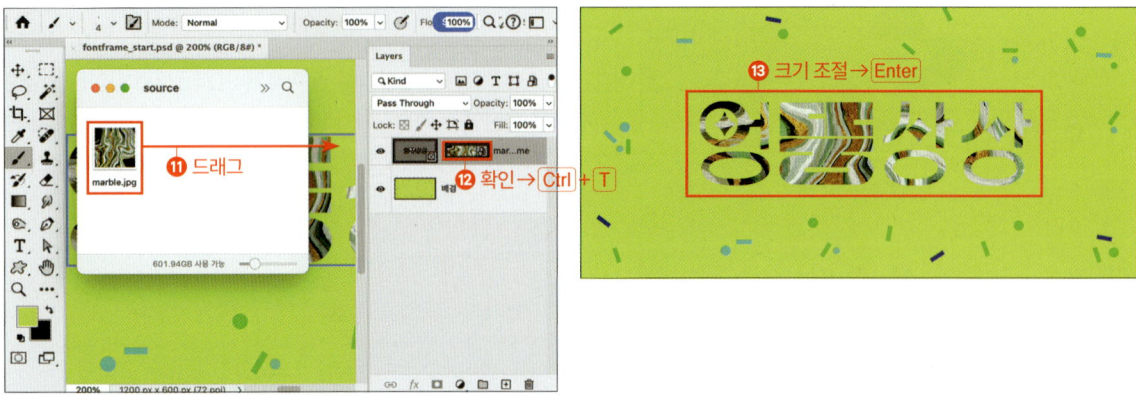

> Tip ▶ **가변 글꼴 사용하기**
>
> 어도비 폰트 사이트에서 [글꼴 기술 > 가변 글꼴]을 검색합니다. 가변 글꼴(variable font)은 'variable'이라는 이름처럼 일반 글꼴보다 속성을 세밀하게 조정할 수 있습니다. [Properties] 패널에서 글꼴의 두께(weight), 너비(width), 기울기 축(slant) 등을 기준으로 슬라이드바를 조정해 다양한 모습으로 변화를 주면서 유연하고 창의적으로 표현할 수 있습니다. 글꼴이 가진 축의 최소 범위와 최대 범위 안에서 축을 조정하여 사용합니다. 예를 들어 'Rocinante Titling Variable' 글꼴은 두께(weight) 축과 기울기(slant) 축을 가지고 있는데, 두께 범위는 '300~900'이고 기울기 범위는 '0~12'입니다.

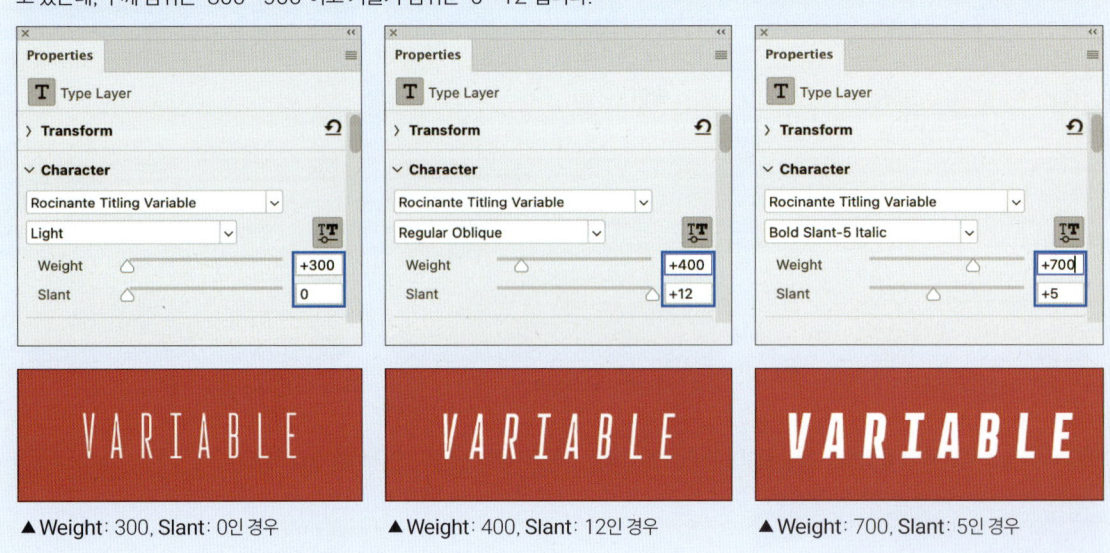

▲ Weight: 300, Slant: 0인 경우 　▲ Weight: 400, Slant: 12인 경우 　▲ Weight: 700, Slant: 5인 경우

핵심 기능

05 | [Paragraph] 패널

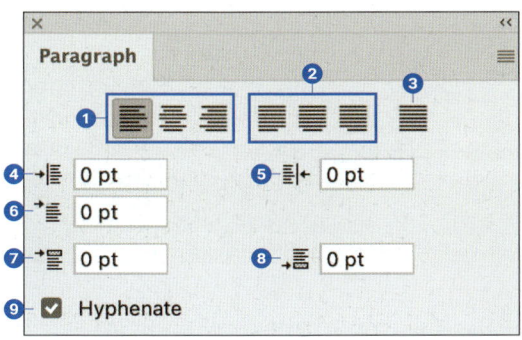

[Window]-[Paragraph] 메뉴를 선택하여 [Paragraph] 패널을 열고 문단을 정렬하거나, 들여쓰거나, 자동으로 하이픈을 넣을지 등을 설정할 수 있습니다. [Tools] 패널에서 '문자' 툴(T)을 선택하고 화면에서 드래그하여 글상자를 만든 후 글자를 입력하면 단락으로 인식해 [Paragraph] 패널 기능을 이용할 수 있습니다.

❶ **Align Text(문단 정렬)**: 문단을 왼쪽 정렬, 가운데 정렬, 오른쪽 정렬합니다.

▲ 문단 왼쪽 정렬　　　　　　　　▲ 문단 가운데 정렬　　　　　　　　▲ 문단 오른쪽 정렬

❷ **Justify(강제 정렬)**: 양쪽 정렬이지만, 마지막 줄만 '강제로' 왼쪽 정렬, 가운데 정렬, 오른쪽 정렬합니다.

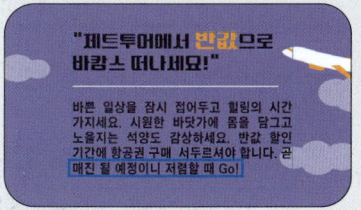 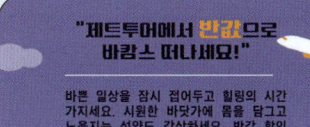 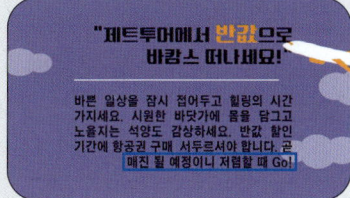

▲ 마지막 줄만 왼쪽 정렬　　　　　▲ 마지막 줄만 가운데 정렬　　　　　▲ 마지막 줄만 오른쪽 정렬

❸ **Justify all(모두 강제 정렬)**: 단락 끝부분에 여백이 있으면 양쪽 끝에 맞추어 늘어진 형태로 정렬합니다.

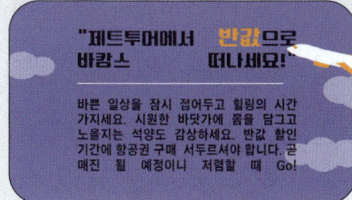

❹ **Indent left margin(왼쪽 여백 들여쓰기)** : 왼쪽 여백 들여쓰기입니다.
❺ **Indent right margin(오른쪽 여백 들여쓰기)** : 오른쪽 여백 들여쓰기입니다.
❻ **Indent first line(단락 첫 줄 들여쓰기)** : 단락의 첫 줄 들여쓰기입니다.
❼ **Add space before paragraph(단락 앞 여백 추가)** : 첫 줄이 기준이 되어 아랫줄의 여백 정도를 설정합니다.
❽ **Add space after paragraph(단락 뒤 여백 추가)** : 아랫줄이 기준이 되어 첫 줄의 여백 정도를 설정합니다.
❾ **Hyphenate(자동 하이픈 넣기)** : 긴 영단어를 입력할 때 줄이 바뀌어 단어가 나뉘면 하이픈을 표시하여 한 단어임을 나타냅니다.

▲ 'Hyphenate'에 체크 표시한 경우

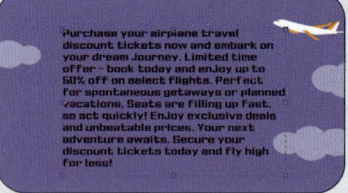
▲ 'Hyphenate'에 체크 표시하지 않은 경우

✅ 핵심 기능

06 | 이미지를 왜곡하는 Distort 필터 살펴보기

[Filter]-[Distort] 메뉴를 선택하면 왜곡과 관련 필터들이 표시됩니다. Distort 계열의 필터는 이미지를 기울이고, 회전하고, 둥글게 굴절시키는 등 다양한 방식으로 왜곡하여 독특한 시각적 효과를 연출합니다.

❶ Displace(변위)

변위 맵을 합성하여 픽셀을 이동합니다. [Displace] 창에서 수직 및 수평 스케일을 설정한 후 변위 맵(PSD 파일)을 합성하는 필터로, 깨진 유리 효과를 만들 때 유용합니다.

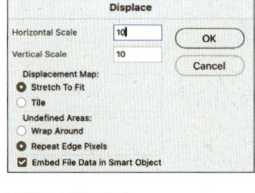

❷ Pinch(조임)

이미지의 중심을 기준으로 바깥쪽으로 팽창하거나 안쪽으로 움츠리는 효과를 만듭니다. 'Amount'가 + 값이면 이미지가 팽창하고 − 값이면 이미지가 움츠러듭니다.

❸ **Polar Coordinates (극좌표)**

이미지를 극좌표로 이동해서 왜곡 효과를 줍니다. 원형을 직사각형으로 변환하거나 직사각형을 원형으로 변환할 때 유용합니다.

❹ **Ripple(잔물결)**

자잘자잘한 잔물결 파동 효과를 만듭니다.

❺ **Shear(기울임)**

그래프의 곡선을 조작하여 기울어진 왜곡 효과를 줍니다.

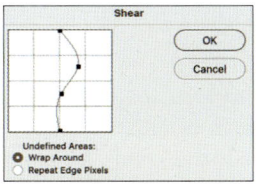

❻ **Spherize(구형화)**

이미지를 구형으로 부풀리거나 움츠리는 효과를 줍니다. 'Amount'가 + 값이면 이미지가 볼록해지고 – 값이면 이미지가 움츠러듭니다.

❼ **Twirl(돌리기)**

중앙을 중심으로 소용돌이치는 형태를 만듭니다. 각도가 클수록 소용돌이 효과가 강해집니다.

❽ **Wave(파형)**

물결, 곡선 패턴, 정형화되지 않은 불규칙한 파동 효과를 연출합니다.

❾ **ZigZag(지그재그)**

이미지를 수면에 나타나는 동심원 모양으로 변형합니다.

07 | Displace 필터로 깨진 글자 만들기

예제파일	displace_start.psd
소스파일	map.psd
완성파일	displace_finish.jpg

❶ 'displace_start.psd'를 열고 ❷ [Layeres] 패널의 [창경궁] 레이어를 선택한 후 ❸ 마우스 오른쪽 버튼을 클릭하고 ❹ 바로 가기 메뉴에서 [Convert to Smart Object]를 선택합니다. ❺ 스마트 오브젝트 레이어로 변경했으면 깨진 글자 효과를 만들기 위해 [Filter]-[Distort]-[Displace] 메뉴를 선택합니다.

 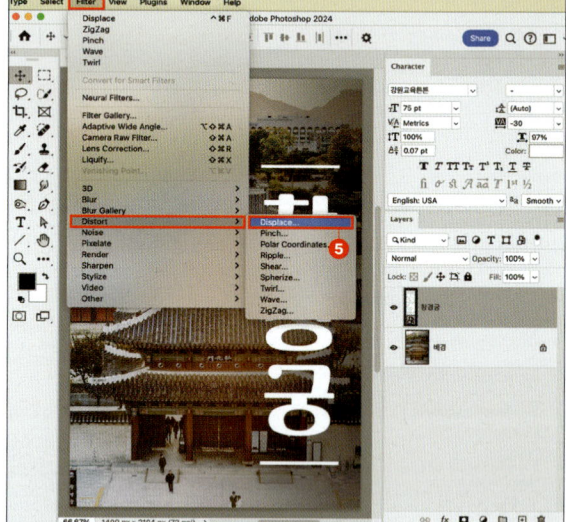

> **Tip ▶ 스마트 오브젝트 레이어에서 필터를 사용할 때의 장점**
>
> 스마트 오브젝트 레이어에 필터를 적용하면 원본 이미지를 손상시키지 않고 언제든지 원래 상태로 되돌릴 수 있습니다. 필터는 스마트 필터 형태로 적용되고 언제든지 수정 및 설정을 변경할 수 있습니다.

❻ [Displace] 창이 열리면 'Horizontal Scale'에 '10'을 입력하고 ❼ [OK] 버튼을 클릭합니다. ❽ 소스 파일인 'map.psd'를 선택하고 ❾ [열기] 버튼을 클릭합니다.

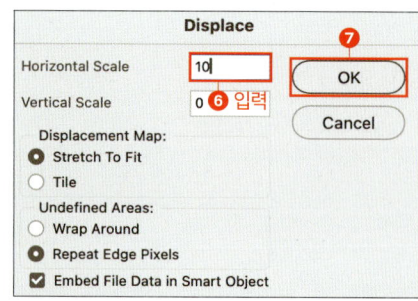 

❿ 소스 영역과 겹쳐진 '창경궁' 글자가 가로로 10만큼 이동해 깨진 효과가 나타납니다. ⓫ 이제 글자의 깨진 효과를 수정하기 위해 [Layeres] 패널에서 [창경궁] 스마트 오브젝트 레이어에 있는 'Displace' 필터 이름을 더블클릭합니다.

⓬ [Displace] 창이 열리면 'Horizontal Scale'을 '20'으로 수정하고 ⓭ [OK] 버튼을 클릭합니다. ⓮ 소스 파일인 'map.psd'를 선택하고 [열기] 버튼을 클릭하면 글자가 가로로 20만큼 이동해 어긋난 효과가 더 커집니다.

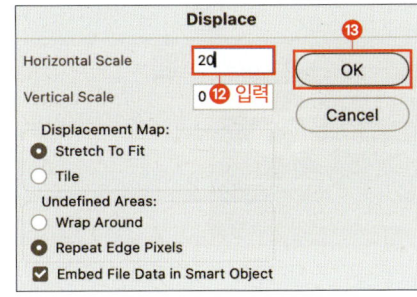

간단 실습

08 | Polar Coordinates 필터로 중앙 집중선 만들기

예제파일   polar_start.psd, block.jpg
완성파일   polar_finish.jpg

❶ 'block.jpg'와 'polar_start.psd'를 열고 block 이미지를 패턴으로 등록하기 위해 [Edit]-[Define Pattern] 메뉴를 선택합니다. ❷ [Pattern Name] 창이 열리면 'Name'에 이름을 입력하고 ❸ [OK] 버튼을 클릭합니다.

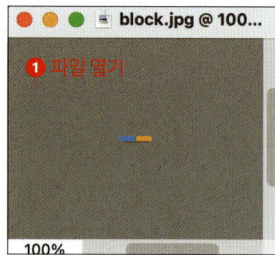
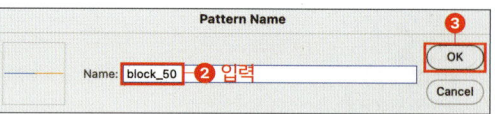

❹ 'polar_start.psd'의 배경 레이어에 패턴을 입히기 위해 [Layers] 패널에서 [배경] 레이어를 선택하고 ❺ [레이어 스타일] 아이콘(fx)을 클릭한 후 [Pattern Overlay]를 선택합니다. ❻ [Layer Styles] 창의 'Pattern Overlay' 범주가 열리면 'Pattern'에서 앞에서 등록한 패턴을 선택하고 ❼ [OK] 버튼을 클릭합니다.

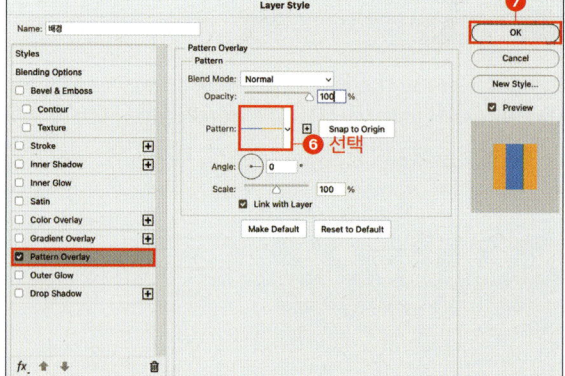

❺ 클릭→[Pattern Overlay] 선택

❽ [Layers] 패널에서 [배경] 레이어를 선택하고 ❾ 마우스 오른쪽 버튼을 클릭한 후 ❿ 바로 가기 메뉴에서 [Rasterize Layer Style]을 선택하여 레이어 스타일까지 픽셀 형태 이미지로 만듭니다. ⓫ [배경] 레이어에서 레이어 스타일 아이콘이 사라졌는지 확인합니다.

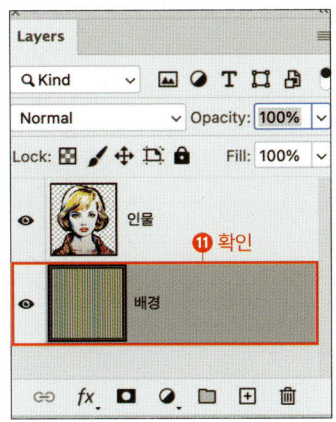

Tip ▶ 'Rasterize Layer Style' 기능을 적용하는 이유

레이어 스타일을 픽셀 형태의 이미지로 변환해야 추가 편집 작업을 원활하게 할 수 있습니다. 만약 레이어 스타일을 적용한 레이어에 필터 효과를 입히면 스타일에 필터 효과가 적용되는 게 아니라 원본에 입혀집니다.

⓬ [Filter]-[Distort]-[Polar Coordinates] 메뉴를 선택해서 [Polar Coordinates] 창을 열고 [OK] 버튼을 클릭합니다. ⓭ 세로 줄 패턴이 중앙에서 사방으로 퍼져나가는 방사형으로 바뀌면서 집중선 효과가 완성됩니다.

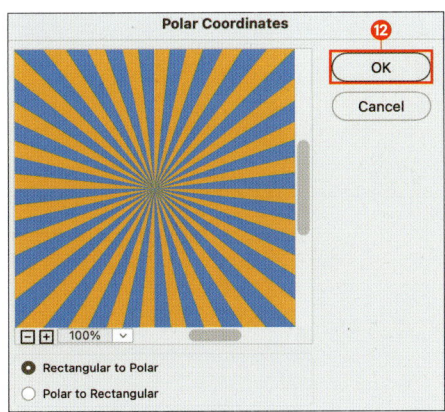

Tip ▶ 중앙 집중선의 장점

시선을 한 곳으로 모아 몰입할 수 있도록 돕고 긴장감과 속도감, 극적인 분위기를 연출할 수 있습니다.

STEP 1 | 물결 패턴과 Twirl 필터로 지폐 효과 연출하기

01 ❶ 'dog_start.psd'를 열고 ❷~❸ 패턴 소스 'wave.pat'와 그레이디언트 소스 'engrave.grd'를 더블클릭하여 로드합니다.

 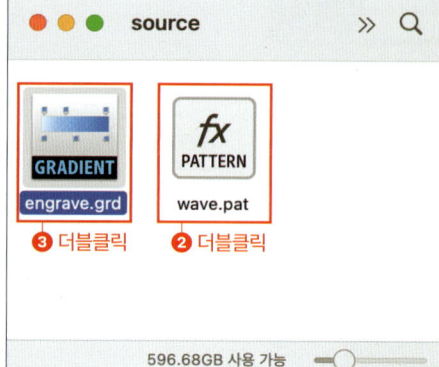

❹ [Layers] 패널에서 [조정 레이어] 아이콘(◐)을 클릭하고 ❺ [Solid Color]를 선택합니다. ❻ [Color Picker (Solid Color)] 창이 열리면 흰색을 선택하고 ❼ [OK] 버튼을 클릭합니다.

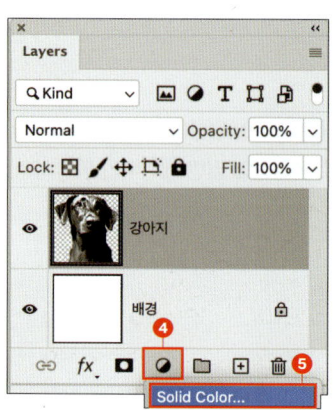 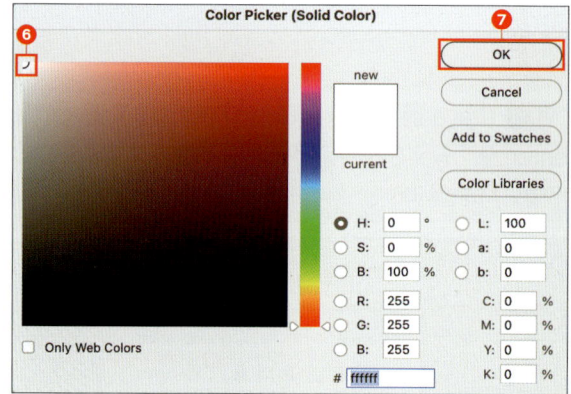

02 ❶ [Layers] 패널에서 [Color Fill 1] 레이어를 선택하고 ❷ [레이어 스타일] 아이콘(fx)을 클릭한 후 ❸ [Pattern Overlay]를 선택합니다. ❹ [Layer Style] 창의 'Pattern Overlay' 범주가 열리면 'Pattern'의 목록 버튼을 클릭하고 ❺ 'wave' 폴더에서 '대각선 물결'을 선택한 후 ❻ 'Scale'을 '10%'로 지정하고 ❼ [OK] 버튼을 클릭합니다.

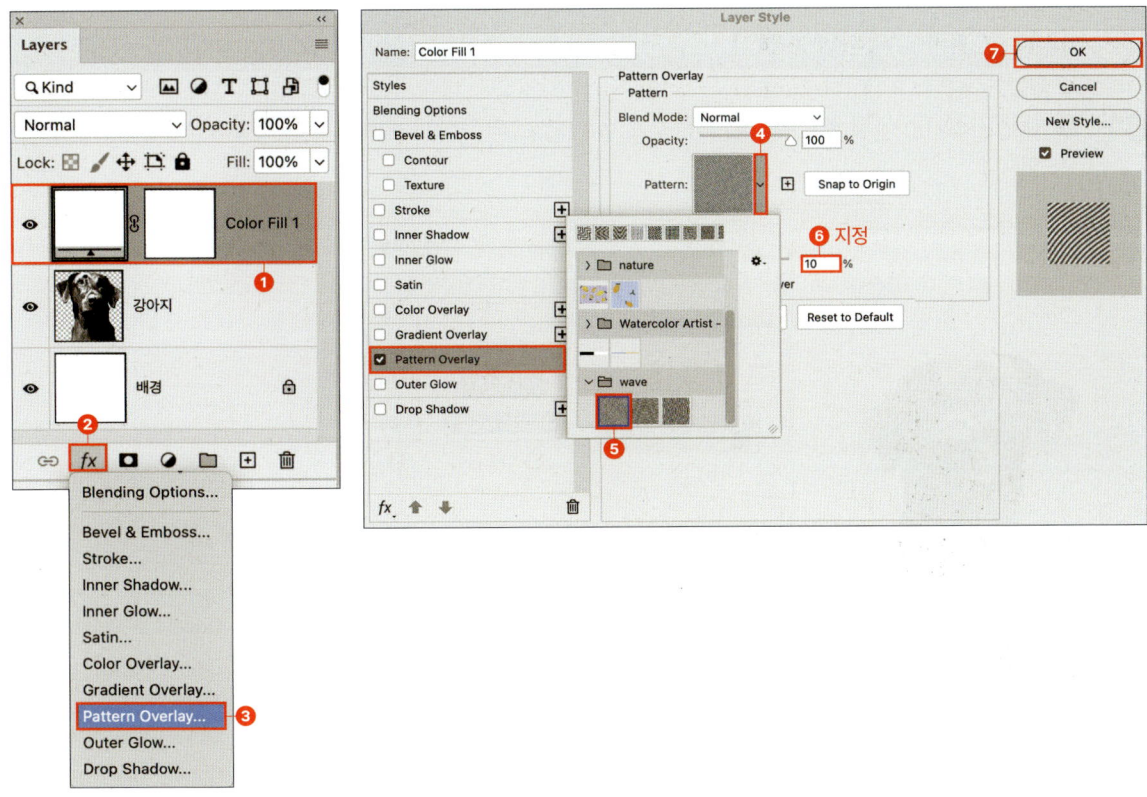

❽ 대각선 물결을 적용했으면 ❾ [Layers] 패널에서 [Color Fill 1] 레이어를 선택하고 ❿ 마우스 오른쪽 버튼을 클릭한 후 ⓫ 바로 가기 메뉴에서 [Rasterize Layer Style]을 선택합니다. ⓬ 스타일이 픽셀 자체로 변환되어 일반 레이어가 되면서 레이어 섬네일 영역에 대각선 물결이 나타납니다.

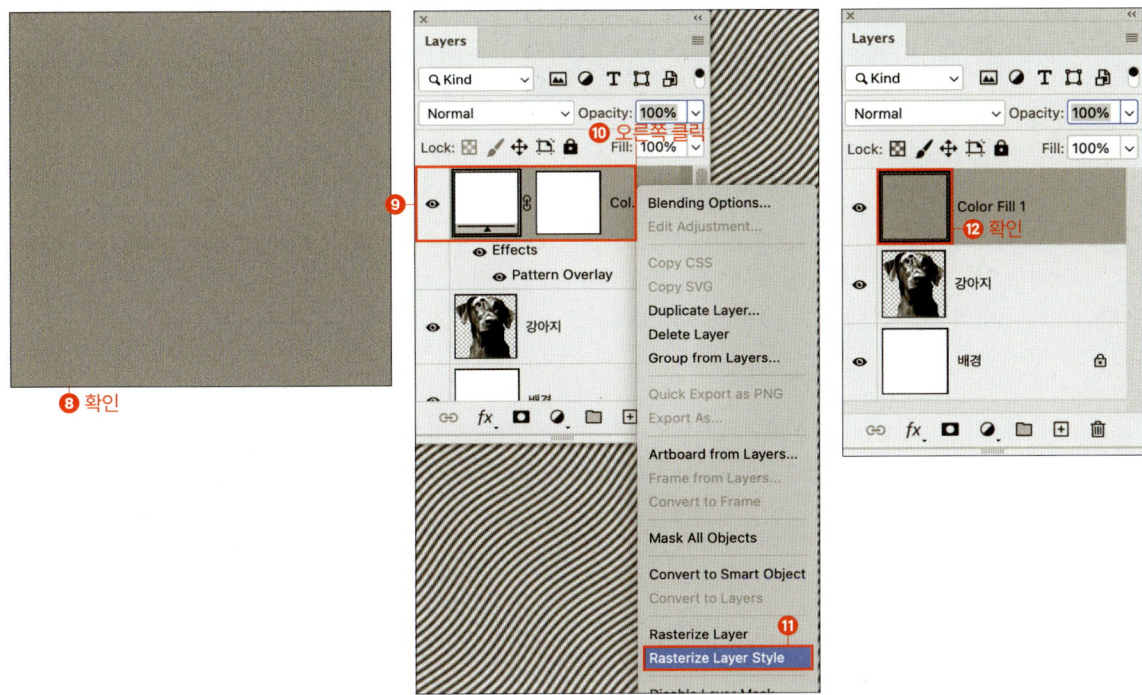

> **Tip ▶ 레이어 스타일을 비트맵 형식으로 변환하기**
> 레이어 스타일을 적용한 레이어에 'Rasterize Layer Style' 기능을 적용하면 스타일이 픽셀 자체로 변환됩니다. 스타일이 래스터화되면 자유롭게 편집할 수 있습니다.

03 ❶ [Filter]-[Distort]-[Twirl] 메뉴를 선택하여 [Twirl] 창을 열고 'Angle'에 '80'도를 지정한 후 ❷ [OK] 버튼을 클릭합니다. ❸ 중앙을 중심으로 휘몰아치는 회오리 효과가 연출되면 밝고 어두운 부분의 대비값을 높이기 위해 Ctrl + L 을 누릅니다. ❹ [Levels] 창이 열리면 다음 화면과 같이 지정하고 ❺ [OK] 버튼을 클릭합니다.

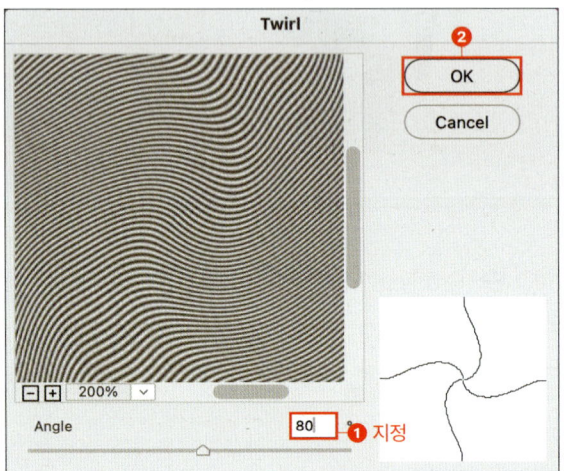

❻ 색상을 변경하기 위해 Ctrl + U 를 눌러 [Hue/Saturation] 창을 열고 다음 화면과 같이 지정한 후 ❼ [OK] 버튼을 클릭합니다. ❽ 색상이 녹색으로 변경되었는지 확인합니다.

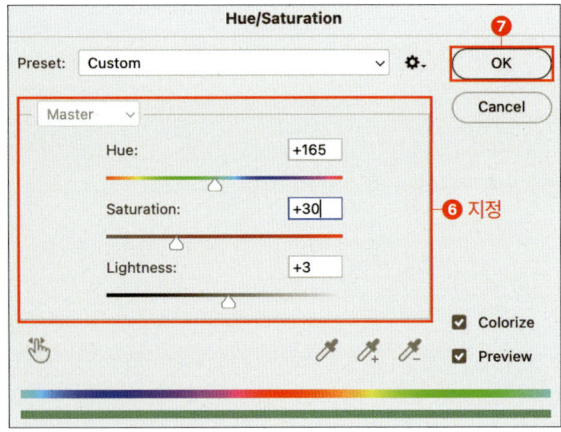
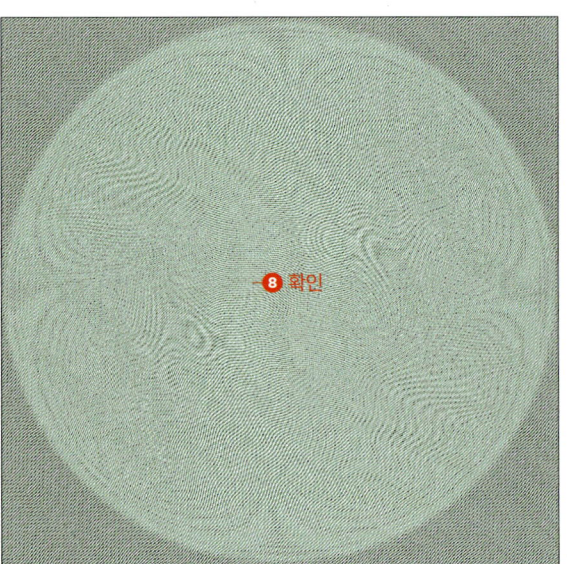

04 ❶ 강아지 위에 소용돌이 무늬를 합성하기 위해 레이어 모드를 변경해 보겠습니다. [Layers] 패널에서 레이어 블랜딩 모드는 'Hard Mix', 'Opacity'는 '50%'로 지정합니다. ❷ [Color Fill 1] 레이어를 복제하기 위해 [새 레이어 추가] 아이콘(	)으로 드래그하여 ❸ [Color Fill 1 copy] 레이어를 만들고 ❹ 레이어 블랜딩 모드는 'Vivid Light', 'Opacity'는 '40%'로 지정합니다.

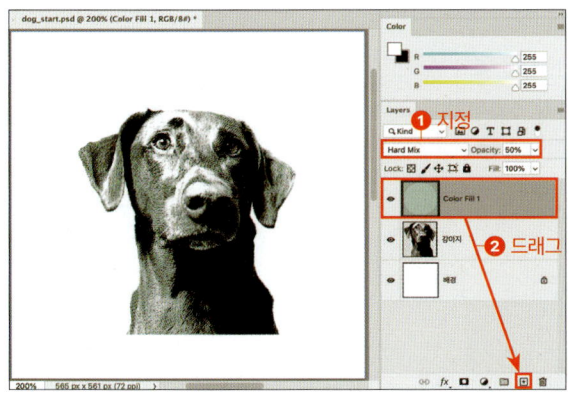 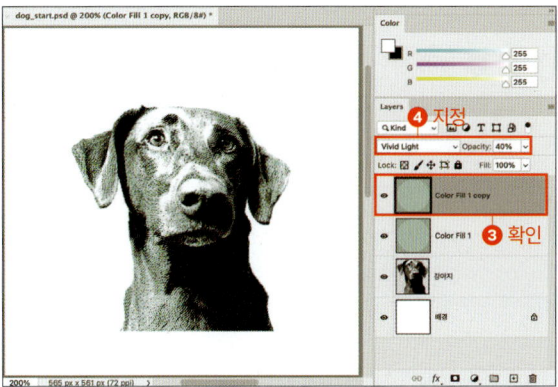

05 ❶ [Layers] 패널에서 [조정 레이어] 아이콘(	)을 클릭하고 ❷ [Gradient Map]을 선택합니다. ❸ [Properties] 창이 열리면 목록 버튼을 클릭하고 ❹ 'engrave' 소스를 선택합니다.

 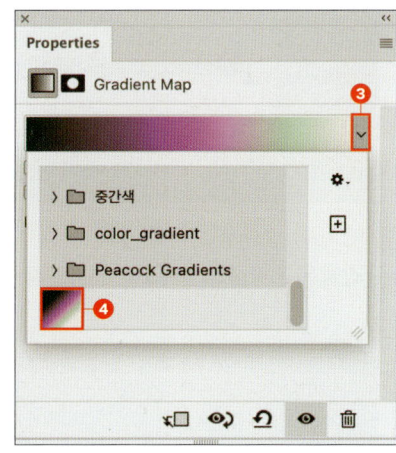

❺ 강아지가 그레이디언트 색상으로 변경되었으면 소용돌이 무늬와 그레이디언트 색상을 강아지에게만 적용하기 위해 클리핑 마스크를 씌워보겠습니다. ❻~❼ [Layers] 패널에서 Ctrl 을 누른 채 [Color Fill 1] 레이어와 [Color Fill 1 copy] 레이어, [Gradient Map 1] 레이어를 차례대로 클릭하여 함께 선택하고 Ctrl + Alt + G 를 눌러 하나의 그룹으로 묶습니다. ❽~❾ 효과가 적용된 강아지를 하나의 레이어로 만들기 위해 Ctrl 을 누른 상태에서 [강아지] 레이어와 [Color Fill 1] 레이어, [Color Fill 1 copy] 레이어, [Gradient Map 1] 레이어를 차례대로 선택하고 Ctrl + E 를 누릅니다. ❿ 그러면 맨 위에 있는 [Gradient Map 1] 이름으로 레이어가 합쳐집니다.

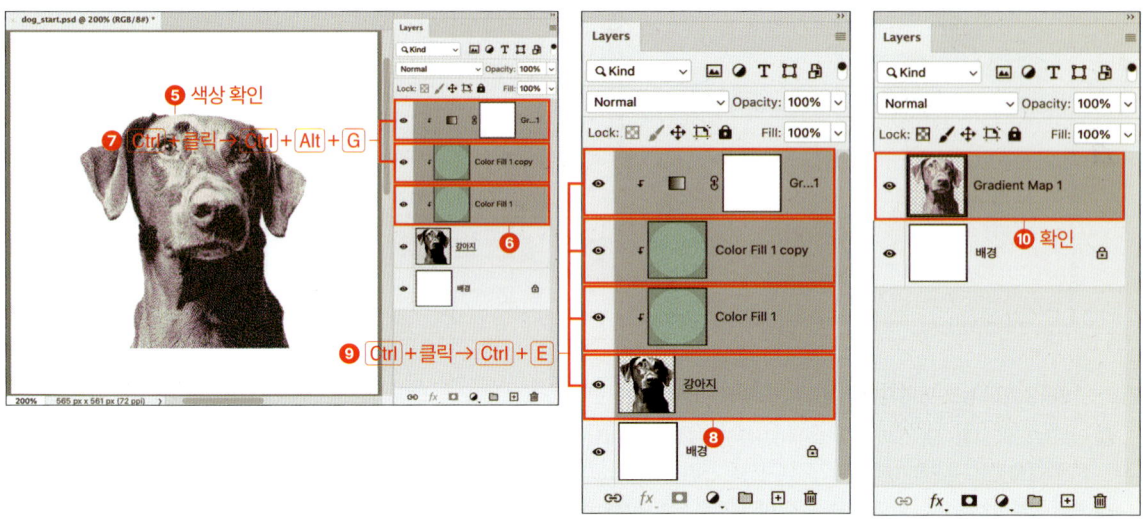

06 ❶ 'displace_start.psd'를 열고 완성된 지폐 느낌의 강아지 이미지를 [displace_start.psd] 작업 창으로 옮기겠습니다. [Layers] 패널에서 [Gradient Map 1] 레이어를 [sns_news_start.psd] 작업 창으로 드래그합니다.

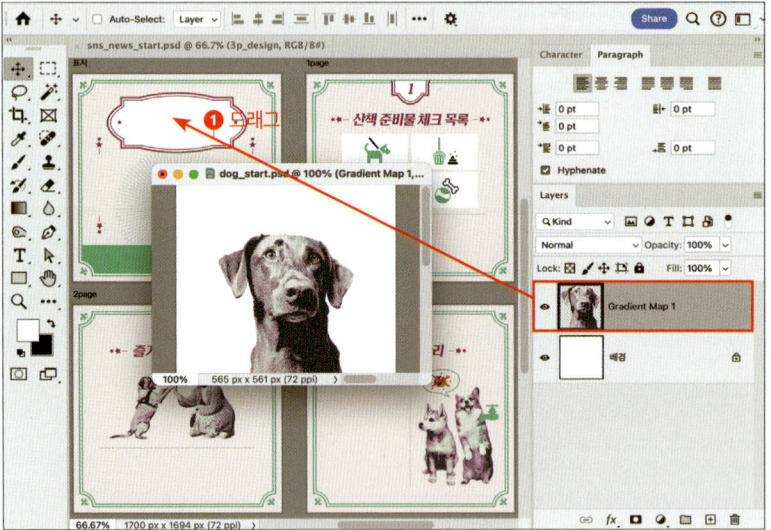

❷ [Layers] 패널에서 [Gradient Map 1] 레이어를 '표지' 그룹 안에 있는 [장식] 레이어의 아래쪽에 둡니다.

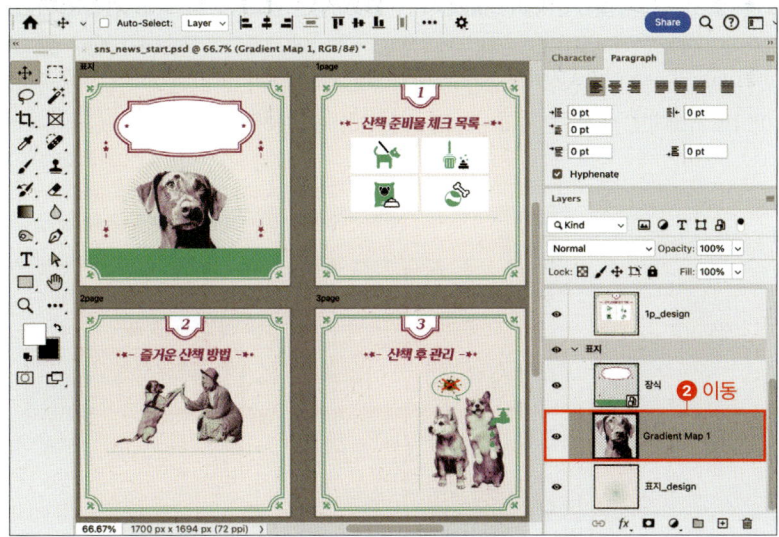

> Tip ▶ **SNS 카드 뉴스 이미지를 만들 때 아트보드 이용하기**
>
> ❶ **아트보드의 장점**: SNS 카드 뉴스 이미지를 반복해서 같은 크기로 만들 때 아트보드를 이용하면 유용합니다. 각각의 아트보드는 별도의 작업 공간을 제공하여 체계적으로 디자인을 관리할 수도 있고 아트보드마다 개별 이미지 파일로 내보낼 수도 있습니다.
>
> ❷ **생성 방법**: '아트보드' 툴(　)을 선택하면 캔버스 주위에 ⊕ 버튼이 나타나는데, 생성하고 싶은 방향의 ⊕ 버튼을 클릭합니다.
>
>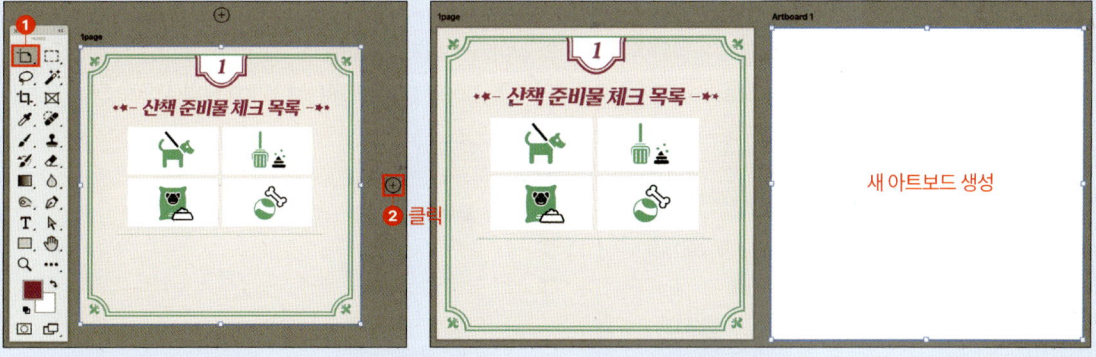
>
> ❸ **복제 방법**: 아트보드를 복제하려면 Alt 를 누른 상태에서 옆으로 드래그합니다. 아트보드를 복제하면 기존에 포함된 이미지와 글자가 함께 복제되어 수정하기 편합니다. 즉 이미지와 문장을 바꾸거나 위치만 바꿔주면 되므로 새로운 아트보드를 생성하여 작업하는 것보다 시간을 단축할 수 있습니다.

STEP 2 | '문자' 툴로 제목과 내용 입력하기

01 ❶ [Tools] 패널에서 '문자' 툴(T)을 선택한 후 [Window]-[Character] 메뉴를 선택합니다. [Character] 패널이 열리면 글꼴은 '푸라닭 젠틀 고딕 OTF', 글꼴 크기는 '55pt', 자간은 '-45', 장평은 '97', 색상을 '자주색'으로 지정한 후 ❷ [기울임] 아이콘(T)을 클릭합니다. ❸ 액자 프레임 부분에서 드래그하여 글상자를 만들고 '반려견과 즐겁게 산책하는 방법'을 입력합니다.

> **Tip ▶ 글상자를 만드는 두 가지 방법**
>
> [방법 1] '문자' 툴(T)을 선택한 상태에서 클릭 & 드래그하여 글상자의 크기를 지정합니다. 드래그를 멈추면 글상자가 됩니다.
>
> [방법 2] 단일 클릭으로 입력한 문자를 글상자로 변환할 수 있습니다. 문자 레이어를 선택하고 [Type]-[Convert to Paragraph Text] 메뉴를 선택합니다.

❹ '과 즐겁게 산책하는 방법'을 드래그하여 블록으로 지정하고 ❺ [Character] 패널에서 글꼴 크기를 '49pt'로 변경합니다.

02 ❶ [Tools] 패널에서 '문자' 툴(T)을 선택하고 [Character] 패널에서 글꼴은 '나눔스퀘어라운드', 크기는 '30pt', 색상은 검은색으로 지정하고 ❷ 카드의 아래쪽에 다음 화면과 같이 입력합니다.

❸ 세로 방향으로 문자를 입력하기 위해 [Tools] 패널에서 '세로 문자' 툴(IT)을 선택합니다. ❹~❺ 세로의 중앙 부분에 '애견인 천만시대'와 '함께 건강 지키기'를 입력합니다.

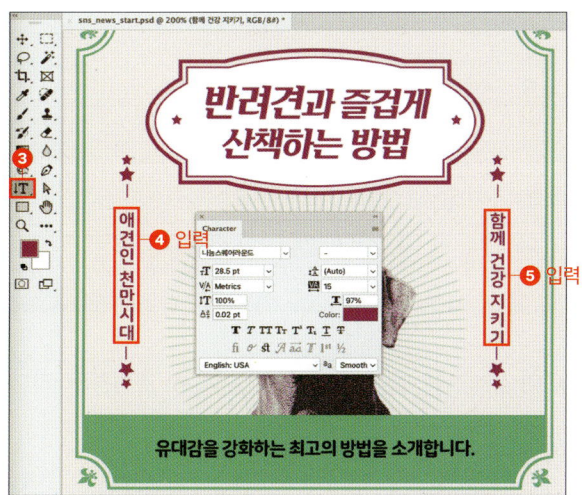

> **Tip ▸ 무료 글꼴 사용하는 방법**
>
> '푸라닭 젠틀 고딕 OTF'와 '나눔스퀘어라운드'는 무료 글꼴이므로 인터넷에서 검색한 후 다운로드하여 사용합니다.

03 ❶ [Layers] 패널에서 '1page' 아트보드를 선택하고 ❷ [Tools] 패널의 '문자' 툴(T)로 클릭 & 드래그하여 글상자를 만듭니다.

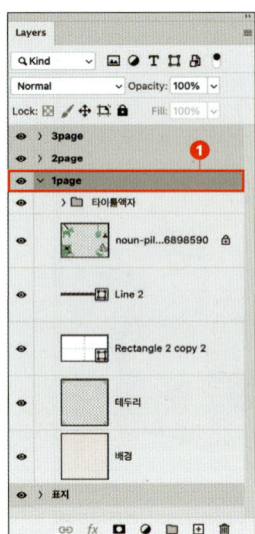

❸ [Character] 패널에서 글꼴은 '나눔스퀘어라운드OTF', 크기는 '25pt', 행간은 '35pt', 자간은 '-20', 색상은 '검은색'으로 지정하고 ❹ 다음 화면과 같이 내용을 입력합니다.

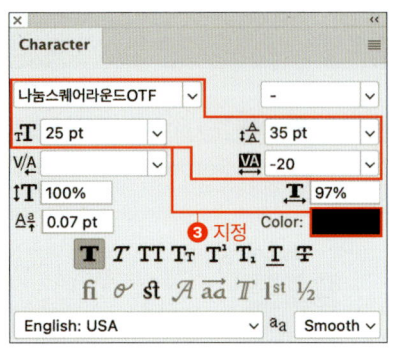
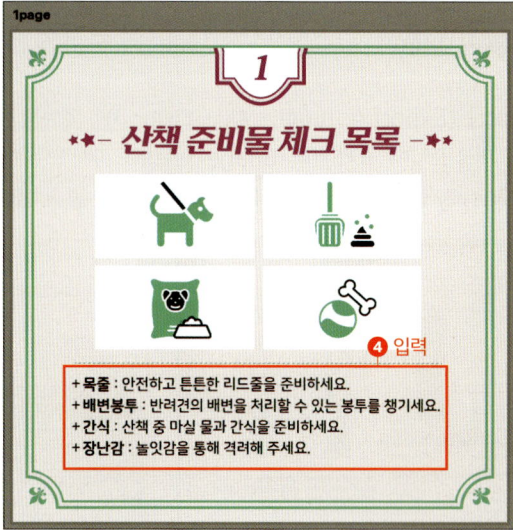

❺~❻ '2page' 아트보드와 '3page' 아트보드에도 글상자를 만들고 다음 화면과 같이 내용을 입력합니다.

▲ 2page

▲ 3page

STEP 3 | 아트보드를 JPG 파일로 내보내기

01 ❶ [File]-[Export]-[Export As](Ctrl+Alt+Shift+W) 메뉴를 선택합니다. ❷~❸ [Export As] 창이 열리면 'Select All'에 체크 표시해 '표지'부터 '3page' 아트보드까지 모두 선택합니다. ❹ 'File Settings'의 'Format'에서 'JPG'를 선택하고 'Quality'를 '7'로 지정한 후 ❺ [Export] 버튼을 클릭합니다.

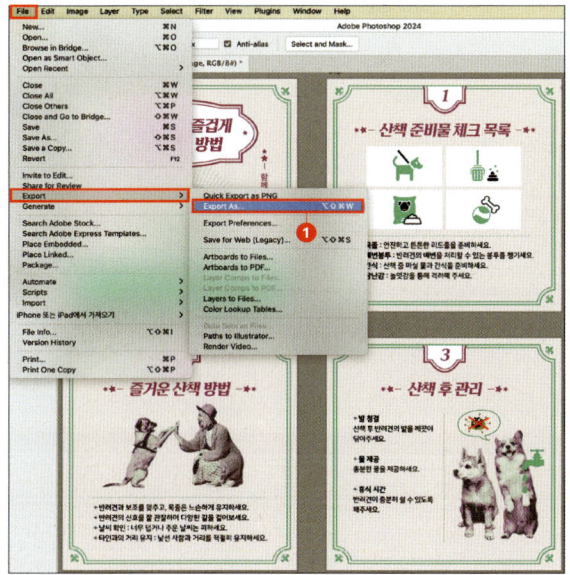

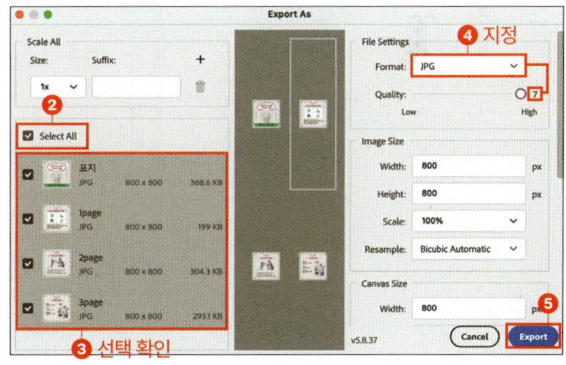

❻ 모든 아트보드를 jpg 파일로 내보냈습니다.

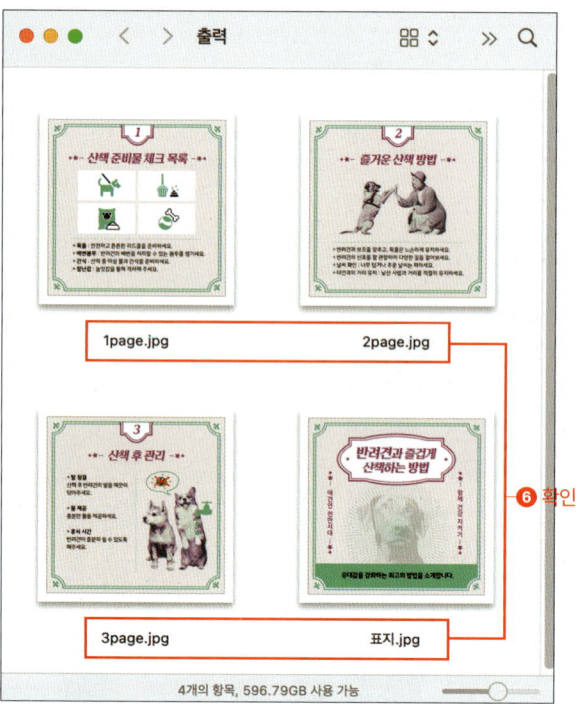

> **Tip ▶ SNS 카드 뉴스 이미지를 매력적으로 만드는 방법**
>
> ❶ 일관된 색상과 글꼴 유지하기
> 주제와 분위기와 어울리는 글꼴을 선택하되, 같은 카드 뉴스 안에서는 일관된 글꼴과 색상을 유지합니다.
>
> ❷ 간결한 메시지와 시각적 요소 강조하기
> SNS 채널의 모바일 점유율은 70~80%입니다. 모바일에서 무리 없이 읽을 수 있는 짧은 단문으로 작업하는 것이 좋습니다. 문장이 너무 길거나 복잡하면 내용을 이해하기 어려우므로 각 카드에 들어가는 문장은 간결하고 명확하게 작성합니다. 중요한 글자는 굵게 지정하거나 색상을 변경하여 강조합니다.
>
> ❸ 아이콘 및 그래픽 이용하기
> 아이콘과 그래픽 요소를 이용하면 내용을 보완하고 메시지를 강화할 수 있습니다.
>
> ❹ 채널별 이미지 크기 확인하기
> 제목과 부제목은 카드 뉴스의 중앙에 위치해야 가독성을 높일 수 있고 내용 부분은 행간과 자간을 조절하여 잘 보일 수 있게 합니다. 페이스북(900×900)과 인스타그램(1080×1080)의 이미지 사이즈가 다르므로 채널별 크기를 확인한 후 아트보드 크기를 만듭니다.

의류 브랜드
SNS 이벤트 페이지

예제파일	포토샵에서 제공하는 무료 'Pop Abstract Social Medis Set'
소스파일	coupon.png, green.jpg
완성파일	event_finish.psd, event_1.jpg, event_2.jpg, event_3.jpg

SNS · SNS Event Page · Thumbnail · Advertise · GIF Poster

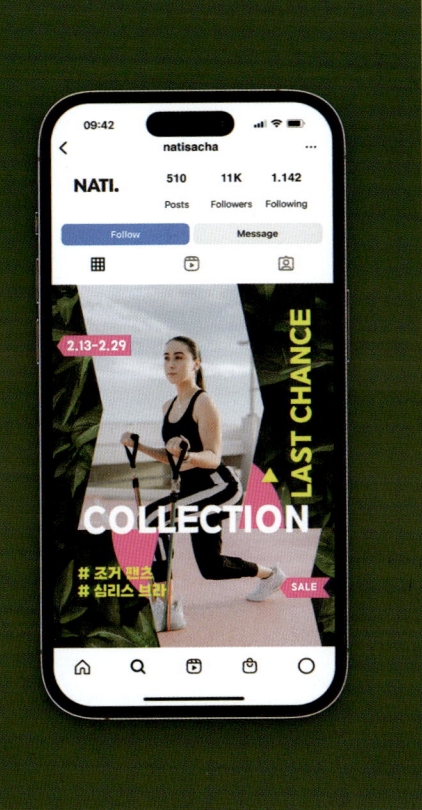

Point skill 사전 설정 문서 열기, 포토샵 템플릿, Adobe Stock 이용하기

How to 이번에는 의류 브랜드 SNS 이벤트 페이지를 만들어보겠습니다. 이벤트에서 날짜 및 할인 품목과 같은 중요한 정보는 배경과 대비 효과를 주어 가독성을 높이고 호응을 유도하기 위해 쿠폰과 버튼의 배치를 고려해야 합니다. 어도비에서 제공하는 이벤트 페이지 템플릿을 이용하면 일관성 있게 디자인할 수 있을 뿐만 아니라 작업 속도도 높일 수 있습니다. 그리고 템플릿에 포함되어 있는 그래픽 요소를 적절히 조합하거나 수정한 후 내용을 입력하면 매력적인 이벤트 페이지를 만들 수 있습니다. 템플릿은 Adobe Stock 사이트에서 구하거나 포토샵의 [New Document] 창에서 다운로드할 수 있습니다.

Step 포토샵 템플릿으로 새 문서 열기 ➡ 스마트 오브젝트 레이어에 이미지 넣기 ➡ 질감 합성하고 조정 효과 복제하기 ➡ 그래픽 요소 수정하고 내용 입력하기 ➡ 아트보드를 파일로 내보내기

사선으로 비스듬하고 대담하게 **트리밍**하기

▶ **사선으로 비스듬하게 트리밍하면 디자인에 움직임과 에너지를 추가할 수 있습니다.**

① **동적 에너지와 긴장감 연출**: 사선은 평면적인 디자인에 대비를 더해 시각적 긴장감을 조성합니다. 균형을 일부러 깨뜨리는 사선 배치는 전통적인 수평, 수직 배치보다 더 역동적이고 세련된 느낌을 주면서 흥미로운 시각적 경험을 제공합니다.

② **시선 유도**: 사선은 시각적으로 시선을 유도하는 역할을 합니다. 사선의 시작점에서 끝점으로 이어지는 시선의 흐름을 따라가면서 디자인에 표현한 특정 요소나 정보를 자연스럽게 강조할 수 있습니다.

③ **독특한 디자인**: 사선 트리밍은 공간 활용을 효율적으로 도와주며, 디자인 요소 간의 균형을 맞추어 전체적인 조화를 이룹니다. 이러한 독특한 디자인은 브랜드나 제품의 개성을 강조하는 데 효과적입니다.

디자인 작업 Point

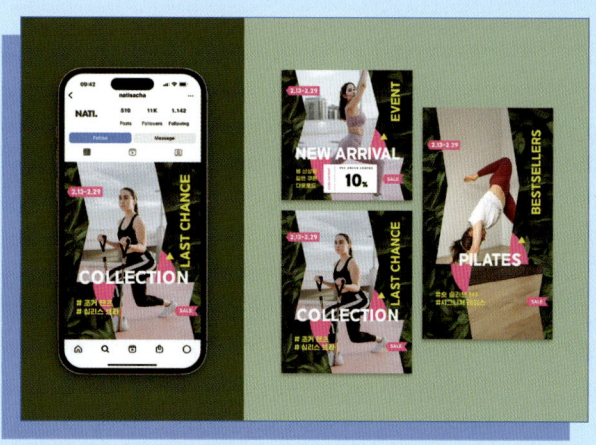

» **사선 레이아웃으로 차별하기**

사선 트리밍은 비대칭적인 레이아웃을 가능하게 하여 시각적인 흥미를 높입니다. 사선을 상하 대칭으로 만나게 한 후 약간 어긋나게 배치하면 독특하게 디자인할 수 있습니다. 여기에서는 대칭 축에 메인 타이틀을 넣어 주목도를 높였습니다.

» **사진 위에 사진 배치하기**

배경에 나뭇잎 사진을 확대 배치하고 전면에 필라테스를 하는 여성의 사진을 배치하여 시각적 연관성을 제공했습니다. 배경의 나뭇잎 사진은 자연의 생명력을 상징하며 초록색은 편안하고 자연스러운 느낌을 전달합니다. 이 색상과 이미지가 필라테스 사진과 연결되어 더욱 건강한 느낌을 줍니다. 그리고 필라테스 사진이 더욱 강조되도록 배경 사진을 어둡게 조정했습니다.

» **중요한 정보로 시선 유도하기**

사선은 시선이 자연스럽게 이동하게 해서 특정 정보에 주목하게 만듭니다. 사선의 방향에 맞추어 의류 브랜드의 이벤트 정보와 쿠폰을 배치하여 눈에 쉽게 들어오도록 했습니다.

01 | 사전 설정 문서 열고 템플릿 분류하기

[File]-[New] 메뉴(Ctrl+N)를 선택하여 [New Document] 창을 열면 최근에 만든 문서([Recent])와 템플릿([Photo, Print], [Art & Illustration], [Web], [Mobile], [Film & Video]) 탭이 나타납니다. 창의 왼쪽에는 최근에 열었던 문서가 남아있어 선택하면 바로 열 수 있고 오른쪽에는 미리 설정된 옵션을 확인한 후 새롭게 설정할 수 있습니다.

✓ [New Document] 창

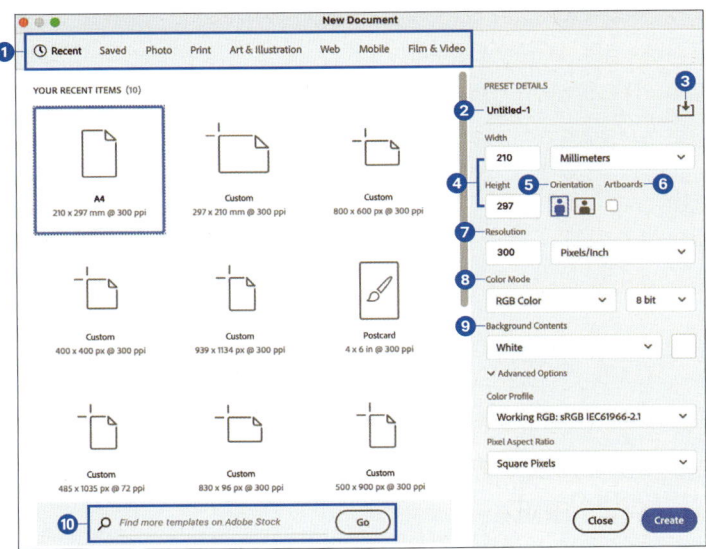

❶ **탭 메뉴**: 최근에 열었던 Recent 문서와 사전 설정 문서 중에서 선택합니다.

❷ **파일 이름**: 새로운 파일 이름을 지정합니다.

❸ **문서 설정 저장**(아이콘): 문서 설정 환경을 저장합니다.

❹ **폭, 높이(Width, Height)**: 문서의 가로와 세로 길이를 설정하고 오른쪽에서 단위를 선택합니다.

❺ **방향(Orientation)**: 문서 방향을 세로(아이콘) 또는 가로(아이콘)로 지정합니다.

❻ **아트보드(Artboards)**: 아트보드를 제작합니다.

❼ **해상도(Resolution)**: 해상도를 설정합니다. 일반적으로 웹용은 '72Pixels/Inch', 인쇄용은 '300Pixels/Inch'입니다.

❽ **색상 모드(Color Mode)**: 색상 모드를 설정합니다. 'Bitmap', 'Grayscale', 'RGB Color', 'CMYK Color', 'Lab Color' 중에서 선택합니다.

❾ **배경색(Background Contents)**: 문서의 배경색을 지정합니다.

▲ White　　▲ Black　　▲ Background Color　　▲ Transparent　　▲ Custom

❿ **어도비 스톡 검색 창**: Adobe Stock 사이트에서 더 많은 템플릿을 검색합니다.

✓ 사전 설정 문서 및 템플릿 분류

[New Document] 창의 탭 메뉴에 있는 각각의 탭을 클릭하면 사이즈가 지정된 문서와 템플릿을 다운로드해서 사용할 수 있습니다.

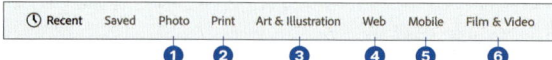

❶ **[Photo] 탭**: 사진을 주제로 한 포토 앨범, 앨범 레이아웃 등의 문서 형식을 선택할 수 있습니다.

❷ **[Print] 탭**: 인쇄물 작업할 때 많이 사용하는 엽서, 포스터, 카드, 캘린더, 신문 등의 문서 형식을 선택할 수 있습니다.

❸ **[Art & Illustration] 탭**: 질감, 문자 효과를 선택하여 사용할 수 있습니다.

❹ **[Web] 탭**: 웹 배너, 웹페이지 레이아웃 등의 문서 형식을 선택할 수 있습니다.

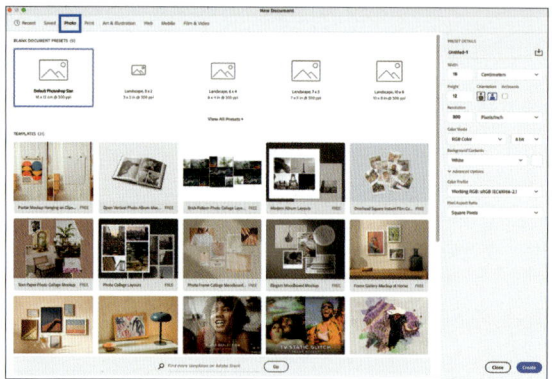

▲ [Photo] 탭

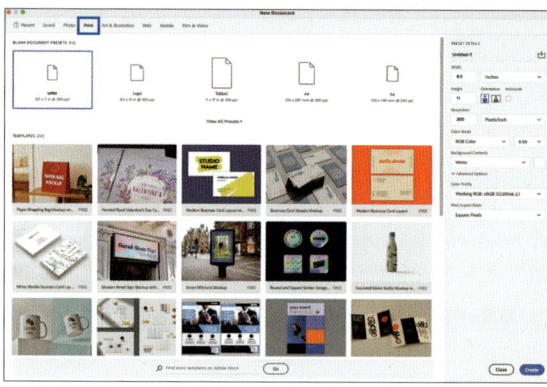

▲ [Print] 탭

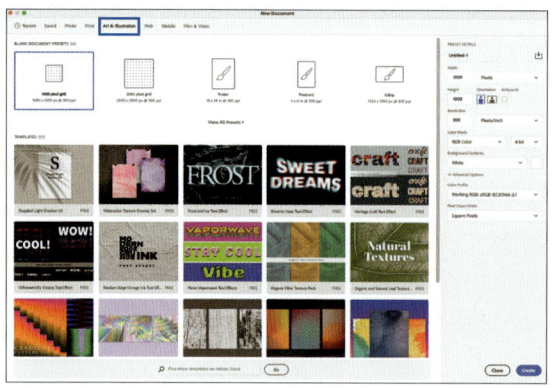

▲ [Art & Illustration] 탭

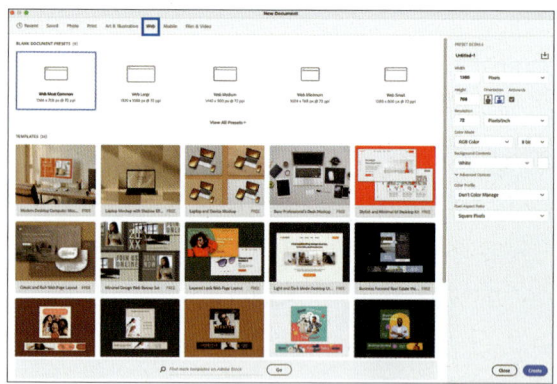

▲ [Web] 탭

❺ **[Mobile] 탭**: 아이폰, 아이패드, 안드로이드 장치와 디스플레이 실제 사이즈에 맞게 문서를 설정해 사용할 수 있습니다.
❻ **[Film & Video] 탭**: 영상과 영화 화면 사이즈에 맞게 문서를 설정해 사용할 수 있습니다.

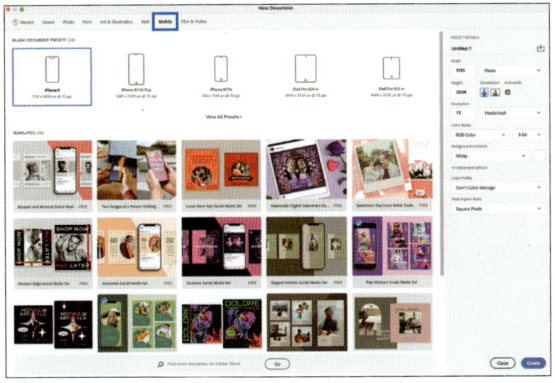

▲ [Mobile] 탭

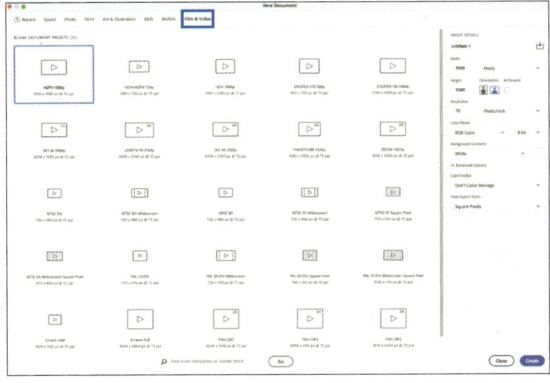

▲ [Film & Video] 탭

✓ 핵심 기능

02 | 포토샵 템플릿과 Adobe Stock 이용하기

✓ 포토샵 템플릿을 수정해 포스터 제작하기

예제파일	Piona.jpg
완성파일	Piona_finish.jpg

포토샵에서 제공하는 FREE 템플릿을 이용하면 디자인 요소를 처음부터 만들 필요가 없어 더욱 빠르고 효율적으로 작업할 수 있습니다. 그리고 사용자가 원하는 대로 문자와 이미지, 색상 등을 수정하여 사용할 수 있습니다.

▲ 원본 템플릿

▲ 템플릿을 이용한 완성작

374

❶ [File]-[New] 메뉴(Ctrl+N)를 선택하여 [New Document] 창을 열고 [Art & Illustration] 탭을 클릭합니다. ❷ 목록이 표시되면 'Dappled Light Shadow Kit'를 선택하고 ❸ [Download] 버튼을 클릭합니다. ❹ 템플릿 다운로드가 완료되면 [Open] 버튼을 클릭합니다.

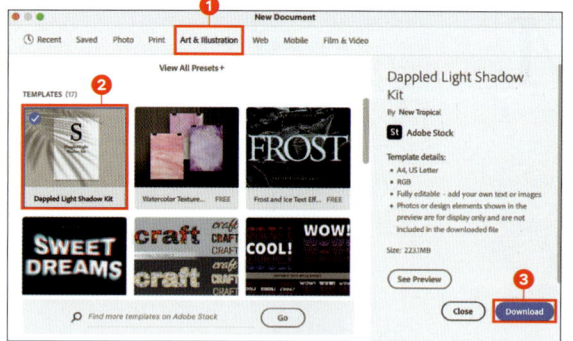 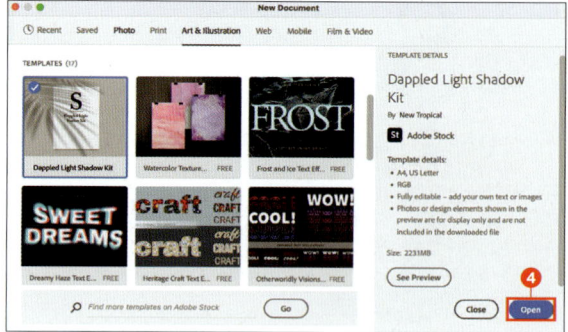

❺ 선택한 템플릿이 표시되었는지 확인합니다.

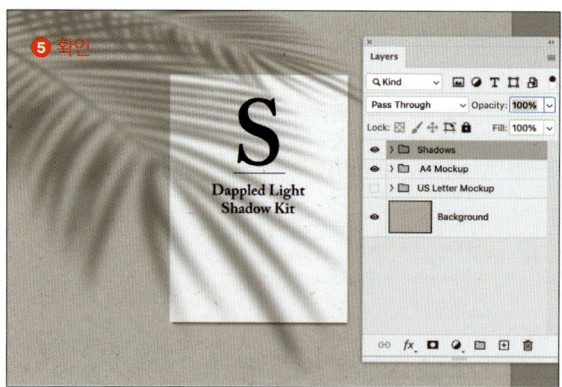

❻ 'A4 Mockup' 폴더를 열고 [Layers] 패널에서 스마트 오브젝트 레이어인 [YOUR IMAGE HERE]의 섬네일을 더블클릭합니다. ❼ 그러면 개별 편집 창인 PSB 창이 열립니다.

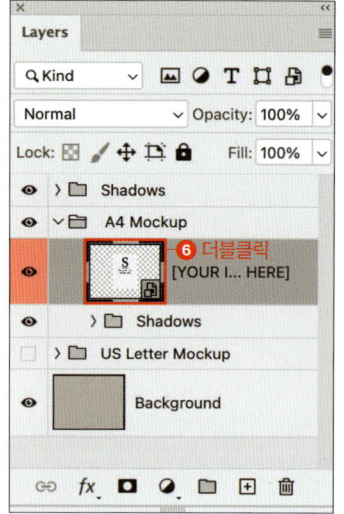 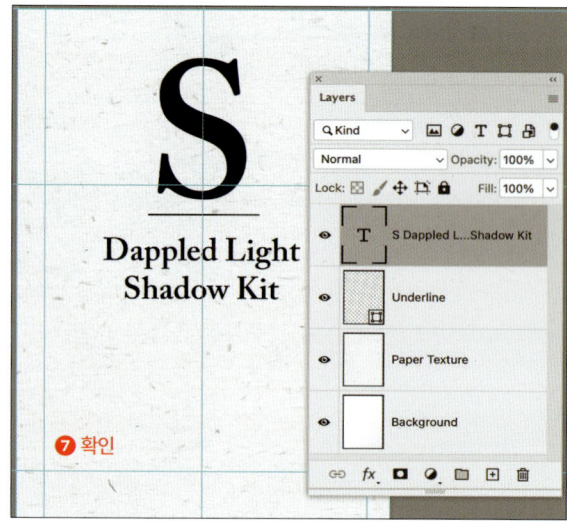

❽ PSB 창으로 'Piona.jpg'를 드래그하여 붙이고 ❾ 모서리 조절점을 움직여서 이미지 크기를 조절한 후 Enter 를 눌러 고정합니다. ❿~⓫ 문자 레이어에서 입력하고 싶은 글자로 바꾸고 ⓬ Ctrl + ; 을 눌러 안내선을 없앱니다.

> **Tip ▶ 안내선 켜기와 끄기**
>
> Ctrl + ; : 파란색 안내선을 표시했다가 사라지게 할 수 있습니다.

⓭ [Layers] 패널에서 'Piona' 레이어를 선택하고 Ctrl + L 을 누릅니다. ⓮ [Levels] 창이 열리면 다음 화면과 같이 지정하고 ⓯ [OK] 버튼을 클릭합니다. ⓰ [Layers] 패널에서 레이어 모드를 'Multiply'로 변경한 후 Ctrl + S 를 눌러 저장합니다.

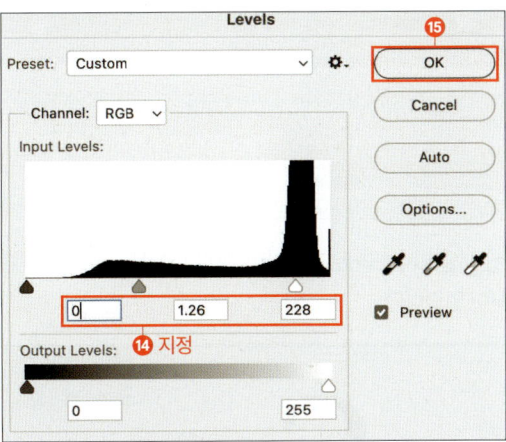

> **Tip ▶ 포토샵과 일러스트레이터 템플릿을 상호 교환하여 사용할 수 있나요?**
>
> 아니요. 포토샵(Photoshop)과 일러스트레이터(Illustrator)에서 다운로드한 템플릿은 라이브러리에 있습니다. 포토샵에서는 psdt 템플릿만, 일러스트레이터에서는 ait 템플릿만 열 수 있습니다.

⓱ PSD 원본 창으로 되돌아가서 'Shadows' 폴더의 'Opacity'를 '45%'로 줄이고 ⓲ 그림자 색이 연해졌으면 [Layers] 패널의 'Background' 레이어를 선택한 후 Ctrl + U 를 누릅니다. ⓳ ~ ⓴ 눌러 [Hue/Saturation] 창이 열리면 다음 화면과 같이 지정해서 배경색을 변경하는 방법으로 무료 템플릿을 이용한 포스터를 완성합니다.

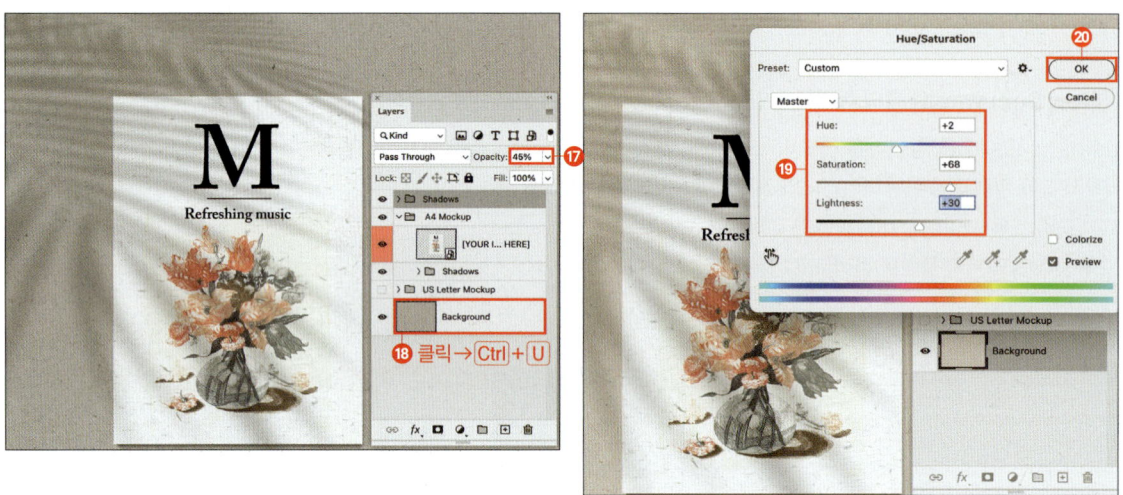

> Tip ▶ 무료 템플릿(FREE)과 미리 보기(See Preview)
>
> ❶ 새 문서 창에서 '템플릿'을 클릭하면 처음에 보이는 자료에 'FREE'라고 표시되어 있는데, FREE 자료는 저작권 걱정없이 사용할 수 있습니다. 템플릿을 선택한 후 ❷ 오른쪽에 있는 [See Preview] 버튼을 클릭하면 ❸ 템플릿을 미리 보면서 템플릿 요소와 대지의 개수 등을 검토할 수 있습니다.

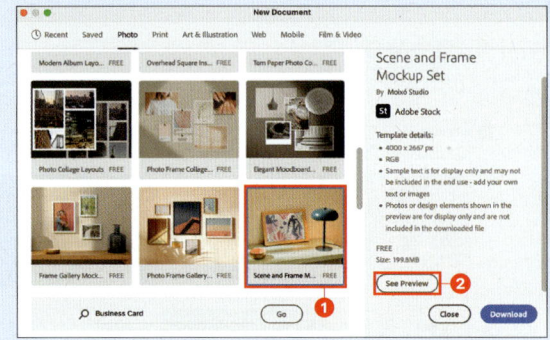 

✓ 어도비 스톡 사이트에서 더 많은 템플릿 검색하기

어도비 스톡(Adobe Stock) 사이트(https://stock.adobe.com/kr/templates)에서는 전문가가 디자인한 제품 목업, 사진 효과, 레이아웃, 전단지, 로고, 배너 등의 템플릿을 수천 개 이상 제공합니다.

❶ [New Document] 창의 아래쪽에 있는 검색 창에 찾고 싶은 템플릿명 입력하기

'Business Card'를 검색하면 어도비 스톡 브라우저 창에 관련 템플릿이 나타납니다. 이와 같이 어도비 스톡 사이트를 이용하면 프로젝트의 요구 사항에 맞는 템플릿을 검색하고 다운로드할 수 있습니다.

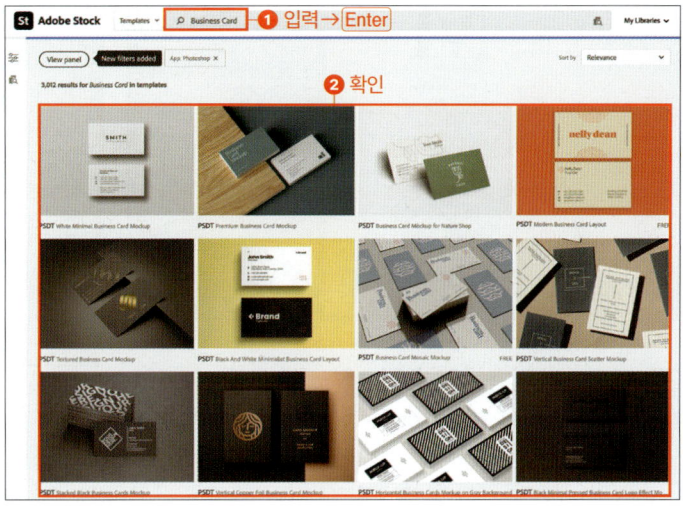

❷ 어도비 스톡 사이트의 검색 창에 찾고 싶은 템플릿명 입력하기

템플릿 다운로드 버튼을 클릭하면 'Creative Cloud' 앱으로 불러와서 작업할 수 있습니다.

템플릿 파일의 종류
- PSDT: 포토샵 템플릿
- AIT: 일러스트레이터 템플릿
- INDT: 인디자인 템플릿
- MOGRT: 모션 그래픽 템플릿
- AET: 애프터이팩트 템플릿

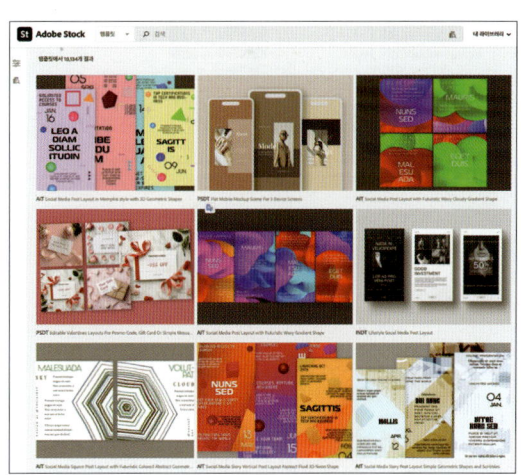

> **Tip ▶ 어도비 스톡(Adobe Stock)은 30일 동안 무료로 사용할 수 있어요!**
>
> 어도비 스톡은 30일 동안 한 달간 10개의 표준 에셋을 다운로드 해서 이용할 수 있고 이후에는 유료 이미지를 구입해서 이용하면 됩니다.

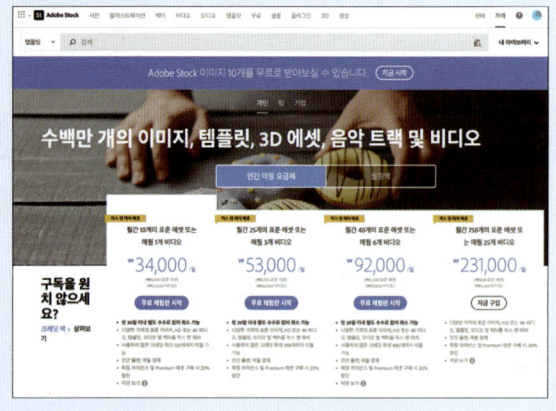

STEP 1 포토샵 템플릿으로 새 문서 열기

01 ❶ [File]-[New] 메뉴(Ctrl+N)를 선택하여 [New Document] 창을 열고 [Mobile] 탭에서 ❷ 'Pop Abstract Social Media Set'을 선택한 후 ❸ [Download] 버튼을 클릭합니다. ❹ 템플릿을 다운로드했으면 [Open] 버튼을 클릭합니다.

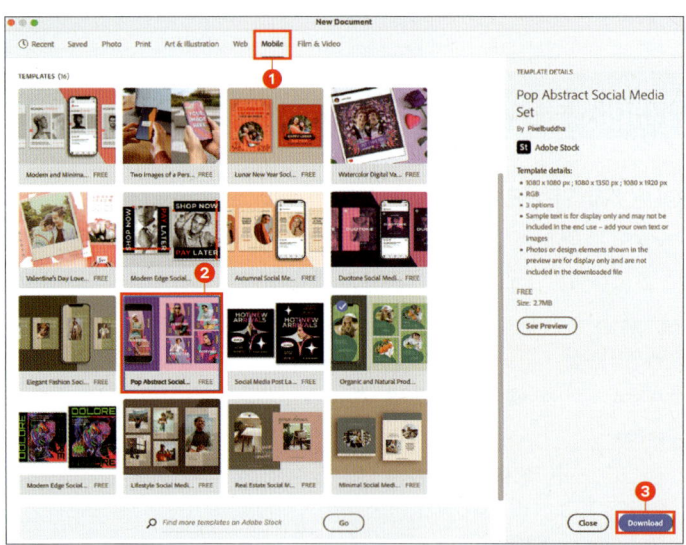 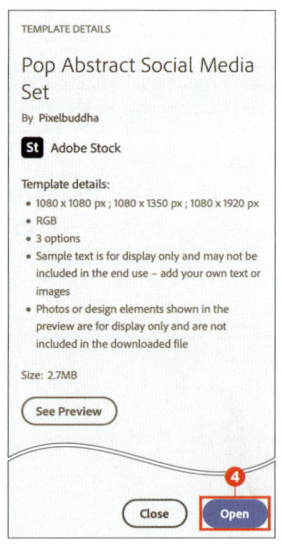

> **Tip ▶ 포토샵의 [New Document] 창에서 찾으려는 템플릿이 보이지 않는다면?**
>
> 어도비 스톡 사이트에서 원하는 템플릿명을 검색해서 다운로드하세요. 예제에서 사용한 템플릿도 'Pop Abstract Social Media Set'으로 검색해서 다운로드할 수 있어요.

02
❶ 'Pop Abstract Social Media Set' 템플릿이 열리면 ❷ [Layers] 패널에서 'Square: 1080×1080 px' 아트보드 안에 있는 [YOUR IMAGE HERE] 레이어의 섬네일을 더블클릭합니다.

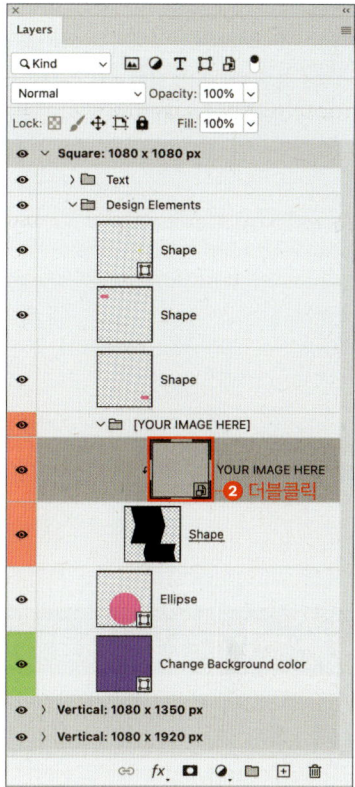

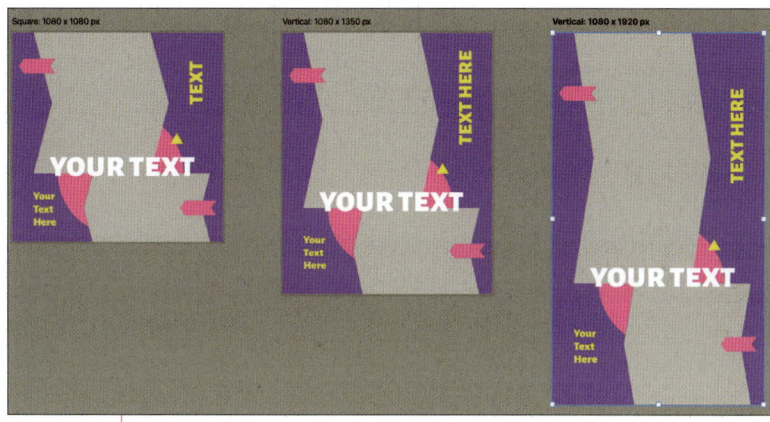

❶ 확인

STEP 2 | 스마트 오브젝트 레이어에 이미지 넣기

01
❶ 스마트 오브젝트 레이어의 단독 창인 [YOUR IMAGE HERE.psb] 창이 열리면 'Pilates_1.jpg'를 화면으로 드래그한 후 Enter 를 눌러 고정합니다. ❷ [Layers] 패널에서 [Delete Me] 레이어를 휴지통(🗑)으로 드래그하여 삭제합니다.

> **Tip ▶ 스마트 오브젝트 레이어의 섬네일을 더블클릭해 PSB 창 열기**
> 스마트 오브젝트 레이어의 섬네일을 더블클릭하면 스마트 오브젝트의 독립된 레이어 창인 PSB 창이 열립니다. PSB 창에서 이미지를 첨부하고 수정하거나 새 레이어를 추가하는 등 작업한 후 Ctrl + S 를 누르며 원래 작업 창에 그대로 반영됩니다.

❸ Ctrl + S 를 눌러 저장하고 ❹ 'Pop Abstract Social Media Set' 템플릿으로 되돌아온 후 필라테스 사진이 배경으로 채워졌는지 확인합니다.

02 ❶ [Layers] 패널에서 'Vertical: 1080×1350 px' 아트보드 안에 있는 [YOUR IMAGE HERE1] 레이어 섬네일을 더블클릭합니다. PSB 창이 열리면 'Pilates_2.jpg'를 화면으로 드래그한 후 Enter 를 눌러 고정합니다. ❷ [Delete Me] 레이어를 휴지통(🗑)으로 드래그하여 삭제하고 ❸ Ctrl + S 를 눌러 저장합니다. ❹ 'Pop Abstract Social Media Set' 템플릿으로 돌아오면 필라테스 사진이 배경으로 채워졌는지 확인합니다.

03 ❶ [Layers] 패널에서 'Vertical : 1080×1920 px' 아트보드 안에 있는 [YOUR IMAGE HERE2] 레이어 섬네일을 더블클릭한 후 PSB 창이 열리면 'Pilates_3.jpg'를 화면으로 드래그한 후 Delete 를 눌러 고정합니다. ❷ [Delete Me] 레이어를 드래그하여 삭제합니다.

❸ Ctrl + S 를 눌러 저장한 후 ❹ 'Pop Abstract Social Media Set' 템플릿으로 돌아와 확인합니다.

STEP 3 | 질감 합성하고 조정 효과 복제하기

01 ① [Layers] 패널에서 'Square: 1080×1080 px' 아트보드를 선택하고 ② 'green.jpg'를 드래그합니다. ③ 주변에 생긴 모서리 조절점을 드래그해 적당한 크기로 늘린 후 Enter 를 눌러 붙여넣기합니다. ④ [Layers] 패널에서 [green] 레이어를 [Ellipse] 레이어의 아래쪽으로 이동합니다.

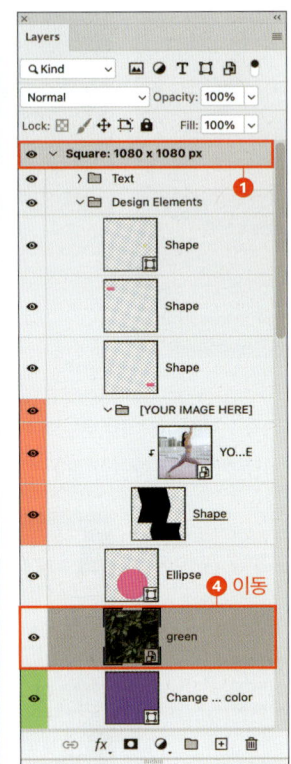

02 ① 색상을 변경하기 위해 Ctrl + U 를 눌러 [Hue/Saturation] 창을 열고 'Hue'는 '-20', 'Saturation'은 '+10'으로 지정한 후 ② [OK] 버튼을 클릭합니다. ③ 채도값이 높은 녹색잎으로 변했습니다.

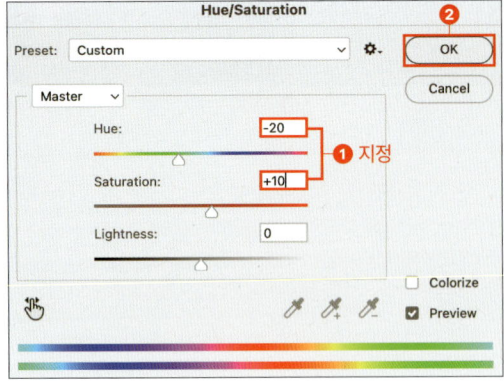

❹~❺ 이와 같은 방법으로 'Vertical: 1080×1350 px' 아트보드와 'Vertical: 1080×1920 px' 아트보드에 'green. jpg' 소스 파일을 드래그해서 붙여넣기합니다.

 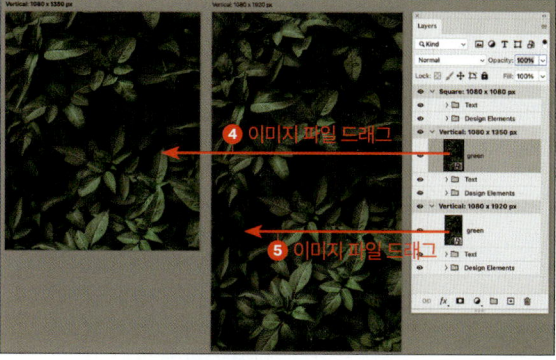

❻~❼ [Layers] 패널에서 'Vertical: 1080×1350px' 아트보드와 'Vertical: 1080×1920px' 아트보드의 [green] 레이어 위치를 [Ellipse] 레이어의 아래쪽으로 이동한 후 ❽ 확인합니다.

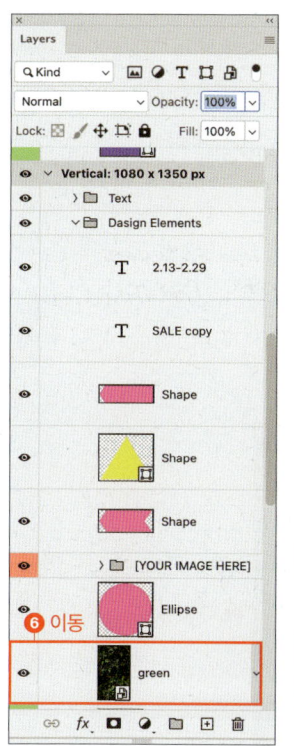 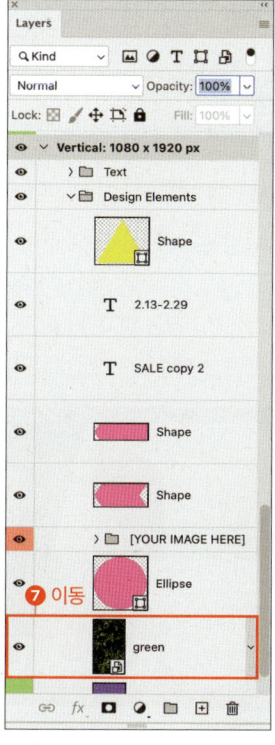 

▲ '1080×1350 px' 아트보드   ▲ '1080×1350 px' 아트보드

03 ❶ [Layers] 패널에서 'Square: 1080×1080 px' 아트보드의 [green] 레이어에 적용된 조정 효과 'Hue/Satiration'을 Alt 를 누른 상태에서 'Vertical: 1080×1350 px' 아트보드의 [green] 레이어로 드래그하여 ❷ 조정 효과를 복제합니다. ❸ 이와 같은 방법으로 'Square: 1080×1920 px' 아트보드의 [green] 레이어에도 ❹ 조정 효과를 붙여주세요.

STEP 4 그래픽 요소 수정하고 내용 입력하기

01 ❶ [Layers] 패널에서 'Square: 1080×1080 px' 아트보드에 있는 [Shape] 레이어를 선택하고 ❷ [Tools] 패널에서 '사각 선택' 툴(▭)을 선택한 후 화면에서 드래그하여 직사각형을 만듭니다. ❸ 전경색을 분홍색으로 지정하고 ❹ Alt + Delete 를 눌러 색을 입힌 후 Ctrl + D 를 눌러 선택 영역을 해제합니다.

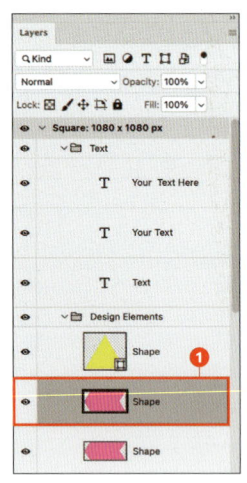   

02 ❶ [Tools] 패널에서 '문자' 툴(T)을 선택합니다. [Character] 패널에서 글꼴은 '강원교육튼튼', 글꼴 크기는 '12pt', 자간은 '25', 장평은 '95%', 색상은 '흰색'으로 지정하고 ❷ 분홍색 그래픽 요소 위에 '2.13-2.29'를 입력합니다.

03 ❶ 다음 화면과 같이 [Character] 패널의 속성을 지정하고 ❷ [Tools] 패널에서 '문자' 툴(T)을 선택한 후 '봄 신상품 할인 쿠폰 다운로드'를 입력합니다. ❸ '문자' 툴(T)로 화면을 드래그하여 글상자를 만들고 ❹ 다음 화면과 같이 [Character] 패널의 속성을 지정한 후 ❺ 'NEW ARRIVAL'을 입력합니다.

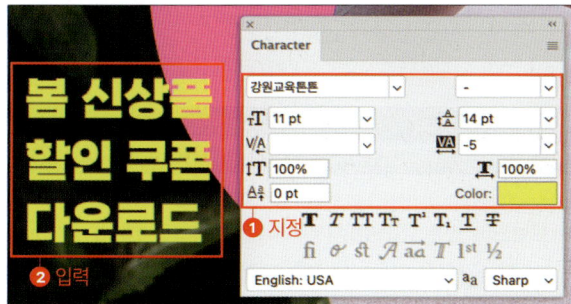

04 ❶ 오른쪽 아래에 위치한 분홍색 그래픽 요소 위에 'SALE'을 입력하고 ❷ 'coupon.png'를 작업 창으로 드래그하여 붙여넣은 후 [Tools] 패널의 '이동' 툴(+)로 위치를 조절합니다.

05 ❶~❷ 'Vertical: 1080×1350 px' 아트보드와 'Vertical: 1080×1920 px' 아트보드에 다음 화면과 같이 제목, 세일 품목, 태그 등을 입력해서 완성합니다.

STEP 5 아트보드를 파일로 내보내기

01 ❶ [File]-[Export]-[Artboards To Files] 메뉴를 선택합니다. [Artboard To Files] 창이 열리면 저장 경로를 선택하고 'File Name Prefix'에는 접두어 'event_'를, 'File Type'에는 'JPEG'를 지정하고 ❷ [Run] 버튼을 클릭합니다. ❸ 파일이 성공적으로 저장되었다는 창이 열리면 [OK] 버튼을 클릭합니다.

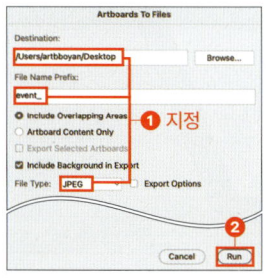

❹ JPEG 파일명이 '접두어+아트보드명'이 합쳐진 형태로 생성되었는지 확인합니다. 이제 완성한 페이지를 SNS 채널에 업로드해 보세요.

유튜브 영상 섬네일과 채널 아트

예제파일	youtube_start.psd
소스파일	garden_1.jpg, garden_2.jpg
완성파일	youtube_finish.psd

웹&모바일

SNS · SNS Event Page · Thumbnail · Advertise · GIF Poster

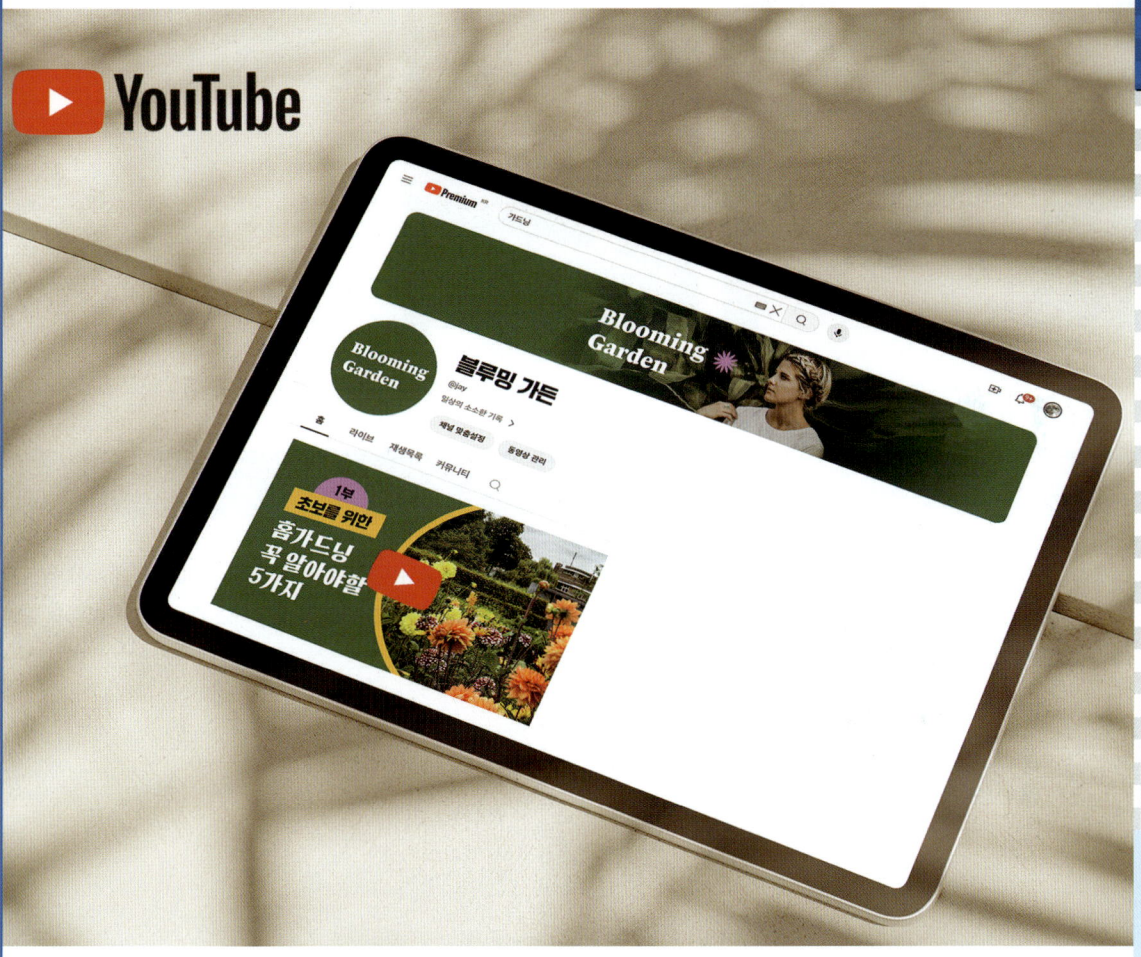

Point skill '제거' 툴( ), '콘텐츠 인식 이동' 툴( ), 내용 인식 채우기(Content-Aware Fill), 내용 인식 비율 박스 (Content-Aware Scale)

How to 유튜브 섬네일과 채널 아트 디자인에서 가장 중요한 요소는 '가시성'입니다. 눈에 잘 띄는 섬네일과 채널 아트는 영상 클릭을 유도하고, 채널에 대한 신뢰도를 높일 수 있으며, 구독자를 유치하는 데 도움이 됩니다. 이번에는 이미지에서 지워진 영역을 자연스럽게 채우는 내용 인식 채우기(Content-Aware Fill) 기능과 특정 부분을 왜곡하지 않으면서 이미지를 늘리는 내용 인식 비율 박스(Content-Aware Scale) 기능을 배워보겠습니다. 그리고 불필요한 부분을 자연스럽게 지울 수 있는 '제거' 툴로 유튜브 영상 섬네일의 이미지를 수정해 보겠습니다. 이미지를 손쉽게 보정할 수 있는 Content-Aware 관련 기능을 익혀두면 이미지를 제작할 때 자신감이 붙을 것입니다.

Step '내용 인식 비율 박스' 기능으로 인물을 보호하고 배경만 늘리기 ➡ 그레이디언트 레이어 마스크 씌우기 ➡ 클리핑 마스크 씌우기 ➡ '제거' 툴로 불필요한 인물 지우기 ➡ 아트보드를 파일로 내보내기

색으로 감정 전달하고 주제 강화하기

▶ **색은 디자인에서 첫인상을 좌우하는 중요한 요소입니다.**

① **감정과 연결된 색상**: 색상은 인간의 감정과 깊이 연결되어 있으며 이미지를 처음 보았을 때 가장 먼저 인식되는 요소로, 첫인상을 좌우합니다. 디자인에서 적절한 색상을 선택하면 사용자가 원하는 감정적 반응을 효과적으로 유도할 수 있습니다.

② **비슷한 색을 모은 톤 사용**: 톤은 비슷한 뉘앙스를 풍기는 명도와 채도의 조합입니다. 활기찬 내용을 담은 영상에는 밝고 생동감 있는 톤을, 차분한 내용을 담은 영상에는 부드럽고 안정적인 톤을 사용합니다.

③ **주제 표현**: 전달할 메시지가 정리되면 색채 계획을 통해 주제와 관련된 감정과 분위기를 형성하는 것이 좋습니다.

디자인 작업 Point

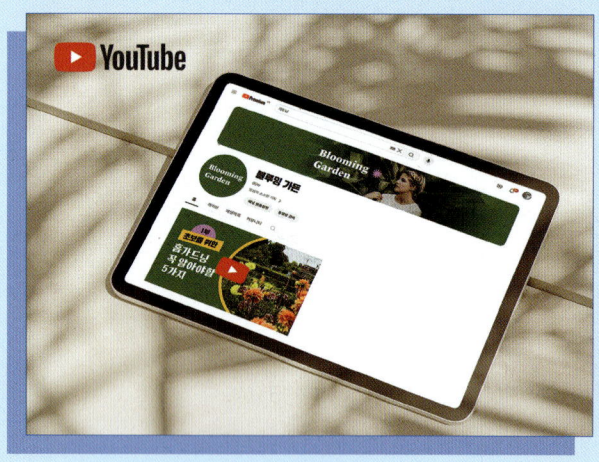

» 진한 녹색으로 주제 표현

유튜브 상단 배너와 영상 섬네일, 프로필 아이콘에 진한 녹색 배경을 똑같이 적용하여 시각적 통일성을 유지했습니다. 진한 녹색은 자연과의 연관성이 높고 'Blooming Garden'이라는 채널 주제와 일치합니다. 그리고 자연친화적이고 신뢰할 수 있는 첫인상을 줍니다.

» 강한 시각적 대비

영상 섬네일은 진한 녹색 배경에 노란색과 흰색 텍스트를 사용해 강한 시각적 대비를 형성합니다. '초보를 위한' 부분은 밝은 노란색 상자에 검은색 텍스트로, '홈가드닝 꼭 알아야 할 5가지'는 굵은 흰색 텍스트로 강조했습니다. 이처럼 색상을 강하게 대비해서 제작한 섬네일은 유튜브 추천 목록에서 시청자의 시선을 끌게 만듭니다.

» 텍스트와 이미지의 균형

텍스트와 꽃 사진이 각각 적절한 공간을 차지하여 시각적으로 균형을 이루고 안정감을 줍니다. 텍스트와 이미지는 과밀하지 않으며 밝고 화사한 꽃 사진은 채널의 주제를 시각적으로 잘 표현하고 있습니다.

핵심 기능

01 '제거' 툴

'제거' 툴()은 이미지에서 불필요한 요소를 제거할 때 사용하는 툴로, 브러시로 특정 피사체를 드래그하면 지워지면서 동시에 지워진 영역을 예측하여 이미지로 채웁니다. 결과가 완벽하지 않으면 만족스러운 결과를 얻을 때까지 불완전한 부분을 계속 칠해 재구성합니다.

- **사용 방법**: '제거' 툴()의 옵션바에서 브러시 크기를 조절한 후 지우려는 부분을 짧게 드래그합니다. 정밀도를 유지하려면 브러시 크기를 줄이는 것이 좋고 이미지의 넓은 영역을 지우려면 영역의 윤곽선 부분만 드래그하면 됩니다. 그러면 자동으로 안쪽 부분까지 선택되고 동시에 주변의 것으로 채워집니다.

▲ 윤곽선 부분만 드래그해진 경우 ▲ 자동으로 안쪽 부분까지 선택해진 경우 ▲ 주변의 것으로 채워진 경우

✓ '제거' 툴의 옵션바 살펴보기

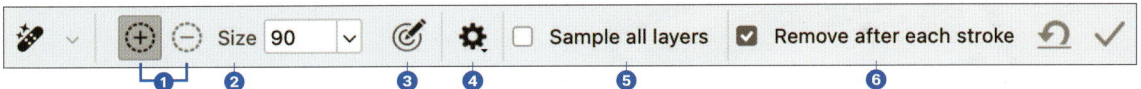

❶ **Add, Subtract[브러시 적용 영역 추가, 빼기]**: 지울 부분을 더하고 뺄 수 있습니다.

❷ **Size**: 숫자값을 입력해 브러시 크기를 조절합니다. [,]를 눌러 브러시 크기를 조절할 수 있습니다.

❸ **Pressure[필압]**(): 태블릿을 연결했을 때 힘의 강약에 따라 브러시 크기를 설정할 수 있습니다.

❹ **Mode[추가 옵션]**(): 브러시 색상과 불투명도(Opacity)를 설정합니다.

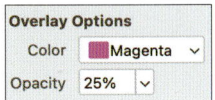

❺ **Sample all layers**: 체크 표시하면 모든 레이어를 인식합니다.

❻ **Remove after each stroke**: 체크 표시하면 브러시로 선택한 영역을 제거하고 주변 픽셀로 채웁니다.

02 | '제거' 툴로 의자와 탁자 사이에 있는 책 자연스럽게 지우기

예제파일 table_start.jpg
완성파일 table_finish.jpg

❶ 'table_start.jpg'를 열고 ❷ [Tools] 패널에서 '제거' 툴( )을 선택합니다. ❸ 옵션바에서 'Size'를 '50'으로 지정하고 ❹ 탁자 위에 있는 책을 드래그하면 ❺ 드래그한 부분이 빨간색으로 표시됩니다.

❻ 책이 사라진 자리에 탁자가 채워집니다. 자연스러워질 때까지 같은 부분을 여러 번 드래그하여 ❼ 탁자 윤곽을 더욱 선명하게 처리합니다.

✅ 핵심 기능

03 '콘텐츠 인식 이동' 툴

'콘텐츠 인식 이동' 툴(✂)은 선택 영역으로 지정한 이미지를 새로운 위치로 복제하거나 이동할 때 유용합니다. 'Transform On Drop'에 체크 표시하면 자유 변형 박스가 자동으로 씌워져서 이미지의 크기, 각도, 위치 등을 원하는 대로 조정할 수 있습니다.

- **사용 방법**: 마우스로 드래그하여 선택 영역을 지정한 후 선택 영역을 이동하면 자유 변형 박스가 씌워집니다. 이미지의 크기, 각도, 위치 등을 조정한 후 Enter 를 누르면 개체가 자연스럽게 이동하고 기존에 개체가 있던 위치는 주변의 것으로 채워집니다.

▲ 드래그하여 선택 영역 지정하기

▲ 자유 변형 박스를 조정하여 크기 변경하기

▲ Enter 를 눌러 주변 것으로 채우기

✓ '콘텐츠 인식 이동' 툴의 옵션바 살펴보기

❶ **선택 영역을 생성하는 방법**: [새 선택 영역 만들기](□), [선택 영역 추가](□), [선택 영역 빼기](□), [교차된 선택 영역만 남기기](□) 중에서 선택합니다.

❷ **Mode**: 이동 모드(Move)와 확장(Extend) 모드 중에서 선택합니다. 이 중에서 확장 모드는 복제되어 나타납니다.

▲ **Move**: 이동 모드로 위치 옮기기

▲ **Extend**: 확장 모드로 복제하기

❸ **Structure**: 1과 7 사이의 값으로 원본의 이미지 반영 정도를 설정합니다. 수치값이 클수록 원본 이미지를 보존하며 합성됩니다.

❹ **Color**: 0과 10 사이의 값으로 색상 혼합 정도를 설정합니다. 0은 색상 혼합이 안 되고 10은 최대 색상 혼합이 적용됩니다.

❺ **Sample All Layers**: 체크 표시하면 모든 레이어를 인식합니다.

❻ **Transform On Drop**: 체크 표시하면 자유 변형 박스를 사용합니다.

04 | 새로운 위치에 제트기를 자연스럽게 복제하기

예제파일	jet_start.jpg
완성파일	jet_finish.jpg

❶ 'jet_start.jpg'를 열고 ❷ 제트기를 새로운 위치에 복제하기 위해 [Tools] 패널에서 '콘텐츠 인식 이동' 툴(🗙)을 선택한 후 ❸ 옵션바에서 'Mode'는 'Extend', 'Structure'는 '4', 'Color'는 '4'로 지정합니다. ❹ 제트기를 드래그하여 선택 영역을 지정하고 ❺ 위쪽 대각선 방향으로 이동한 후 Enter 를 눌러 고정합니다.

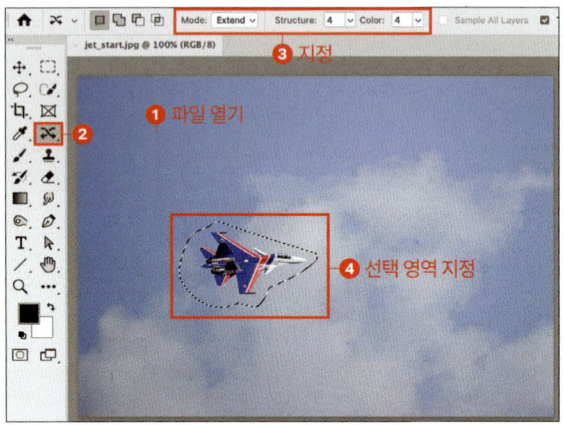 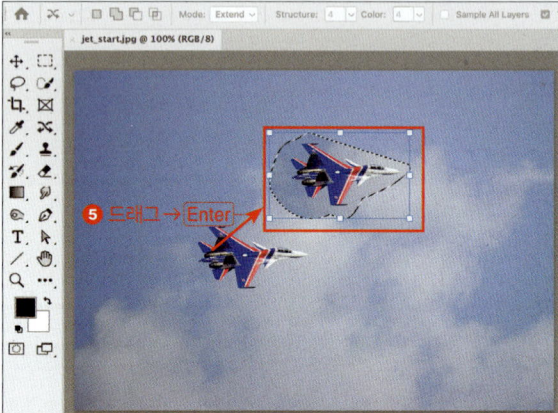

> **Tip ▶ 선택 영역 더하기와 빼기 및 교차 부분만 남기기**
> Shift 를 누르면 선택 영역을 추가할 수 있고 Alt 를 누르면 선택 영역을 뺄 수 있습니다. Shift + Alt 를 같이 누르면 선택 영역에서 교차된 부분만 남습니다.

❻ 아래쪽 대각선 방향으로 이동한 후 ❼ 자유 변형 박스 조절점을 드래그하여 크기와 각도를 조정하고 Enter 를 눌러 고정합니다. ❽ 다시 위쪽 대각선 방향으로 이동한 후 ❾ 크기 및 각도를 조정하고 Enter 를 누릅니다.

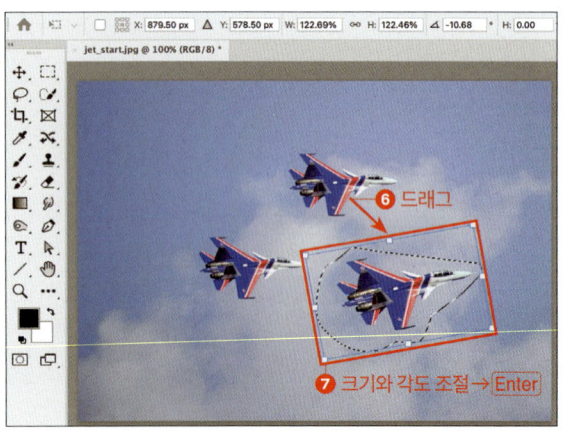 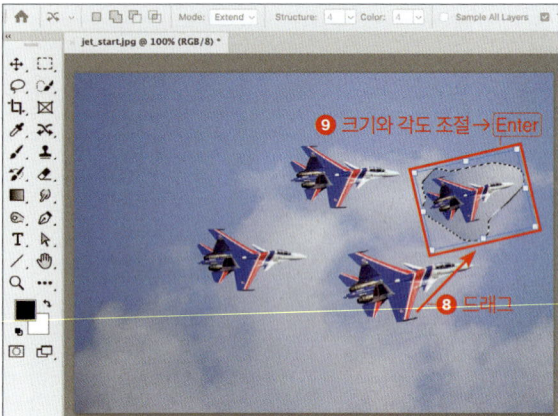

⑩ 제트기를 새로운 위치로 이동해 보겠습니다. [Tools] 패널에서 '콘텐츠 인식 이동' 툴(✂)을 선택하고 ⑪ 옵션바에서 'Mode'를 'Move'로 바꾼 후 ⑫ 왼쪽 제트기를 드래그하여 선택 영역을 지정한 상태에서 ⑬ 아래쪽으로 이동합니다. ⑭ 자유 변형 박스 조절점을 드래그하여 크기와 각도를 조정하고 Enter 를 눌러 고정한 후 ⑮ Ctrl + D 를 눌러 선택 영역을 해제합니다.

> ✅ 핵심 기능

05 | '내용 인식 채우기(Content-Aware Fill)' 기능 살펴보기

✓ [Edit]-[Content-Aware Fill]

[Edit]-[Content-Aware Fill] 메뉴를 선택하여 [Content-Aware Fill] 창을 열고 브러시를 이용해 배경 이미지로 채우고 싶은 부분을 더하거나 추가할 수 있습니다. ⊕ 아이콘을 클릭하면 배경에 포함하고 싶은 영역(연두색 영역)을 더할 수 있고, ⊖ 아이콘을 클릭하면 영역을 뺄 수 있으며, [,] 를 눌러 브러시 크기를 조절할 수 있습니다.

❶ [Tools] 패널에서 '올가미' 툴(○)을 선택하여 ❷ 선택 영역을 지정하고 [Edit]-[Content-Aware Fill] 메뉴를 선택합니다.

❸ [Content-Aware Fill] 창이 열리면 왼쪽 탭에 있는 이미지에서 배경 이미지에 포함하고 싶지 않은 부분을 드래그하여 뺍니다. ❹ [OK] 버튼을 클릭하여 작업을 완료합니다. ❺ 브러시로 영역을 수정할 때마다 ❻ 결과 이미지를 [Content-Aware Fill] 창의 중간 탭에서 실시간으로 확인할 수 있습니다.

✓ [Edit]-[Fill]에서 'Content-Aware' 선택하기

[Fill] 창에서 'Content-Aware' 기능을 이용해 불필요한 요소를 사라지게 만들고 배경 이미지로 채워보겠습니다.

❶ [Tools] 패널에서 '올가미' 툴(◯)로 선택 영역을 지정하고 ❷ [Edit]-[Fill]([Shift]+[F5]) 메뉴를 선택합니다. [Fill] 창이 열리면 'Contents'에서 'Content-Aware'를 선택하고 ❸ [OK] 버튼을 클릭합니다.

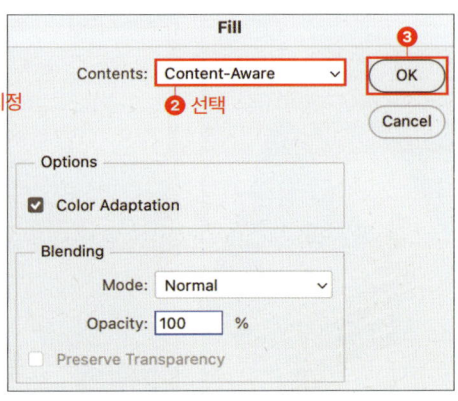

❹ 선택 영역 부분이 주변의 이미지로 채워지면 Ctrl+D를 눌러 선택 영역을 해제합니다.

✓ '자르기' 툴에서 'Fill'을 'Content-Aware Fill'로 선택하기

❶ [Tools] 패널에서 '자르기' 툴( )을 선택하고 옵션바의 'Fill'에서 'Content-Aware Fill'을 선택한 후 ❷ 사각형 영역을 위로 드래그하여 잘라낼 부분을 늘립니다. ❸ 늘어난 영역이 잠시 흰색으로 보이지만 Enter를 눌러 자르기 작업을 마무리하면 주변 배경으로 채워집니다.

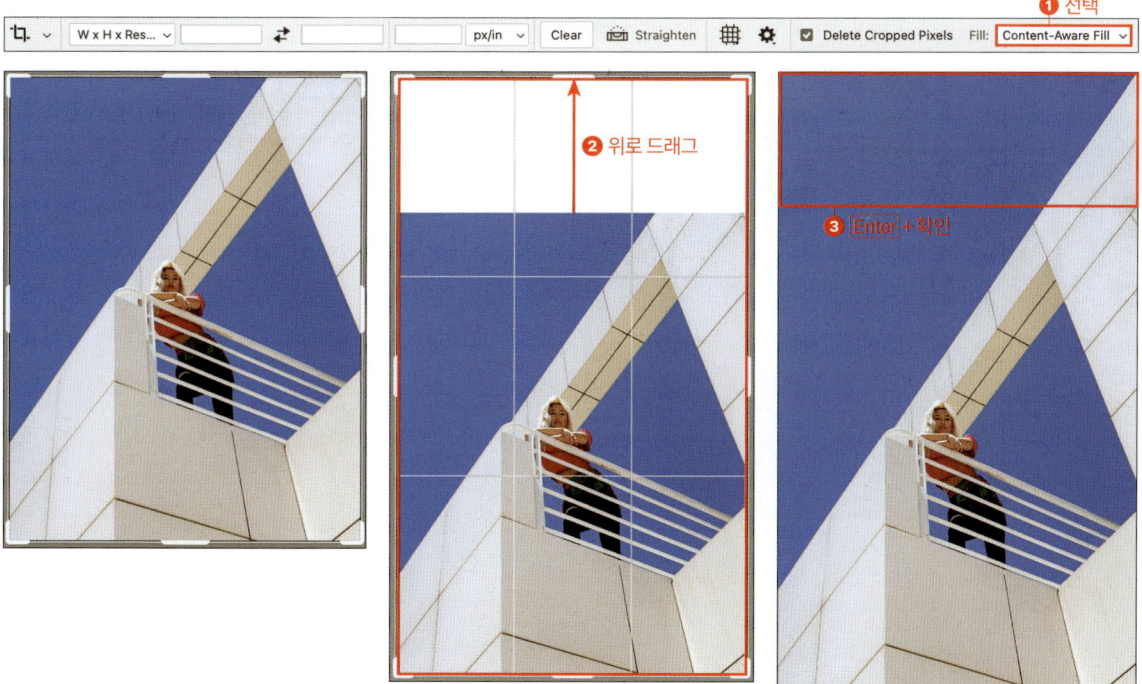

핵심 기능

06 | '내용 인식 비율(Content-Aware Scale)' 기능 살펴보기

[Edit]-[Content-Aware Scale]([Ctrl]+[Alt]+[Shift]+[C]) 메뉴를 선택합니다. 내용 인식 비율 박스(Content-Aware Scale)는 건물, 사람, 동물 등과 같이 중요한 시각적 부분을 왜곡하지 않으면서 이미지 크기를 조정하는 기능으로, 시각적으로 중요하지 않은 배경 부분을 자연스럽게 늘릴 때 사용합니다.

✓ 'Content-Aware Scale'의 옵션바 살펴보기

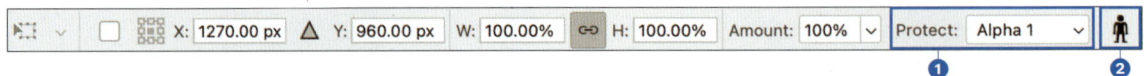

❶ **Protect**: 보전 기능, 알파 채널 또는 선택 영역을 불러옵니다. 특정 부분의 왜곡을 방지하려면 보호할 부분을 선택 영역으로 지정한 후 [Channels] 패널에서 새 알파 채널을 만들거나 [Select]-[Save Selection] 메뉴를 선택하여 선택 영역을 저장합니다. 'Protect'에서 알파 채널 또는 선택 영역을 불러오면 특정 부분은 보호되고 다른 부분의 크기만 변합니다.

❷ **Protect skin tones(🧍)**: 피부 톤 보호 기능으로, 피부 톤을 가진 사람을 인식해서 보존합니다. 하지만 보전 기능보다 세밀하지 않습니다.

간단 실습

07 | 알파 채널로 세로형 인물 사진을 왜곡 없이 가로형 사진으로 만들기

예제파일	fashion_start.jpg
완성파일	fashion_finish.jpg

❶ 'fashion_start.jpg'를 열고 [Layers] 패널에서 [Background] 레이어의 자물쇠 아이콘(🔒)을 클릭하여 ❷ 일반 레이어로 변경합니다.

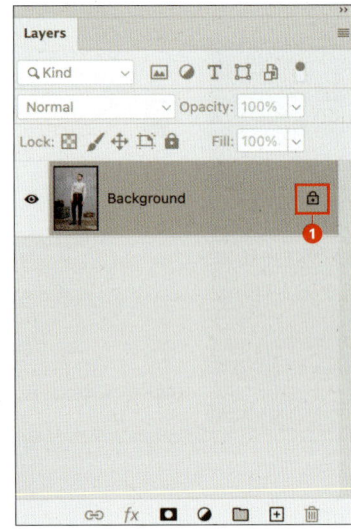
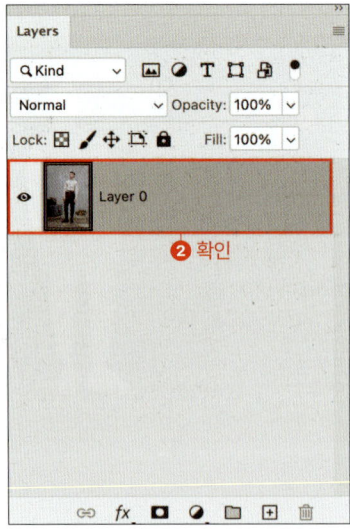

397

❸ [Tools] 패널에서 '자르기' 툴(🔲)을 선택하고 ❹~❺ 늘리려는 가로 방향으로 사각형을 드래그합니다. ❻ 늘어난 부분의 이미지가 투명하게 처리되면 Enter 를 눌러 고정한 후 ❼ '빠른 선택' 툴(🖌)로 ❽ 인물을 드래그하여 선택 영역으로 지정합니다.

> **Tip** 이미지 여백을 만들 때 유용한 '자르기' 툴(🔲)
>
> 세로형 사진을 가로형으로 만들거나 정사각형으로 만들 때 [Image]-[Canvas Size](Alt + Ctrl + D) 메뉴를 선택해도 되지만 [Tools] 패널의 '자르기' 툴(🔲)을 이용해도 좋습니다. 옵션 바에 있는 'Preset'에서 자르는 방법을 선택한 후 영역을 드래그하면 해당 크기대로 이미지를 늘리거나 자를 수 있습니다.

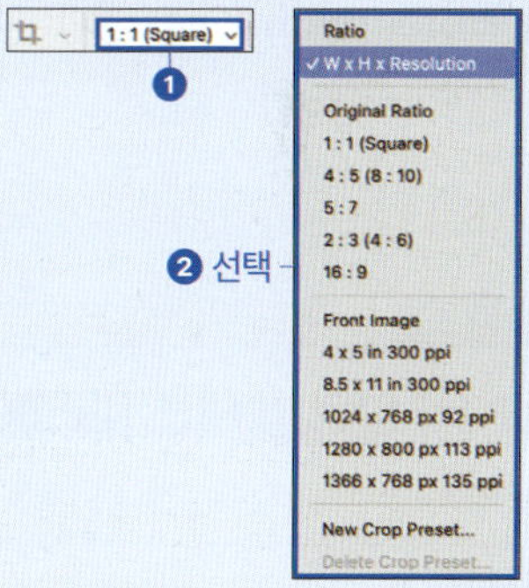

❾ [Channels] 패널에서 [새 채널 추가] 아이콘(🔲)을 클릭하여 ❿ [Alpha 1] 채널을 생성하고 Ctrl + D 를 눌러 선택 영역을 해제합니다. ⓫ [Alpha 1] 채널을 선택한 후 Ctrl + I 를 눌러 색상을 반전시키면 ⓬ 검은색 부분과 흰색 부분이 바뀝니다.

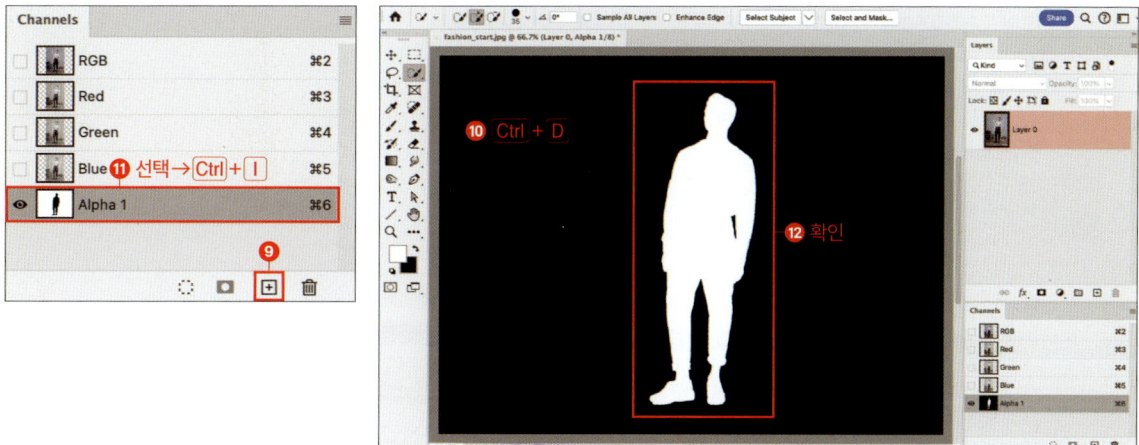

Tip▶ **알파 채널에서 흰색과 검은색의 역할**

흰색은 선택 영역으로 지정되어 보존되는 부분이고 검은색은 선택되지 않아 조정할 수 있는 부분입니다. 'Content-Aware Scale' 기능을 사용할 때 알파 채널을 불러오면 이미지의 보존 영역은 왜곡 없이 유지됩니다.

❸ [Layers] 패널에서 [Layer 0] 레이어를 선택하고 [Edit]-[Content-Aware Scale](Ctrl+Shift+Alt+C) 메뉴를 선택합니다. ❹ 위쪽의 옵션바에서 'Protect'를 'Alpha 1'으로 지정합니다.

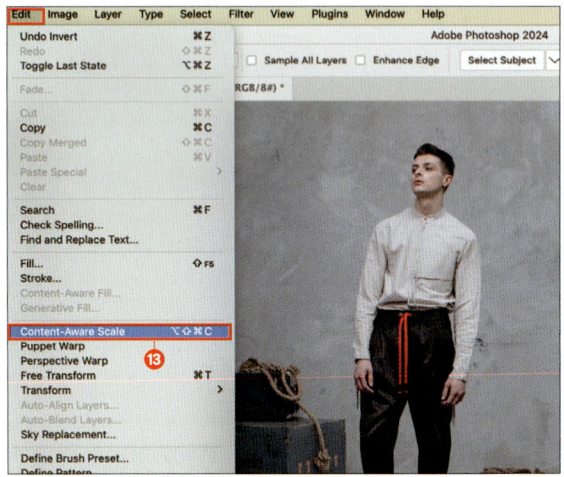 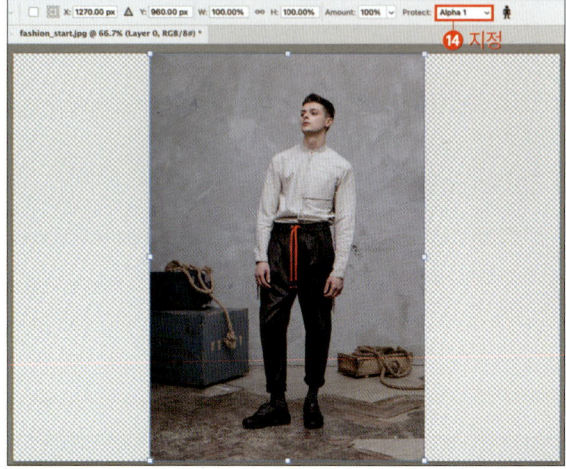

❺~❻ 사각형 영역을 캔버스의 확장된 부분까지 드래그합니다. 인물은 변형되지 않고 배경만 확장되면 Enter 를 눌러 고정합니다.

Tip ▶	**알파 채널을 이용해 보전 기능을 사용하는 이유**

알파 채널을 사용하면 왜곡되지 않아야 하는 부분을 보전할 수 있습니다. 인물 사진에서 알파 채널 없이 '내용 인식 비율(Content-Aware Scale)' 기능을 적용하면 왼쪽 다리와 어깨에 왜곡이 발생하지만, 알파 채널로 인물을 보호한 사진에서는 왜곡이 발생하지 않습니다.

▲ 알파 채널을 이용하지 않은 사진 – 인물 왜곡 발생   ▲ 알파 채널을 이용한 사진 – 인물 왜곡 보전

STEP 1 '내용 인식 비율 박스' 기능으로 인물 보호하고 배경만 늘리기

01 ❶ 'youtube_start.psd'를 열면 3개의 아트보드(프로필 아이콘, 영상 섬네일, 상단 배너)로 구성되어 있습니다. ❷ 'garden_1.jpg'를 '상단배너' 아트보드에 드래그한 후 Enter 를 눌러 고정합니다.

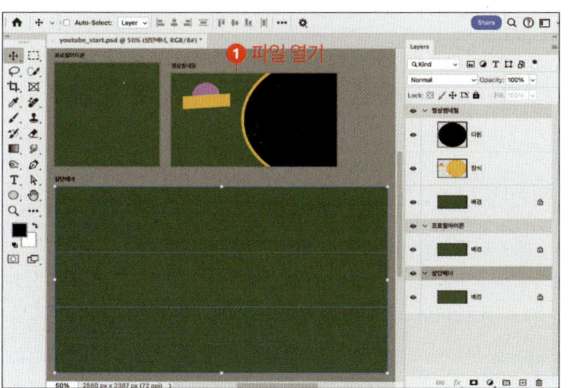 

❸ [Layres] 패널의 [garden_1] 스마트 오브젝트 레이어에서 마우스 오른쪽 버튼을 클릭하고 ❹ 바로 가기 메뉴에서 [Rasterize Layer]를 선택하여 ❺ 일반 레이어로 변경합니다.

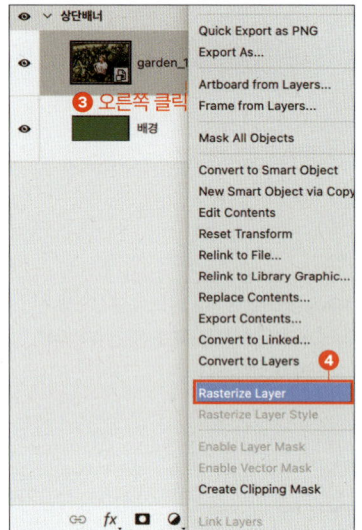
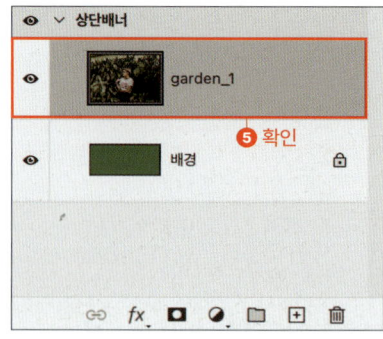

02 ❶ 사진 크기를 늘리기 전에 인물의 왜곡을 방지하기 위해 선택 영역으로 지정한 후 보호 영역으로 등록해 보겠습니다. [Tools] 패널의 '빠른 선택' 툴(🖌)로 인물을 드래그하여 선택 영역으로 지정하고 ❷ [Select]-[Save Selection] 메뉴를 선택합니다. ❸ [Save Selection] 창이 열리면 'Name'에 '인물'을 입력하고 ❹ [OK] 버튼을 클릭합니다.

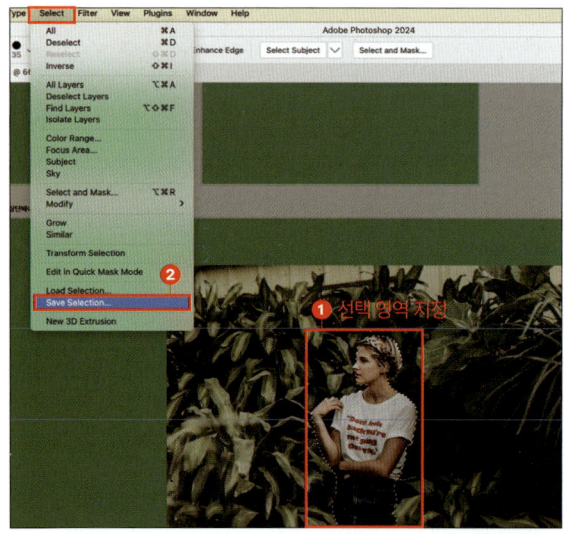
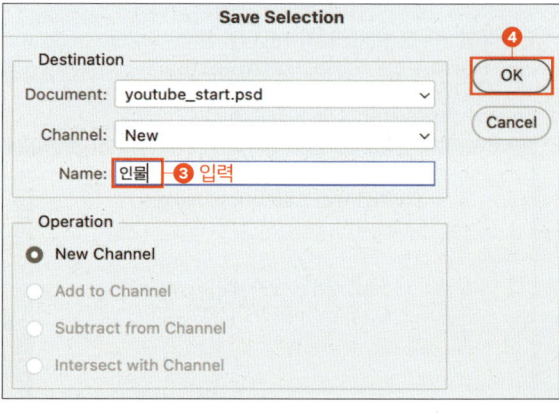

> **Tip** ▶ 선택 영역과 알파 채널을 이용해 보호할 영역 지정하기
>
> ❶ **알파 채널**: 알파 채널을 사용하여 보호 영역을 지정합니다. 알파 채널을 생성할 때 흰색으로 표시된 부분은 보호되고 검은색 부분이 조정됩니다.
>
> ❷ **선택 영역**: 선택 관련 툴을 이용해 보호할 영역을 선택 영역으로 지정합니다. 내용 인식 비율 박스로 이미지를 조절하기 전에 선택 영역으로 지정한 부분을 불러와서 보호할 수 있습니다.

Tip ▶ 유튜브 채널을 만들 때 반드시 고려해야 하는 디자인 요소

채널 위쪽의 배너와 채널 프로필(아이콘), 영상 섬네일을 통틀어서 '채널 아트'라고 합니다. 로고, 색상, 글꼴 등과 같은 브랜딩 요소를 계획하고 일관성 있게 사용해야 효과적인 채널 아이덴티티를 구축할 수 있습니다.

❶ 채널 상단 배너
- TV용 크기: 2,560×1440픽셀
- PC용 크기: 2,560×423픽셀
- 태블릿용 크기: 1,855×423픽셀
- 스마트폰용 크기: 1,546×423픽셀

텍스트 및 로고가 잘리지 않는 최소 크기는 1,235×338입니다. 배너는 다양한 스크린 크기에서 매력적으로 보여야 하므로 해상도와 선명도를 높이는 작업이 필요하고 최대 스크린 크기를 고려하는 게 좋습니다. 모든 기기에 최적화된 이미지가 표시되도록 2,560×1,440픽셀로 작업하는 것을 권장하고 PNG 파일로 저장합니다. 이미지에서 중요한 요소는 가로와 세로 중앙에 배치합니다.

❷ 채널 프로필(아이콘)
- 권장 크기: 800×800픽셀

유튜브 채널 아이콘은 검색 페이지, 채널 페이지, 검색된 영상의 제목 옆과 홈 피드에 나타나는데, 로고와 아이콘처럼 심플한 형태로 디자인하여 채널 인지도를 높여야 합니다. 그리고 아이콘에 채널 이름을 명확하게 표시하여 인식성을 높이는 것이 좋습니다. 어떤 크기로 작업해도 직경 800픽셀의 원으로 잘려나갑니다.

❸ 영상 섬네일
- 권장 크기: 1280×720픽셀

단순히 영상의 한 부분을 캡처해서 영상 섬네일 크기로 수정한 후 사용해도 되지만 눈길을 끌게 만들려면 섬네일 디자인에 공을 들여야 합니다. 영상 섬네일은 영상 클릭을 유도하는 강력한 도구이므로 영상 타이틀과 배경과의 강렬한 대비나 매력적인 사진과 일러스트레이션을 사용하여 시선을 집중시키는 것이 중요합니다.

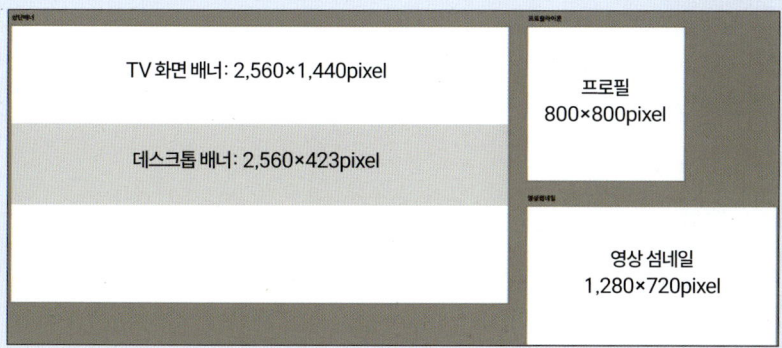

03 ❶ [Edit]-[Content-Aware Scale](Ctrl + Shift + Alt + C) 메뉴를 선택하여 내용 인식 비율 박스를 표시하고 ❷~
❸ 옵션바에서 'Protect'를 '인물'로 지정합니다. ❹~❺ 내용 인식 비율 박스를 아트보드의 왼쪽과 오른쪽 끝까지 드래그
하면 인물은 변형되지 않고 배경만 변형 되는데, Enter 를 눌러 고정합니다.

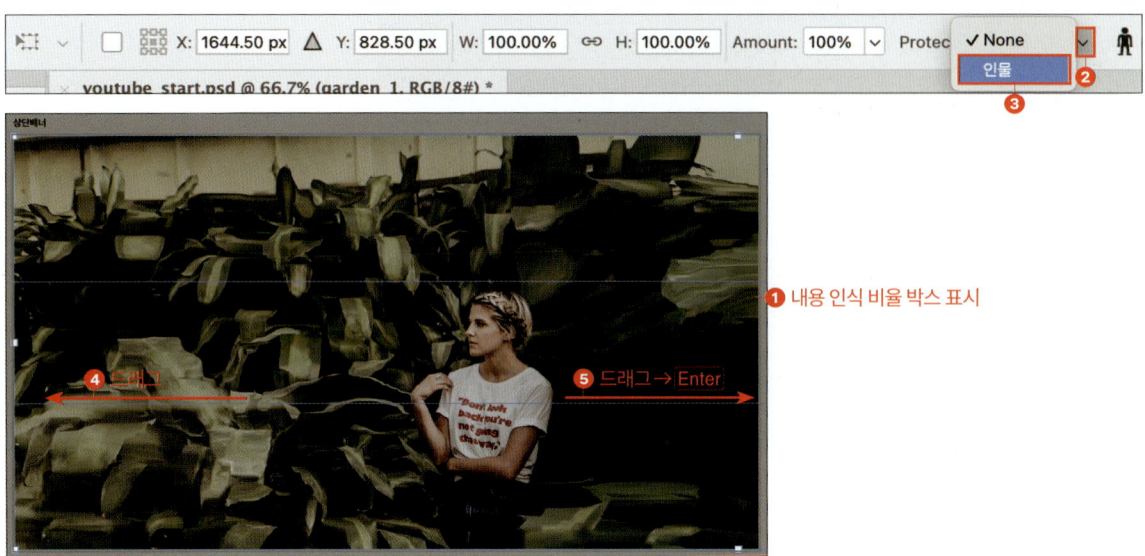

STEP 2 그레이디언트 레이어 마스크 씌우기

01 ❶ [Layers] 패널의 아래쪽에 있는 [마스크] 아이콘(▢)을 클릭하여 레이어 마스크를 씌웁니다. ❷ [Tools] 패널에
서 '그레이디언트' 툴(▢)을 선택하고 ❸ 옵션바에서 종류를 '원형'(▢)으로 선택한 후 ❹ 그레이디언트 유형의 목록 버
튼을 클릭하여 ❺ '기본 사항' 폴더에 있는 '전경색에서 투명으로' 그레이디언트를 선택합니다.

02 ❶ 중앙에서 바깥쪽으로 드래그하여 그레이디언트 마스크를 씌웁니다. ❷ 마스크 색상이 검은색에 가까워질수록 완벽하게 마스킹으로 처리되어 아래쪽에 있는 녹색 배경이 나타납니다.

03 ❶ [Tools] 패널에서 '문자' 툴(T)을 선택하고 [Character] 패널에서 글꼴은 'Zenon', 크기는 '90pt', 장평은 '95%', 색상은 '흰색'으로 지정한 후 ❷ 유튜브 채널 이름 'Blooming Garden'을 입력합니다.

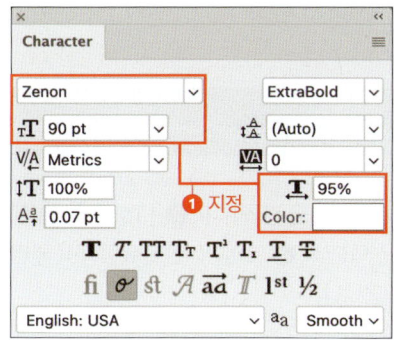 

04 ❶ [Tools] 패널에서 '셰이프' 툴( )을 선택하고 ❷ 옵션바에서 모드는 'Shape', 'Fill'은 '분홍색'으로 지정합니다. ❸ 'Shape'의 목록 버튼을 클릭하고 ❹~❼ 'Legacy Shapes and More'〉'All Legacy Default Shapes'〉'Legacy Default Shapes' 폴더의 'Flower 5'를 선택한 후 ❽ 'Blooming' 글자의 오른쪽에서 드래그하여 꽃 셰이프를 넣어줍니다.

Tip ▶	**이전 버전의 패스 모양 이용하기**
	[Shapes] 패널의 [더 보기] 버튼(≡)을 클릭하고 [Legacy Shapes and More]를 선택하면 포토샵 이전 버전에서 사용했던 모든 패스 모양을 불러올 수 있습니다.

05 ❶ [Layers] 패널에서 [Blooming Garden] 레이어를 선택하고 Ctrl+J를 눌러 복제합니다. ❷ 복제한 [Blooming Garden copy] 레이어를 '프로필아이콘' 아트보드로 드래그하여 이동하면 ❸ '프로필아이콘' 아트보드에 글자가 나타납니다.

405

❹ [Character] 패널에서 크기를 '110pt'로 키우고 ❺ 글자가 커졌는지 확인합니다.

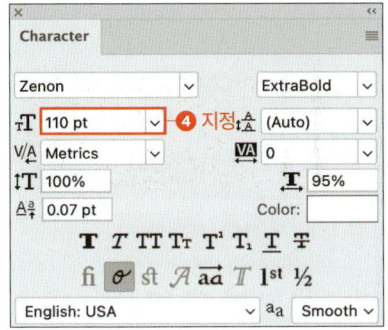
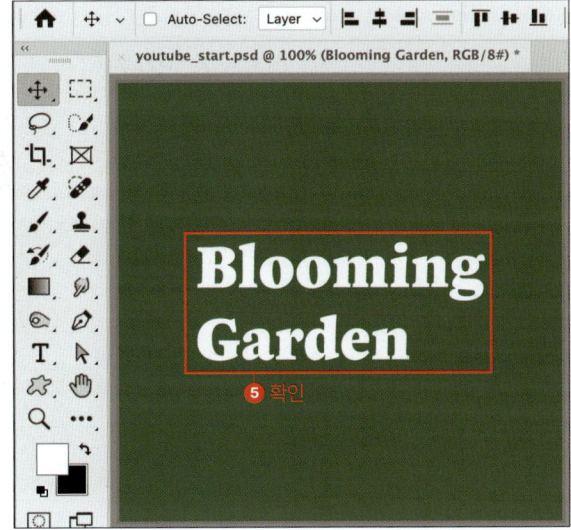

STEP 3 | 클리핑 마스크 씌우기

01 ❶ '영상썸네일' 아트보드에서 작업해 보겠습니다. [Character] 패널에서 글꼴은 'Rix종로삼거리_Pro', 크기는 '85pt', 장평은 '95%', 색상은 '흰색'으로 지정하고 ❷ 영상 제목 '홈가드닝 꼭 알아야할 5가지'를 입력합니다.

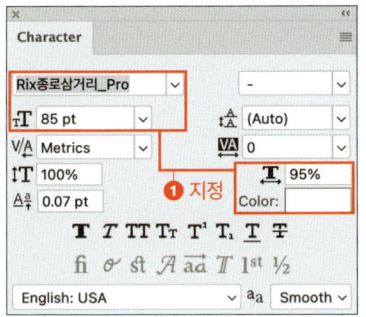

02 ❶ 영상 소제목을 노란색 박스 위에 넣어보겠습니다. [Character] 패널에서 글꼴은 '여기어때 잘난체 고딕', 크기는 '60pt', 장평은 '95%', 색상은 '검은색'으로 지정하고 ❷ '초보를 위한'과 '1부'를 입력합니다.

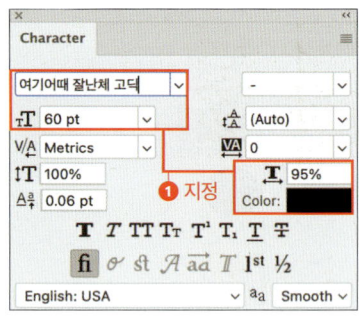

03 ❶ 'garden_2.jpg'를 '영상섬네일' 아트보드에 드래그한 후 Enter 를 눌러 고정합니다. ❷ [Layers] 패널에서 [garden_2] 스마트 오브젝트 레이어를 일반 레이어로 바꾸기 위해서 마우스 오른쪽 버튼을 클릭하고 ❸ 바로 가기 메뉴에서 [Rasterize Layer]를 선택합니다.

❹ Alt 를 누른 상태에서 [타원] 레이어와 [garden_2] 레이어 사이에 있는 경계선을 누르거나 [garden_2] 레이어에서 Alt + Ctrl + G 를 눌러 레이어 마스크를 씌웁니다.

❺ 사진이 타원 영역만큼 클리핑되어 나타납니다.

STEP 4 | '제거' 툴로 불필요한 인물 지우기

01 ① [Tools] 패널에서 '제거' 툴(🖌)을 선택하고 ② 옵션바에서 'Size'를 '20'으로 지정한 후 ③ 인물을 드래그합니다. ④ 드래그한 부분이 빨간색으로 표시되면서 인물이 있던 자리가 주변 배경으로 채워집니다.

02 ① 자연스러워질 때까지 같은 부분을 여러 번 드래그하여 마무리합니다.

❷ 유튜브 채널 아트(상단 배너, 프로필 아이콘, 영상 섬네일)를 완성했습니다.

❷ 확인

STEP 5 | 아트보드를 파일로 내보내기

01 ❶ 완성한 유튜브 채널 아트(상단 배너, 프로필 아이콘, 영상 섬네일)를 개별 파일로 내보내기 위해 [File]-[Export]-[Artboards to Files] 메뉴를 선택합니다.

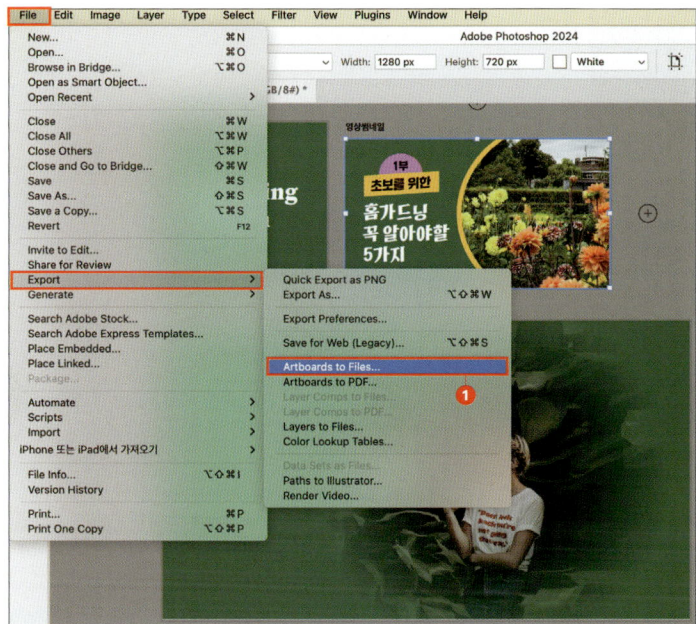

❷ [Artboards To Files] 창이 열리면 'File Name Prefix'에 'youtube _ '를 입력하고 ❸ [Run] 버튼을 클릭합니다.

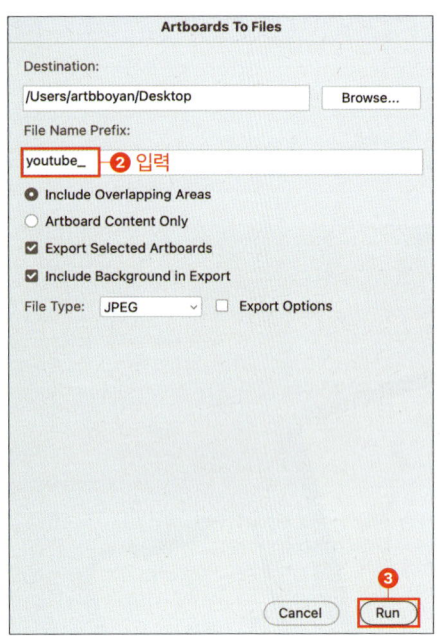

❹ JPEG 파일로 내보내기를 완료한 후 접두어로 입력한 'youtube _ '와 아트보드명이 합쳐진 형태로 파일 이름이 생성되었는지 확인합니다.

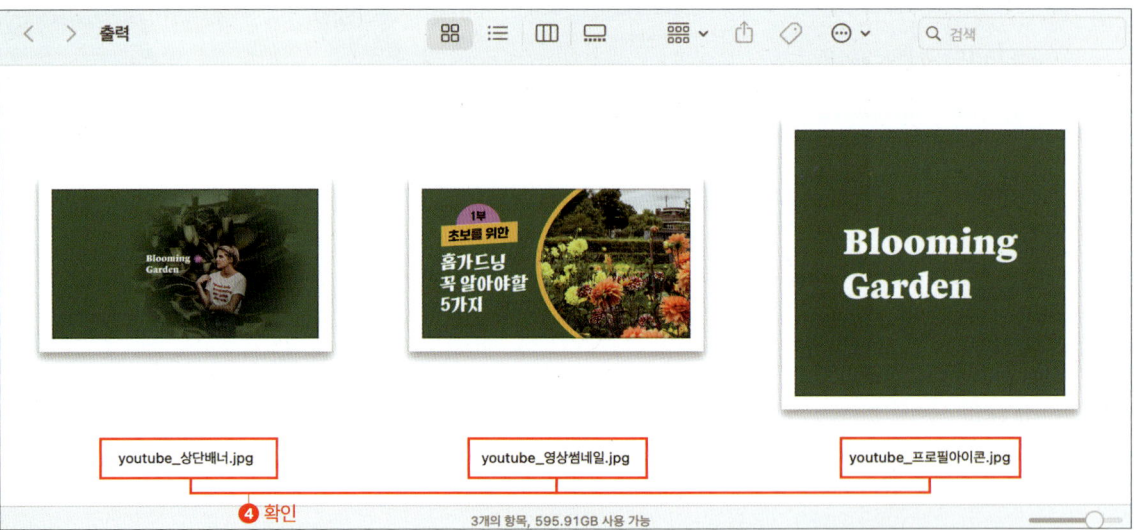

QR 코드가 들어간 화장품 온라인 전단지

예제파일	cosmetic_start.psd, malemodel_start.jpg
소스파일	qr.png
완성파일	malemodel_finish.jpg, cosmetic_finish.jpg

웹&모바일

SNS · SNS Event Page · Thumbnail · Advertise · GIF Poster

Point skill 선택 영역 변형하기(Modify, Color Range, Focus Area, Transform Selection, Similar), Neural 필터

How to 온라인 전단지는 웹과 모바일에서 비즈니스와 이벤트 홍보에 핵심적인 역할을 합니다. 전단지에 쿠폰 링크 및 QR 코드를 삽입하면 더 많은 정보가 있는 사이트로 연결할 수 있습니다. 이번에는 상황별 작업 표시줄(Contextual Task Bar)의 프롬프트(명령어)를 이용해서 모델 이미지를 부분적으로 수정하고 쿠폰과 다운로드 AI 이미지를 생성해 보겠습니다. 포토샵의 Neural 필터를 이용하면 인물 피부를 매끄럽게 보정하고 표정을 손쉽게 바꿀 수 있습니다. 인물을 보정한 후 선택 영역을 지정해 확장 및 축소하는 방법도 연습하면서 최종적으로 서비스에 대한 중요한 정보와 혜택을 입력해 결과물을 완성해 보겠습니다.

Step AI 생성형 이미지 – 프롬프트 창에서 인물 옷 생성하기 ➡ 피부를 매끄럽게 보정하고 찡그린 표정으로 바꾸기 ➡ 선택 영역 확장 및 축소해 원형 프레임 만들기 ➡ AI 생성형 이미지 – 화장품, 나뭇잎, 쿠폰, 다운로드 아이콘 생성하기 ➡ QR 코드 만들어 삽입하기

여백을 통해 디자인 정보 강조하고 정리하기

▶ **적절한 여백을 지정하면 가독성을 높이고 시각적 혼란을 줄일 수 있습니다.**

① **지면의 인상을 좌우하는 여백의 크기**: 넓은 여백은 디자인에 고급스러움과 차분한 분위기를 더해줍니다. 반대로 여백이 적으면 디자인이 더 활기차고 역동적인 인상을 줍니다.

② **정보 나누기**: 디자인에서 많은 정보를 효과적으로 전달하려면 관련 있는 요소들을 하나의 단위로 묶어야 합니다. 이것을 '그룹'이라고 부르는데, 그룹 사이에 적절한 여백을 두면 정보가 명확하게 구분되어 사용자가 필요한 정보를 쉽게 찾을 수 있습니다.

③ **텍스트 주위에 여백 주기**: 텍스트 주변에 충분한 공간을 주어 다른 요소와 겹치지 않도록 합니다. 적절하게 여백이 있으면 정보가 서로 독립적으로 보여서 가독성이 크게 향상됩니다.

디자인 작업 Point

» **로고 배치와 유채색을 사용한 남성용 배색**

사용자가 전단지를 볼 때 가장 먼저 브랜드를 인식할 수 있도록 왼쪽 위에 'sallybeauty' 로고를 배치했습니다. 그리고 컬러 팔레트로 밝은 노란색과 흰색을 사용해 브랜드의 상쾌하고 활기찬 이미지를 전달했습니다. 배경에는 연두색 유채색을 사용했지만, 모델 사진은 무채색 톤으로 처리하여 남성적인 이미지를 강조했습니다.

» **섹션 간의 여백과 강조된 텍스트**

브랜드 로고, 제품 이미지, 설명 텍스트, 할인 쿠폰 등 섹션 간 여백을 충분히 주어 정보를 명확하게 구분했습니다. 모델 얼굴 옆에 'No.1 Bestseller'와 '톤업크림'이라는 문구를 추가해 제품의 특징과 가치를 빠르게 이해할 수 있게 했고 밑줄, 테두리, 기울이기 등의 시각적 효과를 넣어 텍스트를 강조했습니다.

» **정보를 계층적으로 배치**

위쪽에는 브랜드 로고와 주요 제품 정보를, 아래쪽에는 할인 쿠폰과 매거진 QR코드를 배치하여 구매 유도와 브랜드에 대해 더 알 수 있는 기회를 제공했습니다. 텍스트 옆에 밑줄과 꼬리 그래픽 요소를 넣어 정보를 보강하고 시각적 흥미를 더했습니다.

핵심 기능

01 선택 영역 변형하기

✓ Modify – 선택 영역 수정하기

선택 영역을 지정한 후 [Select]-[Modify] 메뉴에서 원하는 명령을 실행하고 선택 영역의 형태와 경계를 수정할 수 있습니다.

❶ **Border** : 기존 선택 영역을 기준으로 테두리 형태의 선택 영역을 만듭니다.
❷ **Smooth** : 선택 영역의 가장자리를 둥글게 만듭니다.
❸ **Expand** : 선택 영역을 바깥쪽으로 확장합니다.
❹ **Contract** : 선택 영역을 안쪽으로 축소합니다.
❺ **Feather**([Shift]+[F6]) : 선택 영역의 경계를 흐리게 만들어 자연스럽게 블렌딩합니다.

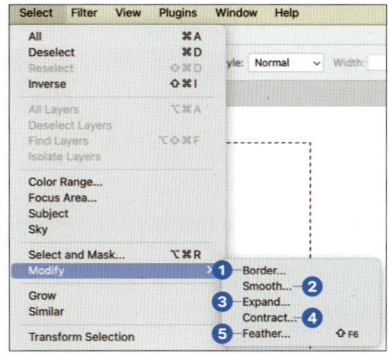

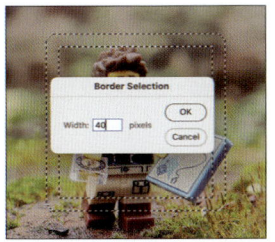

▲ Border

▲ Smooth

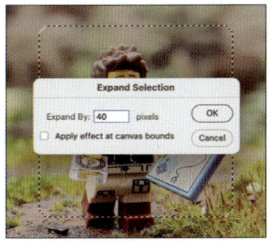

▲ Expand

▲ Contract

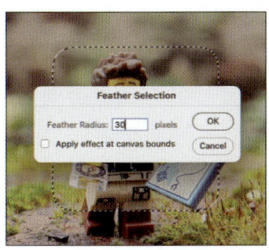
▲ Feather

✓ Color Range – 색 범위에 따라 선택 영역 지정하기

'range.jpg'를 열고 [Select]-[Color Range] 메뉴를 선택하여 [Color Range] 창을 열고 '스포이트' 툴(🖋)로 원하는 색상을 클릭합니다. 색상을 기준으로 'Fuzziness'에서 색상 범위를 늘리거나 줄여 선택 영역을 지정합니다.

❶ **Select**: 이미지에서 원하는 색상을 클릭하면 기준색이 됩니다.
❷ **Fuziness**: 색상 범위를 설정하는 옵션으로, 색상 범위는 값이 작으면 더 좁게, 값이 크면 더 넓게 선택됩니다.

▲ Fuziness: 20

▲ Fuziness: 50

▲ Fuziness: 120

❸ 스포이트 툴 (🖋, 🖋, 🖋)
ⓐ **기본 스포이트 툴**(🖋): 단일 색상을 샘플링합니다.
ⓑ **'추가 스포이트' 툴**(🖋): 여러 색상을 선택할 수 있습니다. 기본 스포이트 툴에서 Shift 를 누르면 '추가 스포이트' 툴로 바뀝니다.
ⓒ **'제거 스포이트' 툴**(🖋): 선택한 색상을 제거할 수 있습니다. 기본 스포이트 툴에서 Alt 를 누르면 '제거 스포이트' 툴로 바뀝니다.
❹ **Selection**: 이미지에서 샘플링 색상을 적용하여 만들어지는 선택 영역을 미리 볼 수 있습니다. 흰색은 선택 영역으로 지정된 픽셀이고, 검은색은 선택되지 않은 픽셀이며, 회색은 부분 선택된 픽셀입니다.
❺ **Image**: 이미지 전체를 미리 볼 수 있습니다.

[Color Range 활용 팁: 배경색 교체]

❶ [Color Range] 창에서 '스포이트' 툴(🖋)로 사진 속 배경 색을 선택 영역으로 지정하고 'Fuziness' 값을 '80'으로 지정한 후 ❷ [OK] 버튼을 클릭합니다. ❸~❹ Ctrl + U 를 눌러 [Hue/Saturation] 창을 열고 'Hue'의 슬라이드바를 조절하여 ❺ 주황색 배경색을 파란색 배경색으로 바꿉니다.

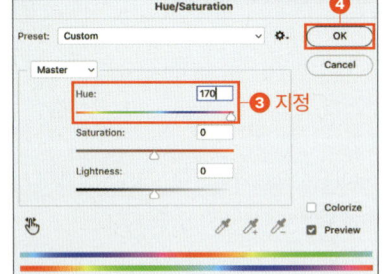

[Color Range 활용 팁 : 인물 피부 명암 조정]

❶ [Color Range] 창에서 '스포이트' 툴()로 사진 속 인물의 피부를 선택 영역으로 지정하고 'Fuziness' 값을 '110'으로 지정한 후 ❷ [OK] 버튼을 클릭합니다. ❸~❹ Ctrl+L 을 눌러 [Levels] 창을 열고 'Highlight'와 'Shadow' 슬라이드바를 가운데로 이동하여 명암 대비값을 높이면 ❺ 밝고 어두운 부분의 대비값이 커집니다.

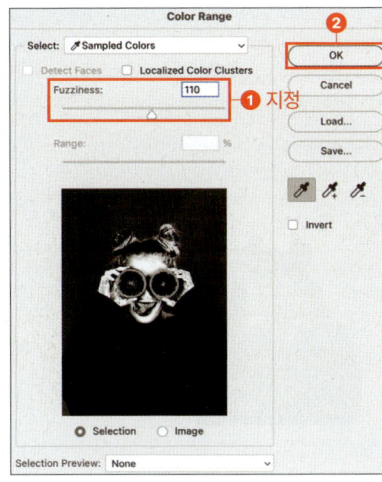
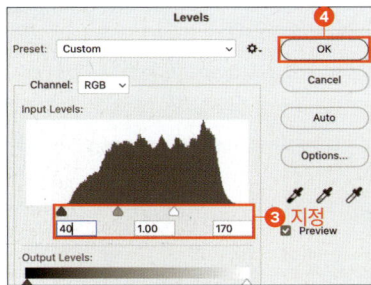

✓ Focus Area – 초점에 따라 선택 영역 지정하기

'birdtoy.jpg'를 열고 [Select]-[Focus Area] 메뉴를 선택합니다. 'Focus Area'는 이미지에서 초점이 맞은 영역을 자동으로 선택해 주는 기능으로, 초점이 맞은 영역과 흐릿한 배경이 있는 사진에서 피사체를 빠르게 선택할 때 유용합니다.

❶ **View Mode**: 보기 옵션을 지정합니다.
❷ **Parameters**: 'In-Focus Range'의 슬라이드바를 조절해 초점이 맞는 범위를 넓히거나 좁힙니다.

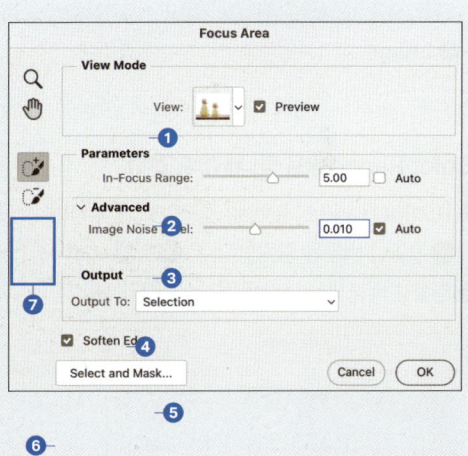

▲ In-Focus Range: 3   ▲ In-Focus Range: 5

❸ **Advanced**: 노이즈를 제거합니다.
❹ **Output**: 출력 옵션을 선택합니다.
  ⓐ **Layer Mask[레이어 마스크]**: 선택 영역이 원본 위에 레이어 마스크로 생성됩니다.
  ⓑ **New Layer[새 레이어]**: 선택 영역이 원본 위에 새 레이어로 생성됩니다.
  ⓒ **New Layer with Layer Mask[레이어 마스크가 있는 새 레이어]**: 선택 영역이 레이어 마스크가 있는 새 레이어로 생성됩니다.
  ⓓ **New Document[새 문서]**: 선택 영역이 새 문서(새 탭)로 생성됩니다.
  ⓔ **New Document Layer Mask[레이어 마스크가 있는 새 문서]**: 선택 영역이 마스크가 설정된 상태로 새 탭에 생성됩니다.

❺ **Soften Edge**: 선택 영역의 가장자리를 부드럽게 만듭니다.
❻ **Select and Mask**: [Select and Mask] 창을 엽니다.
❼ **브러시 컨트롤**: 선택 영역을 '추가 브러시' 툴( )로 더하거나 '제거 브러시' 툴( )로 제거합니다.

[Color Range 활용 팁: 누끼컷을 만든 후 새 배경색 입히기]

❶ [Focus Area] 창에서 인포커스 범위인 'In-Focus Range'는 '5.0', 'Output'의 'Output To'는 'New Layer'로 지정하고 ❷ [OK] 버튼을 클릭합니다. ❸ [Layers] 패널에 [Background copy] 레이어가 새로 만들어지면서 ❹ 초점이 맞지 않은 배경 영역이 제거되고 원목 장난감과 테이블만 남습니다.

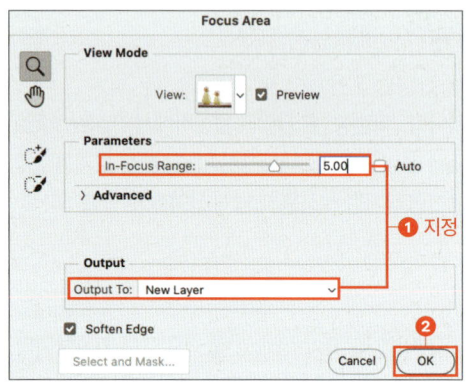

❺ 누끼컷이 있는 [Background copy] 레이어의 아래쪽에 새 레이어를 만들고 ❻ 검은색 배경을 입힌 후 ❼ 글자를 입력해 이미지를 완성합니다.

✓ Transform Selection - 선택 영역 크기 조절, 회전, 이동하기

선택 영역을 지정하고 [Select]-[Transform Selection] 메뉴를 선택합니다. 자유 변형 박스가 활성화되면 모서리 조절점을 움직여서 선택 영역을 자유롭게 조정한 후 Enter 를 눌러 고정합니다. 이 기능은 선택 영역 자체를 변형하는 것으로, 선택한 이미지의 크기를 변형하는 것이 아닙니다.

▲ 선택 영역 크기 조절

▲ 선택 영역 회전

▲ 선택 영역 이동

✓ Similar - 비슷한 색상을 선택 영역으로 지정하기

'Similar'는 선택 영역과 비슷한 색상 영역을 선택 영역으로 지정해 주는 기능입니다. '마술봉' 툴( )의 옵션바에서 'Tolerance' 기능을 설정한 후 '마술봉' 툴( )로 선택 영역을 지정하고 [Select]-[Similar] 메뉴를 선택합니다. 이 기능은 허용 오차를 설정하는 'Tolerance' 기능이 'Similar' 기능에도 적용되는데, 'Tolerance' 값이 크면 유사한 색상을 더 넓게 선택할 수 있습니다.

[Similar 활용 팁: 특정 색상만 선택해 색상 변경하기]

❶ 'Salty.jpg'를 열고 [Tools] 패널에서 '마술봉' 툴( )을 선택한 후 ❷ 옵션바에서 'Tolerance'를 '40'으로 지정합니다. ❸ 사진 속에 있는 노란색 'S'를 클릭하여 선택 영역으로 지정하고 ❹ [Select]-[Similar] 메뉴를 선택하여 바닥에 있는 노란색 알파벳을 모두 선택 영역으로 지정합니다.

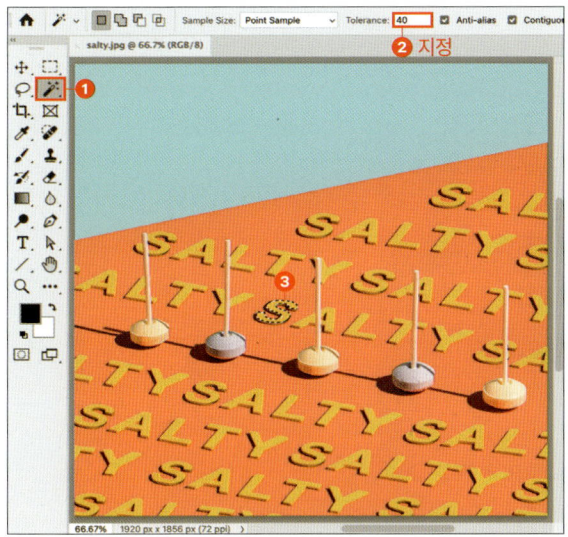
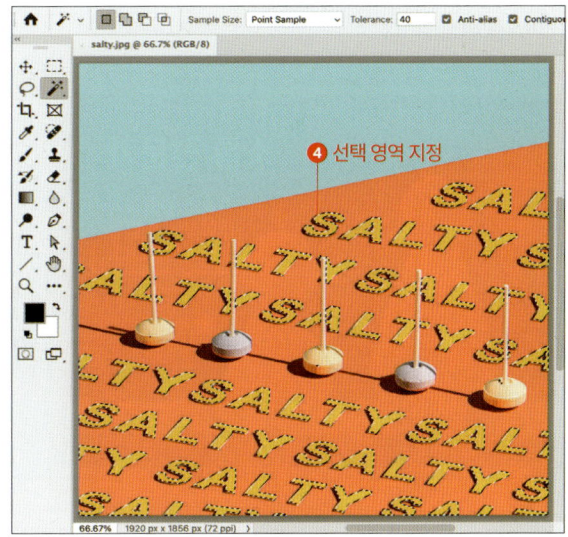

❺ Ctrl + U 를 눌러 [Hue/Saturation] 창을 열고 'Hue'의 슬라이드바를 조절하여 색상을 변경한 후 ❻ [OK] 버튼을 클릭하면 ❼ 노란색 알파벳이 모두 파란색으로 바뀝니다.

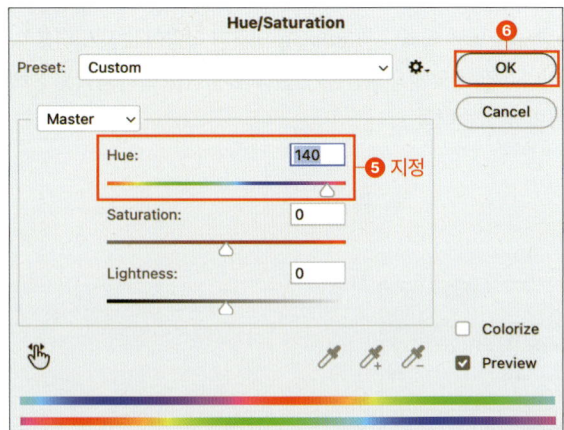
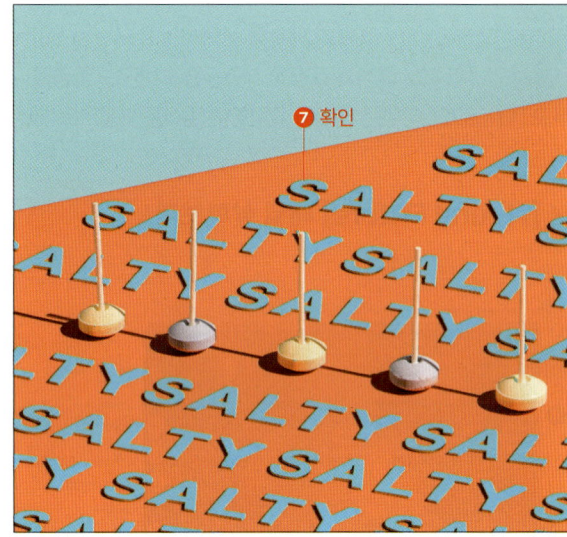

Tip ▶ **[Select]-[Grow] 메뉴는 유사한 인접 픽셀까지 선택 영역을 확장해 주는 기능**

Grow는 현재 선택한 영역의 경계에서 유사한 색상의 인접 픽셀을 추가로 선택하여 선택 영역을 확장하는 기능입니다. 그리고 단색 배경이 있는 이미지에서 배경의 일부를 선택한 후 Grow 기능을 사용하면 배경 전체를 선택할 수 있습니다.

▲ '사각 선택' 툴(▭)로 배경의 일부를 선택한 경우   ▲ 'Grow' 기능으로 전체 배경을 선택한 경우

02 | 인물과 풍경을 자연스럽게 변형하는 [Neural Filters] 패널

[Filter]-[Neural Filters] 메뉴를 선택하여 [Neural Filters] 패널을 열면 딥러닝 알고리즘을 이용한 다양한 보정 필터를 이용해서 인물의 피부 결점과 표정을 자연스럽게 바꾸고 풍경을 시간이나 계절에 맞게 연출할 수 있습니다. 원하는 필터 항목을 선택하고 [다운로드] 아이콘(⬇)을 클릭하여 필터를 다운로드해서 사용할 수 있습니다.

✓ [Neural Filters] 패널 살펴보기

❶ **'영역 추가' 툴**(🗐): 필터가 적용되는 영역을 추가할 수 있습니다.

❷ **'영역 제거' 툴**(🗐): 필터가 적용되는 영역을 제거할 수 있습니다.

❸ **'손바닥' 툴**(✋): 드래그하는 방식으로 미리 보기 화면을 이동할 수 있습니다.

❹ **'돋보기' 툴**(🔍): 미리 보기 화면에서 이미지를 확대하고 축소할 수 있습니다.

❺ **미리 보기 화면**: 안티에일리어싱의 종류를 선택하고 선택한 문자의 외곽선 형태를 지정할 수 있습니다.

❻ **변형 영역**: 인물의 얼굴을 인식한 경우 변형 영역이 표시됩니다.

❼ **All filters**: 뉴럴 필터의 종류를 선택할 수 있습니다.

ⓐ **Skin Smoothing**
결점과 여드름을 제거해 피부를 매끄럽게 만듭니다.

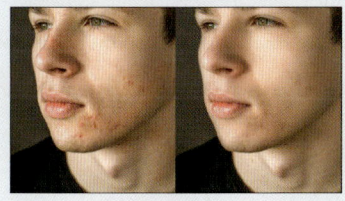

ⓑ **Smart Portrait**
표정, 얼굴 나이, 조명, 포즈, 머리카락 등을 생성하여 인상을 다르게 만듭니다.

ⓒ **Makeup Transfer**
샘플 이미지에서 다른 이미지로 눈과 입 부분에 비슷한 메이크업을 적용합니다.

ⓓ **Landscape Mixer**
시간과 계절을 설정하여 풍경을 변환합니다.

ⓔ **Style Transfer**
특정 예술 스타일을 적용하여 그림 효과를 만듭니다.

ⓕ **Harmonization**
한 레이어의 색상과 명암 대비값을 다른 레이어에도 비슷하게 적용합니다.

ⓖ **Color Transfer**
사전에 설정된 광도, 색상 강도, 채도, 색상, 밝기 등을 적용합니다.

ⓗ **Colorize**
흑백 사진에 자동으로 색을 입혀 컬러 사진으로 변환합니다.

ⓘ **Super Zoom**
이미지의 특정 부분을 확대하여 디테일을 유지하면서 이미지를 확대합니다.

ⓙ **Depth Blur**
이미지에 환경 깊이를 만듭니다.

ⓚ **JPEG Artifacts Removal**
압축된 JPEG 이미지에서 발생하는 아티팩트를 제거하여 품질을 개선합니다.

ⓛ **Photo Restoration**
스크래치를 제거하여 오래된 사진을 빠르게 복원합니다.

❽ **필터 활성화**( ) : 필터를 활성화하면 회색 버튼이 파란색 버튼으로 표시됩니다.
❾ **옵션 표시** : 필터 종류를 선택하면 필터에 맞는 옵션을 제공합니다.
❿ **다운로드**( ) : 선택한 필터를 다운로드하고 다운로드한 필터를 활성화하여 사용할 수 있습니다.
⓫ **원본 표시**( ) : 필터 효과를 적용하기 전의 원본 상태를 표시합니다. 한 번 더 클릭하면 옵션이 적용된 상태를 표시합니다.
⓬ **레이어 미리 보기**( ) : 모든 레이어나 선택한 레이어를 미리 볼 수 있습니다.
⓭ **Output** : 어떤 방식으로 내보낼지 출력 방법을 선택합니다.

03 | 피부 보정과 표정을 한 번에 변경하기

예제파일	manface_start.jpg
완성파일	manface_finish.jpg

[피부 보정하기]

❶ 'manface_start.jpg'를 열고 [Filter]-[Neural Filters] 메뉴를 선택합니다. ❷ [Neural Filters] 패널이 열리면 빠르게 피부를 보정하기 위해 'Skin Smoothing'을 활성화(●)합니다. ❸ 인물의 피부를 보정할 수 있는 옵션이 표시되면 'Blur'는 '100', 'Smoothness'는 '+50'으로 지정하고 ❹ [OK] 버튼을 클릭하여 ❺ 인물의 피부를 매끄럽게 처리합니다.

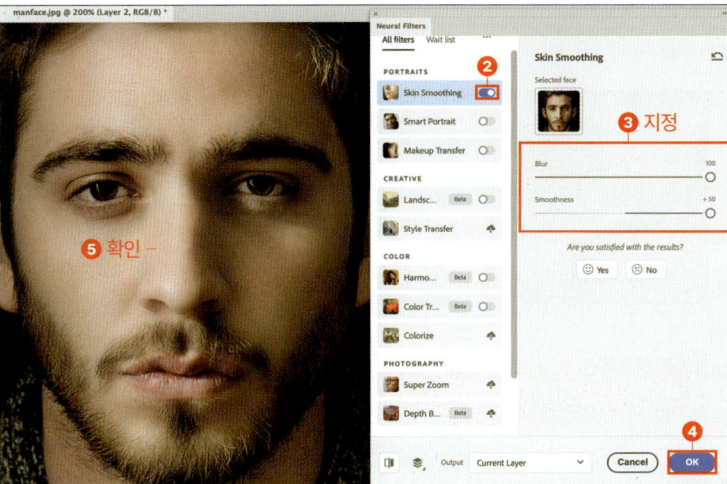

[표정 변화시키기]

❶ 빠르게 피부를 보정하기 위해 'Smart Portrait'를 활성화(●)하고 ❷ 미소 짓는 표정을 만들기 위해 'Featured'에서 'Be Happy!'를 '+40'으로 지정합니다. ❸ AI 기능이 가상의 인공 치아까지 만들어낸 것을 확인할 수 있습니다.

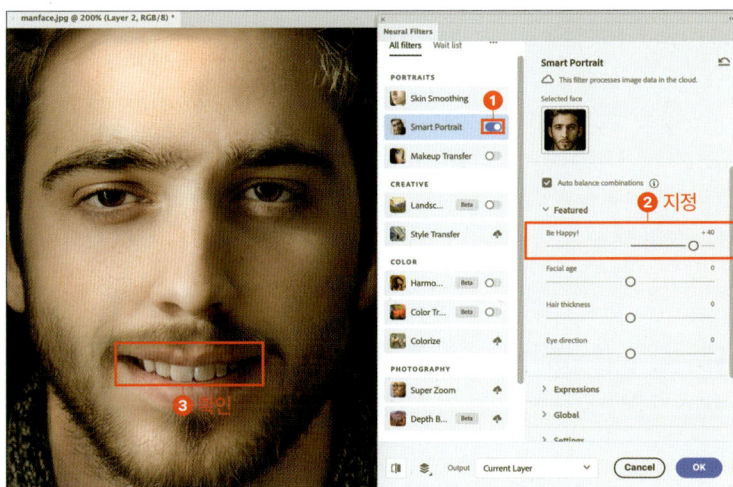

❹ 눈동자의 위치를 변경하기 위해 'Eye direction'을 '-50'으로 지정하여 눈동자 방향을 왼쪽으로 이동한 후 [OK] 버튼을 클릭하면 ❺ 웃는 표정은 유지하되 치아가 보이지 않는 얼굴로 바뀝니다. 일부분만 보정되면 부자연스러우므로 마치 신경이 연결되어 있듯이 자연스럽게 보정된 것입니다.

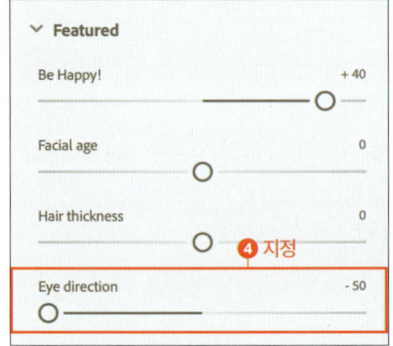

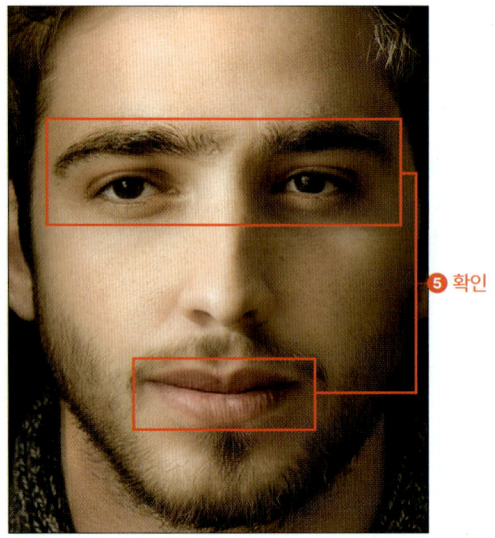

Tip ▶ 'Smart Portrait' 필터의 'Facial age' 옵션을 조정해 나이별 얼굴 만들기

▲ Facial age: -50   ▲ Facial age: 25   ▲ Facial age: 50

04 가을 분위기로 변경한 사진을 명화 작품처럼 만들기

예제파일	landscape_start.jpg
완성파일	landscape_finish.jpg

[가을 분위기 연출하기]

❶ 'landscape_start.jpg'를 열고 [Filter]-[Neural Filters] 메뉴를 선택합니다.

❷ [Neural Filters] 패널이 열리면 풍경을 보정하기 위해 'Landscape Mixer'를 활성화(⬤)합니다. ❸ 시간과 계절을 연출할 수 있는 옵션이 표시되면 가을 분위기를 만들어내는 'Autumn'을 '100'으로 지정하여 ❹ 나무와 풀 색상을 주황색으로 바꿉니다.

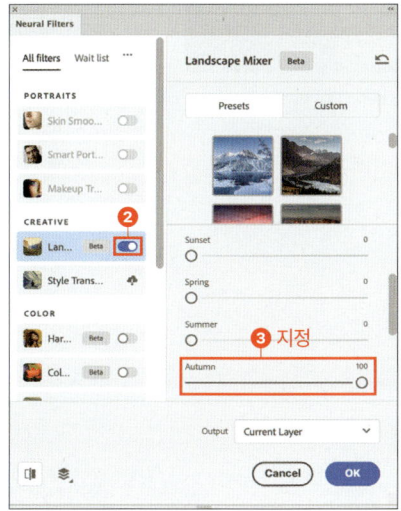 

424

❺ 'Sunset'을 '80'으로 지정하여 ❻ 노을진 일몰 풍경을 연출합니다.

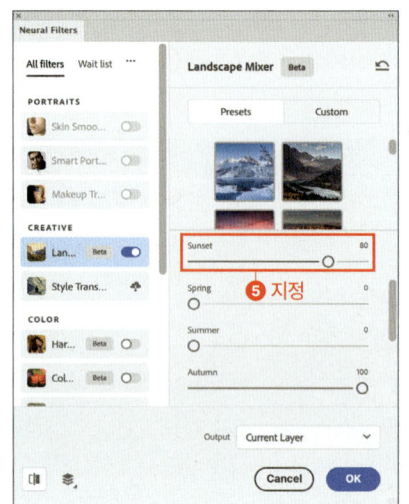

> **Tip ▶ 'Neural Filters'의 다운로드 용량이 큰 이유**
>
> 'Neural Filters'는 고도화된 딥러닝 모델을 사용하고, 고해상도 이미지 처리를 지원하며, 다양한 기능과 설정을 포함하므로 큰 용량을 차지합니다. 각 필터는 별도의 인공지능 모델로 구현되며 최신 기술과 알고리즘을 지속적으로 업데이트하는데, 이러한 요소들이 누적되어 다운로드 용량이 커집니다. 'Neural Filters'는 다운로드한 후 필터를 활성화하여 사용할 수 있습니다.
>
>

[고흐 스타일의 명화 작품 만들기]

❶ 명화 효과를 만들기 위해 [Neural Filters] 패널에서 'Style Transfer'를 활성화(🔘)하고 ❷ 고흐의 스타일을 연출하기 위해 'Presets'의 'Artist styles'에서 다음 화면과 같은 섬네일을 선택하면 ❸ 사진이 고흐 특유의 붓 터치가 느껴지는 그림으로 변합니다.

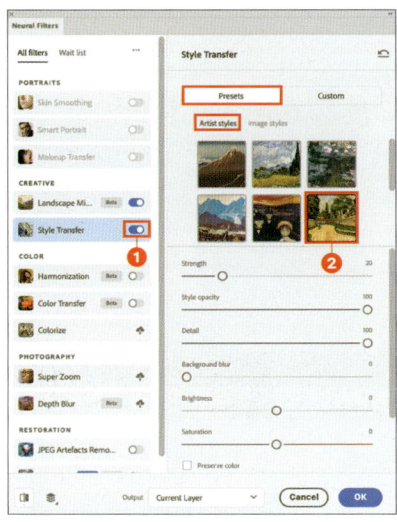

❹ 붓 터치와 질감을 조정하기 위해 'Strength'는 '10', 'Style opacity'는 '60', 'Detail'은 '60'으로 지정하고 ❺ 'Preserve color'에 체크 표시한 후 ❻ [OK] 버튼을 클릭해 ❼ 고흐 스타일의 명화 작품을 완성합니다.

Tip ▶ 'Style Transfer' 필터에서 'Preserve color'에 체크 표시해 원본 색상 유지하기

▲ 모네 스타일을 적용한 원본 색상   ▲ 'Preserve color'에 체크 표시한 경우 – 원본 색상 유지   ▲ 'Preserve color'에 체크 표시하지 않은 경우 – 스타일 색상 유지

STEP 1 | AI 생성형 이미지 – 프롬프트 창에서 인물 옷 생성하기

01 ❶ 'malemodel_start.jpg'를 열고 ❷ [Tools] 패널의 '사각 선택' 툴(▭)로 인물의 목 부분까지 드래그하여 선택 영역을 지정합니다. ❸ [Window]-[Contextual Task Bar] 메뉴를 선택하여 상황별 작업 표시줄(Contextual Task Bar)을 표시하고 [Generative Fill] 버튼을 클릭합니다. ❹ 프롬프트 창이 열리면 '로션 들고 티셔츠 입기'를 입력하고 ❺ [Generatite] 버튼을 클릭합니다.

02 ❶ 선택 영역 안에 로션을 들고 티셔츠를 입고 있는 이미지가 생성되면 새로운 이미지로 변경하기 위해 [Properties] 패널에서 [Generate] 버튼을 클릭합니다. ❷ [Generate] 버튼을 클릭할 때마다 3장씩 이미지가 추가 생성되므로 마음에 드는 이미지를 선택해서 ❸ 변경합니다.

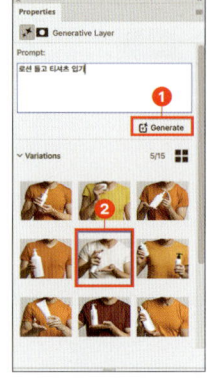

03 ❶ [Layers] 패널에서 Ctrl 을 누른 채 [Background] 레이어와 ❷ [로션 들고 티셔츠 입기] 레이어를 차례대로 클릭하여 동시에 선택하고 Ctrl + E 를 눌러 ❸ 레이어를 합칩니다.

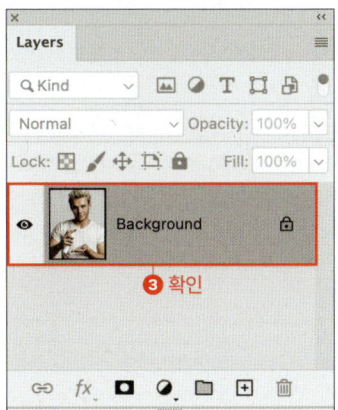

STEP 2 피부를 매끄럽게 보정하고 찡그린 표정으로 바꾸기

01 ❶ [Filter]-[Neural Filters] 메뉴를 선택하여 [Neural Filters] 패널을 열고 빠르게 피부를 보정하기 위해 'Skin Smoothing'을 활성화( )합니다. ❷ 'Blur'는 '100', 'Smoothness'는 '+50'으로 지정하고 ❸ [OK] 버튼을 클릭하면 ❹ 인물의 피부가 매끄러워집니다.

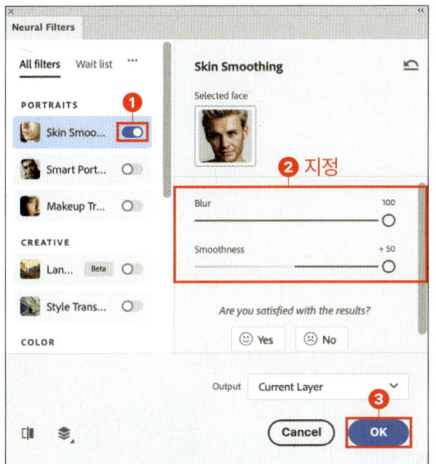

02 ① 이번에는 눈동자의 위치와 표정을 변경하기 위해 [Neural Filters] 패널에서 'Smart Portrait'를 활성화(🔘)하고 ② 눈동자의 방향을 변경하기 위해 'Featured'의 'Eye direction'을 '+20'으로 지정합니다. ③ 찡그리는 표정을 만들기 위해 'Expressions'의 'Anger'를 '+15'로 지정하고 ④ [OK] 버튼을 클릭합니다.

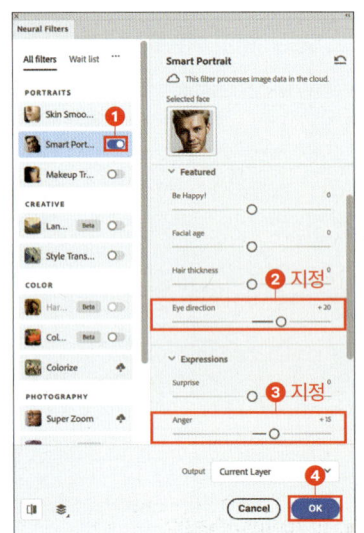

Tip ▶ 피부 보정에 탁월! 뉴럴 필터 'Skin Smoothing' 기능

Surface Blur 필터는 인물의 경계선이 뭉개지지만, [Neural Filters] 패널에서 'Skin Smoothing' 기능을 이용하면 자동으로 눈, 입술, 머리카락 등의 경계선을 인식해 피부의 잡티, 주름, 여드름 자국 등을 효과적으로 제거하여 피부만 매끄럽게 보정할 수 있습니다.

▲ 원본 이미지　▲ Surface Blur 필터로 보정한 이미지　▲ [Neural Filters] 패널의 'Skin Smoothing'으로 보정한 이미지

⑤ 왼쪽 방향의 눈동자가 정면으로 이동하고 눈썹이 아래로 내려와 인상 쓰는 표정으로 바뀌었습니다. ⑥~⑦ 인물 사진의 보정이 끝났으면 [Alt]+[Ctrl]+[S](사본 저장)를 눌러 'malemodel_finish.jpg'로 저장합니다.

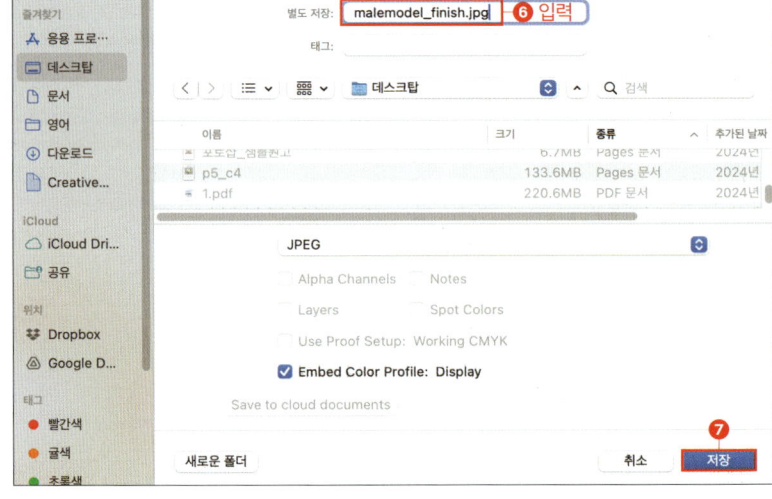

STEP 3 | 선택 영역 확장 및 축소해 원형 프레임 만들기

01 ① 'cosmetic_start.psd'를 열고 ② [Tools] 패널에서 '원형 선택' 툴(◯)을 선택한 후 ③ 화면에서 드래그하여 타원형의 선택 영역을 만듭니다. ④ 선택 영역을 회전하기 위해 [Select]-[Transform Selection] 메뉴를 선택합니다.

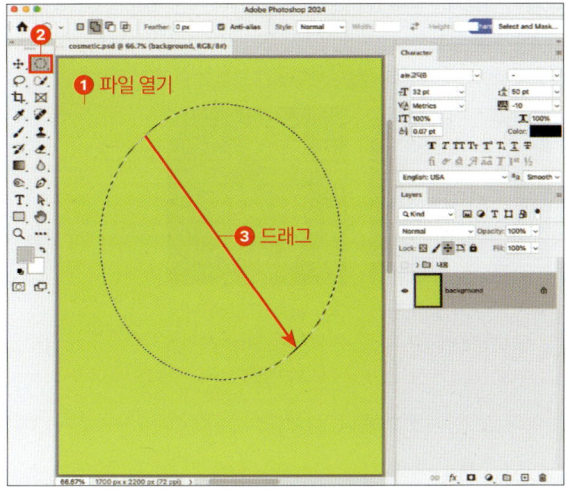
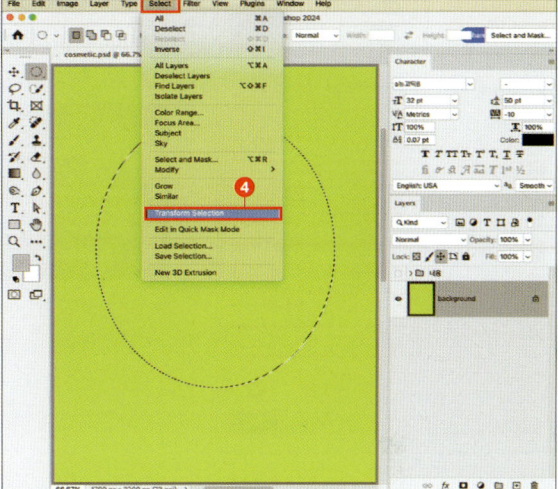

02 ① Transform Selection 박스가 표시되면 모서리의 조절점을 움직여서 왼쪽으로 기울이고 각도를 변경한 후 Enter 를 눌러 고정합니다. ② [Layers] 패널에서 [새 레이어 추가] 아이콘(⊞)을 클릭해서 ③ [Layer 1] 레이어를 만들고 ④ 회색을 전경색으로 지정한 후 ⑤ Alt + Delete 를 눌러 전경색을 색을 입힙니다.

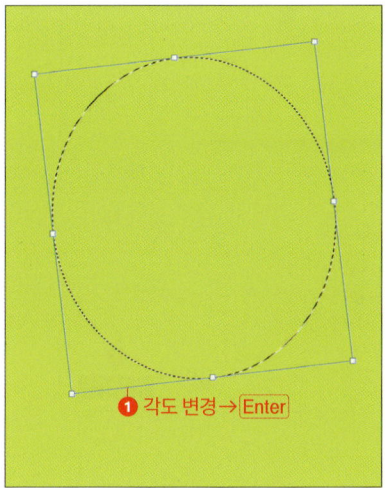
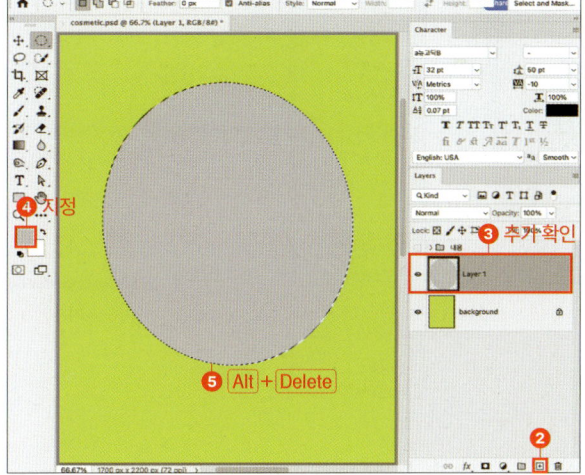

03 ❶ [Select]-[Modify]-[Expand] 메뉴를 선택하여 [Expand Selection] 창을 열고 'Expand By'에 '30'을 입력한 후 ❷ [OK] 버튼을 클릭합니다. ❸ 선택 영역이 30픽셀만큼 확장되었는지 확인합니다.

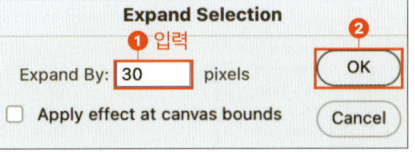

04 ❶ [Layers] 패널의 [새 레이어 추가] 아이콘(□)을 클릭해서 ❷ [Layer 2] 레이어를 만들고 [Layer 1] 레이어의 아래로 이동합니다. ❸ 흰색을 전경색으로 지정하고 ❹ Alt + Delete 를 눌러 전경색을 입힙니다.

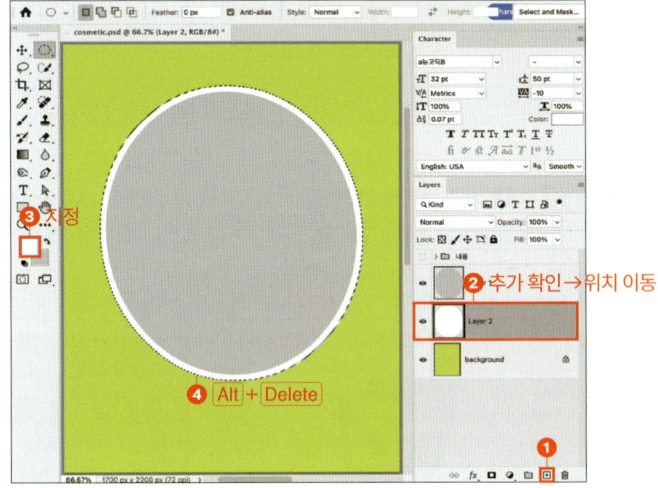

05 ❶ 'malemodel_finish.jpg'를 작업 창으로 드래그한 후 모서리 조절점을 움직여서 크기를 조정하고 Enter 를 누릅니다. ❷ [Layers] 패널에서 [malemodel_finish] 레이어를 [Layer 1] 레이어의 위로 이동한 후 ❸ 'Create Clipping Mask'(Alt + Shift + G)를 실행하여 클리핑 마스크를 씌웁니다.

06 ❶ [Tools] 패널에서 '원형 선택' 툴(◯)을 선택하고 Alt + Shift 를 누른 채 화면에서 드래그하여 정원 모양의 선택 영역을 만듭니다. ❷ [Layers] 패널에서 [새 레이어 추가] 아이콘(□)을 클릭해 ❸ [Layer 3] 레이어를 만들고 ❹ 흰색을 전경색으로 지정한 후 Alt + Delete 를 눌러 전경색으로 색을 입힙니다. ❺ 선택 영역을 축소하기 위해 [Select]-[Modify]-[Contract] 메뉴를 선택하여 [Contract Selection] 창을 열고 'Contract By'에 '20'을 입력한 후 ❻ [OK] 버튼을 클릭합니다.

07 ❶ 선택 영역을 20픽셀만큼 축소했으면 ❷ [Layers] 패널에서 [새 레이어 추가] 아이콘(□)을 클릭해 ❸ [Layer 4] 레이어를 만듭니다. ❹ 회색을 전경색으로 지정하고 Alt + Delete 를 눌러 전경색을 입힌 후 Ctrl + D 를 눌러 선택 영역을 해제합니다.

STEP 4 | AI 생성형 이미지 – 화장품, 나뭇잎, 쿠폰, 다운로드 아이콘 생성하기

01 ❶ [Layers] 패널에서 '내용' 그룹의 눈 아이콘(👁)을 켜고 ❷ [Tools] 패널의 '사각 선택' 툴(▢)로 ❸ 다음 화면과 같이 드래그하여 선택 영역을 만듭니다. ❹ [Window]-[Contextual Task Bar] 메뉴를 선택하여 상황별 작업 표시줄을 표시하고 [Generative Fill] 버튼을 클릭합니다.

02 ❶ 프롬프트 창이 표시되면 'cream with a label attached'를 입력하고 ❷ [Generative] 버튼을 클릭합니다. ❸ 선택 영역에 '라벨을 붙인 화장품 크림 용기'가 생성되어 나타나면 ❹ [Properties] 패널의 'Variations'에 마음에 드는 이미지가 나타날 때까지 [Generate] 버튼을 클릭한 후 ❺ 최종 이미지를 선택합니다.

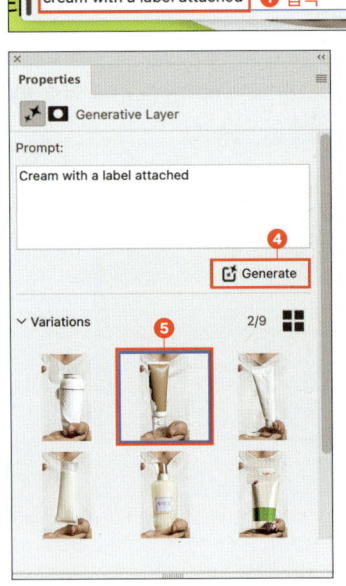 

> **Tip ▶ 이미지 생성 정확도가 떨어지면 한글 대신 영문으로 입력해 보세요!**
>
> 프롬프트는 100개 이상의 언어를 지원하므로 한글도 큰 문제 없이 사용할 수 있습니다. 하지만 영어는 포토샵 프로그램의 기본 언어와 일치하여 오류 발생 가능성을 줄여주므로 영어를 사용하면 이미지를 더 정확하게 생성할 수 있어요.

03 ❶ [Tools] 패널의 '사각 선택' 툴( )로 다음 화면과 같이 왼쪽 위에서 드래그한 후 ❷ Shift 를 누른 채 오른쪽 아래에서 드래그하여 2개의 선택 영역을 함께 지정합니다. ❸~❹ 프롬프트 창에 'Green palm leaf'를 입력하고 [Generative] 버튼을 클릭하고 마음에 드는 이미지를 선택하여 추가합니다.

> **Tip ▸ 선택 영역 크기와 생성형 이미지 크기의 관계**
> 선택 영역이 작으면 작은 그림이, 선택 영역이 크면 큰 그림이 생성됩니다.
>
>
> ▲ 작은 크기의 선택 영역   ▲ 큰 크기의 선택 영역

04 ❶ 쿠폰 AI 생성형 이미지를 만들어보겠습니다. [Layers] 패널에서 '쿠폰.QR' 그룹의 눈 아이콘( )을 켜고 ❷ [Tools] 패널의 '사각 선택' 툴( )로 이미지의 아랫부분에서 드래그하여 가로형 사각형을 만듭니다.

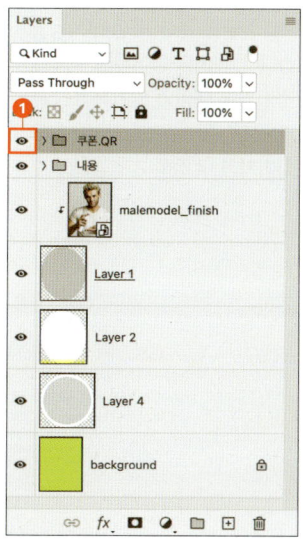
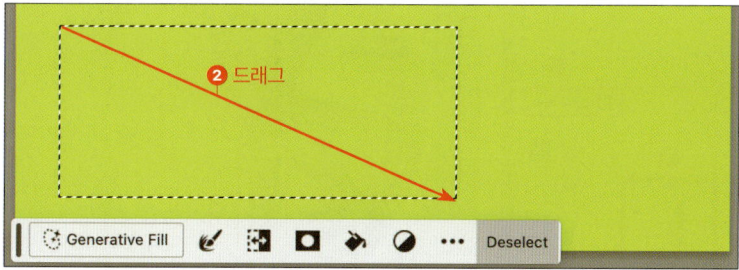

❸ [Properties] 패널의 'Prompt'에 'discount coupon simple design, white background'를 입력하고 ❹ 'Variations'에 제시된 이미지 중에서 마음에 드는 이미지를 선택합니다.

05 ❶ 생성된 쿠폰 이미지를 수정해 보겠습니다. [Layers] 패널에서 [discount coupon~(이하 생략)] 레이어를 선택하고 마우스 오른쪽 버튼을 클릭한 후 ❷ 바로 가기 메뉴에서 [Rasterize Layer]를 선택해 일반 레이어로 바꿉니다.

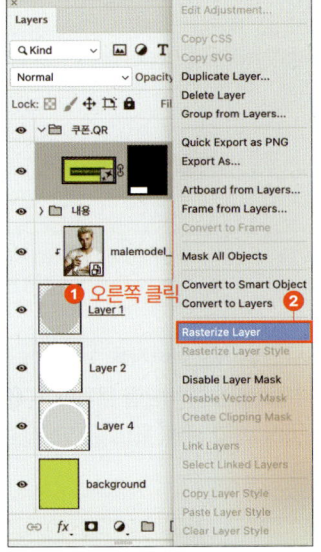

06 ❶ [Tools] 패널의 '사각 선택' 툴(□)로 쿠폰 위쪽의 'DISCOUNT' 문장을 선택 영역으로 지정하고 Delete 를 눌러 삭제합니다. ❷ 쿠폰 안쪽의 검은색 문장을 선택 영역으로 지정하고 흰색으로 입힙니다.

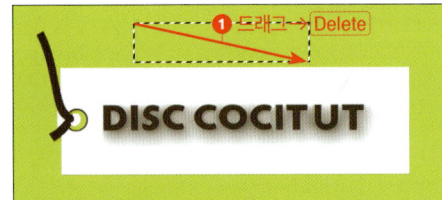
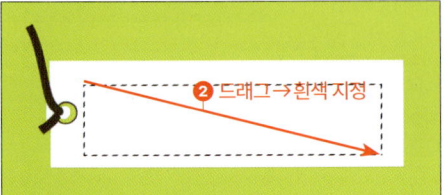

❸ [Tools] 패널의 '문자' 툴(T)로 '첫 구매 할인쿠폰 20%'를 입력하고 ❹ '펜' 툴(⌀)을 선택한 후 ❺ 옵션바에서 모드는 'Shape', 'Stroke'는 '회색', 굵기는 '4px', 선 모양은 '점선'을 지정합니다. ❻~❼ 쿠폰의 위쪽과 아래쪽을 클릭하여 기준점을 찍어 세로 점선을 만들고 ❽ '사각 선택' 툴(▱)로 ❾ 다음 화면과 같이 드래그하여 선택 영역을 만듭니다. ❿ 프롬프트 창에 'download arrow simple design'을 입력하고 ⓫ [Generate] 버튼을 클릭합니다.

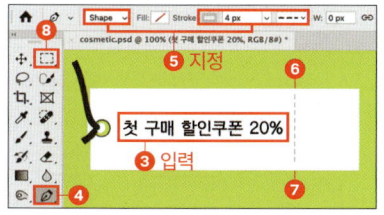 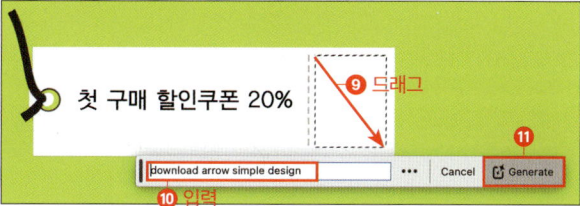

⓬ [Properties] 패널의 'Variation'에 제시된 이미지 중에서 마음에 드는 이미지를 선택합니다.

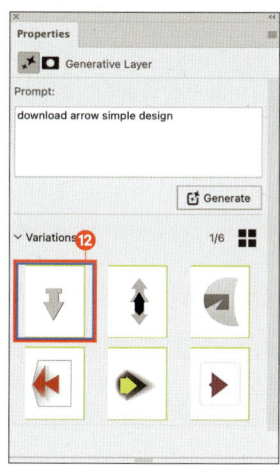

07 ❶ 이번에는 생성된 다운로드 아이콘 이미지를 수정해 보겠습니다. [Layers] 패널에서 [download arrow(이하 생략)] 레이어를 선택하고 마우스 오른쪽 버튼을 클릭한 후 ❷ 바로 가기 메뉴에서 [Rasterize Layer]를 선택해 일반 레이어로 바꿉니다. ❸ [Tools] 패널의 '사각 선택' 툴(▱)로 화살표에서 필요 없는 부분을 선택 영역으로 만들고 Delete 를 눌러 삭제합니다.

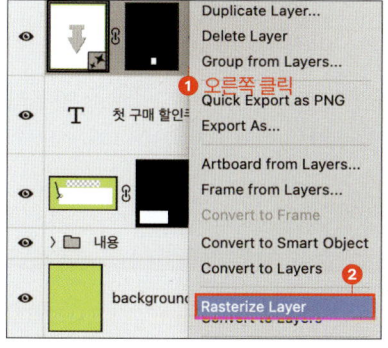 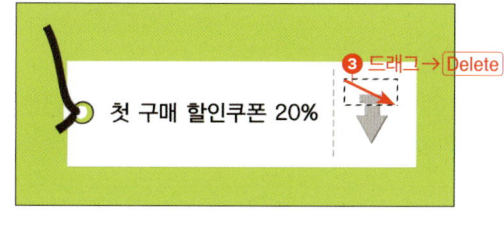

436

❹ [Tools] 패널의 '이동' 툴(♦)을 이용해 화살표를 위로 올리고 '선' 툴(/)로 가로 줄을 넣은 후 '문자' 툴(T)로 'COUPON'을 입력해 쿠폰 이미지를 완성합니다.

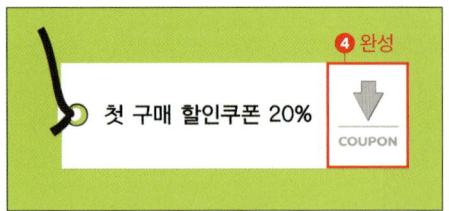

STEP 5 | QR 코드 만들어 삽입하기

01 ❶ 어도비 익스프레스(Adobe Express)에 접속한 후 화면 위쪽에서 '추천 항목'을 선택하고 ❷ '빠른 작업 제안'에서 'QR 코드 생성'을 선택합니다.

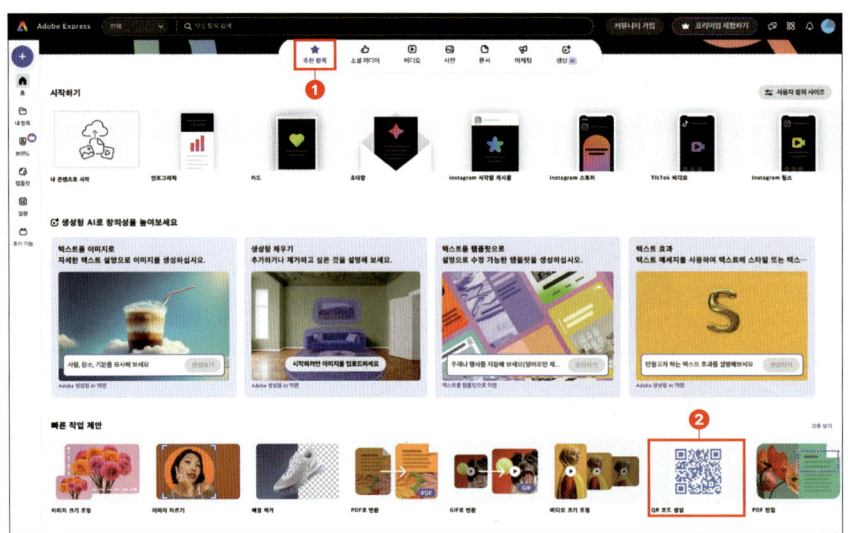

❸ [QR 코드 생성] 창이 열리면 'URL, 입력 또는 붙여넣기'에 인터넷 URL을 입력한 후 ❹ [다운로드] 버튼을 클릭합니다.

02

❶ 내 컴퓨터에 QR 코드가 저장되면 포토샵에서 [File]-[Place Embedded] 메뉴를 선택해서 'qr.png' 소스 파일을 불러옵니다. ❷ Ctrl+T를 눌러 QR 코드에 자유 변형 박스를 씌우고 크기를 알맞게 줄여 다음 화면과 같이 배치합니다.

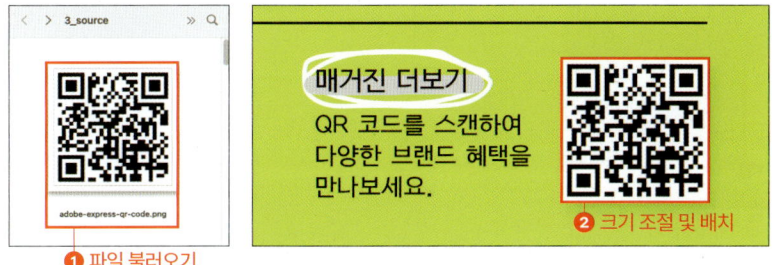

❶ 파일 불러오기 ❷ 크기 조절 및 배치

❸ QR 코드가 들어간 화장품 온라인 전단지를 완성했습니다.

❸ 확인

Tip ▶ QR 코드 스타일, 색상, 파일 포맷 선택하기

어도비 익스프레스(Adobe Express)에서 QR 코드 스타일 및 색상을 지정하여 모양을 바꿀 수 있습니다. 다운로드한 QR 코드를 포토샵에서 부분적으로 수정하여 디자인해도 좋습니다.

❶ **스타일**: 점 모양, 마커 테두리, 마커 중심 모양을 설정할 수 있습니다.

❷ **색상**: 검은색, 파란색, 주황색, 빨간색, 녹색 중에서 선택할 수 있습니다.

❸ **파일 포맷**: PNG, JPG, SVG 형식으로 저장할 수 있습니다.

❹ **포토샵에서 새롭게 디자인한 QR 코드**: QR 코드가 약 30% 이하로 손상되어도 인식할 수 있습니다.

▲ 원본 QR 코드 디자인 ▲ 동물 얼굴로 디자인한 QR 코드

GIF 애니메이션 효과를 활용한 기후 위기 포스터

예제파일 earth_gif_start.psd
소스파일 earth.png
완성파일 earth_gif.gif, earth_gif_finish.psd

SNS · SNS Event Page · Thumbnail · Adverise · GIF Poster

Point skill	자유 변형 박스(Free Transform), 색상과 채도, 명도 보정하기(Levels, Curves, Hue/Saturaion), [Timeline] 패널 이용해 GIF 애니메이션 만들기
How to	포스터에 움직이는 요소를 추가하면 정적 이미지보다 눈길을 끌 수 있습니다. 사람들은 움직이는 이미지를 정적인 이미지보다 더 잘 기억하므로 애니메이션 효과가 들어간 GIF 포스터를 소셜 미디어나 SNS 피드에 올리면 자연스럽게 눈에 띄고 공유하기 쉽습니다. 이번에는 포토샵의 타인라인을 이용해 프레임 애니메이션을 만드는 방법을 배우고 포스터 타이틀에 'Warp' 기능을 적용해 곡선 형태로 변형해서 동적이고 생동감 있게 만들어보겠습니다. 그리고 이미지 보정 기능을 이용해 색상과 명도를 균형 있게 맞춘 결과물을 완성해 보겠습니다.
Step	'Transform Warp' 기능으로 타이틀과 문장 변형하기 ➡ 지구 이미지 보정하기 ➡ 프레임 애니메이션을 만들어 GIF형식으로 저장하기

중앙을 기준으로 마주 보는 **대칭 레이아웃** 작성하기

▶ **중앙을 기준으로 유사한 요소를 배치하면 시각적 균형감을 줄 수 있습니다.**

① **본능적 아름다움**: 대칭은 오래전부터 질서와 조화, 완벽함의 상징으로 여겨졌습니다. 고대 그리스와 로마의 건축물, 르네상스 시대의 예술 작품에서도 대칭을 통해 아름다움을 표현했습니다. 자연에서도 나뭇잎, 꽃, 동물의 몸 등에서 대칭을 찾아볼 수 있으며, 이러한 자연 패턴을 통해 사람들은 본능적으로 아름다움과 편안함을 느낄 수 있습니다.

② **브랜드 인식과 뇌의 처리 효율성**: 대칭적인 이미지는 비대칭적인 이미지보다 뇌에서 더 쉽게 처리됩니다. 이는 대칭이 더 매력적으로 느껴지는 이유 중 하나로, 수많은 브랜드 로고가 대칭 구조를 따르는 이유도 바로 이것입니다. 대칭적인 디자인은 단순하면서도 강렬한 인상을 남기며 브랜드 인지도 향상에 도움을 줍니다.

③ **힘의 균등과 긴장감**: 대칭 레이아웃은 사용자의 시선을 자연스럽게 중앙으로 모으며 힘을 양쪽으로 균등하게 분산시킵니다. 이러한 배치는 심리적 안정감을 주면서도 대칭적인 긴장감을 통해 디자인에 생동감을 더합니다. 그리고 대칭은 안정적이면서도 역동적인 느낌을 동시에 제공합니다.

디자인 작업 Point

» 포스터 제목 상하대칭

위쪽의 'STOP WARMING'과 아래쪽의 'SAVE THE PLANET'은 중앙에 위치한 지구 이미지를 기준으로 좌우 대칭을 이루고 있어 시각적인 균형감을 제공합니다. 그리고 중앙에 배치한 'demanding action on climate change. "FRIDAY FOR FUTURE."' 문장은 시선을 자연스럽게 이어주는 역할을 합니다. 보조 메시지인 '3R 아이콘'은 사각형 말풍선 안에 배치해서 주요 메시지와 시각적으로 구별됩니다.

» 아이스크림처럼 녹아내리는 지구 이미지

지구가 아이스크림처럼 녹아내리는 이미지는 지구 온난화의 심각성을 시각적으로 강조하며 중앙에 배치해서 시선을 집중시킵니다.

» 상징색 사용

'STOP WARMING' 텍스트의 녹색은 자연을 상징하며 지구 온난화와 환경 보호의 중요성을 강조합니다. 'SAVE THE PLANET' 텍스트의 파란색은 지구의 물과 생명을 상징하여 지구 온난화 문제를 직관적으로 전달합니다. 밝은 회색 배경은 온난화의 위기와 순수함의 상실을 나타내면서 주요 요소들을 돋보이게 합니다.

핵심 기능

01 자유 변형 박스

✓ 이미지를 변형할 수 있는 자유 변형 박스

[Edit]-[Free Transform](Ctrl+T) 메뉴를 선택하거나 바로 가기 메뉴에서 [Free Transform]을 선택하여 자유 변형 박스를 표시한 후 조절점을 움직여서 이미지의 크기, 모양, 위치, 각도 등을 변경할 수 있습니다. 'transform.psd'를 불러와 따라해 봅니다.

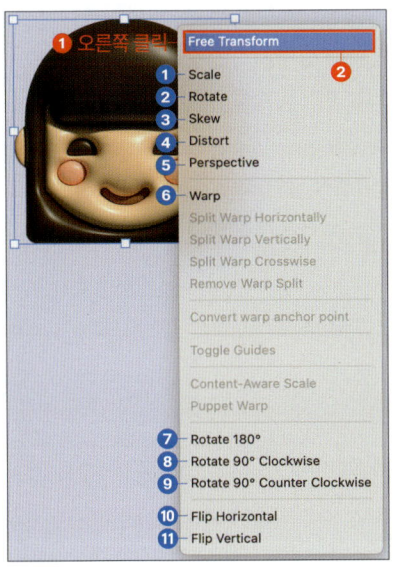

Tip ▶ **Content-Aware Scale(내용 인식 비율) vs Free Transform(자유 변형 박스)**
- **Content-Aware Scale**: 이미지의 중요한 부분을 보호하면서 크기를 조정합니다.
- **Free Transform**: 이미지의 모든 부분을 동일하게 변형합니다.

▲ Content - Aware Scale   ▲ Free Transform

❶ **Scale**: 이미지 크기를 조절합니다. Shift+Alt를 누른 채 드래그하면 중심을 기준으로 크기를 변경할 수 있습니다.

❷ **Rotate**: 이미지를 회전합니다. Shift를 누른 채 조절점을 드래그하면 이미지를 15도씩 변형할 수 있습니다.

❸ **Skew**: 이미지 기울기를 변형하여 비대칭시킵니다. Ctrl을 누른 채 조절점을 드래그하면 이미지의 한쪽 모서리만 움직일 수 있습니다.

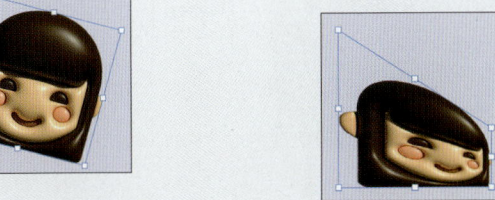

❹ **Distort**: 4개의 모서리를 자유롭게 드래그하여 변경합니다. Ctrl+Alt를 누른 채 조절점을 드래그하면 이미지를 평행사변형 모양으로 만들 수 있습니다.

❺ **Perspective**: Ctrl+Alt+Shift를 누른 채 조절점을 드래그하면 이미지를 원근감 있게 변형할 수 있습니다.

❻ **Warp**: 방향점을 드래그하여 곡선을 포함한 다양한 형태로 입체감 있게 변형할 수 있습니다.

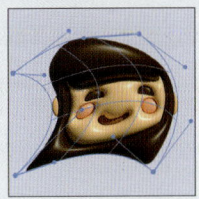

❼ **Rotate 180°**: 이미지를 180도로 회전합니다.

❽ **Rotate 90° CW(Clockwise)**: 이미지를 시계 방향으로 90도 회전합니다.

❾ **Rotate 90° CCW(Counter Clockwise)**: 이미지를 시계 반대 방향으로 90도 회전합니다.

❿ **Flip Horizontal**: 수평 반전, 좌우 대칭

⓫ **Flip Vertical**: 수직 반전, 상하 대칭

> ✅ 간단 실습

02 | 'Transform' 크기 조절 기능으로 모델 다리 늘리기

| 예제파일 | longleg_start.jpg |
| 완성파일 | longleg_finish.jpg |

❶ 'longleg_start.jpg'를 열고 ❷ [Tools] 패널에서 '사각 선택' 툴(▢)로 모델 다리 부분을 선택 영역으로 지정합니다. ❸ 모델 다리를 늘리기 위해 [Edit]-[Free Transform] (Ctrl+T) 메뉴를 선택하여 자유 변형 박스를 활성화합니다.

❹ 이미지 아래쪽의 조절점을 아래로 드래그하여 다리를 길게 늘리고 Enter 를 눌러 고정한 후 ❺ Ctrl + D 를 눌러 선택 영역을 해제합니다.

03 | 'Transform Warp' 기능으로 휘어진 곡선 이미지 만들기

예제파일	A4_warp_start.jpg
완성파일	A4_warp_finish.jpg

❶ 'A4_warp_start.psd'를 열고 ❷ 클리핑 마스크 레이어를 만들기 위해 [Layers] 패널에서 [pizza] 레이어를 선택한 후 Alt + Ctrl + G 를 누릅니다. ❸ 클리핑 마스크 레이어가 만들어지면서 피자 이미지가 흰색 종이에 한정되어 나타나면 Ctrl + T 를 누릅니다. ❹ 자유 변형 박스가 표시되면 이미지에서 마우스 오른쪽 버튼을 클릭하고 ❺ 바로 가기 메뉴에서 [Warp]을 선택합니다.

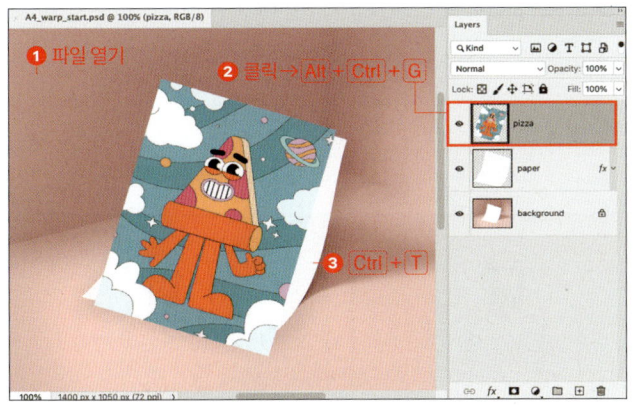
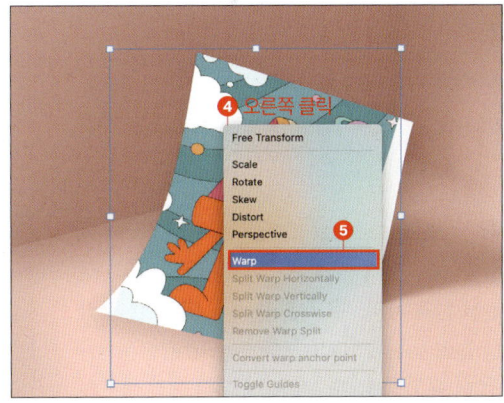

❻ 아래쪽에 있는 두 개의 기준점을 모두 왼쪽 방향으로 이동한 후 방향점을 조절하여 이미지가 휘어지게 만들고 Enter 를 눌러
❼ 이미지를 완성합니다.

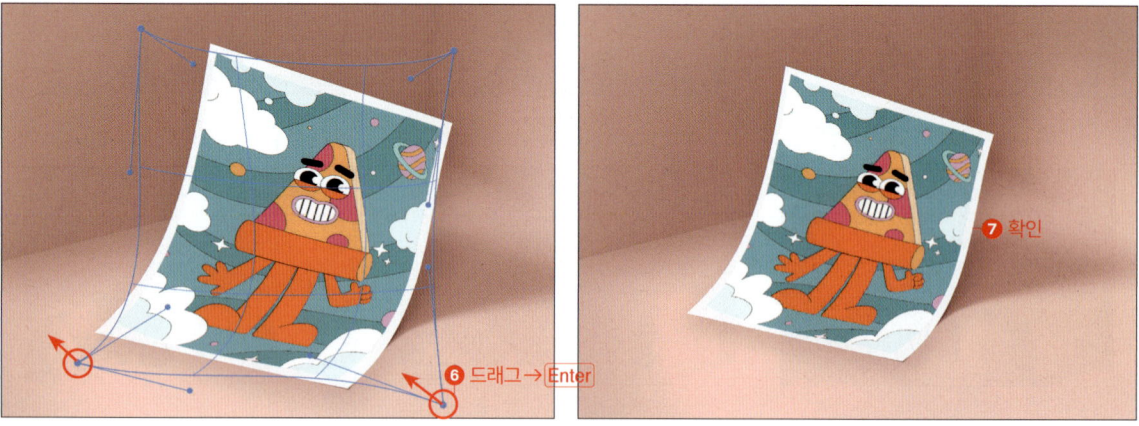

> 핵심 기능

04 | 색상과 채도와 명도 보정하기

✓ Levels – 밝은 부분, 중간 부분, 어두운 부분을 조절해 명도 대비 지정하기

[Image]-[Adjustments]-[Levels](Ctrl + L) 메뉴를 선택하여 [Levels] 창을 열고 밝은 부분, 중간 부분, 어두운 부분의 슬라이드바를 사용해 이미지의 명도와 대비를 조절합니다. 'Levels.jpg'를 불러와 따라해 봅니다.

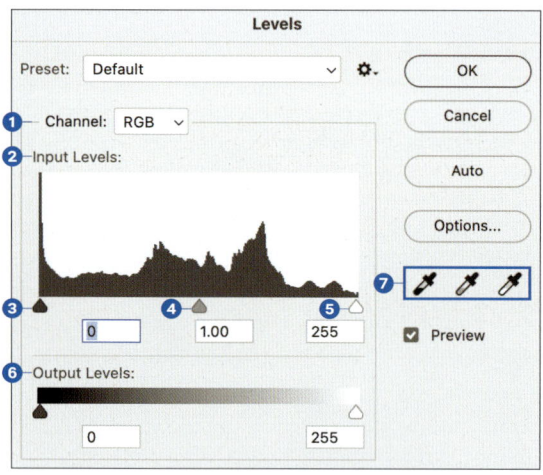

❶ **Channel**: 작업할 채널을 선택합니다.
❷ **Input Levels**: 그래프 형태를 통해 어떤 명도를 가진 사진인지 알 수 있습니다. 높낮이가 전반적으로 균형을 이루면 명도가 가장 적당한 사진인데, 3개의 슬라이드바를 이용해 명도 범위를 조절할 수 있습니다.
❸ **검은색 슬라이드바**: 그림자 영역(shadow)을 어둡게 조정합니다.
❹ **회색 슬라이드바**: 중간 톤(midtone)을 조정합니다.
❺ **흰색 슬라이드바**: 하이라이트 영역(highlight)을 밝게 합니다.
❻ **Output Levels**: 이미지의 전체적인 명도 범위를 제한합니다.

❼ **스포이트**: 이미지에서 톤을 선택하여 보정합니다.
• Black Point(🖉) : 클릭한 지점보다 어두운 픽셀은 모두 어둡게 만듭니다.
• Gray Point(🖉) : 클릭한 지점의 명도를 중간 명도로 설정하여 중간 톤을 만듭니다.
• White Point(🖉) : 클릭한 지점보다 밝은 픽셀은 모두 밝게 만듭니다.

어두운 부분 강조	중간 톤 강조	밝은 부분 강조
	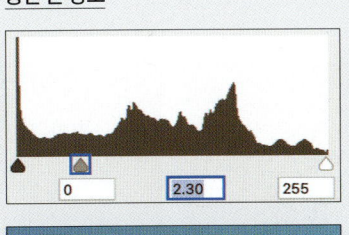	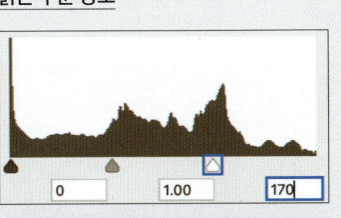
 아니 이게 아니라		

✓ Curves – 곡선 그래프로 명도 대비 지정하기

[Image]-[Adjustments]-[Curves]((Ctrl)+(M)) 메뉴를 선택하여 [Curves] 창을 열면 [Levels]보다 더 정밀하게 이미지의 명도와 대비를 조절하고 곡선 그래프를 이용해 세부적인 톤을 조절할 수 있습니다. 'Curves.jpg'를 불러와 따라해 봅니다.

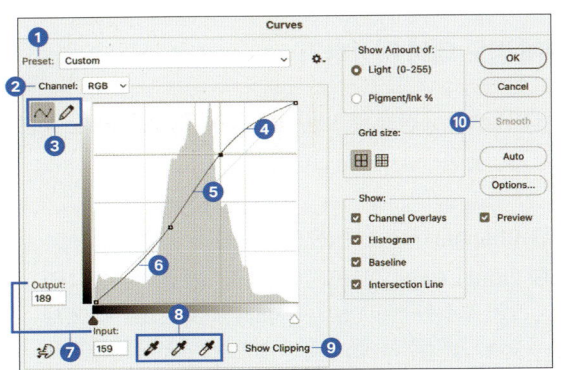

> **Tip ▶**
> 커브선을 S자 모양으로 만드는 이유는 밝은 부분은 더 밝게, 어두운 부분은 더 어둡게 만들어 명암 대비를 또렷하게 만들기 위해서입니다.

❶ **Preset** : 미리 설정한 값으로 이미지를 보정합니다.
❷ **Channel** : 작업할 채널을 선택합니다.
❸ **곡선(∿), 연필(✎)** : 기준점을 찍어 곡선 그래프를 그리거나 '연필' 툴(✎)로 곡선 그래프를 그립니다.
❹ **Highlights 영역** : 위쪽은 하이라이트 영역입니다.
❺ **Midtones 영역** : 가운데는 중간 영역입니다.
❻ **Shadows 영역** : 아래쪽은 그림자 영역입니다.
❼ **Output, Input** : 곡선 그래프를 만들면 'Output'과 'Input'에 값이 표시되고 숫자를 입력해 직접 보정값을 설정할 수 있습니다.
❽ **스포이트** : 이미지에서 톤을 선택하여 보정합니다.
❾ **Show Clipping** : [Curves] 대화상자에 표시될 요소를 선택할 수 있습니다.
❿ **Smooth** : 울퉁불퉁한 곡선을 부드럽게 처리할 수 있습니다. '연필' 툴(✎)을 이용해 원하는 대로 곡선을 그리고 [Smooth] 버튼을 클릭하면 커브가 부드럽게 변형되면서 이미지 톤이 자연스럽게 생성됩니다.

커브선을 위로 올려 밝게 보정 / 커브선을 아래로 내려 어둡게 보정 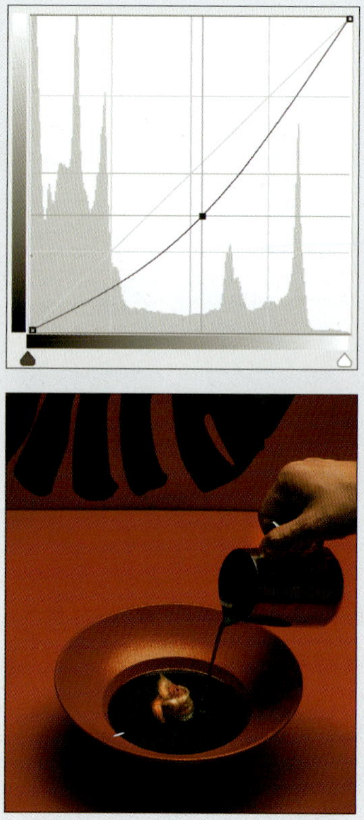 / 커브선을 'S'자 모양으로 만들어 명암 대비를 또렷하게 보정

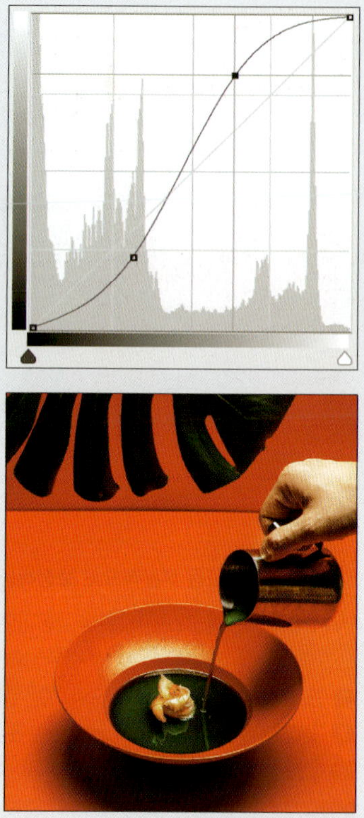

✓ Hue/Saturtaion – 색상과 채도 변경하기

[Image]-[Adjustments]-[Hue/Saturation]([Ctrl]+[U]) 메뉴를 선택하여 [Hue/Saturation] 창을 열고 색상, 채도, 밝기를 일괄적으로 조정할 수 있습니다. 'Hue.jpg'를 불러와 따라해 봅니다.

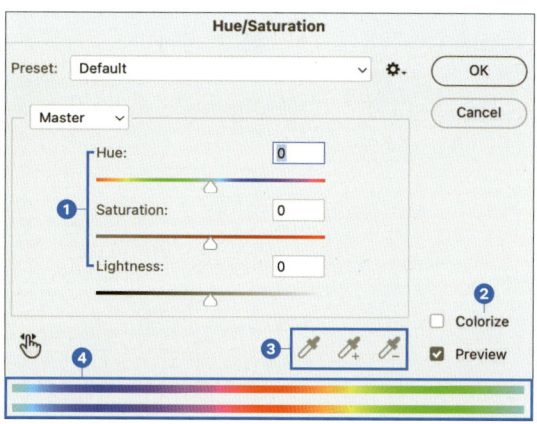

❶ **색상 슬라이드바**: 색상, 채도, 명도를 조절합니다.

❷ **Colorize**: 유채색을 모노톤으로, 무채색을 유채색으로 바꿀 수 있습니다.

❸ **스포이트**: 색상을 교체하고 싶은 영역을 추가하거나 삭제할 때 이용합니다.

❹ **한계치 슬라이드바**: 원래 색상과 바뀔 색상을 눈으로 확인하면서 작업할 수 있습니다.

빨간색으로 변경	파란색으로 변경	무채색으로 변경
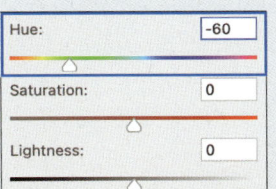	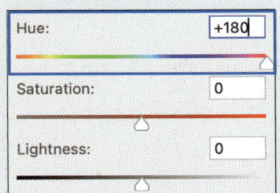	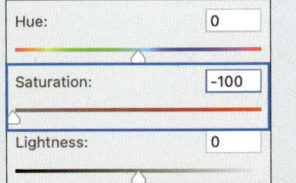
	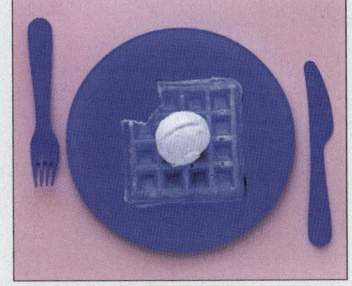	

> **Tip ▶ 명도와 채도를 부분적으로 보정하는 방법**
>
> '닷지' 툴과 '번' 툴, '스펀지' 툴을 사용하면 이미지를 더욱 깊이감 있게 보정할 수 있고 [[ ], [ ]]를 눌러 브러시 크기를 조절할 수 있습니다.
>
> ❶ '닷지' 툴 ( ) : 클릭 또는 드래그한 부분을 밝게 조정합니다.
> ❷ '번' 툴 ( ) : 클릭 또는 드래그한 부분을 어둡게 조정합니다.
> ❸ '스펀지' 툴 ( ) : 클릭 또는 드래그한 부분의 채도를 높이거나 낮춥니다.
>
>
>
> ▲ 원본 이미지 　　 ▲ '닷지' 툴, Exposure: 40% 　　 ▲ '번' 툴, Exposure: 20% 　　 ▲ '스펀지' 툴, Mode: Desaturate, Flow: 50%

05 | [Timeline] 패널을 이용해 GIF 만들기

[Window]-[Timeline] 메뉴를 선택하여 [Timeline] 패널을 열고 GIF를 만든 후 간단하게 비디오를 편집할 수 있습니다. 프레임 타임라인과 비디오 타임라인은 형태와 기능이 다른데, 예제에서는 프레임 타임라인을 기준으로 설명하겠습니다.

✓ [Timeline] 패널 살펴보기

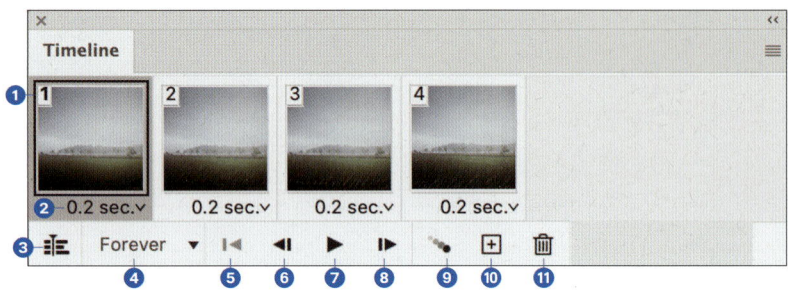

❶ **프레임**: 프레임 번호와 프레임을 확인합니다.
❷ **프레임 지속 시간**: 프레임 지속 시간을 설정합니다.
❸ **비디오 타임라인**(): 프레임 타임라인을 비디오 타임라인으로 변환합니다.
❹ **Forever**: 애니메이션을 계속 반복하거나 한 번만 재생하도록 설정합니다.
❺ **첫 번째 프레임**(): 첫 번째 프레임을 선택합니다.
❻ **이전 프레임**(): 이전 프레임을 선택합니다.
❼ **재생, 정지**(): 애니메이션을 재생하고 멈춥니다.
❽ **다음 프레임**(): 다음 프레임을 선택합니다.
❾ **트윈**(): 두 프레임 사이의 변화값을 인식하여 중간 프레임을 자동으로 생성합니다.
❿ **프레임 복제**(): 선택한 프레임을 복제합니다.
⓫ **휴지통**(): 선택한 프레임을 삭제합니다.

06 | 프레임 애니메이션으로 비 오는 풍경 GIF 만들기

예제파일	raining.psd
완성파일	raining.gif

❶ 'raining.psd'를 열고 ❷ [Window]-[Timeline] 메뉴를 선택합니다. 화면의 아래쪽에 [Timeline] 패널이 열리면 [Create Frame Animation] 버튼을 클릭하여 ❸ [1] 프레임을 생성하세요.

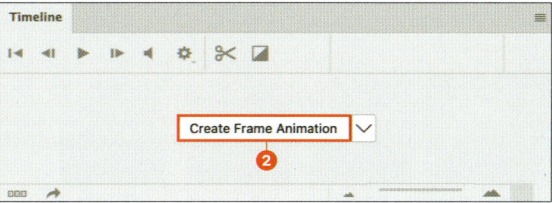

> **Tip ▶ 프레임(Frame) 타임라인과 비디오(Video) 타임라인**
>
> ❶ **Create Video Timeline**: [Create Video Timeline]을 선택하면 타임라인이 생성되고 레이어가 비디오 클립으로 전환되는데, 비디오 클립을 잘라내고, 분할하고, 재배열하고, 오디오를 추가하여 영상 파일로 내보낼 수 있습니다.
> ❷ **Create Frame Animation**: 프레임 기반 타임라인을 생성합니다. 각 레이어를 프레임으로 사용하여 애니메이션을 만들 수 있습니다.

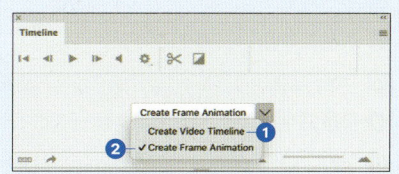

❹ [1] 프레임에 비를 추가하기 위해 [Layers] 패널에서 [rain_1] 레이어의 눈 아이콘(👁)을 켭니다. 이와 같이 프레임은 레이어를 조합하여 만들 수 있습니다. ❺ 여러 개의 프레임을 만들고 빠른 속도로 연결하면 움직이는 이미지로 만들 수 있는데, 프레임 속도를 빠르게 하기 위해 '0 sec'를 클릭하고 '0.2 sec'로 변경합니다. ❻ [Timeline] 패널에서 [프레임 복제] 아이콘(⊞)을 클릭해서 [1] 프레임을 복제합니다.

❼ [2] 프레임이 추가되었습니다. ❽ 똑같은 이미지여서 수정해야 하므로 [Layers] 패널에서 [rain_1] 레이어의 눈 아이콘(👁)을 끄고 ❾ [rain_2] 레이어의 눈 아이콘(👁)을 켭니다.

❿ [프레임 복제] 아이콘(➕)을 클릭하여 ⓫ [3] 프레임을 만듭니다. ⓬ [2] 프레임과 [3] 프레임은 똑같은 이미지여서 수정해야 하므로 [Layers] 패널에서 [rain_2] 레이어의 눈 아이콘(👁)을 끄고 ⓭ [rain_3] 레이어의 눈 아이콘(👁)을 켭니다.
⓮ GIF 형식으로 저장하기 위해 [File]-[Export]-[Save for Web]([Ctrl]+[Alt]+[Shift]+[S]) 메뉴를 선택하여 [Save for Web] 창을 열고 'Colors'를 '256'으로 지정한 후 ⓯ [Done] 버튼을 클릭합니다.

⓰ 파일 이름을 'raining.gif'로 입력하고 ⓱ [저장] 버튼을 클릭해서 작업을 완료합니다.

451

07 | 영상을 움짤 GIF로 만들기

예제파일	cafe.MOV
완성파일	cafe..gif

❶ [File]-[Import]-[Video Frames to Layers] 메뉴를 선택하여 GIF로 만들 영상을 선택합니다. ❷ [Import Video To Layers] 창이 열리면 'Range To Import'에서 'Select Range Only'를 선택하고 ❸ 흰색 슬라이드바를 드래그해 불러올 영상의 구간을 정합니다. 영상 길이가 길면 GIF 용량이 커져서 업로드할 때 제약이 생길 수 있습니다. ❹ [OK] 버튼을 클릭하면 조정했던 구간이 프레임컷되어 아래쪽에서 위쪽으로 레이어가 구성되고 [Timeline] 패널에 프레임이 왼쪽에서 오른쪽으로 구성되어 나타납니다. ❺ [Timeline] 패널에서 [재생] 버튼(▶)을 클릭해서 애니메이션을 재생하고 [정지] 버튼(■)을 클릭해서 멈춥니다.

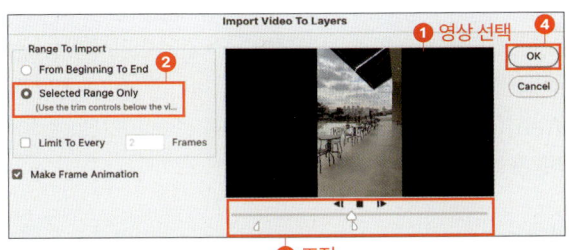

❻ 프레임의 속도를 빠르게 만들기 위해 1번 프레임을 선택하고 [Shift]를 누른 채 44번 프레임을 선택해서 전체 프레임을 선택합니다. ❼ 프레임 지속 시간 아래의 단추를 클릭하고 ❽ [Other]를 선택합니다. ❾ [Set Frame Delay] 창이 열리면 'Set Delay'를 '0.01'로 지정하고 ❿ [OK] 버튼을 클릭합니다.

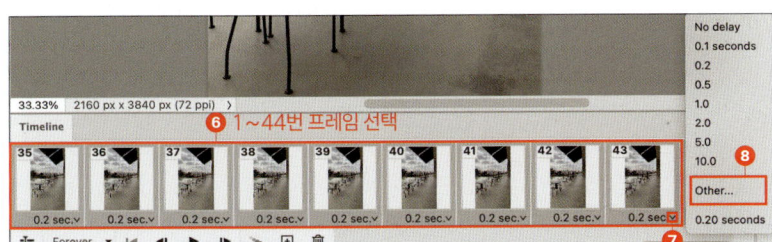
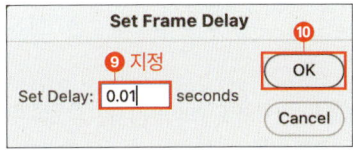

> **Tip ▶ 프레임 지연 시간=해당 프레임을 보여주는 시간**
> 지연 시간이 짧을수록 이미지가 빠르게, 길수록 이미지가 느리게 연결되므로 자연스럽게 연결하려면 프레임 지연 시간을 적정하게 맞춰주어야 합니다.

⓫ [Layers] 패널에서 [새 레이어 추가] 아이콘(📄)을 클릭해 ⓬ 새 레이어를 만듭니다. ⓭ [Character] 패널에서 원하는 글꼴을 선택하고 속성을 지정한 후 ⓮ [Tools] 패널의 '문자' 툴(T)로 오른쪽 화면과 같이 카페 풍경과 어울리는 문장을 입력합니다.

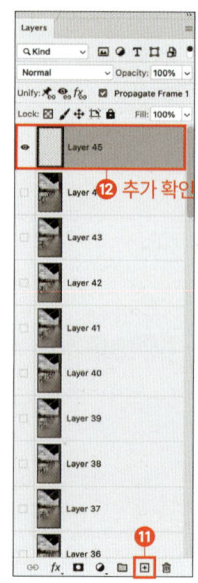
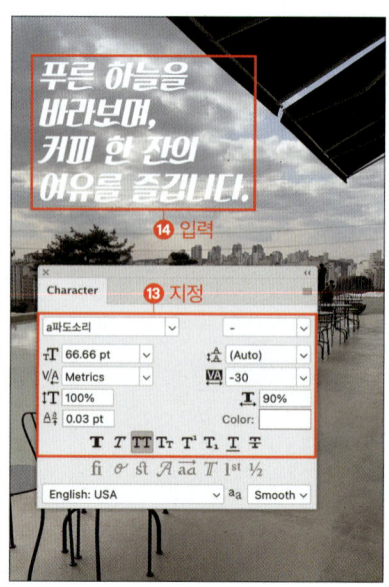

⓯ 글자에 테두리를 넣기 위해 [Layers] 패널에서 [레이어 스타일] 아이콘(fx)을 클릭하고 [Stroke]를 선택합니다. [Layer Style] 창의 'Stroke' 범주가 열리면 'Size'는 '50px', 'Position'은 'Outside', 'Color'는 '짙은 파란색'을 지정하고 [OK] 버튼을 클릭하여 ⓰ 글자의 모양을 확인합니다.

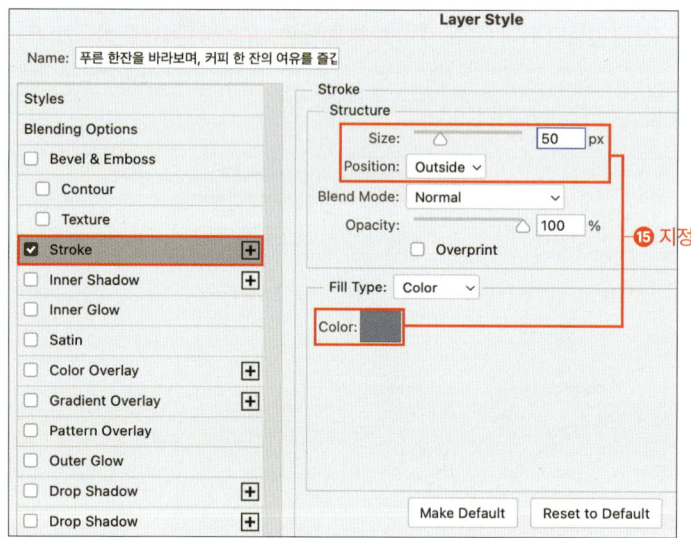

⓱ GIF 형식으로 저장하기 위해 [File]-[Export]-[Save for Web]([Ctrl]+[Alt]+[Shift]+[S]) 메뉴를 선택합니다. [Save for Web] 창이 열리면 용량을 줄이기 위해 'Colors'를 '64'로 지정하고 ⓲ [Done] 버튼을 클릭합니다. ⓳ 파일 이름을 'cafe.gif'로 입력하고 ⓴ [저장] 버튼을 클릭합니다.

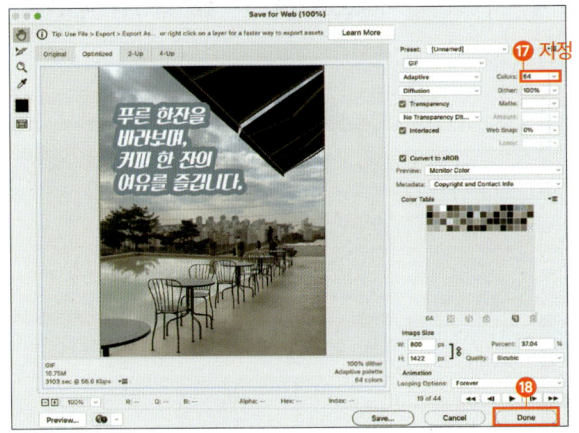

STEP 1 'Transform Warp' 기능으로 타이틀과 문장 변형하기

01 ❶ 'earth_gif_start.psd'를 열고 ❷ 안내선을 만들기 위해 [View]-[New Guide Layout] 메뉴를 선택합니다. [New guide layout] 창이 열리면 'Margin'에 체크 표시하고 ❸ 'Top', 'Left', 'Bottom', 'Right'를 모두 '110px'로 지정한 후 ❹ [OK] 버튼을 클릭해서 ❺ 테두리에 안내선을 생성합니다.

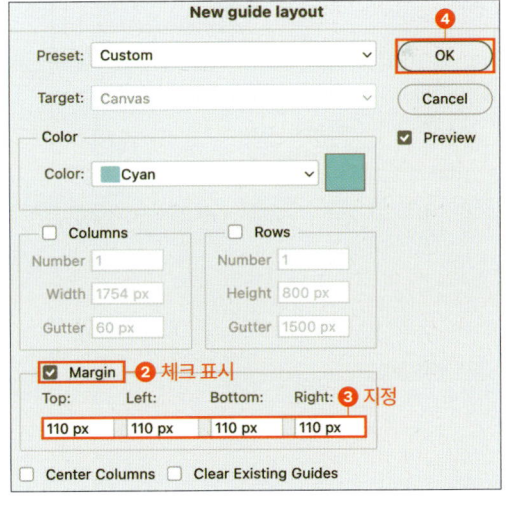

454

02 ❶ 타이틀을 입력하기 위해 [Tools] 패널에서 '문자' 툴(T)을 선택하고 ❷ [Character] 패널에서 글꼴은 'Sauna Pro', 크기는 '80pt', 자간은 '-30', 장평은 '90%'로 지정한 후 ❸ [All Caps] 아이콘(TT)을 클릭합니다. ❹~❺ 안내선에 맞추어 위쪽과 아래쪽 부분에 'STOP WARMING'과 'SAVE THE PLANET'을 각각 입력하고 ❻ 2개의 문자 레이어를 모두 일반 레이어로 바꾸기 위해 [Layers] 패널의 텍스트 레이어에서 마우스 오른쪽 버튼을 클릭한 후 ❼ 바로 가기 메뉴에서 [Rasterize Type]을 선택합니다.

> **Tip ▶ 영어 소문자를 대문자로 바꾸는 방법**
> [Character] 패널에서 [All Caps] 아이콘(TT)을 클릭하면 영어 소문자를 대문자로 쉽게 변환할 수 있습니다.

03 ❶ [Layers] 패널에서 [stop warming] 레이어를 선택하고 Ctrl+T를 눌러 자유 변형 박스를 표시한 후 ❷ 마우스 오른쪽 버튼을 클릭하고 ❸ 바로 가기 메뉴에서 [Warp]을 선택합니다.

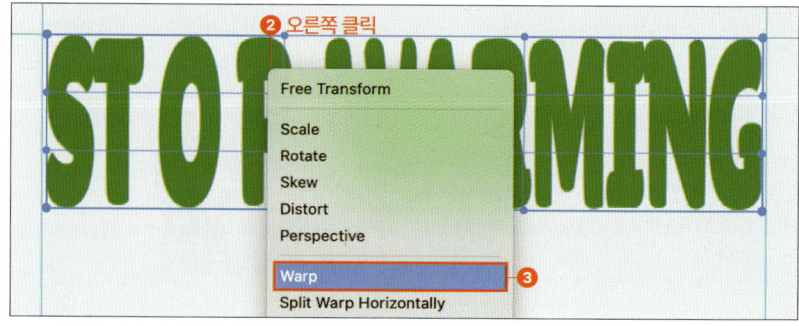

❹ 방향점을 드래그하여 글자가 휘어지게 만들고 위쪽으로 아치형 모양이 되게 다듬은 후 Enter 를 눌러 고정합니다.

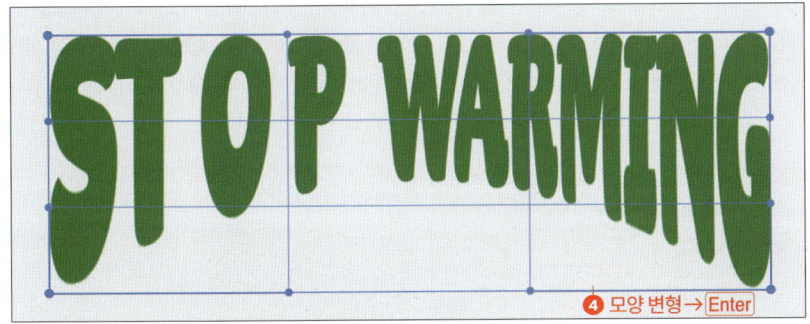

04 ❶ [Layers] 패널에서 [SAVE THE PLANET] 레이어를 선택하고 Ctrl + T 를 눌러 자유 변형 박스를 표시한 후 ❷ 마우스 오른쪽 버튼을 클릭하고 ❸ 바로 가기 메뉴에서 [Warp]을 선택합니다. ❹ 방향점을 드래그하여 아래쪽으로 아치형 모양이 되게 다듬은 후 Enter 를 눌러 고정합니다.

05 ❶ [Layers] 패널에서 '내용' 그룹의 눈 아이콘(👁)을 켜고 ❷ [demanding~(이하 생략)] 레이어를 선택합니다. ❸ 영어 문장도 타이틀처럼 아치 형태로 바꾸기 위해 Ctrl + T 를 눌러 ❹ 자유 변형 박스를 표시합니다.

06 ❶ 옵션바의 오른쪽 끝에 있는 [뒤틀기 모드] 아이콘(🨲)을 클릭하고 ❷ 'Warp'은 'Arch', 'Bend'는 '-20'으로 지정한 후 Enter를 눌러 고정합니다.

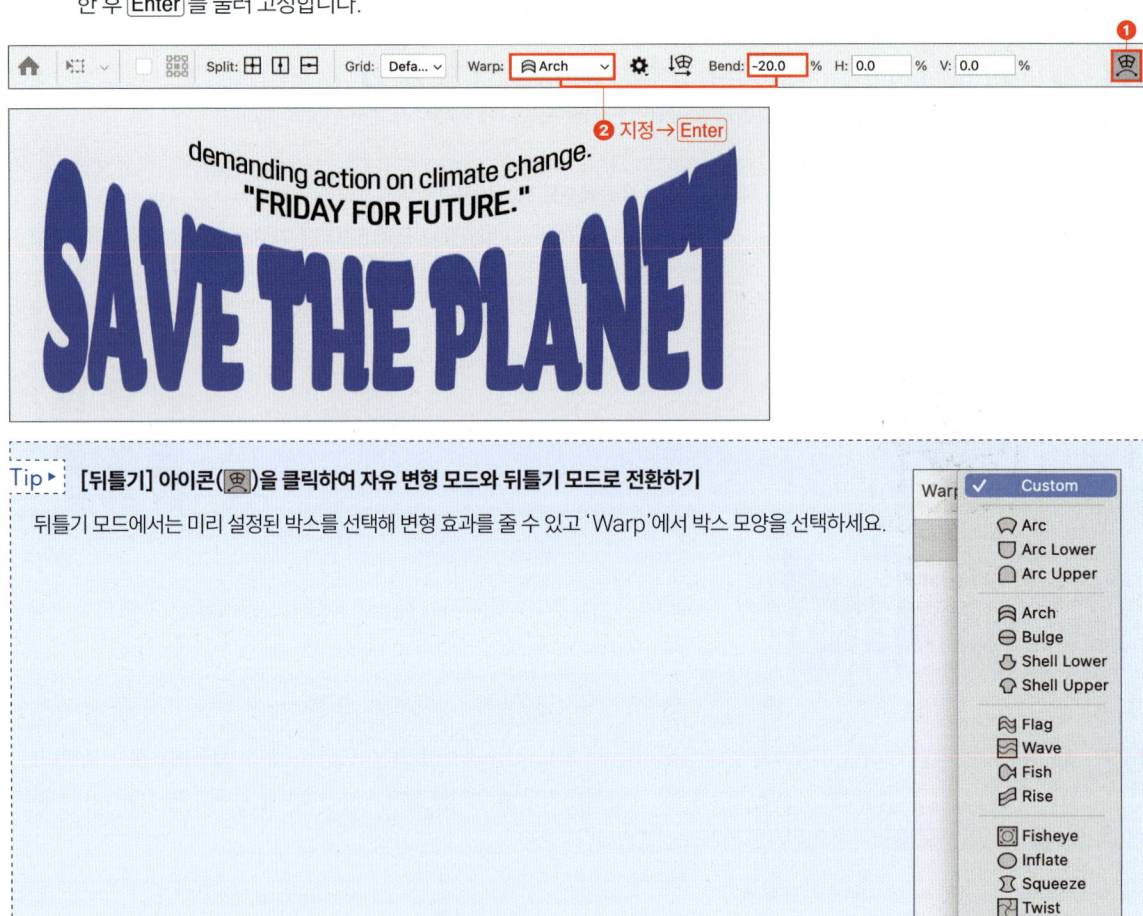

Tip▶ [뒤틀기] 아이콘(🨲)을 클릭하여 자유 변형 모드와 뒤틀기 모드로 전환하기

뒤틀기 모드에서는 미리 설정된 박스를 선택해 변형 효과를 줄 수 있고 'Warp'에서 박스 모양을 선택하세요.

STEP 2 지구 이미지 보정하기

01 ❶ [File]-[Place Embedded] 메뉴를 선택해서 'earth.png'를 엽니다. ❷ 다음 화면과 같이 포스터의 중앙에 이미지를 배치하고 모서리 조절점을 움직여서 이미지의 크기를 적당하게 조절한 후 Enter 를 누릅니다.

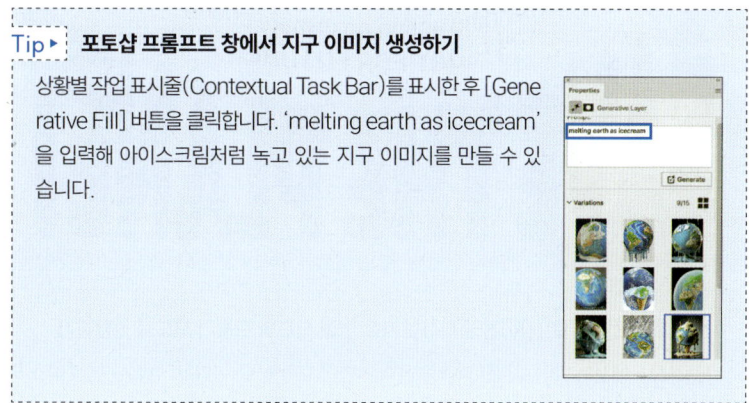

Tip ▶ 포토샵 프롬프트 창에서 지구 이미지 생성하기

상황별 작업 표시줄(Contextual Task Bar)를 표시한 후 [Generative Fill] 버튼을 클릭합니다. 'melting earth as icecream'을 입력해 아이스크림처럼 녹고 있는 지구 이미지를 만들 수 있습니다.

02 ❶ 이미지의 명암 대비를 조절하기 위해 [Image]-[Adjustments]-[Curves](Ctrl + M) 메뉴를 선택합니다. [Curves] 창이 열리면 다음 화면과 같이 3개의 조절점을 찍은 후 위치를 옮겨 곡선 그래프를 만들고 ❷ [OK] 버튼을 클릭합니다. ❸ 곡선이 위로 올라가서 이미지를 밝게 보정했습니다.

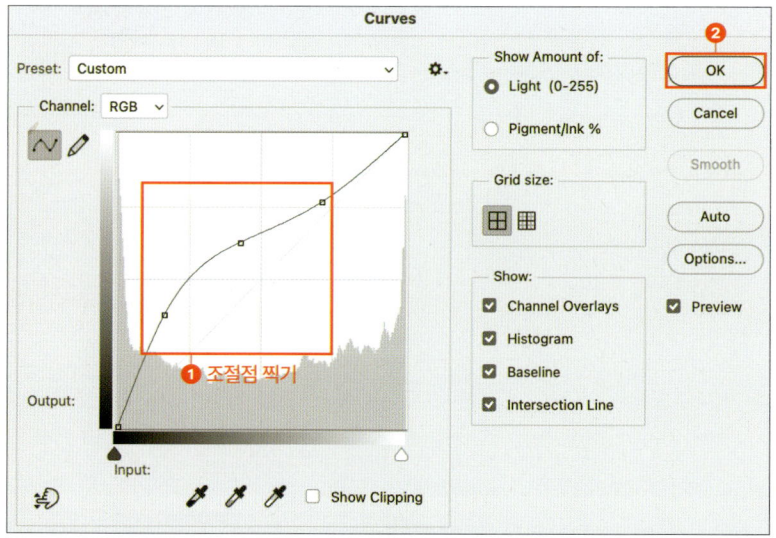

03 ❶ 이미지의 색상을 변경하기 위해 [Image]-[Adjustments]-[Hue/Saturation]([Ctrl]+[U]) 메뉴를 선택합니다. [Hue/Saturation] 창이 열리면 'Hue'는 '24', 'Saturation'은 '-13'으로 지정하고 ❷ [OK] 버튼을 클릭하여 ❸ 지구 색상을 진한 파란색으로 변경합니다.

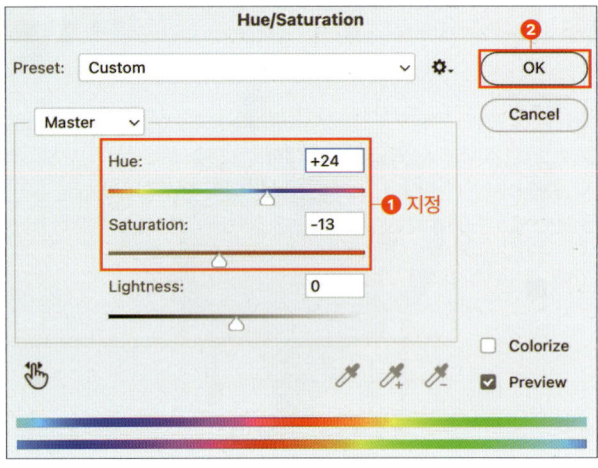 

04 ❶ [Layers] 패널에서 [earth] 레이어를 선택하고 ❷ 마우스 오른쪽 버튼을 클릭한 후 ❸ 바로 가기 메뉴에서 [Rasterize Layer]를 선택하여 ❹ 스마트 오브젝트 레이어를 일반 레이어로 변경합니다.

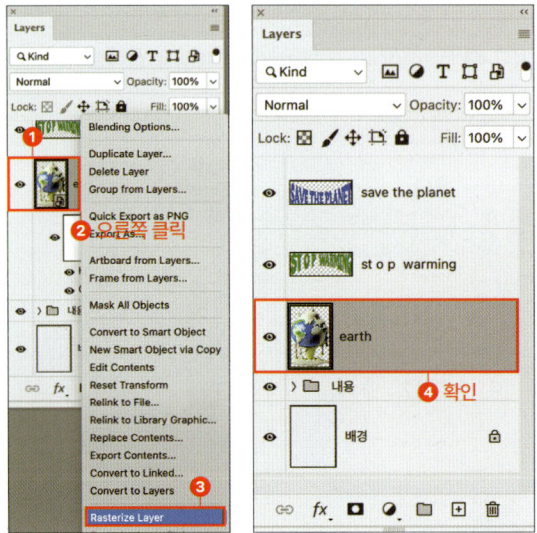

05 ❶ 어두운 톤을 밝게 만들기 위해 [Tools] 패널에서 '닷지' 툴( )을 선택합니다. ❷ 옵션바에서 'Exposure'를 '40%'로 지정하고 ❸ 지구의 오른쪽 아래에서 드래그하여 ❹ 어두운 부분을 밝게 만듭니다.

 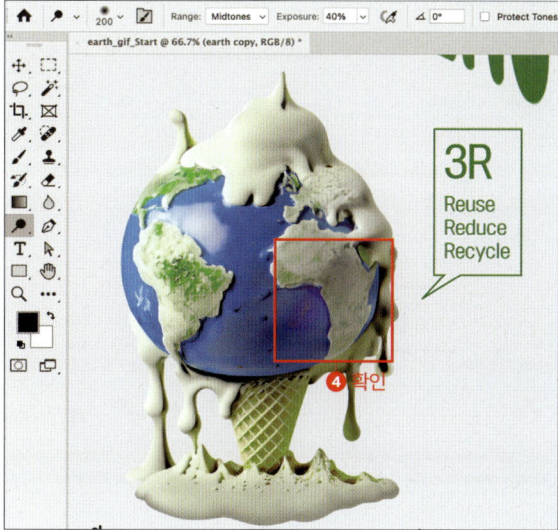

STEP 3 프레임 애니메이션을 만들어 GIF 형식으로 저장하기

01 ❶ [Layers] 패널에서 '지구GIF' 그룹의 눈 아이콘( )을 켜고 ❷ [Window]-[Timeline] 메뉴를 선택합니다.

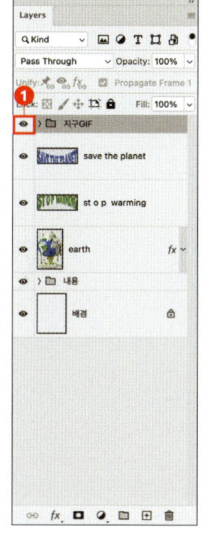 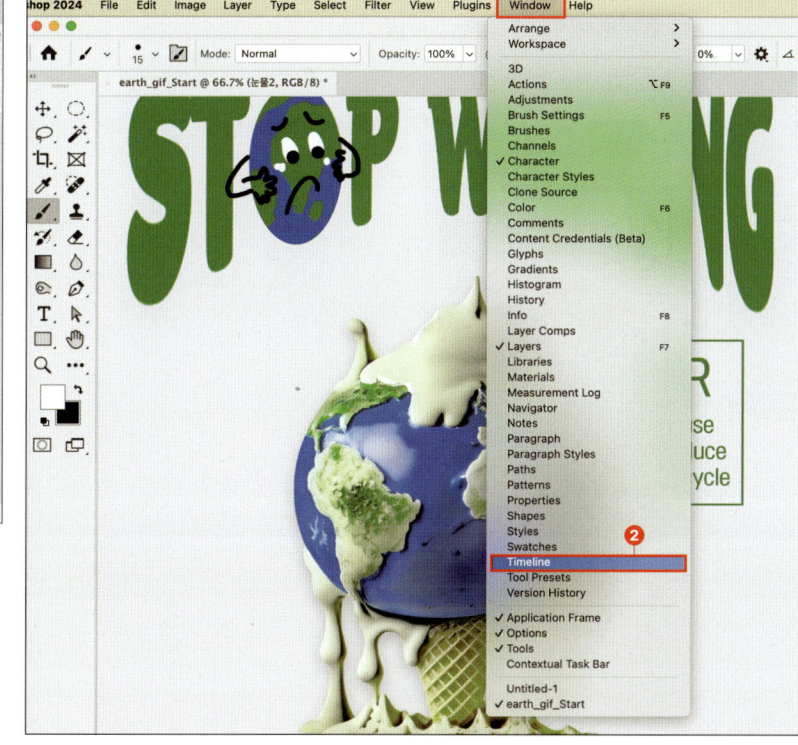

460

02 ❶ 화면의 아래쪽에 [Timeline] 패널이 열리면 [Create Frame Animation] 버튼을 클릭하여 ❷ [1] 프레임을 생성합니다. [1] 프레임은 [Layers] 패널의 '지구GIF' 그룹에 있는 [몸], [눈1], [눈썹.입.손 2], [눈물1] 레이어의 눈 아이콘(👁)을 켜서 조합한 이미지입니다.

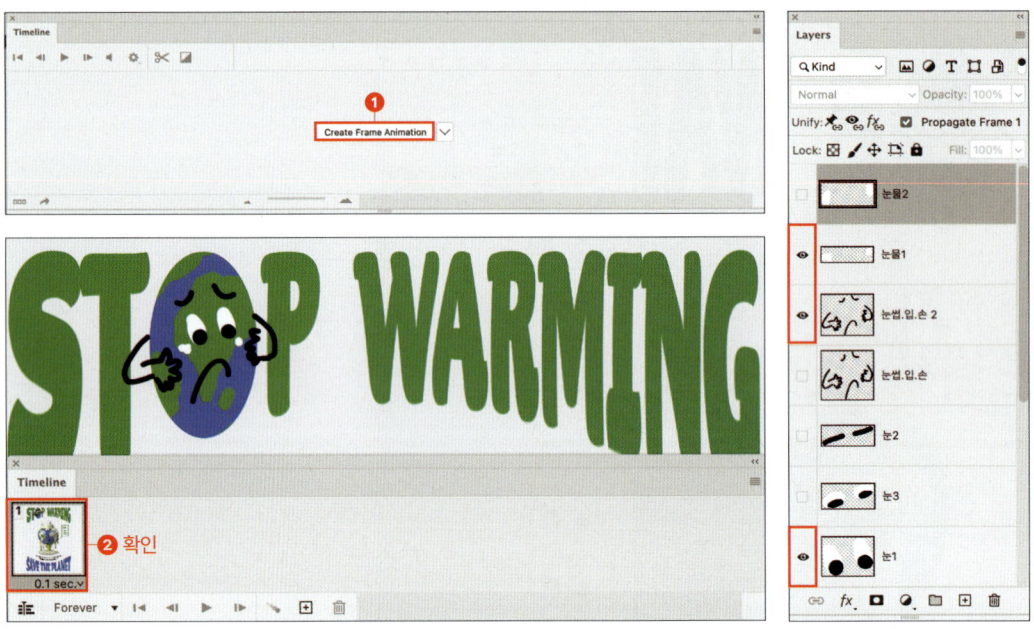

03 ❶ 다른 동작을 만들기 위해 [Timeline] 패널에서 [프레임 복제] 아이콘(➕)을 클릭합니다. ❷ [1] 프레임을 복제해서 [2] 프레임을 만들었으면 ❸~❺ [Layers] 패널에서 '지구GIF' 그룹에 있는 [몸], [눈3], [눈썹.입.손], [눈물2] 레이어의 눈 아이콘(👁)을 켜서 프레임을 조합합니다.

04 ❶ [Timeline] 패널에서 [프레임 복제] 아이콘(🔲)을 다시 클릭합니다. ❷ [2] 프레임을 복제해서 [3] 프레임을 만들었으면 ❸~❹ '지구GIF' 그룹에 있는 [몸], [눈2], [눈썹.입.손 2], [눈물1] 레이어의 눈 아이콘(👁)을 켜서 프레임을 조합합니다.

05 ❶ [Timeline] 패널에서 [2] 프레임을 선택하고 ❷ [프레임 복제] 아이콘(🔲)을 클릭하여 ❸ [2] 프레임과 똑같은 [3] 프레임을 생성한 후 [4] 프레임 위치로 드래그하여 이동합니다. ❹ [1] 프레임을 선택하고 ❺ Shift 를 누른 채 [4] 프레임을 클릭해서 전체 프레임을 선택하고 ❻ 프레임 지속 시간의 아래쪽 단추를 클릭하여 ❼ [0.2]로 변경합니다.

 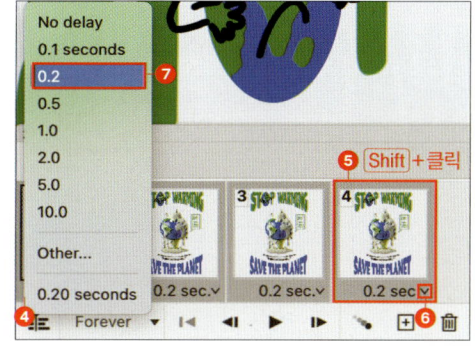

06

❶ GIF 형식으로 저장하기 위해 [File]-[Export]-[Save for Web](Ctrl + Alt + Shift + S) 메뉴를 선택합니다. [Save for Web] 창이 열리면 'Colors'에 '128'을 지정하고 ❷ [Done] 버튼을 클릭합니다. ❸ 파일 이름을 'earth_gif'로 입력하고 [저장] 버튼을 클릭하여 작업을 완료합니다.

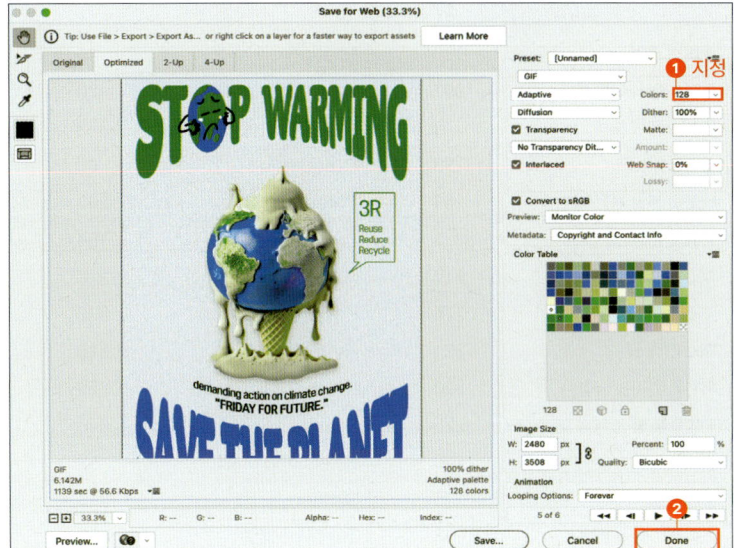

INDEX

ㄱ~ㅁ

개체 선택 툴	071
곡선 패스 그리기	111
곡선 패스 수정	112
그레이디언트 툴	132
기준점 추가 및 삭제	111
내용 인식 비율	397
내용 인식 채우기	394
도형 선택 툴	66
레이어 마스크	55
레이어를 사용하는 이유	32
레이어의 개념	31
레이어의 구조와 종류	33
마술봉 툴	68
문자 툴의 종류	338
문자를 이미지로 변환하기	209
문자를 입력하는 방법	338

ㅂ-ㅈ

방향선 제거	112
브러시 툴	252
빠른 선택 툴	68
사전 설정 문서	373
상황별 작업 표시줄	85
색상 하프톤 필터	305
선택 영역 변형하기	414
스마트 오브젝트 레이어	163
스마트 필터 사용하기	301
어도비 익스프레스	189
연필 툴	254
오버프린트 효과	306
올가미 툴	84
이미지 크기	180
자르기 툴	146
자유 변형 박스	442
제거 툴	390
조정 레이어	52, 204
직선 패스 그리기	110
직접 선택 툴	281

ㅋ-ㅎ

캔버스 크기	180
콘텐츠 인식 이동 툴	392
퀵 마스크 모드	58
클리핑 마스크	133
태블릿 필압 지정하기	263
템플릿 분류	373
패스 단축키	112
패스 도형 툴	276
패스 선택 툴	281
패턴을 입히는 방법	320
페인트통 툴	225
펜 툴	110
프레임 툴	116
프롬프트 입력 방법	93
픽셀 유동화 필터	134
필터 갤러리 사용하기	302
필터 메뉴와 종류	300
혼합 브러시 툴	151

A-L

Adjustment 레이어	53, 204
Adjustments 패널	205
Adobe Express	189
AI 생성형 이미지	88
Brush Settings 패널	261
Character 패널	344
Color Picker	224
Color Range	415
Content-Aware Fill	394
Content-Aware Scale	397
Curves	446
Distort 필터	353
Focus Area	416
Generative Fill	88
Hue/Saturation	447
Layer Mask	55
Levels	445

M-Z

Multiply	45
Neural Filters 패널	420
New Document	372
Overlay	46
Paragraph 패널	352
Paths 패널	184
Pattern Fill	324
Pattern Overlay	323
Patterns 패널	318
Quick Mask Mode	58
Screen	46
Select and Mask	57
Similar	418
Timeline 패널	449
Warp Text	162

THE
PHOTOSHOP

PART 5 | 웹 & 모바일 디자인

SNS
- **디자인 작업** SNS 카드 뉴스 … 336
- **디자인 메모** 콘텐츠에 계급 매기기 … 337
- **핵심 기능** ▶ 문자 툴 | [Character] 패널 | [Paragraph] 패널 | 어도비 폰트 사용하기 | Distort 필터

SNS Event Page
- **디자인 작업** 의류 브랜드 SNS 이벤트 페이지 … 370
- **디자인 메모** 사선으로 비스듬하고 대담하게 트리밍하기 … 371
- **핵심 기능** ▶ 사전 설정 문서 열기 | 포토샵 템플릿 | Adobe Stock 이용하기

Thumbnail
- **디자인 작업** 유튜브 영상 섬네일과 채널 아트 … 388
- **디자인 메모** 색으로 감정 전달하고 주제 강화하기 … 389
- **핵심 기능** ▶ '제거' 툴 | '콘텐츠 인식 이동' 툴 | 내용 인식 채우기(Content-Aware Fill) | 내용 인식 비율 박스(Content-Aware Scale)

Advertise
- **디자인 작업** QR 코드가 들어간 화장품 온라인 전단지 … 412
- **디자인 메모** 여백을 통해 디자인 정보 강조하고 정리하기 … 413
- **핵심 기능** ▶ 선택 영역 변형하기(Modify, Color Range, Focus Area, Transform Selection, Similar), Neural 필터

GIF Poster
- **디자인 작업** GIF 애니메이션 효과를 활용한 기후 위기 포스터 … 440
- **디자인 메모** 중앙을 기준으로 마주 보는 대칭 레이아웃 작성하기 … 441
- **핵심 기능** ▶ 자유 변형 박스(Free Transform) | 색상과 채도, 명도 보정하기(Levels, Curves, Hue/Saturaion) | [Timeline] 패널 이용해 GIF 애니메이션 만들기

INDEX … 464

INDEX

Leaflet
- 디자인 작업   3단 접지 리플렛   222
- 디자인 메모   레이아웃 디자인에서 강약 조절하고 율동감 부여하기   223

핵심 기능 ▶ 전경색과 배경색 지정하기 | [Color Picker] 창 | '페인트통' 툴 | 눈금자와 안내선

PART 4   패키지 디자인

Illust
- 디자인 작업   일러스트가 돋보이는 초콜릿 패키지 디자인   250
- 디자인 메모   일러스트로 따뜻한 인상 표현하기   251

핵심 기능 ▶ '브러시' 툴 | '연필' 툴 | [Brushes] 패널 | [Brush Settings] 패널 | 브러시 불러오기 새 브러시로 등록하기 | 브러시 파일로 저장하기

Box
- 디자인 작업   크리스마스 상자 패키지 디자인   274
- 디자인 메모   특별한 인상을 만드는 배색 방법   275

핵심 기능 ▶ '패스 도형' 툴 | '사각형' 툴 | '원' 툴 | '삼각형' 툴 | '다각형' 툴 | '선' 툴 | '사용자 정의 모양' 툴 | '패스 선택' 툴 | '직접 선택' 툴

Can
- 디자인 작업   레트로 스타일의 캔 패키지 디자인   298
- 디자인 메모   과거의 추억에 잠길 수 있게 만드는 레트로의 매력   299

핵심 기능 ▶ 필터 종류 및 사용 방법 | 색상 하프톤(Color Harftone) 필터

Pattern
- 디자인 작업   비누 패턴 박스 패키지 디자인   316
- 디자인 메모   패턴 활용해 패키지 디자인하기   317

핵심 기능 ▶ [Patterns] 패널 | 패턴 미리 보기 | 패턴 제작하기 | 패턴 입히는 방법

Menu

| 디자인 작업 | 음식점 메뉴판 | 108 |
| 디자인 메모 | 프레임을 사용해 깔끔하게 배열하기 | 109 |

핵심 기능 ▶ '펜' 툴 | '프레임' 툴

Book Cover

| 디자인 작업 | 매거진 표지 | 130 |
| 디자인 메모 | 그레이디언트로 신비한 분위기 만들기 | 131 |

핵심 기능 ▶ '그레이디언트' 툴 및 형태 | [Gradient Editor] 창 | 클리핑 마스크 | 픽셀 유동화(Liquify) 필터

Card

| 디자인 작업 | 축하 사랑 카드 | 144 |
| 디자인 메모 | 이미지 트리밍으로 목적에 맞는 인상 연출하기 | 145 |

핵심 기능 ▶ '자르기' 툴 | '혼합 브러시' 툴

PART 3 | 브랜딩 & 광고 디자인

BI
Brand Identity

| 디자인 작업 | 도너츠 브랜드 아이덴티티 디자인 | 160 |
| 디자인 메모 | 캐릭터와 메인 컬러로 아이덴티티 표현하기 | 161 |

핵심 기능 ▶ Warp Text(뒤틀어진 텍스트 만들기) | 스마트 오브젝트 레이어(Smart Object Layer)

Business Card

| 디자인 작업 | 비즈니스 카드 | 178 |
| 디자인 메모 | 연상을 활용해 효과적으로 브랜딩하기 | 179 |

핵심 기능 ▶ 이미지 크기(Image Size)와 캔버스 크기(Canvas Size) | [Paths] 패널 | 어도비 익스프레스(Adobe Express)

Placard

| 디자인 작업 | 영어학원 현수막 | 202 |
| 디자인 메모 | 아이콘으로 직관적 디자인 완성하기 | 203 |

핵심 기능 ▶ 조정 레이어(Adjustment Layer) | [Adjustments] 패널 | 문자를 이미지로 변환하기

INDEX

PART 1 | 포토샵 작업 화면 & 기본 사용법 살펴보기

Chapter 1 | 포토샵을 처음 시작할 때 알아야 할 필수 기능

1. 포토샵 작업 화면 구성 및 기능 살펴보기 — 020
2. 작업하는 데 필요한 툴 살펴보기 — 021

Chapter 2 | 포토샵 레이어 완벽 가이드

1. 레이어 이해하기 — 031
2. 레이어 스타일의 종류 살펴보기 — 035
3. 레이어 합성 모드의 종류 살펴보기 — 044
4. 조정 레이어의 종류 살펴보기 — 052
5. 레이어에 씌우는 마스크의 종류 살펴보기 — 055

PART 2 | 인쇄 디자인

Poster 1
- **디자인 작업** 서울 꽃 축제 포스터 — 064
- **디자인 메모** 타이포그래피로 디자인에 힘 더하기 — 065

핵심 기능 ▶ '사각 선택' 툴 | '원형 선택' 툴 | '마술봉' 툴 | '빠른 선택' 툴 | '개체 선택' 툴

Poster 2
- **디자인 작업** 힐링 캠프 포스터 — 082
- **디자인 메모** 사진으로 사실성, 현장성, 정보의 신뢰성 높이기 — 083

핵심 기능 ▶ '올가미' 툴 | '다각형 올가미' 툴 | '자석 올가미' 툴 | 상황별 작업 표시줄 | AI 생성형 이미지 만들기

쓸모 있는 독서 챌린지

북킷(Bookit) 초대장

북킷 챌린지에 초대합니다

북킷은요,
책의 지식을 오롯이 내 것으로 만들 수 있도록 돕는
길벗의 독서 실행 챌린지 프로그램입니다.
책과 세상에 대한 호기심만 있다면 누구나 북킷 크루가 될 수 있어요.

크루들과 함께 책을 읽고, 내 손으로 미션을 수행하며, 나의 성장을 기록해 보세요.
세상을 잘 살기 위한 배움과 성취의 경험이 삶의 해상도를 높여줄 거예요!

독학이 어렵다고 느껴진다면, 부담 없는 챌린지로 함께 시작해요!

모집 대상	혜택	장소	모집 기간
책만 있다면 누구나 참여 가능!	완주만 해도 길벗 포인트 20,000점 지급 길벗 홈페이지에서 2만 원 이하 도서 모두 구매 가능	온라인 네이버 카페 '북킷'	수시 모집 챌린지 소식은 '북킷레터' 혹은 네이버 카페 '북킷'에서 확인해 보실 수 있습니다!

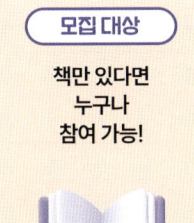

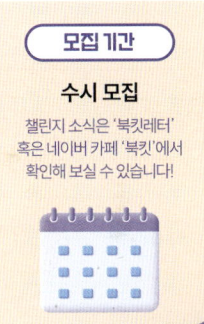

챌린지는 어떻게 진행될까?

**북킷 카페
구경하기**

bookit

모집 소식을 메일로 보내드려요!

**북킷레터
구독 신청하기**

**디자인 스킬을 더 확실하게
내 것으로 만들고 싶은 분들을 기다립니다.**

포토샵의 주요 AI 기능과 요약 설명

피사체 선택 — Select > Subject

이미지에서 주요 피사체를 자동으로 감지하여 선택하는 AI 기능입니다. 인물이나 동물처럼 명확한 주제를 빠르게 선택할 수 있도록 도와줍니다.

뉴럴 필터 — Neural Filters

인물의 표정, 나이와 헤어스타일을 조정하고, 흑백 사진에 색을 입히며 초상화를 복원하는 등 창의적으로 편집할 수 있는 AI 기능입니다. '스타일 전환 기능'을 활용하면 특정한 예술적 스타일로 변환할 수 있습니다.

픽셀 유동화 — Liquify Filters

픽셀을 유동적으로 변형할 수 있는 기능입니다. '얼굴 인식 기능'을 통해 눈, 코, 입 등을 자동으로 감지하고 세부적으로 조정할 수 있어서 인물 보정에 유용합니다.

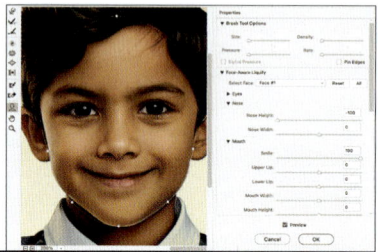

하늘 대체 — Sky Replacement

AI가 하늘 영역을 자동으로 감지하여 사용자가 선택한 다른 하늘 이미지로 자연스럽게 교체합니다. 날씨나 분위기를 바꿀 때 사용하면 좋습니다.

상황별 작업 표시줄 — Contextual Task Bar

작업 흐름에서 관련 있는 다음 단계를 추천하여 필요한 기능에 빠르게 접근할 수 있도록 돕습니다. 그리고 AI 생성형 이미지를 만들 수 있습니다(개체 생성, 배경 생성, 이미지 확장, 개체 제거).

생성형 이미지 만들기 — Generative Fill

선택한 영역에 텍스트 프롬프트를 입력하면 AI가 해당 영역에 적합한 이미지 요소를 생성하거나 자연스럽게 수정합니다.

생성형 확장 — Generative Expand

'자르기' 툴로 캔버스를 드래그하여 확장한 후 옵션바의 'Fill' 항목에서 'Generative Expand'를 선택해 [Generative Expand] 창을 열고 [Generate] 버튼을 클릭합니다. 그러면 기존 이미지와 어울리는 콘텐츠가 자동으로 생성되어 빈 공간을 자연스럽게 채울 수 있습니다.

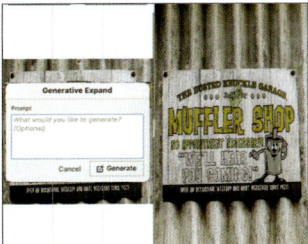

내용 인식 채우기 — Content-Aware Fill

이미지에서 불필요한 요소를 제거하면 AI가 주변 픽셀을 분석하여 빈 공간을 자연스럽게 채웁니다.

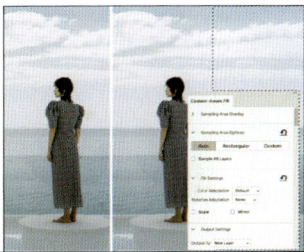

조정 패널 — Adjustments

[Adjustments] 패널에 있는 30개 이상의 조정 사전 설정(Presets)을 사용해 한 번의 클릭으로 이미지의 분위기를 바꿀 수 있습니다.

내용 인식 비율 — Content-Aware Scale

이미지를 확대하거나 축소할 때 중요한 피사체를 왜곡 없이 보호하고 나머지 영역만 비율에 따라 조정하는 AI 기능입니다. 가로형 사진을 세로형으로 바꾸거나 그 반대로 바꿀 때 유용합니다.

포토샵의 주요 AI 기능과 요약 설명

 개체 선택 툴 — Object Selection Tool

특정 개체를 빠르게 선택할 수 있는 AI 기반 툴입니다. 드래그하면 AI가 자동으로 사람, 동물, 풍경 등의 경계를 감지하여 선택 영역을 만듭니다.

 생성형 채우기 툴 — Generate Image Tool

[Generate image] 창이 열리면 프롬프트를 입력하고 콘텐츠 유형, 스타일, 효과를 선택하여 새로운 이미지를 생성합니다.

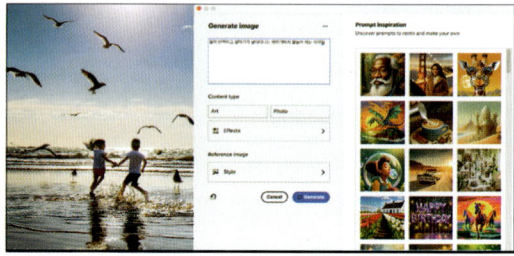

 제거 툴 — Remove Tool

옵션 중에서 '산만한 부분 찾기' 기능을 이용하면 전선이나 사람 등 원하지 않는 요소를 자동으로 삭제할 수 있습니다. 또한 큰 모양 위를 칠하거나 드래그하여 배경과 어울리는 콘텐츠로 채울 수도 있습니다.

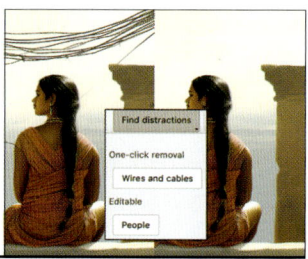

 조정 브러시 툴 — Adjustment Brush Tool

원본 이미지를 그대로 유지하면서 브러시로 드래그한 부분만 편집할 수 있습니다. 브러시로 칠해 색상, 노출, 레벨 등을 조정합니다.

 내용 인식 이동 툴 — Content-Aware Tracing Tool

선택한 객체를 이미지 안에서 새로운 위치로 이동하거나 복제하면서 원래 위치를 배경과 자연스럽게 채우는 AI 기반 툴입니다.

 내용 인식 추적 툴 — Content-Aware Tracing Tool

AI가 이미지의 텍스처와 색상 차이를 분석하여 이미지 경계선을 자동으로 감지합니다. 복잡한 모양의 객체를 빠르고 정확하게 선택할 수 있도록 도와줍니다.

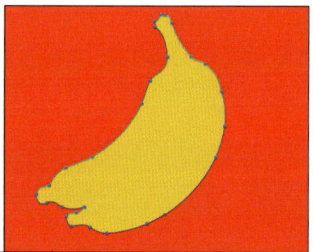

포토샵 핵심 기능을 한눈에 알아보기 쉽게 표로 제작했습니다. 충분히 이해했을 때 박스에 체크 표시☑해 보세요.

캔버스 및 저장 관련 기능 ▼

- [ ] 캔버스 만들기
  `Ctrl`+`N`
- [ ] 열기
  `Ctrl`+`O`
- [ ] 닫기
  `Ctrl`+`W`
- [ ] 불러오기
  File > Place Embedded
- [ ] 다른 이름으로 저장
  `Shift`+`Ctrl`+`S`
- [ ] 사본 저장
  `Alt`+`Ctrl`+`S`
- [ ] 웹용으로 저장
  `Shift`+`Ctrl`+`Alt`+`S`
- [ ] 여러 장의 이미지를 레이어 형태로 불러오기
  File > Scripts > Load Files into Stack
- [ ] 개별 레이어를 각각 이미지 파일로 저장
  File > Generate > Image Assets
- [ ] 여러 장의 이미지를 PDF로 저장
  File > Automate > PDF Presentation

레이어 스타일 ▼

- [ ] 그림자
  Drop Shadow
- [ ] 내부 그림자
  Inner Shadow
- [ ] 외부 광선
  Outer Glow
- [ ] 내부 광선
  Inner Glow
- [ ] 경사 및 돌출
  Bevel and Emboss
- [ ] 새틴
  Satin
- [ ] 색상 오버레이
  Color Overlay
- [ ] 그레이디언트 오버레이
  Gradient Overlay
- [ ] 패턴 오버레이
  Pattern Overlay
- [ ] 윤곽선
  Stroke

조정 관련 기능 ▼

- [ ] 조정 패널
  Adjustments Panel
- [ ] 레벨
  Levels
  `Ctrl`+`L`
- [ ] 곡선
  Curves
  `Ctrl`+`M`
- [ ] 색감/채도
  Hue/Saturation
  `Ctrl`+`U`
- [ ] 컬러 밸런스
  `Ctrl`+`B`
- [ ] 특성 색상 대체
  Image > Adjustments > Replace Color
- [ ] 역광 사진 보정하기
  Image > Adjustments > Shadow/Highlight
- [ ] 흑백 이미지와 모노톤 만들기
  Image > Adjustments > Black & White
- [ ] 그레이디언트 맵
  Image > Adjustments > Gradient Map

PHOTOSHOP MAP

화면 확대, 이동 관련 기능 ▼

- [ ] 손바닥 툴
  Hand
- [ ] 회전 보기 툴
  Rotate View
- [ ] 돋보기 툴(줌 인, 줌 아웃)
  Zoom
- [ ] 화면 확대
  Ctrl + +, Alt + 마우스 휠 위로
- [ ] 화면 축소
  Ctrl + −, Alt + 마우스 휠 아래로
- [ ] 화면 모드 변경
  F

작업 환경 설정과 기록 ▼

- [ ] 나만의 작업환경 만들기
  Window > Workspace > New Workspace
- [ ] 환경 설정 창
  Ctrl + K
- [ ] 단축키 설정하기
  Shift + Alt + Ctrl + K
- [ ] 히스토리 패널
  History Panel
- [ ] 이전 단계로/실행 취소
  Ctrl + Z

레이어 기능 ▼

- [ ] 스마트 레이어 만들기
  Convert to Smart Object
- [ ] 조정 레이어 만들기
  Layer > New Adjustment Layer
- [ ] 레이어 잠그기
  Lock
- [ ] 레이어 복제하기
  Ctrl + J
- [ ] 레이어 삭제하기
  Delete

브러시, 지우개 관련 기능 ▼

- [ ] 브러시 툴
  Brush
- [ ] 혼합 브러시 툴
  Mixer Brush
- [ ] 컬러 리플레이스먼트 툴
  Color Replacement
- [ ] 히스토리 브러시 툴
  History Brush
- [ ] 브러시 목록 패널
  Brushes Panel
- [ ] 브러시 세팅 패널
  Brushes Settings Panel
  F5
- [ ] 브러시 등록하기
  Edit > Define Brush Preset
- [ ] 지우개 툴
  Eraser

리터칭 관련 기능 ▼

- [ ] 스팟 힐링 브러시 툴
  Spot Healing Brush
- [ ] 힐링 브러시 툴
  Healing Brush
- [ ] 패치 툴
  Patch
- [ ] 도장 툴
  Stamp
- [ ] 패턴 도장 툴
  Pattern Stamp

레이어 합성 모드 ▼

- [ ] 곱하기
  Multiply
- [ ] 컬러 번
  Color Burn
- [ ] 스크린
  Screen
- [ ] 컬러 닷지
  Color Dodge
- [ ] 오버레이
  Overlay
- [ ] 소프트라이트
  Soft Light
- [ ] 하드라이트
  Hard Light

포토샵 핵심 기능을 한눈에 알아보기 쉽게 표로 제작했습니다. 충분히 이해했을 때 박스에 체크 표시☑해 보세요.

자르기 툴과 안내선 ▼

- [ ] 자르기 툴
  Crop
- [ ] 줄자(눈금자) 표시하기
  Ctrl + R
- [ ] 안내선과 선택 영역 감추기/표시하기
  Ctrl + H
- [ ] 스냅 사용하기
  Shift + Ctrl + ;

마스크 ▼

- [ ] 레이어 마스크
  Layer Mask
- [ ] 클리핑 마스크
  Ctrl + Alt + G
- [ ] 퀵 마스크 모드
  Quick Mask Mode

아트보드 및 프레임 툴 ▼

- [ ] 아트보드 툴
  Artboard
- [ ] 레이어를 아트보드로 변환하기
  Artboard from Layers
- [ ] 프레임 툴
  (원형 프레임 툴, 사각 프레임 툴)

색 채우기, 추출 기능 ▼

- [ ] 그레이디언트 툴
  Gradient
- [ ] 그레이디언트 종류
  (직선, 원형, 앵글, 반사, 다이아몬드)
- [ ] 그레이디언트 편집 창
  Gradient Editor
- [ ] 페인트 버킷 툴
  Paint Bucket
- [ ] 컬러 피커 창
  Color Picker
- [ ] 스포이트 툴
  Eyedropper
- [ ] 전경색으로 색 입히기
  Alt + Delete
- [ ] 배경색으로 색 입히기
  Ctrl + Delete
- [ ] 패턴 등록하기
  Edit > Define Pattern
- [ ] 어도비 컬러 사이트
  https://color.adobe.com/ko
- [ ] 스와치 패널
  Swatches Panel

문자, 단락 기능 ▼

- [ ] 문자 툴
  Type
- [ ] 문자 패널
  Character Panel
- [ ] 단락 패널
  Paragraph Panel
- [ ] 뒤틀어진 텍스트
  Warp Text
- [ ] 패스를 따라 흐르는 문자
  Type on a Path
- [ ] 문자를 패스로 변환하기
  Create Work Path
- [ ] 어도비 폰트 사이트
  https://fonts.adobe.com
- [ ] 문자를 일반 레이어로 전환하기
  Rasterize Type Layer
- [ ] 특수 문자
  Glyphs

필터 ▼

- [ ] 카메라 로 필터
  Camera Raw Filter
- [ ] 뉴럴 필터
  Neural Filters
- [ ] 구름 효과
  Clouds
- [ ] 픽셀 유동화
  Liquify
- [ ] 필터 갤러리
  Filter Gallery
- [ ] 가우시안 흐림 효과
  Gaussian Blur
- [ ] 컬러 망점 효과
  Color Halftone
- [ ] 왜곡 필터 - 변위
  Displace
- [ ] 왜곡 필터 - 극좌표
  Polar Coordinates
- [ ] 왜곡 필터 - 파형
  Wave
- [ ] 오프셋
  Offset

PHOTOSHOP MAP

부분 보정 툴

- 닷지 툴 Dodge
- 번 툴 Burn
- 스펀지 툴 Sponge

초점 관련 툴

- 샤픈 툴 Sharpen
- 블러 툴 Blur
- 스머지 툴 Smudge

크기 조정, 이미지 변형

- 자유 변형 박스 Ctrl + T
- 뒤틀기 박스 Edit > Transform > Warp
- 이미지 사이즈 Ctrl + Alt + I
- 캔버스 사이즈 Ctrl + Alt + C

패스 관련 기능

- 펜 툴 Pen
- 자유 형태 펜 툴 Freeform Pen
- 내용 인식 추적 툴 Content > Aware Tracing
- 곡률 펜 툴 Curvature Pen
- 패스 선택 툴 Path Selection
- 패스 직접 선택 툴 Direct Selection
- 기준점 추가 툴 Add Anchor Point
- 기준점 삭제 툴 Delete Anchor Point
- 기준점 변환 툴 Convert Point
- 패스 도형 툴 (사각형, 원형, 삼각형, 다각형, 선, 사용자 정의 모양)
- 패스를 선택 영역으로 바꾸기 Ctrl + Enter

선택 영역 기능

- 개체 선택 툴 Object Selection
- 빠른 선택 툴 Quick Selection
- 마술봉 툴 Magic Wand
- 올가미 툴 Lasso
- 다각형 올가미 툴 Polygonal Lasso
- 자석 올가미 툴 Magnetic Lasso
- 도형 선택 툴 (사각 선택 툴, 원형 선택 툴)
- 피사체 선택 Select > Subject
- 선택 영역 수정 Select > Modify
- 선택 영역 반전 Select > Inverse Shift + Ctrl + I
- 선택 영역 없애기/해제하기 Ctrl + D
- 선택 및 마스크 Select > Select and Mask Alt + Ctrl + I

AI 기능

- 콘텐츠 인식 이동 툴 Content > Aware Move
- 내용 인식 채우기 Content > Aware Fill
- 제거 툴 Remove
- 내용 인식 비율 Ctrl + Alt + Shift + C
- 조정 패널 안에 있는 프리셋 Adjustments Presets
- 상황별 작업 표시줄 Contextual Task Bar
- AI 생성형 이미지 만들기 Generative Fill

예제 따라하기에 필요한
예제파일 및 완성파일을 제공합니다.

해당 실무 예제를 디자인할 때
알아두면 힘이 되는 디자인 포인트를 설명합니다.

예제 따라하기 순서를 안내합니다.

실무 예제에 대한 포토샵의 핵심 기능을 안내합니다.

예제파일 & 포토샵 기본기능 다운로드 안내

[길벗출판사 홈페이지(www.gilbut.co.kr) 접속]-[THE 포토샵 도서 검색]-[자료실]을 클릭하면 〈예제파일 및 완성파일〉과 〈포토샵 기본 기능 무료 PDF〉를 무료로 다운로드할 수 있습니다.

예제파일 및 완성파일
이 책에서 사용한 모든 실습파일 및 완성파일을 제공합니다. PC에 다운로드한 후 사용하기 바랍니다.

포토샵 기본 기능 무료 PDF
이 책은 포토샵 실무 능력을 키우고 싶은 사람들을 대상으로 하는 만큼 포토샵 기초 내용은 생략했습니다. 포토샵을 처음 시작하지만, 실무 예제로 포토샵을 학습하고자 하는 사람들을 위해 〈포토샵 기본 기능〉을 무료 PDF 파일로 제공합니다.

COMPOSITION

**1 포토샵을 처음 접하는 초보자도
이 책 한 권으로 포토샵이 익숙해질 수 있습니다.**

입문자와 전문가 모두 알아야 할 기능을 포함하고 있습니다. 처음에는 서툴지만, 포토샵으로 그리다 보면 점점 익숙해지고 많은 기능을 습득하게 될 것입니다.

**2 반복 작업을 자동화하고 결과물의 품질을 높여주는
포토샵 AI 기능을 익힙니다.**

포토샵 AI는 최신 디자인 트렌드와 창의성을 확장할 수 있는 기능을 제공하므로 AI 기술을 익히는 것은 필수입니다. 이 책에서는 이미지를 빠르게 선택할 수 있는 '객체 선택 툴', 선택 영역을 지정한 후 주변의 것으로 자연스럽게 채워주는 '내용 인식 채우기', 인물 사진에서 주름과 잡티를 수정해 주는 '스마트 리터치', 명령어를 입력해 이미지를 생성하는 '프롬프트 창'과 같은 다양한 AI 기능을 배웁니다.

**3 기본 예제와 실무 예제를 통해
포토샵 기능을 쉽고 빠르게 배울 수 있습니다.**

흥미로운 예제를 엄선하여 가능한 재미있게 풀어내려고 했습니다. 바쁜 디자이너들을 위해 예제에 들어가기에 앞서 포토샵의 핵심 기능을 군더더기 없이 설명하고, 주요 기능을 학습한 후 예제를 통해 배울 수 있도록 구성했습니다. 즐겁게 학습하면 더욱 빠르게 작업할 수 있을 것입니다.

**4 실무 디자인 작업에 바로 적용할 수 있는
필수 기능과 현장 스킬을 제공합니다.**

백과사전식으로 모든 툴을 공부해도 실무 디자인 작업에 바로 써먹지 못하면 아무 소용이 없습니다. 실무자의 입장에서 꼭 필요한 것들만 골라 예제를 구성하였습니다.

**5 깊은 내공을 키우기 위한
디자인 이론 및 다양한 표현 스타일을 제공합니다.**

디자이너는 프로그램의 기능을 잘 활용해야 할 뿐만 아니라 디자인적인 감각을 익히는 것도 중요합니다. 이 책에서는 디자이너라면 꼭 알아야 할 디자인 이론에 대해 알아보고, 실전에서 활용할 수 있는 표현 방법을 익힙니다. 인쇄 디자인, 브랜딩 & 광고 디자인, 패키지 디자인, 웹 & 모바일 디자인 예제를 직접 따라하면서 감각을 익혀보세요.

FOREWORD

포토샵 AI로 기본부터 실무까지 최상의 결과물을 만들 수 있습니다!

디자인의 세계에서 포토샵은 필수적인 프로그램으로 자리 잡고 있습니다. 다양한 기능으로 이미지 편집, 그래픽 디자인, 사진 보정 등을 가능하게 하며, 직관적인 인터페이스로 초보자와 전문가 모두 쉽게 사용할 수 있습니다. 여기에 AI 기술이 더해지면서 포토샵은 그 어느 때보다 강력하고 효율적인 프로그램으로 변모하고 있습니다. 이제 포토샵에서 필요한 이미지를 검색하여 찾고 마음에 드는 결과물이 나올 때까지 문장을 다듬어 요청하는 것만으로도 상상 속 이미지를 순식간에 재현할 수 있는 시대가 되었습니다.

이 책은 포토샵의 기본 기능부터 최신 AI 기능까지 다루며, 디자이너들이 실무에서 바로 적용할 수 있는 유용한 기술과 예제를 제공합니다. AI 기능은 반복적인 작업을 자동화하고, 이미지 보정과 객체 인식 등 고급 작업을 쉽게 수행하게 하여 디자인의 질과 작업 효율을 크게 향상시킵니다.

이 책은 5개의 Part와 Part 안에 여러 개의 Chapter로 나누어 구성되어 포토샵 기능을 쉽게 구별할 수 있게 하였습니다. Chapter는 크게 세 부분으로 나누어져 있습니다. 첫 번째 부분에서는 디자인 결과물을 분석하면서 디자이너가 알고 있어야 할 기초 지식을 다룹니다. 두 번째 부분은 기본 예제로, 작업물을 완성하기 위해 필수로 알아야 할 포토샵 핵심 이론과 기능을 집중적으로 다룹니다. 이 과정에서 포토샵의 기본기를 탄탄히 다질 수 있습니다. 세 번째 부분은 실무 응용 예제로, 실무에서 프로젝트 예제를 통해 스타일 및 표현 방법을 충분히 익힐 수 있습니다. Chapter에 있는 기본 예제와 응용 예제를 직접 따라해 보면서 디자인 감각을 키울 수 있습니다.

이 책에서 제시하는 포토샵 기능을 충분히 연습하다 보면 디자인 기본기는 물론 실무 능력을 갖추고, 최신 AI 기능을 활용한 작업물도 손쉽게 만들 수 있을 것입니다. 이 책은 포토샵을 처음 접하는 입문자부터 실무자까지 최상의 결과물을 만들 수 있도록 가이드해 줍니다. 함께 창의적이고 효율적인 포토샵 세계를 탐험하며, 무한한 가능성을 경험해 보세요.

이 책이 여러분의 디자인 여정에 큰 도움이 되기를 바랍니다. 책이 나오기까지 도와주신 길벗 관계자분들과 사랑하는 가족과 친구들, 주위의 모든 분께 고마움을 전합니다. 더욱 더 노력하는 뽀얀 작가가 되겠습니다.

지은이 **뽀얀(김은혜)**

THE 포토샵
THE PHOTOSHOP

초판 1쇄 발행 2025년 3월 10일

지은이 김은혜(뽀얀)
발행인 이종원
발행처 (주)도서출판 길벗
출판사 등록일 1990년 12월 24일
주소 서울시 마포구 월드컵로 10길 56(서교동)
대표 전화 02)332-0931 | **팩스** 02)323-0586
홈페이지 www.gilbut.co.kr | **이메일** gilbut@gilbut.co.kr

기획 및 책임편집 최근혜(kookoo1223@gilbut.co.kr) | **디자인** 박상희 | **제작** 이준호, 손일순, 이진혁
영업마케팅 전선하, 박민영, 서현정 | **유통혁신** 한준희 | **영업관리** 김명자 | **독자지원** 윤정아

교정·교열 안혜희 | **전산편집** 신세진 | **CTP 출력 및 인쇄** 상지사피앤비 | **제본** 상지사피앤비

· 잘못 만든 책은 구입한 서점에서 바꿔 드립니다.
· 이 책은 저작권법에 따라 보호받는 저작물이므로 무단전재와 무단복제를 금합니다.
  이 책의 전부 또는 일부를 이용하려면 반드시 사전에 저작권자와 (주)도서출판 길벗의 서면 동의를 받아야 합니다.
· 인공지능(AI) 기술 또는 시스템을 훈련하기 위해 이 책의 전체 내용은 물론 일부 문장도 사용하는 것을 금지합니다.

ⓒ 김은혜, 2025

ISBN 979-11-407-1217-5 03000 (길벗도서번호 007193)
정가 26,000원

· 사용하는 컴퓨터의 사양과 소프트웨어의 업데이트 상황에 따라 화면의 모양이 다를 수 있으나 학습에는 무리가 없습니다.
· 이 책은 '포토샵 CC 2024' 버전 기준으로 작성하였으며, '포토샵(25.11)' 버전에서 새롭게 추가된 기능도 포함하고 있습니다.

독자의 1초를 아껴주는 정성 길벗출판사

길벗 · IT교육서, IT단행본, 경제경영서, 어학&실용서, 인문교양서, 자녀교육서 ▶ www.gilbut.co.kr
길벗스쿨 · 국어학습, 수학학습, 어린이교양, 주니어 어학학습, 학습단행본 ▶ www.gilbutschool.co.kr
페이스북 ▶ www.facebook.com/gilbutzigy
네이버 포스트 ▶ http://post.naver.com/gilbutzigy

뽀얀(김은혜) 지음

The Photoshop
많이 사용되는 포토샵 단축키

잘라서 보기 편한 곳에 붙여놓고 사용하세요.

File
기능	단축키
새 파일	Ctrl + N
불러오기	Ctrl + O
파일 닫기	Ctrl + W
저장하기	Ctrl + S
다른 이름 저장	Ctrl + Shift + S
웹용으로 저장	Ctrl + Shift + Alt + S
페이지 설정	Ctrl + Shift + P
프린트하기	Ctrl + P
포토샵 종료	Ctrl + Q

Edit
기능	단축키
이전 단계 되돌리기	Ctrl + Z
한단계씩 앞으로	Ctrl + Shift + Z
한단계씩 뒤로	Ctrl + Alt + Z
잘라내기	Ctrl + X
복사	Ctrl + C
붙여넣기	Ctrl + V
자유변형하기	Ctrl + T
선택영역 붙여넣기	Ctrl + Shift + V
채우기	Shift + F5

Select
기능	단축키
모두 선택하기	Ctrl + A
선택영역 해제	Ctrl + D
재 선택하기	Ctrl + Shift + D
선택영역 반전	Ctrl + Shift + I
추가영역 선택	Shift + 드래그
정사각형/원 그리기	Shift + 드래그
일부분 제거	Alt + 드래그
복사해서 이동	Ctrl + Alt + 드래그
오려서 이동	Ctrl + 드래그

Image
기능	단축키
Level	Ctrl + L
Auto level	Ctrl + Alt + L
Auto Contrast	Ctrl + Shift + Alt + L
Curvers	Ctrl + M
Hue/Saturation	Ctrl + U
Desaturation	Ctrl + Shift + U

Layer
기능	단축키
새 레이어	Ctrl + Shift + N
레이어 복제	Ctrl + J
영역 잘라서 복제	Ctrl + Shift + J
레이어 그룹	Ctrl + G
레이어 그룹 해제	Ctrl + Shift + G
하위 레이어 합치기	Ctrl + E
모든 레이어 합치기	Ctrl + Shift + E

View
기능	단축키
확대해서 보기	Ctrl + +
축소해서 보기	Ctrl + -
실제 크기로 보기	Ctrl + 1
가이드 감추기	Ctrl + H
스냅	Ctrl + Shift + E

Etc.
기능	단축키
작업중 핸드툴	Spacebar
전경색 채우기	Alt + Delete
배경색 채우기	Ctrl + Delete
브러시 크기 변환	] or [
전경색/배경색 전환	X
눈금자	Ctrl + R
안내선	Ctrl + ;
그리드	Ctrl + ,
Liquify	Ctrl + Shift + X
Extract	Ctrl + Alt + X

Special Thanks to

세상이 아무리 바쁘게 돌아가더라도
책까지 아무렇게나 빨리 만들 수는 없습니다.

길벗은 독자 여러분이
가장 쉽게, 가장 빨리 배울 수 있는 책을
한 권 한 권 정성을 다해 만들겠습니다.

독자의 1초를 아껴주는 정성을 만나보세요.

미리 책을 읽고 따라해 본 2만 베타테스터 여러분과
무따기 체험단, 길벗스쿨 엄마 2% 기획단,
시나공 평가단, 토익 배틀, 대학생 기자단까지!
믿을 수 있는 책을 함께 만들어주신 독자 여러분께 감사드립니다.